追光

四川百年杰出科学家的故事

四川省科学技术协会　组织编写

谭　楷　创作顾问

李若锋　陈什印　陈宇祥　孙奥麟　陈　伟　宋　林　等　著

电子科技大学出版社
University of Electronic Science and Technology of China Press
·成都·

图书在版编目（CIP）数据

追光：四川百年杰出科学家的故事 / 李若锋等著．—成都：成都电子科技大学出版社, 2024.4
ISBN 978-7-5770-0844-8

Ⅰ．①追…　Ⅱ．①李…　Ⅲ．①科学家－生平事迹－四川－现代 Ⅳ．①K826.1

中国国家版本馆CIP数据核字（2024）第034881号

追光——四川百年杰出科学家的故事
ZHUIGUANG——SICHUAN BAINIAN JIECHU KEXUEJIA DE GUSHI

李若锋　等　著

出 品 人　田　江
策划统筹　杜　倩
策划编辑　韩　昊　岳　慧　段　勇
责任编辑　韩　昊　黄杨杨　岳　慧
责任印制　梁　硕

出版发行　电子科技大学出版社
成都市一环路东一段159号电子信息产业大厦九楼　邮编 610051
主　　页　www.uestcp.com.cn
服务电话　028-83203399
邮购电话　028-83201495

印　　刷　成都新恒川印务有限公司
成品尺寸　170mm×240mm
印　　张　26.25
字　　数　430千字
版　　次　2024年4月第1版
印　　次　2024年4月第1次印刷
书　　号　ISBN 978-7-5770-0844-8
定　　价　89.00元

追光

四川百年杰出科学家的故事

本书由四川省科学技术协会组织编写

工作委员会

序言

PREFACE

习近平总书记指出："科技是国之利器，国家赖之以强，企业赖之以赢，人民生活赖之以好。"百年以来，四川从未停下过科技发展的步伐，巴蜀大地上科技群星竞相闪耀：从填补国内科技空白，到开创高质量发展新格局；从服务民生大局，到支援国家建设……在四川默默耕耘的科学家们将祖国的科学事业视为崇高的人生追求，将自己的智慧与创造奉献给国家与人民，书写出科技强国的壮丽篇章。

"星星之火，可以燎原。"科学家们的故事是一段段珍贵的历史记录，记载着他们坚守初心、勇攀高峰的征程。他们的精神如同一束束闪耀的光，照亮人类崇尚科学、探索未知的路途。

这是一段百年拼搏的征程。虽然科学家们来自理、工、农、医等不同领域，但他们对于科学探索的持之以恒的精神和赤诚爱国之心是一样的。虽然他们中有人已经离我们而去，但宝贵的科学家精神将永世长存。

这是一部关于求真务实典范的书。书中展现了科学家对未知的执着探索精神和创新实干的工作作风，揭示了伟大成就和工作方法之间的内在联系，希望更多的科技工作者开卷有益、常读常新，希望本书更能为年轻一代的科研工作者启迪思维、提供助益。

这是一次情真意切的讲述。每一则故事都记录了科研成功和挫折背后那些感人至深的心路历程。每一段科学家语录都展现了科学家们的清风傲骨，满怀对后辈们的深情嘱托。在本书中，科学家是鲜活生动的平凡人，是社会大众可以亲近和学习的"全民偶像"。

无论是笔墨还是光影，无论是娓娓道来还是凝练数语，本书都为我们展现了一个个改变时代的科学家的人生旅程。他们如繁星在巴蜀乃至全世界的浩瀚长空中绽放着耀眼的光芒，照耀着、鼓舞着无数的科技工作者。他们的故事也非常适合讲给我们的孩子们听，相信科学家们独特的精神气质能够“润物细无声”地感染每一位青少年读者，帮助他们树立正确的人生观、世界观和价值观，在孩子们心中播下崇尚科学、热爱科学、勇于创新、敢于创造的“种子”。

繁星灼灼，万丈成炬。当前，新一轮的科技革命和产业变革深入发展，站在“两个一百年”奋斗目标的历史交汇点，“科技兴则民族兴，科技强则国家强”的时代号角已响彻神州大地，愿我们循着四川百年杰出科学家的追光历程，以更加奋发有为的精神状态和一往无前的奋斗姿态，向着高水平科技自立自强、加快发展新质生产力的目标扬帆起航。

四川省科学技术协会主席
中国科学院院士 杨（签名）
2024年4月1日

前言

FOREWORD

中国共产党自成立以来便在追求真理、崇尚科学、引领科技事业发展的道路上不断探索前进。在党中央的高度重视和引领下，四川省委、省政府始终认真贯彻落实科技创新和人才培养工作。建党百年来，四川涌现出许多胸怀祖国和人民、勇于创新、贡献卓越的科学家，他们为四川、为中国乃至人类的科技进步、社会发展作出了巨大贡献。

2021年，在喜迎中国共产党成立100周年和“5·30全国科技工作者日”之际，四川省科学技术协会（简称“省科协”）联合四川省教育厅、四川省交通运输厅、四川省农业农村厅、中国科学院成都分院等单位共同组织开展了致敬“四川百年百杰科学家”系列活动，委托专业团队梳理出对四川科学技术、经济社会发展作出重大贡献的科学家以及百年来四川科技发展史，并通过遴选活动、礼赞盛典、主题展览等形式，向遴选出的120位“四川百年百杰科学家”致敬，广泛营造尊重知识、崇尚创新、尊重人才、热爱科学、献身科学的浓厚氛围。

为进一步弘扬“爱国、创新、求实、奉献、协同、育人”的新时代科学家精神，省科协征得科学家本人（家属）或其所在工作单位的同意，委托电子科技大学出版社策划创编方案，组织作家团队走访采写，创作了“四川百年百杰科学家”58位代表的奋斗故事，汇集成《追光——四川百年杰出科学家的故事》一书。本书按照不同学科领域划分篇章，结合理、工、农、医的学科特性和科学家的典型事迹侧重体现科学家精神。

全书分为格物穷理篇、匠心独运篇和追本溯源篇。其中，每篇文章包括科学家简介、科学家语录和科学家故事三个部分，以报告文学的方式展现科学家们精彩的人生历程、丰富的内心世界和在科研道路上矢志跋涉的感人励志故事。

书中收录的科学家们是建党百年以来，各学科建设的先行者、奠基者、开拓者、传承发扬者。其中，在基础学科领域，有柯召、李正武等科学家深入探索、研究科学之本源，为开拓新的科学领域、开创基础研究新篇章奠定了坚实的基础；面向世界科技前沿，有谢和平、张兴栋等科学家创新方法攻克世界难题，解决"卡脖子"问题，不畏艰难勇闯科技创新的最前沿；面向经济主战场，有徐僖、涂铭旌等科学家步履不停，用尖端材料圆国人工业梦，推动科技成果转化应用；面向国家重大需求，既有赵仁恺、彭士禄等科学家钻研核动力技术，筑牢国防事业根基，又有屠基达、宋文骢等科学家研制先进战机，书写航空建设蓝图，还有沈志云、翟婉明等科学家建功高铁，刷新"中国速度"领跑国际领域；面向人民生命健康，有侯光炯、杨开渠等科学家扎根西南土地，一心只为提质丰产填饱百姓的肚子，更有陈志潜、曹钟樑等科学家大医精诚，铸成公立医疗卫生体系，为传染病防治殚精竭虑……他们大部分在四川工作时间长达30年，把美好的青春年华乃至毕生心血，融入推动科技进步和谋求人民福祉的奋斗历程。

我们绘就这幅四川百年杰出科学家的群像图，不仅是向科学家们致以最崇高的敬意，更是为了传承宝贵的科学家精神，激发青少年的科学兴趣、提升科学素养，进一步激励引领广大科技工作者坚定信心、"追光"前行，为实现第二个百年奋斗目标，奋力谱写全面建设社会主义现代化四川新篇章而不懈奋斗。

本书出版后，省科协将广泛联动学校、院所、企业、社区等，组织开展丰富多样的弘扬科学家精神系列活动，在全社会进一步弘扬科学家的爱党爱国精神和奋斗精神、创新精神，进一步形成尊重科学、尊重人才、尊重创新的良好氛围，为我国高水平科技自立自强和发展新质生产力提供坚实的思想保障和强大的精神力量。

四川大学、重庆大学、电子科技大学、西南交通大学、四川农业大学、成都理工大学、成都中医药大学、重庆医科大学、西华师范大学、四川轻化工大学、中国地质科学院地质研究所、中国地质调查局成都地质调查中心、中国科学院光电技术研究所、中国科学院成都生物研究所、中国科学院水利部成都山地灾害与环境研究所、中国核动力研究设计院、中国航空工业集团公司成都飞机设计研究所、中国电子科技集团公司第二十九研究所、中国航发四川燃气涡轮研究院、核工业西南物理研究院、西南铝业（集团）有限公司、成都飞机工业（集团）有限责任公司、成都工具研究所等单位，在资料提供、内容审阅、联络沟通等方面给予我们大力支持，西南交通大学田永秀教授及团队参与了书稿内容的审核工作，我们在此一并表示衷心的感谢。

书中图片由省科协经相关科学家、家属和单位授权后使用，部分图片根据拍摄者意愿标明出处。

虽然我们多方努力，力求做到尽善尽美，但书中仍难免存在疏漏之处，恳请读者批评指正。

四川省科学技术协会

2024年4月

目录
CONTENTS

01 PART 第一篇 格物穷理篇

02 PART 第二篇

匠心独运篇

03
PART
第三篇

追本溯源篇

格物穷理篇

格物穷理　探赜索隐显至真

矢志不移　追求科学无止境

本篇共收录15位理学领域科学家追寻科学之光的精彩故事。他们有的放弃国外优厚条件义无反顾回国效力；有的为了国家需要选择冷门领域，“冷板凳”一坐二十年；有的长期潜心研究，通过新方法解决世界级难题；有的细致入微，确保科研成果严谨求实……他们以艰苦奋斗的精神、实事求是的态度、独立创新的思维，深入基础学科研究，探索科学之本源，为科学探索的道路奠定了坚实的基础，为科学的发展作出了不可磨灭的贡献。

柯 召

数学泰斗拓新域 赤子之心志报国

柯召（1910年4月—2002年11月），浙江温岭人，数学家，中国科学院院士，被誉为中国近代数论的创始人之一、中国二次型研究的开拓者。1933年毕业于清华大学，1937年获英国曼彻斯特大学博士学位。曾任四川大学校长、名誉校长等职务。长期从事数论、组合论和代数的研究。在组合论方面，他和国外数学家合作提出的“爱尔特希-柯-拉多定理”，成为组合论中一个里程碑式的成果。他关于不定方程卡特兰问题的研究结果与方法，在国际上被誉为“柯氏定理”与“柯氏方法”。他关于二次型的研究也取得了重要成果。在担任中国人民解放军总参谋部科学顾问期间，为发展国防应用数学与密码学作出了杰出贡献。从教70余年，先后开设过微积分、方程式论、高等代数等课程，主导编写《谈谈不定方程》《组合论》《数论讲义》等优秀教材和专著，为国家培养了一批杰出的数学工作者，是中国近代数学教育的先驱之一。荣获国家级、省部级科技奖及优秀教材奖，何梁何利基金科学与技术进步奖。

科学家语录

作为一个数学教育工作者，我最大的愿望，就是造就更多精通数学的人才，希望有更多的人能掌握数学这把打开科学大门的钥匙。

赤子之心，归国建设之先驱

英国的夏季多雨。1938年，在英国待了三年多的柯召，已经适应了这里温润的海洋气候。

来到著名的曼彻斯特大学，可以说是实现了柯召很多年以来的梦想。柯召认为，曼彻斯特大学有全世界最优秀的数论导师，而数论一直是他感兴趣和立志研究的方向。因此，在考取公费留学生以后，他选择了曼彻斯特大学。

从清华大学到曼彻斯特大学，年轻的柯召内心的小宇宙有了一次爆发，并且达到了他人生的第一个小高峰。进入曼彻斯特大学一年多后，他用仅仅60天的时间就完成了博士论文的写作，那时距离他毕业还有很长的时间，这让他的导师莫德尔非常惊喜。

在博士论文答辩前的那段时间，他陆续在英国一些著名的专业杂志上发表了10多篇数学论文，还在著名的伦敦数学会上宣读了他的论文，他也因此成为第一个登上伦敦数学会讲台的中国人。在那次演讲的观众席里，有英国著名的数学大师哈代，后来，哈代还参加了他的博士论文答辩。也可以说，那一次柯召在伦敦数学会上的发言，是中国的数学家登上世界数学舞台的开端之一。

柯召在赴英国之前已经有在南开大学当助教的经历，又在曼彻斯特大学拿到了博士学位，还认识了很多赫赫有名的教授。他如果愿意留在英国工作，是一件很容易的事情。导师莫德尔非常欣赏他，也极力挽留他。从小聪颖过人，先后在厦门大学、清华大学学习数学的柯召，在曼彻斯特大学收获了他在数学研究领域的第一批果实，照此发展下去，一定会硕果累累，柯召也会随之走到数学研究领域的前沿。这无疑是一条看得见的康庄大道。

1938年，从中国不断传来令柯召十分不安的消息。一年前“七七事变”的消息，他是在英国的报纸上看见的。那天下着雨，虽然柯召手中握着雨伞，却仍有几滴雨水滴在了报纸上，在柯召眼里，像是看到了几颗炸弹在他的故土上爆炸燃烧。

有关上海四行仓库保卫战的报道让远在英国的柯召热血沸腾。不久，上海沦陷，南京沦陷，他的家乡温岭也沦陷了。

虽然身处异国他乡，柯召的心里却一直牵挂着祖国所发生的一切。除了从当地的报纸上了解国内的消息之外，他还和很多身在海外的老乡同学保持密切联系，以便得到国内一些更为真切的信息。他经常联系好友华罗庚、陈省身等，大家一方面交换信息，另一方面讨论如何回到中国救亡图存、教育兴国的事情。这批年轻的海外学子坚信：只要教育不亡，国家就不会亡！

柯召和华罗庚都曾同在清华大学求学。在清华大学读书时，杨振宁的父亲杨武之是柯召的老师，杨武之和柯召都是围棋高手，他们经常对弈较量，像家人一样亲密无间。

柯召没有想到，清华时期的同学和老师，竟然又成了他归国的鼓励者。

1938年夏天，一个溽热的下午，柯召踏上了回国的轮船。长时间的海上航行让柯召有机会冷静地思考前程，但是柯召回国的那颗心，从来都义无反顾。故土有朋友家人，更有国仇家恨。洋装虽然穿在身，此心依然在中国。

归国后，他的资料被当时四川大学（简称“川大”）的校长视为珍宝。随后，他来到当时相对落后的四川，并且一生扎根四川。

柯召其实有很多次选择的机会，也有多方向他伸出橄榄枝，但是，和他归国时的义无反顾一样，他入川的行动也是义无反顾的。

从某种意义上来讲，柯召可以算是支持抗日战争大后方建设的顶级人才。

当时的成都，虽然地处后方，但是也不断地被日机轰炸。为了躲避轰炸，川大的师生临时搬到了峨眉山，其中数学系被安置在保宁寺。当时的峨眉山交通不便、信息闭塞、寺庙破旧、食品短缺。在这样的条件下，柯召和其他师生把禅房当教室，把小木屋当宿舍，多人挤在一起，喝着溪水，吃着淡饭，忍受着蚊虫叮咬和道路泥泞，但是柯召一点也没有感觉到艰苦。因为他回到了祖国，所做的一切事情都是他在海外心心念念的，报国的理想正在眼前的一点一滴中慢慢实现。

1939年，时年29岁的柯召担任川大数学系的系主任，在峨眉山，他克服了生活条件差、师资力量薄弱、没有像样的教材等各种困难，没有中断教学

◆ 1939年5月，四川大学数学系欢送毕业同学合影（前排左三为柯召）

和研究工作，在迁徙途中还坚持为学生们讲课，并且与另一位同样从英国回国的留学生李宗华一起开展了对矩阵代数的研究工作。就这样一步一步地践行他报效祖国的誓言。

柯召拉得一手好京胡，在峨眉山的那段时间，苍山翠谷里、潺潺溪流边，常常有苍劲悠远的京胡声在回荡。京剧的曲目里有许多报国御敌的选段，那也是柯召最爱拉的，一是抒怀，二是励志，三是激励同伴。

抗日战争胜利后，柯召曾经到重庆大学任教8年，院系改革的时候他又回到了川大。在川大，他一步一步地从系主任当上了校长，他在数论方面的研究成果也达到了另一个高峰。如果说在曼彻斯特大学时期是他专业领域的一个小高峰，那么，在新中国成立后，柯召在数学领域的建树则达到了他专业的最高峰。

从某种意义上讲，柯召用他在四川奋斗的一生，实现了他回国报效祖国的理想。

数学之光，四川数学之基石

从川大望江校区锦江河畔的校门进入，有一条著名的梧桐大道。柯召当校长的时候，在那条林荫大道的尽头，有一幅攀登珠穆朗玛峰的巨幅壁画。

这条长长的梧桐大道和这幅攀登珠穆朗玛峰的壁画也深深地体现了柯召在科研领域所具有的特性和品质，那就是：整体布局，目标清晰；脚步坚实，志向高远。

现在的川大人在说起柯召的贡献的时候，除了说他担任校级领导发挥的巨大作用和他在数论领域的建树之外，还经常说的一句话便是：柯召不仅以一己之力发展了川大数学系，更建立了“数学川军”，创立了川大数论学派，培养了几代数学人才，繁荣了四川乃至中国西部的数学文化。他首先将数学作为四川的特色学科，取得了显著的成果，随后成功组建了在全国都具有极高影响力的数学研究队伍。

让我们把目光聚焦到2020年。这一年，是柯召110周年诞辰，川大举办了系列纪念活动。在大咖云集的线上纪念会上，两位华人数论泰斗张益唐和张寿武不约而同地提起一批活跃在国际顶级数学界的川籍青年才俊，并以此盛赞柯召对四川数学文化的影响。会后大家意犹未尽，为了致敬柯召，2020年年底，川大又举办了一次特别的纪念活动——“2020四川大学现代数论及相关领域在线论坛”，把舞台交给青年才俊们，向世界数学界展示“数学川军”的风采。活动参与者中，有三位从成都走出的青年专家，他们分别是成都树德中学校友、普林斯顿大学的许晨阳教授，成都七中校友、麻省理工学院的张伟教授，以及成都石室中学校友、斯坦福大学的朱歆文教授。

这几位现在活跃在世界数学界顶尖的精英才俊，被公认为北大数学“黄金一代”的杰出代表。他们纷纷表示，自己能够坚定地走上数学之路，很大程度上是受到了柯召的影响。首先是受益于四川数学文化的良好氛围，其次是在参加数学竞赛的活动中研读了柯召的主要研究成果，获得了良好的数论启蒙。长期以来，柯召始终是四川热爱数学的有志青年的榜样和精神力量。

直到今天，柯召的治学方法和治学风格，仍然使很多学生在数学的研学中获利。特别值得一提的是，柯召的再传弟子田野从国外留学归来，潜心钻研十余年，于2023年当选中国科学院院士。他后来把柯召研究的二次型理论用于数学的其他领域，结合现代工具，得到了令人惊叹的成果。

在川大的校园里，有一尊柯召的雕像，当阳光洒向古铜色的雕像时，雕像发出金子般的光辉。

柯召以及他所代表的一种精神，像金子一样，光芒永恒，历久弥新。

思流不息，做碎片时间之主宰

柯召特别喜欢清代诗人袁枚的一首诗："但肯寻诗便有诗，灵犀一点是吾师。夕阳芳草寻常物，解用多为绝妙词。"这首诗没有直接说到时间，但是又和巧妙利用时间密切相关。他认为，这首诗表达出了科学研究的一种境界，只要肯下功夫，总会有收获，灵感来源于刻苦，能灵活应用，可以得出很好的结果。

柯召特别会利用时间，这是大家一直赞佩的。在柯召的字典里，没有工作时间和业余时间之分。早晨起床散步时，午后休息时，春观桃花盛开时，夏观荷叶水珠时，秋看梧桐落叶时，冬赏蜡梅绽放时，脑中的一束亮光闪现，一个灵感掠过，都可以经过整理，变成他的学术成果。

柯召特别推崇北宋文豪欧阳修在《归田录》中所表达的倡导人文精神的思想。柯召喜欢读书，坐着就读经史，躺着就读各类杂记，上厕所的时候就读小词。任何时候他都在不断丰富自己的知识，不断汲取营养。

◆ 1990年3月，柯召工作场景

柯召对时间的珍惜做到了知行合一。在20世纪50至60年代，他随时都在思考着科研中的问题，坐火车也不闲着，而且在火车上还常常能构思出论文的关键之处。

有一年，柯召外出的时候意外被自行车撞伤，在家卧床两个月，但他却把养伤时光也当作学术研究的课题时间，完成了著名的组合论讲义。

1960年，他的挚友爱尔特希到北京访问，柯召专程前往北京接待，他们在饭店里叙离别之情，但更多的是讨论数学问题。最令人惊讶的是，数学界具有里程碑意义的成果“爱尔特希–柯–拉多定理”，就是他们俩在酒店里讨论出来的，这也被誉为“瞬时之间成为经典的结果”。

如今，柯召的学术薪火遍布全国，其众多弟子已成为科研中坚力量。他们继承并发扬柯召的学术精神，不仅在数学领域取得卓越成就，更为国家科技进步和社会发展持续贡献力量。

（文/李若锋）

张景中

研思数学觅真妙 启迪智慧润群生

张景中（1936年12月— ），河南汝南人，数学家和计算机科学家，数学科普作家和教育家，中国科学院院士。1958年肄业于北京大学数学力学系（1979年补发毕业证）；1979年调入中国科学技术大学任教；1985年调入中国科学院成都分院数理科学研究室，历任研究室主任、副所长，现任广州大学计算机教育软件研究所所长、中国科学院成都计算机应用研究所名誉所长、研究员等职务。长期致力于动力系统、距离几何和定理机器证明的研究以及数学科普创作、数学教育改革。在动力系统方面，对费根鲍姆现象相关的函数方程获得了新解。在距离几何方面，证明了Sallee猜想，把Cayley-Menger方程推广到更一般的情况，解决并推广了埃尔德什的“串糖葫芦问题”。在定理机器证明领域，改进和发展了“吴方法”；创立了几何定理可读证明自动生成的新思想和新算法“消点法”，给出了世界上第一个能够自动产生几何定理可读证明的算法程序，开创了用计算机通用程序成批发现非平凡新定理的先例，推动了机器证明研究从以判定为主的阶段进入机器产生的证明与人的手工证明竞相媲美的阶段。此外，致力于数学教育改革，是“教育数学”思想的创立者和数学教育改革试验的领航人。荣获国家技术发明奖二等奖、国家自然科学奖二等奖、国家科学技术进步奖二等奖等奖项。

科学家语录

只要学一个小时的数学，很多难题你就能轻而易举地解决了。你会发现自己越来越自由，仿佛什么事都可以做了，学数学的趣味就在于这种震撼——力量感、解放感、美感。

2000年10月的一个傍晚，张景中接到一通电话，对方自称是省里某部门人员，请他暂时不要离开家，因为等会儿有一个重要电话会打进来。

张景中感到有些异样，这通电话不像恶作剧，但自己研究数学，一贯醉心书斋，会有什么大事惊动了省里呢？

大约20分钟后，电话铃响了。张景中拿起话筒，心中不免有一丝紧张。

电话那端的声音带着一丝陌生，但似乎又很熟悉。正当张景中诧异时，对方和蔼地自报了家门——来电的竟是一位国家领导人。

原来这位领导人早年曾研究数学，还当过几何老师。在工作操劳之余，他也常常看一些数学书当作休息。这阵子，他正在看张景中的《计算机怎样解几何题》，书中有一道几何证明题，张景中提及用计算机解答此题只要3.9秒。他感兴趣的是怎样人为地证明它，于是，这位特殊的读者来向作者请教了。

此次通话2个月后，2000年12月20日，这位领导人把这道题出给了澳门濠江中学的学生。这就是著名的“五点共圆”问题，当时没有人能够解出答案。他笑着告诉大家，这道题自己一开始也不会做，是向一位老师请教以后才找到答案的。他说：“我把这道题出给濠江中学是要说明，一个人要有钻研精神。”

遇数学大师指点

1936年12月30日，张景中出生于河南开封。

开封是八朝古都，百货辐辏，人杰地灵。张家也是斯文之家，祖父曾为县官，祖母受过良好的传统教育，父母都以教书为业。

张景中出生不久，日军全面入侵中国，一时中原板荡，山河破碎。张景中3岁时，母亲去世，父亲常年在外工作，他便只能与祖母相依为命。回忆那段日子，张景中说：“我祖母叫李凤彩，是汝南一个大地主的女儿，读过私塾。在兵荒马乱的年代，她常在炮声中牵着我跑进高粱地深处，然后从怀里掏出一本破旧的《古文观止》教我读……多年以后，这个交织着残酷和温情的画面仍常常出现在我脑海中，就好像电影一样。”

受家人的影响，张景中自幼好学，加之悟性很高，初中时便在县里有“神童”之誉。当时，中学学期考试得第一者可得钱三元，第二名两元，第三名一元，张景中在中学屡拔头筹，以至于毕业时竟存下了不少钱。1954年，张景中如愿考入北京大学（以下简称“北大”）数学力学系。不仅专业成绩好，颇有古文功底的张景中还常常发表诗文，很快又被列为当时燕园的“十大才子”之一。

“春风得意马蹄疾，一日看尽长安花。”正值少年得志的光景，张景中却遭到了一记棒喝。对当时的他而言，此事可谓振聋发聩。

1955年暑假，读完大学一年级的张景中没回家。除了游泳、打乒乓球之类的体育锻炼外，他把更多时间用来自学。

他买了一本苏联人亚历山大罗夫著的《集与函数的泛论初阶》。通过自学，张景中掌握了书中关于无穷集合的知识。联想到刚刚学过的《解析几何》教科书上的一个命题——函数方程$f(x+y)=f(x)+f(y)$的连续解只有$f(x)=cx$，他进一步思考：假如不限制连续性会怎么样呢？是不是可以找到它的全部解？通过大胆假设，小心求证，张景中很快找到了确定这个函数方程全部解的方法，并写成论文寄给了《数学进展》杂志社。

不久，张景中便收到了编辑部寄来的校样，论文最终发表在《数学进展》1955年第4期上。当时，张景中非常骄傲——大一新生就能在专业期刊上独立发表文章，多么令人自豪!

然而，没高兴多久，编辑部又来信了。信中说，有一位读者提出询问，关于这个问题，前人已经做了哪些工作？

因为之前没有查阅文献，既然编辑部来信询问，张景中只得老老实实去补做这项工作。

在图书馆查阅3周后，张景中沮丧地发现，早在1920年，德国的数学家哈默尔就已经解决了这个问题。查清原委后，张景中给编辑部回信，致歉并说明自己原先对文献不够了解，现在查出有人已经做过这项工作了。其后不久，编辑部在杂志中也向读者发了致歉说明。

到底是哪个神秘的读者“横生枝节”，挫了自己的锐气呢？许久之后，大学四年级的学长告诉张景中，编辑部的信函是根据《数学进展》主编的意思写的，信中的读者不是旁人，正是大数学家华罗庚。

这期稿件刊发前，华罗庚因在国外没能看到。当他回国看到张景中的文章时说："糟了，这篇文章怎么你们又登了？外国1920年就有过了……"编辑告诉华罗庚，这是北大一年级的学生写的。华罗庚觉得，大学一年级的学生就能独立解决这个问题，聪明可嘉。既然如此，就更应该让他知道科研的规矩——凡做学问，总要先了解这方面别人已经做了什么，于是便让编辑部写了信。

痛定思痛，张景中认识到，自己的病根在于"想得太多但读书太少"，在科研领域开疆拓土，先要研读前人的工作，这是入门的规矩。有了这次深刻教训，在后来的科研经历中，张景中读文献时始终保持着重读摘要和展望的习惯。

独创神奇"消点法"

1992年，张景中应周咸青教授之邀前往美国，与威奇托州立大学合作研究几何定理机器可读证明问题。

在研究过程中，张景中提出借助面积解题法来探索几何定理可读证明自动生成的新途径的想法。对此，周咸青质疑："面积方法又不是算法，怎么用于机器证明？"

高人过招，毫不留情。这一手可谓直击要害，一下子把张景中问住了。

当夜，张景中辗转反侧，不停在脑海里构思，无数可能性呈现为种种形象，可每一次都未孕育成形便幻灭了。他的头脑里仿佛有一个艺术家和一个审判官：一个负责天马行空地幻想，一个负责将其一一戳破。

快天亮时，张景中忽然灵光一闪，他想到了面积方法里有一个很简单的公式，这个公式有一个特点——公式中有一个字母出现在左边，在右边的就消掉了，这岂不就是解决问题的关键？这个公式他也用了十几年，可之前一直是"日用而不知"，一直不知道它的本质是什么。如今张景中豁然开朗，脑海中那些至今混沌的知识一下子明晰了。

这种方法就是消点法。在几何定理的可读证明层面，张景中意识到，这一方法几乎可以解所有题目。这是反传统的方法，传统的方法是在图上不断增益辅助内容，而这一方法注重消解，不断去掉不必要条件，使问题逐步简化。

一直隐没在浓雾中的未知领域变得层次分明、历历在目。

◆ 2017年成都，张景中在阅读数学书籍

有趣的是，消点法的原理很简单。它一点也不依赖古典几何之外的知识，这一方法完全可以在欧几里得的时代就出现，后世的笛卡儿、莱布尼茨、希尔伯特等几何大师也完全可以发现它，但它就像一颗遗珠，一直被埋藏了2000多年，直到遇到了张景中才被发现。

后来，张景中在很多场合宣称这一发现“纯属侥幸”，是偶然悟及的。

人们或许不知道，科学研究的一切“侥幸”“顿悟”都不是偶然，天底下没有一蹴而就的便宜事，唯有耕耘弥久、积累深沉，然后才有本事脱胎换骨，达成飞跃。

“教育数学”倡导者

“上一秒我还在捡笔，下一秒我就听不懂了。”这句自嘲，真实反映了不少孩子学习数学时的困境。

学生因学数学而产生负面情绪并非新鲜问题。过去几十年以来，数学教育在全世界都遇到不同程度的困难，学生对数学的兴趣持续降低。一位美国数学家在一篇关于数学教育的长文中抱怨，“我们所缺乏的不是奉献精神、教育资源或者聪明才智，我们是没有好的教育方法”。

1974年，当时身为中学数学教师的张景中在课堂上发现了这一点。从那时起，他便开始探索如何让数学学习变得更容易。张景中发现，要解决数学难学的问题，不能只是研究数学怎么教，而要考虑改造数学本身，让数学变得容易起来。

因此，他在1989年提出了“教育数学”的概念，他把学数学比作吃核桃，“核桃壳与核桃仁紧密相连，如果不得法，砸开了也吃不到。数学教育研究的是如何砸核桃，而教育数学则要研究如何改良核桃的品种，让核桃更美味，也更容易砸开吃净。”

一言以蔽之，“教育数学”就是改造数学使之更适合于教学。

◆ 2020年，张景中在给研究生讲课

20世纪80年代，张景中陆续编写了很多科普著作——《帮你学数学》《数学家的眼光》《新概念几何》《漫话数学》《数学与哲学》等，这些著作广受好评。研究数学前沿问题难，写科普读物也不易。一本6万字的《数学家的眼光》，为了写得易懂有味，张景中来回修改，竟然花了5年的时间才完成。

张景中说：“想到自己的劳动引起了这么多没有见过面的孩子的共鸣，对我是一个很大的安慰。特别是我的第一本书出版之后，听亲戚说，有孩子从朋友那儿借到后非常喜欢，就花了一个暑假把那本书抄了一遍。我非常感动，赶快托人把书给孩子送了过去。”

关于自己的“教育数学”，张景中有自己的教言，“熟悉了就容易，简单了就容易，想通了就容易，直观了就容易”。

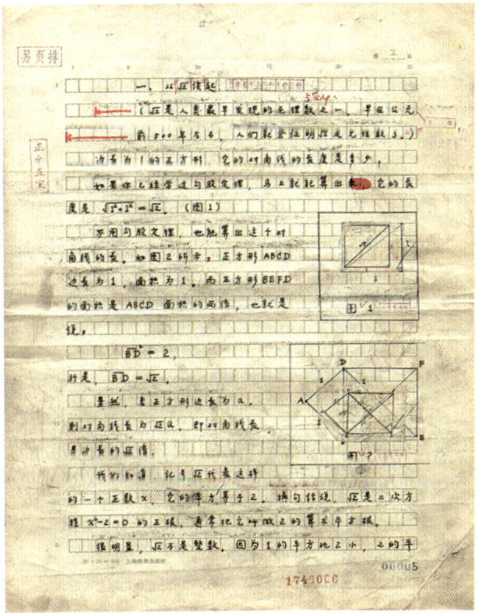

另页排

一、从√2谈起

（√2是人类最早发现的无理数之一。早在公元前500年左右，人们就会证明√2是无理数了。）

边长为1的正方形，它的对角线的长度是多少？

如果你已经学过勾股定理，马上就能算出来，它的长度是 $\sqrt{1^2+1^2}=\sqrt{2}$。（图1）

不用勾股定理，也能算出这个对角线的长。如图2所示，正方形ABCD边长为1，面积为1，而正方形BEFD的面积是ABCD面积的两倍，也就是说，

$BD^2=2$，

于是，$BD=\sqrt{2}$。

显然，若正方形边长为a，则对角线长为$\sqrt{2}a$，即对角线长是边长的√2倍。

我们知道，记号√2代表这样的一个正数x，它的平方等于2，换句话说，√2是二次方程$x^2-2=0$的正根，通常把它叫做2的算术平方根。

很明显，√2不是整数，因为1的平方比2小，2的平

000u5

17400CC

◆ 张景中所著科普书《从√2谈起》手稿中的一页

“最紧要的，还是老师根据实际情形灵活运用。”张景中说，“运用之妙，存乎一心。”

张景中院士的数学情怀，不仅体现在他对数学研究的执着追求上，更体现在他对数学教育的无私奉献上。他用自己的智慧和努力，为数学界和教育界树立了一座丰碑，激励着无数人继续探索数学的无穷奥秘，启迪更多的智慧之光。

（文/孙奥麟）

刘应明

模糊数学领路人 数脉传承显风骨

科学家语录

想在任何一个方面取得成绩，就必须投以很大的专注，拥有浓厚的兴趣。

刘应明（1940年10月—2016年7月），福建福州人，数学家，中国科学院院士，被誉为我国模糊数学奠基人。1963年毕业于北京大学数学力学系。曾任四川大学副校长、中国系统工程学会模糊数学与模糊系统学会首届副理事长等职务。主要从事拓扑学与不确定性数学处理等方面的教学与科学研究。在拓扑学领域，对不分明拓扑中的代数问题、嵌入理论与不分明凸集有深入研究。与其他学者合作研究一般拓扑及不分明拓扑，引进重域概念，解决了不分明点的邻近构造和收敛这两个基本问题，在积空间和商空间问题上取得了突破。在模糊数学领域，和同事一起成功解决了降维问题，这项成果在专家系统的“组合证据”处理以及模糊类隶属函数的确定等重要问题中发挥了重要作用。荣获全国科学大会奖、国家自然科学奖、国家教委科学技术进步奖、四川省科学技术进步奖、华罗庚数学奖等奖项。

模糊与精准在数学范畴中貌似是对立的概念。其实对于生活而言，很多事情是没有办法做到真正精确的。“一粒种子肯定不叫一堆，两粒也不叫，三粒也不叫……另一方面，所有的人都同意，一亿粒种子肯定叫一堆。那么，适当的界限在哪里？我们能不能说，123585粒种子不叫一堆，而123586粒就构成一堆？”刘应明在其所著《模糊性——精确性的另一半》的前言中，用这样一个古老的希腊悖论，以尽可能通俗易懂的方式来介绍模糊数学。

母亲给予的底色

“生活没有什么可怕的。”2012年12月10日，一个阳光明媚的上午，一场采访正舒缓地进行着，刘应明在回忆成长往事时特别强调的这句话，至今令人记忆犹新。诚然，他这里所谈“生活”的内涵和外延当然更为广义，而“没有什么可怕”的观点，则是母亲烙印在他内心的底色。刘应明说：“为节省1毛钱车费，母亲常常步行数里路来学校给我送米。有一年洪山桥镇发大水，房屋被冲毁，灾后她独自重修房屋。饥荒年间，她垦地种菜保障生活。”母亲用长满老茧的双手，在少年刘应明的心里种下了一粒坚强又坚韧的种子。

1940年10月8日，刘应明出生在福建省福州市洪山桥镇，少时体弱多病的他经常缺课，但学习成绩一直很好。刘应明曾就读于格致中学、福州一中，一直都是尖子生的他对数学表现出了浓厚的兴趣。刘应明与几位同学组建了数学小组，并且经常参加当时《数学通讯》等刊物的问题征解活动，他的表现总是最出色的。多年以后，刘应明为母校福州一中题词“数学是思维的体操”，他的“思维锻炼”也早在中学时代就开始了。

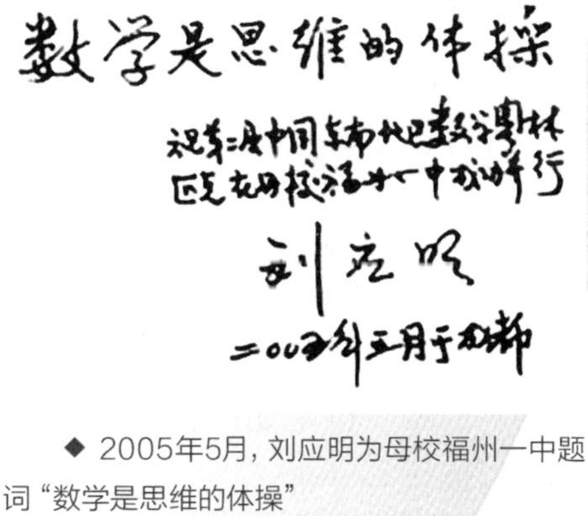

◆ 2005年5月，刘应明为母校福州一中题词“数学是思维的体操”

少年自有凌云志，金榜题名正当时。17岁时刘应明拿到了北京大学的录取通知书。回忆起大学时光，他常感慨：“一大早，学生们饿着肚子都要先去自习室抢座位，学习忙到几个月都没时间去理发。”刘应明对知识的渴望宛如一个饥饿的人扑在面包上，他不仅专业成绩优异，还苦学各门外语，连马克·吐温的外文版小说都能顺畅阅读。

在北京大学求学的6年间，刘应明从未回过家，因为在假期时留校才能继续享受助学补助，窘迫的现实没有给思乡的他太多选择。在空荡的校园里，他常常边走边算；在未名湖畔，他凝思破解公式。那些独处的日子，让刘应明拥有了更多的学习时间。

1963年，已考上姜伯驹院士研究生的刘应明响应国家号召——到祖国最需要的地方去，于是他登上了一列南下的火车。

在四川大学（简称“川大”），有个类似金庸先生武侠小说里“扫地僧”的段子广为流传。据说当年有位美国数学专家来学校访问，在教研室等人时与正在扫地的一位工人闲聊，哪知两人居然就一些数学问题谈得很是投机。事后美国专家大为感叹：“中国数学如此强大，连扫地工人都能精通拓扑。”这位扫地工人正是从北京大学分配到川大的刘应明，他在川大的第一份工作是在教研室做杂务。

课余时间的寝室里人声嘈杂，于是刘应明在教学楼找到一处闲置的小阁楼，在里面人无法直起腰来，仅能勉强放下一张小桌，但只要能盘腿坐下拿起书本，他便聚精会神地研读，宛如老僧入定。

从“天之骄子”到勤杂工，如此境遇落差仅用一句“没有太多心绪起伏”带过是不太现实的。如果细究刘应明内心的坚定与从容，那或许正是母亲瘦小而坚挺的身影始终在心里支撑着他自己的热爱。

“顺境的美德是节制，逆境的美德是坚韧，后者是较为伟大的德性。”培根之语恰如其分。

这一晃便是经年……

冬天来了，春天还会远吗？

“‘难’也是如此，面对悬崖峭壁，一百年也看不出一条缝来。但用斧凿，能进一寸进一寸，得进一尺进一尺，不断积累，飞跃必来，突破随之。”华罗庚所言正契合1975年时川大青年教师刘应明的所为。

在雅安市草坝乡，一个偏僻的村落里，刘应明的夫人吴玉群在一所由废弃教堂改造而成的学校教书。为方便爱人来探亲时能有个静心研究学术的地方，吴老师在校内为他另借了间小屋。“雨城”雅安的冬天异常潮湿阴冷，脚边的炭火早已熄灭多时，但刘应明却浑然不知。阴雨连绵多日，那是一个雨后黄昏，阴郁而低沉的天空让人感觉有些压抑。数日来的计算推演耗费了极大的脑力，有些疲惫的刘应明拿着一摞写满公式的稿纸走出屋来，他迎着还夹杂有细雨的冷风，在旷野间时而疾步行走，时而停顿。任何问题在突破临界点前总是格外艰难。再回屋伏案时，思路便豁然开朗，刘应明不停地驱动着手中之笔。

“冬天来了，春天还会远吗？”1977年，《四川大学学报》刊发的一篇共14章、2万余字的论文《不分明拓扑学——不分明点的邻近构造与Moore-Smith收敛》震动国内学界，该文的英文版在美国发表后，同样引起国外同行的广泛重视和引用。这篇文章正是两年前刘应明在雅安草坝乡的所思所得，他在文中所提出的崭新的邻近构造，首创了一种与传统概念不同的重域系，被认为是奠定了不分明拓扑学（即模糊拓扑学）有点化流派的基础。相关成果还能运用到人工智能、多值逻辑等多个领域。

1978年3月18日，全国科学大会在北京召开，属于刘应明的“科学的春天”终于到来。1978—1979年，他先后荣获全国科技大会奖、四川省重大科技成果奖等多个奖项。

学术无涯，更进一步，刘应明又综合有点化与无点化两家之长，在嵌入理论、度量化理论、紧化理论等方面取得了一系列重大突破。特别是在不分明拓扑学中相关的代数与序结构研究中取得原创性成果，被同行形容为“开辟了崭新的研究方向”“赋予不分明拓扑以新的生命”“解决了重要问题”。

随着改革开放的推进，刘应明逐渐在国际数坛上崭露头角。1978年，中国数学会第三次代表大会在成都召开。川大作为会议的东道主之一，本应在会上展现应有的风采，奈何事情并不顺利——参会论文数量不够。为了救急，当时并不是参会代表的刘应明带着自己的论文上阵了。他的论文一经宣

◆ 刘应明（右）和柯召（左）在一起讨论学术

读，马上就得到了数学界的高度重视，年轻的刘应明“一炮而红”。

刘应明所取得的丰硕科研成果引起了彼时正在川大任教的中国科学院院士柯召的注意。1980年，在柯召和川大副校长许琦之的大力推荐下，刘应明被破格提升为副教授。在长者的提携和自己的努力下，1983年，刘应明晋升为教授。同年年底，经国务院学位评议组审定，43岁的他成为当时我国最年轻的博士研究生导师之一。

1982年，法国政府向刘应明发出了邀请，希望他前往法国开讲授课。刘应明欣然应邀，借此机会他首次登上了国际数坛。在巴黎、图卢兹、里昂等城市的大学讲学期间，刘应明将自己关于不分明拓扑学的新观点分享给了更广阔的世界。在巴黎举行的第十二届国际多值逻辑会议上，刘应明做了几次学术报告，无一不赢得与会者的高度赞扬。一场学术报告会后的宴会上，法国一位颇具声望的教授特别要求坐在刘应明身边。席间，这位教授言辞恳切地对刘应明说：“希望你能留下来和我们合作。”面对对方的盛情，刘应明却毫不犹豫地谢绝了。

1984年，模糊信息处理国际大会在夏威夷召开，刘应明首次访问美国，他在会上担任拓扑分组的主席，并参与筹建了国际模糊系统协会。后来，国际模糊系统协会第二次世界大会在东京召开，他前往参会并担任大会程序委员会的副主席。他还在首届亚洲模糊系统大会上担任组委会副主席，在2005年举办的国际模糊系统协会第十届大会上担任主席。20多年间，他到美国、德国、英国、瑞士等十余国进行学术访问和交流，担任有关国际会议主席、副主席或分会主席十余次。

2005年，由于刘应明在专业领域的杰出贡献，国际模糊系统协会授予他“Fuzzy Fellow”奖——这是模糊系统及相关学科领域的最高奖项。同年，刘应明获得何梁何利基金科学与技术进步奖。

在刘应明的眼里，数学是一种无声的音乐、无声的画面，有着逻辑之美，要用超然的心态去面对。

想在任何一个方面取得成绩，就必须专注，且具有浓厚的兴趣。刘应明如是总结自己的人生哲学："世界上最快乐的事，莫过于为理想而奋斗。"

学高为师 身正为范

"在所有的头衔里，我最看重的是教师。"刘应明在川大教授公共基础课二十余年，培养了大批各方面都非常优秀的学子，其中不乏教育部长江学者、特聘教授、国家杰出青年科学基金获得者、国家重点项目基金主持人等。桃李满天下的成就与他的教学理念密不可分。在刘应明看来，教育不仅仅是传授知识，真正的教育应该是一种精神的传承，要培养学生做个能独立思考、有分析能力的人，重在启发而非灌输，不抹杀学生的个性和主动性。这让人想起泰戈尔的一段话："教育的终极目标，是培养学生面对一丛野菊花而怦然心动的情怀。"

◆ 2006年，四川大学"刘应明奖学金"颁奖会

学高为师，身正为范，言传身教不仅仅在课堂上。“我去图书馆查阅资料，发现不少数学书刊的索引上都有刘老师的名字，很多出版时间在‘文化大革命’时期。可以看出，即使在那样的年代他还在静心刻苦研读。这在今天看来，对我们有着无形的影响和推动力。”刘应明的学生，时任川大数学研究所副所长的罗懋康回忆道。

刘应明在学术上把关严格甚至苛刻，这一作风从未改变过。早在1964年他还是见习助教时，他就发现并指出所用教材的一处错误，这在当时还引起了不小的风波。一路走来，他初心不改。

“国内高校常有这种现象，某位大家逝去，一个学科就会没落，”谈及学科接续问题，时任川大党委组织部部长的李旭峰有些感慨，“但这种情况在刘院士这儿不会发生，他对学科的传承接续早就有所安排。”

刘应明将模糊数学这门学科在国内从拓荒到拓展，他将模糊数学研究的学生群体分为不同层次，建立起四层人才梯队，形成了一套科学完备的体系。

先生驾鹤仙去，功德泽渥遐广。作者翻看11年前的访谈文图时，不胜唏嘘。当日专访临别请先生题字，“独立思考，创新务实”八个字行云流水，这是刘应明先生一生的风骨，也是他对后辈的勉励。

（文/宋林）

李安民 深究数理寻幽趣 矢志不渝筑科基

李安民，（1946年9月— ），重庆人，数学家，中国科学院院士。1969年毕业于北京大学数学力学系，1978年考取该校数学系硕士研究生，1981年从北京大学毕业后进入四川大学工作。1986年、1991年，先后赴德国研究和进修，并获得德国柏林科技大学数学系博士学位。曾任四川大学数学学院院长、四川大学国家“985”科技创新平台——长江数学中心学术带头人、中国数学会副理事长、《数学进展》编委、德刊*Results in Mathematics*编委等职务。长期从事基础数学的教学与研究，在辛拓扑、整体微分几何等方面有创造性的重要研究，处于世界先进水平。与阮勇斌合作，提出并建立了相对GW不变量理论，证明了辛切割下的粘合公式。证明了仿射完备的双曲型仿射球一定是欧氏完备的，完全分类了主曲率有下界、完备类空的常数高斯曲率凸超曲面。与贾方合作证明了关于仿射极大曲面的Calabi猜想。与陈柏辉、盛利合作证明了环簇曲面的极值度量的Yau-Tian-Donaldson猜想（简称“YTD猜想”）。与连朝、盛利合作证明了任意维环簇的YTD猜想。荣获国家教委科技进步奖一等奖、国家自然科学奖三等奖、教育部提名国家自然科学奖一等奖、四川省科学技术进步奖（自然科学类）一等奖等奖项。

科学家语录

数学学好了，对其他能力，尤其是科学技术能力的发展是有很大帮助的。数学没学好，原创能力会受限。

当我们用理性的视角探索世界时，会发现无论是微观粒子的精妙构造，还是宏观万物的运行原理，其背后都隐含着数学所构建的“思维图谱”。这些由定理、公式、方程、图形等元素编织而成的一幅幅图谱，代表着人类智慧的结晶，不仅展示了数学的深邃与神奇，更像是一扇扇通往真理世界的大门。

数学家们就是这些大门的守护者。他们凭借敏锐的直觉、不竭的好奇心和严密的逻辑推理，不断把人类对于世界的感性认知和朦胧直觉转化为清晰、严谨的数学语言。面对现实世界的种种问题，他们通过数学建模、推理分析及精确计算，将之转化为可量化的数学模型和解决方案，进而服务于现代科学探索、工程技术革新以及日常生活应用的方方面面。正是这些数学方法和工具，为我们提供了一种理解复杂现象、把握事物本质的关键途径，使得我们能够在混乱中找到秩序，在复杂中寻求简单，从而逐步揭开真理那神秘而诱人的面纱。

李安民是一位独具匠心的数学家，他的智慧与才情深深地烙印在数学研究的领域里。可能和大家想象中不太一样，对于他来说，研究数学并不是一件枯燥无味、充满无尽推理与演算的苦差事，相反，那是一种灵魂的洗礼、思维的挑战，也是他与世界对话的方式。

每天，李安民总会早早来到位于四川大学校园内的办公室，烧开一壶水后，便开始了一天繁忙而有趣的工作。

自己要成为一匹好马，才能引来伯乐

1946年9月，李安民出生在重庆。他在重庆度过了童年和少年时期。现在回忆起那段岁月，他认为那是一段美好的日子。其中有一个重要的原因是，在20世纪60年代他上中学的时候，学校的学业并不像现在这样繁重，在课堂学习之外，家庭作业很少。李安民在少年时代，有更多的时间去看一些课外书籍，有更多的时间去满足自己的求知欲。直到今天，李安民还清晰记得，在那些科普读物中，他读到了牛顿三大定律：惯性定律、加速度定律、作用与反作用定律。虽然课堂上老师也讲过，但是科普书里更为详尽、生动的讲述，让李安民非常着迷。这些知识好像一粒种子，在阳光雨露当中悄然发出初芽；好像一个火种，在少年心中轻轻燃起求知的渴望。这些故事告诉他，只要有了兴趣，有了追求的方向，科学领域里那些被许多人认为枯燥的东西，就会变得津津有味，引人入胜。

高考的时候，李安民锁定了数学专业，由于他的聪颖和勤奋，一举考上了北京大学（以下简称“北大”）数学力学系。从此，他开始在深邃广袤的数学世界里遨游。他从来没有感觉到枯燥，他感受到的是，探索未知的奇妙和攻克难题后的满足。

有人在评述李安民的事业发展时，说过一句话，在李安民事业发展的关键时刻，总有贵人相助。其实所谓的贵人相助有一个前提，就是自己对工作要有浓厚的兴趣并能持之以恒。首先自己要成为一匹良马，才能引来伯乐。

1969年，李安民从北大数学力学系毕业以后，被分配到四川省阿坝藏族羌族自治州汶川县的草坡公社劳动锻炼，两年后，被调至汶川造纸厂工作。1978年，国家恢复研究生招生后，他燃起报考北大数学系研究生、继续探索数学世界的念头。北大数学系著名教授吴光磊和夫人经过努力，提前将李安民从汶川县造纸厂借调到北大，最终，李安民考上了研究生。

吴光磊教授当时在中国微分几何这个领域是顶尖级的人物，很难想象他竟然如此竭力地帮助李安民实现在北大读研的梦想。事实上，吴光磊教授看中的，是李安民在那段特殊时期里，除了做好本职工作外，还持续不断地读书、研究和撰写文章的钻研精神。在那片数学的海洋中，李安民如一只顽强的航船，顶风破浪，无惧任何风雨。他对数学的痴迷和执着，不仅仅是一种学术上的追求，更是一种对真理的敬畏和对自我价值的实现。即使在环境艰苦、资源匮乏的条件下，他也从未放弃过对数学的深入探索和独立思考。每一篇研究论文，都是他心灵深处的呐喊和呼唤，是对数学之美的独特诠释和注解。而吴光磊教授，正是被李安民这份纯粹而坚定的学术追求所打动，看到了他身上闪烁着的数学之光，决定为他铺设通往更高学术殿堂的道路。后来，在这条道路上，李安民有幸遇到了世界著名数学大师陈省身教授。陈省身教授平易近人，对李安民悉心地帮助和指导，不仅极大地促进了李安民对数学基本问题的研究，提高了李安民的学术造诣，更在探求真理的道路上，在李安民的心里建立了一种让科学家精神薪火相传的理念。

要做科学家，首先要做好人

改革开放初期，我国在数学领域还比较落后，但是我国的科研人员憋足了劲，一定要尽快追赶世界先进水平。当时，北大邀请了在数学领域颇负盛名的国际数学大师陈省身到学校讲授微分几何的课程，全国相关专业的研究生和青年教师都有机会来学习。

由于多年对外封闭造成了学术孤立与资源匮乏，当时全国前来听课的学生和老师，要完全听懂陈省身的课还有些困难。于是学校组织了一些青年学者来进行辅导，李安民成为陈省身讲课的助教之一，他也因此有了更多和陈省身接触的机会。很快，陈省身发现，这个叫李安民的年轻人功底扎实，学习勤勉，为人朴厚。他还发现了一个非常重要的特质，那就是李安民在进行学术思考时总喜欢挖掘自己独特的见解，他的眼光远大，追求卓越，绝不满足于平庸的成就。

人和人之间的认同和欣赏，也许就在一刹那间发生。从那以后，陈省身在李安民以后的学术生涯当中，给予了他很多的帮助和支持。

20世纪80年代，李安民找到柏林科技大学乌多·西蒙（Udo Simon）教授，希望申请洪堡基金项目，到德国柏林访问。这个项目在当时非常难申请。但是出乎李安民意料的是，他的这个申请竟然非常顺利地通过了。后来，李安民才得知乌多·西蒙与陈省身非常熟悉，他在之前访问伯克利时曾巧遇陈省身，并向其提及了李安民的申请事宜。陈省身表示，太巧了！这个李安民我认识，他非常优秀，并且欣然写下了推荐信。

而这一切，陈省身并没有告诉李安民。他这种默默在背后扶持年轻人的做法，让李安民非常感动。

多年以后，李安民满怀深情地说，跟随陈省身教授学习，他不仅领悟了陈教授高瞻远瞩的独特研究思路，熟悉了其深入浅出的通俗表达方式，更重要的是，他将陈教授视为做人的典范来学习。他深受陈教授身上体现的传统中国文化人品质的影响——那种深沉而质朴的气质、乐于助人的天性、温和

◆ 2018年12月，国家天元数学西南中心在四川大学成立，李安民（前排左六）任主任

而达观的人生态度，以及为国家无私奉献的精神，都成了李安民不断追求和学习的目标。

1986年，李安民由于出色的研究成果，在陈省身的推荐下破格从讲师晋升为教授。1993年，李安民在陈省身的安排下到伯克利大学访问。1995年，在陈省身的推荐下，李安民获得香港求是科技基金会杰出青年学者奖。1999年，同样是在陈省身的推荐下，李安民入选教育部重要人才计划。

在功成名就之后，李安民不仅没有忘记自己的起点，反而以更加坚定的决心，传承了陈省身等数学界前辈的崇高风范。他以同样的热忱，去慷慨帮助和支持更多的后辈学者成长。在他的帮助下，很多后辈学者得以在学术的道路上稳步前行，成为数学界的新生力量。

选基本的问题，做原创性工作

陈省身在推荐李安民申报教育部重要人才计划的信中写道：“他（李安民）选取基本的问题开展研究，在两个领域（指辛几何与辛拓扑、整体微分几何）都做出了优异的成绩。”

数学领域的问题很多，基本的、影响到数学领域发展的问题才是核心的问题，也是最困难和最具有挑战性的问题。李安民一生潜心学术，选取数学

◆ 2008年在四川大学数学学院，李安民（左一）和博士研究生讨论问题

前沿领域的基本问题开展研究，取得原创性的重要研究成果。

辛拓扑是20世纪80年代基于辛几何发展起来的数学前沿热点领域，其核心理论是以全纯曲线模空间为基础的Gromov–Witten（GW）理论。该理论与物理弦论中的西格玛模型密切相关。李安民和阮勇斌率先提出并建立相对GW不变量理论：引进了相对稳定映射的模空间；证明了紧性定理，从而引进了相对GW不变量；证明了GW不变量在辛切割手术下的粘合公式。相对GW理论现已成为GW理论的重要组成部分。它在GW理论的很多重要成果中起到了关键作用，例如，2006年菲尔兹奖得主Okounkov的获奖成果中就有三篇文章多次引用粘合公式。李安民与合作者利用此理论还提出了一系列重要应用。李安民与阮勇斌合作利用该理论完成了量子场论的Witten穿墙公式的数学证明；证明了任何两个三维光滑极小模型有同构的量子上同调环；证明了量子上同调在逆conifold变换下是自然的，这些工作揭示了量子上同调与双有理几何之间的深刻关系。YTD猜想是复几何中的中心猜想之一。S. Donaldson研究了环簇的极值Kähler度量，并通过一系列的文章解决了环簇曲面常数量曲率的YTD猜想。但其方法不适用于极值度量，此后进展缓慢。2010年，李安民与陈柏辉、盛利合作证明了环簇曲面的极值度量的YTD猜想。随后李安民和连朝、盛利合作证明了任意维环簇的YTD猜想。著名数学家Donaldson（菲尔兹奖得主、突破奖得主、沃尔夫奖得主）多次引用李安民等人的结论，他在伦敦数学会News Letter中的feature文章中将环簇YTD猜想叙述为定理，称该问题的最终一步是由李安民等人解决的。

李安民醉心于数学研究，致力于挖掘其深层次的奥秘，进而为学科的发展打下坚实的基础。“保持平常心，一心一意地把自己的事情做好，把自己的兴趣发展好，让自己的才华得到最充分的展示和发展。”这是李安民对于青少年的寄语。他深知，保持一颗平常心是多么的不易，但又是多么的重要。只有心态平和，不为外界所扰，真正地享受学习和做事的过程，才能从中找到属于自己的快乐和进步力量。

（文/章一飞）

李正武 以身许国探日源 情系聚变绘宏图

李正武（1916年11月—2013年7月，曾用名李整武），浙江东阳人，核物理学家，中国科学院院士，中国磁约束核聚变奠基人之一。1938年毕业于清华大学物理系。1947—1951年，在美国加州理工学院物理系攻读研究生，获得博士学位。曾任中国科学院原子能研究所（北京401所）一部1室（核物理）副主任，一部11室（加速器）代主任，14室（受控热核反应）副主任、主任，第二机械工业部西南物理研究所副所长、所长、名誉所长，核工业西南物理研究院名誉院长。长期从事核物理、等离子体物理和受控核聚变等方面的研究工作，领导并解决了若干重大关键技术问题。20世纪40至50年代，李正武在轻原子核反应方面完成多项实验研究，对爱因斯坦质量能量转换关系作出当时最精确的直接实验测定；提出了带电粒子活化分析方法；是中国第一台高气压型质子静电加速器和第一台电子静电加速器的主要研制者之一。20世纪80年代，领导研制成功受控核聚变实验装置“中国环流一号”（原名“中国环流器一号”）。该装置荣获国家科学技术进步奖一等奖。

科学家语录

小小的螺丝改刀，反映了实践的重要性。

1952年，美国加州理工学院凯洛格辐射实验室负责人李正武经历了一件怪事。

这天早晨，李正武照例换好衣服走进实验室，却不禁怀疑起了自己的眼睛，实验室空空荡荡——大部分资深研究人员和教授都消失了，平日朝夕相处的同事们都去哪了？今天是工作日没错，难道自己错过了什么重要通知？

离奇的是，接下来整整一年，同事们仍然没有音信，尽管李正武多方打听，上级部门却没人对此做出解释。

一年后，当初凭空消失的同事纷纷回到实验室，他们表现得好像什么都没发生过，对这一年来的事闭口不谈，当李正武问起，这些人无不遮遮掩掩，顾左右而言他。

自己是实验室的负责人，同事们却凭空消失了一整年，这一切太不符合逻辑，李正武一度怀疑是自己做了一个梦。

然而这并不是梦。

异国得志，未忘家国梦

小时候，李正武处处跟别人不一样。

常言道“十月怀胎”，李正武却在母亲肚子里足足待了十一个月。李正武的爷爷和叔叔都是翰林，父亲李光白也是文人。父系显赫，母家也不遑多让，母亲卢松卿是婺氏望族卢家的女儿，卢家的宅院、房舍、寺观多得数不清，光点缀其间的园林就有40余处，其规模之大，冠绝江南，素有“北故宫，南卢宅”之称。

李家世代以书香传家，底蕴极深，李正武又天赋异禀，自幼就打下了极好的学问底子。

李正武7岁上小学时直接就读五年级。即便如此，李正武仍觉得学校所教的内容无趣。到了中学，李正武在学校常年“吃不饱”，加之年少轻狂，一度以在课堂上指出老师的错误为乐，气得许多老师愤然要求请辞，李正武也因此不得不频繁转学。

古人言："小时了了，大未必佳。"进锐退速本是年轻人的常态，偏偏李正武又跟别人不一样。1934年，李正武在3600名考生中脱颖而出，以第一名的成绩考入清华大学物理系。

可喜的是，李正武在大学不狂了，除了学习，他关心更多的是国事。

1935年，李正武参加了"一二·九"学生运动；1936年，他又参加了"抗日前线服务团"，赴绥远，以后方人员的身份参加了抗日战争。

1938年从清华大学毕业后，他先去贵阳气象所工作，1940年、1943年在江苏医学院先后任助教、讲师，1944年任复旦大学讲师，1945年任交通大学副教授。毕业8年后，他考取了教育部的公费留学，去美国著名的加州理工学院主攻核物理专业。

在加州理工学院，李正武有三位导师，其中有两位后来获得了诺贝尔奖。他们很欣赏李正武的天赋和才能，不惜倾囊相授。

留美期间，李正武初试锋芒，在轻原子核反应方面完成多项实验研究，对轻原子核及热核聚变反应做了多项精密实验并进行了计算分析，提出了带电粒子活化分析方法，独立发现了用阿尔法粒子轰击原子核的库仑激发现象，这一成果震惊了当时的美国科学界。

当时美国总统的科学顾问、核物理专家杜布里奇到加州理工学院访问，陪同视察的正好是李正武的两位导师，当杜布里奇听说李正武精准测定了轻原子核质量的成果时，他非常兴奋，直喊："快把测定结果给我看看！"拿到结果并反复比对后，杜布里奇很震惊，他说："这数据比我用质谱仪测出来的还准确，而且更合理。"此时，这位总统顾问刚刚搁笔的新作已经付梓，但因为李正武的数据，他竟不惜与出版社反复沟通，坚持修改原稿，把自己的数据换成了李正武的。

就在李正武在美国科研界打开局面的阶段，猝不及防地发生了前述的实验室同事离奇消失的事件，此事令李正武一度十分困惑。但随着无数碎片信息开始在脑海中汇合，一些轮廓慢慢清晰了起来，他明白了事情的来龙去脉。

同事之所以消失，是因为他们收到了美国政府的密令，在绝密状态下，这些人都参与了"雪伍德方案"——制定可控核聚变规则。李正武之所以不知道此事，不是因为他水平不够，而是因为他不是美国人。像"可控核聚变”这种顶尖技术，美国政府是不会轻易让外国人涉足的。此事让李正武意识到，科学家是有国籍的，科学也常常是有国界的。

此事也使李正武把回国提上了日程。不止回国，他还打算在中国把“可控核聚变”搞出来。

◆ 留美期间的李正武

然而，在当时“麦卡锡主义”盛行的美国，中国科学家想回国绝非易事。回国申请提出不久，李正武和夫人孙湘分别接到了美国移民局的一封信，信中只有一句话：“根据美国总统命令，你不得离开美国。”从那以后，移民局的人每个月都要以各种理由来李正武家检查几次，李正武的行动被监视——他被美国政府软禁了。

愤愤不平的李正武想尽一切办法回国，甚至一度起诉了美国移民局，但结果显而易见。直到1955年，周恩来总理在日内瓦与美方严正交涉，被羁留在美国的中国学者才获准回到中国。

这一年，李正武终于偕夫人坐上了回家的航船，与之同船的还有著名科学家钱学森，两人也在船上定交。登上故土的那刻，两人激动不已，钱学森握着李正武的手说：“整武（李正武原名李整武）兄！这下我们真的到了中国了，恭喜！恭喜！”

人造太阳，致力核聚变

回国后，李正武被安排到北京原子能研究所工作。他忘不了在美国经历的“离奇事件”，一回国就提议在国内研究“可控核聚变”技术，此提议一呼百应，被写进了国家的“十二年科技规划”。

什么叫可控核聚变？譬如原子弹爆炸会产生巨大能量，但氢弹爆炸是不可控的。可控核聚变可以安全、持续、平稳地让氢弹爆炸的能量变成一个温暖且持久，造福地球和人类的“人造太阳”。

1969年年底，李正武随三线建设迁至四川乐山原二机部585所，即后来的核工业西南物理研究院。我国第一代“人造太阳”装置——“中国环流一号”就此在乐山迈出了艰难的第一步。

李正武夫妇和儿子住在一个十平方米的土屋里，家具只有几个木头箱子，院里是李正武夫妇自己和泥搭的炉灶、自己搓的煤球，水井和厕所不在院子里，离家很远。为了给科研腾时间，他们两天才做一次饭——做足三口人两天的量，至于做饭的柴米油盐，则需徒步五公里到县上去采购，路远尚且能接受，但每次采购都要经过一段称为“108墩”的坡坎——也就是有108个台阶的坡路，这委实是一大挑战。有一次，孙湘不慎从坡坎上跌落，变成了泥人，所幸并无大碍。

尽管日子过得捉襟见肘，夫妇俩还是在乐山扎下了根。

生活的艰难克服了，更难克服的是科研的艰难。当时的核聚变装置参考资料仅有一张示意图和几个公式，研究工具主要是算盘，唯一有点科技含量

◆ 1978年，国防科委领导钱学森等视察585所时合影，前排右二为李正武、右四为钱学森

◆ 李正武（左二）和林兴炎（左一）、钱尚介（左三）、何成逊（右一）在实验室向上级领导汇报

的是李正武当年从美国带回来的“皇家”牌打字机——为了带它回来，李正武还扔了一箱衣服。

自1972年被正式任命为“451”工程总体组组长后，李正武夜以继日地搞研究。历经反复攻坚，1972年，李正武提出了“中国环流一号”装置的最初实验方案。1974年，李正武首先提出“聚裂变共生堆”概念。1984年，我国自主设计和建造的托卡马克受控核聚变实验装置——“中国环流一号”——按照李正武决策的总装调试方案启动，这标志着我国核聚变能源开发事业又向前迈进了一大步。

1988年，为指导中国受控核聚变事业的发展，李正武又提出了“中国环流器二号”的概念设计框架，此框架又成为“中国环流器二号”（原名“中国环流器2号A”）计划的早期基础。

可控核聚变是人类梦寐以求的技术，它需要几代甚至几十代人的努力才可能实现，李正武和同事们的每一步进展，都使我们离“人造太阳”的成功更近了一步。

情系乐山，梦回585所

晚年的李正武住在北京。

当年接受访谈时，女儿李漱碚说："他现在97岁了，前两年还老跟我念叨要回四川，回成都，回院里，看看同事们都在做什么，看看有什么需要帮忙的。"

1999年，李正武的夫人孙湘病逝，从那以后，李正武身体便大不如前，他的最后一篇论文是87岁时写的，再往后就写不动了。93岁时，李正武的精神也开始恍惚了。有时候，他会像孩子一样任性，吵着要女儿买机票，下午就去四川；有时候，又要求女儿买机票去法国，要去看法国的"ITER（国际热核聚变实验堆）"。

李正武常给人讲乐山，讲着讲着就忘了对话者而陷入回忆，他常说的是："乐山有世界上最大的佛，大佛的脚上可以放桌子，左一桌，右一桌……"

为锻炼记忆能力，李正武找了个笔记本，写下一些他不想忘却的东西，这也是李正武的心灵为世界敞开的最后一扇窗户。

笔记本里的内容虽然都为片段，却也包罗万象，或是国事，或是文史，或是家乡，或是故人，其中最多的还是工作。如：

"招博士后计划，已欠聚变所党委一笔账。"

"石秉仁著《磁约束聚变原理与实践》（原子能出版社）。"

"诸葛亮那么杰出的人物，给我一种教训！人才培养要先于科研本身。"

2011年，已经失去对话能力的李正武接受电视采访，在回答许多问题时，面对主持人的多方提示，他仍是茫然以对。但在被问到"您在美国工作生活条件那么好，为什么还要回到国内"时，李正武清晰地说了两个字：

"爱国。"

（文/孙奥麟）

苟清泉 深研物理不坠志 杏坛培英续新篇

苟清泉（1917年4月—2011年6月），四川邛崃人，著名物理学家和杰出教育家，四川大学教授，吉林大学物理学科和四川大学原子与分子物理研究所创始人，我国原子与分子物理及高压物理与高压合成学科的奠基人之一。1942年毕业于重庆中央大学（现调整组建为东南大学、南京大学等12所高等院校）物理系并留校任教。先后任职于重庆中央大学、西南联合大学、北京大学、华西大学、吉林大学、四川大学等高校。在吉林大学工作30年后，于1982年调入成都科技大学（后并入四川大学）。先后主持创建应用物理系、原子与分子物理研究所、高温高压物理研究所（与中国工程物理研究院一所联合），并建立了首个原子与分子物理国家重点学科。长期从事原子与分子物理、高压物理和物理力学的研究，提出从原子与分子相互作用出发研究高温高压下物质结构、状态及其变化规律的学术思想，提出解决百万到千万大气压范围内固体状态方程的新方法。1966年与钱学森等人主持召开了我国首届原子、分子物理与物理力学学术讨论会；1977年主持制定了我国第一个原子与分子物理发展规划；1982年到成都科技大学后，倡导建立了超硬材料实验室、二级轻气炮动高压实验室等重点实验室，与中国工程物理研究院一所、二所、七所及八所密切合作，为原子与分子物理及高压科学与技术的发展和人才培养作出了重大贡献。主持编写的学术著作《人造金刚石》，是国内该领域的第一部专著。

科学家语录

为国家现代化作了一点贡献，很高兴，今后还要继续努力，"鞠躬尽瘁，死而后已"。

"下周一，你上班前到我这来一趟，我们谈谈下一步的研究计划。"

2011年6月末的一天，四川大学原子与分子物理研究所所长蒋刚接到了一通电话，来电的正是95岁的苟清泉。第二天一早，蒋刚便来到苟清泉家，二人见面，苟清泉倒没提下一步研究计划的事，只是反复强调一些老生常谈的话，如"科学在尖端出成果，但搞科学不在于搞尖端，重点是把基础打牢"之类。

说着说着，苟清泉突然毫无征兆地晕了过去，蒋刚赶紧拨通120急救电话，并将苟清泉送去了华西医院。经过抢救，半天后，苟清泉终于恢复了意识。随后，极度虚弱的苟清泉不顾医生劝阻，叫来了研究所里的学术带头人和同事，与他们一一交代工作。交代完毕，他又把大家召集到一起打气："做科学，大家一定要团结，一定要齐心协力。我住几天院，好了就出来。"

然而不幸的是，这次苟清泉没能兑现自己的诺言，2011年6月30日，苟清泉离世了，享年95岁。同事每次想起这一天都唏嘘不已："他交代了那么多，都是学术和工作的事，对于自己和家事，他一个字都没提。"

一朝立志，终身不改

1917年4月14日，苟清泉出生于四川省邛崃县（现四川省邛崃市），他自幼失怙，由母亲抚养成人。童年的苟清泉喜欢画国画，一度以之为无上乐事。然而，1932年考入四川有名的成属联立中学后，他的兴趣却发生了变化，由醉心的文艺领域转入求真务实的科学领域。

在成属联立中学的6年间，苟清泉在老师们的指导下阅读了很多数学、物理类的书籍，他曾根据华罗庚的一篇论文对k乘方数等相关问题进行了研究，并由此推论出了10多个定理，此举令老师们刮目相看，以之为异才。在读书之余，苟清泉还与同班同学李荫远、周光坰、李文彬等人一起创办了刊物《科学的中学生》，并通过节省零花钱筹集费用后，将刊物铅印向全国发行。高三时，他又组织了"中国青年自然科学会"，联合全国有志于科学的青年，共同为发展中国科学事业而努力奋斗。

1938年，芶清泉考入重庆中央大学物理系，毕业后留校任教。1944年，任西南联合大学物理系助教时，芶清泉师从当时饮誉海内外的吴大猷先生，开始研究原子与分子物理，同年便与吴大猷联名于《中国物理学报（外文版）》发表了题为《氦原子$2s^2\ ^1S$态的赫罗拉士式波函数》的论文，这是国际上较早关于氦原子双激发态的精细计算的研究。与吴大猷的结识，奠定了芶清泉一生的研究基调。

携手钱学森，参与“两弹一星”

原子弹是第二次世界大战末期出现的新武器，其威力巨大，一露面就震撼了世界。

20世纪50年代，美国发动朝鲜战争，扬言要用原子弹封杀中国，并在日本部署核武器。

面对严峻的国际形势，党中央果断做出了独立自主研制“两弹一星”的战略决策。于是，大批优秀的科技工作者，包括许多在国外已取得杰出成就的科学家，纷纷义无反顾地投身于这一神圣而伟大的事业。1955年9月，名满美国的火箭专家、空气动力学家钱学森携妻子和一对年幼的儿女，登上“克利夫兰总统号”邮轮回到祖国，开始主持“两弹一星”的研究。

当时，钱学森面临的困难是他在美国时难以想象的。“两弹一星”的研究需要众多学科协力，而当时正值新中国成立初期，百废待兴，国内的相关学科建制不全，人才寥落，其中十分关键的原子与分子物理领域竟多年难觅人才。

◆ 芶清泉（右）和钱学森（中）、陈能宽（左）的合影

在1963年召开的中国物理学会年会上，钱学森再度询问有谁在做原子与

分子物理研究，会上有人推荐了芶清泉，钱学森便在会议期间找到了他。当时钱学森已享誉海内外，与之相较，芶清泉可谓名不见经传，然而两人虽是初识，却有英雄识英雄之感，寥寥数语，钱学森便认可了芶清泉的研究能力和科研水平。于是在接下来的工作中，芶清泉把自己的多年所学都应用到"两弹一星"的研发上，他深度参与了"两弹一星"项目中有关高温气体、高压气体和高压固体的技术研发，为"两弹一星"项目的胜利完成提供了保障。

自1963年定交，钱学森和芶清泉的情谊与协作始终在不断加深。1966年，在首届原子、分子物理与物理力学学术讨论会上，钱学森力排众议，对芶清泉的科研方法及成果表示了支持。20世纪80年代，当学界对"常温核聚变"争议不休时，又是钱学森第一个站出来认同芶清泉的观点，鼓励他坚持观点，继续研究。自相知起，二人分别率领的团队在原子与分子物理、物理力学两门学科领域开始了长期合作，彼此有组织、有计划地发展，50年来为国家培养了大量优秀人才，创建了若干研究所、国家重点实验室、国家重点学科，解决了诸多重大尖端科技难题。

谈起钱学森，芶清泉很是佩服："他是我尊敬的老大哥，也是一位科学

◆ 芶清泉在二级轻气炮实验室与领导、专家交流，前排左起：朱丽兰、芶清泉、宋健、朱光亚，后排左一韩邦彦，右一经福谦

思想跨度很大、综合能力很强的科学大师，是我永远学习的榜样。”

2009年，钱学森离世。芶清泉写字吊唁以寄哀恸，知音已逝，他的世界自此也多了一份孤独。

为国民经济，让金刚石更硬

俗话说，“没有金刚钻，别揽瓷器活”。早年间，一般人家里的瓷器碎了都舍不得丢，人们会找匠人用金刚钻在瓷器的碎裂部分边沿上钻孔，再用金属线通过这些孔将瓷器的各个部分锔接起来继续使用，这里所说的金刚钻就是指金刚石。

居家过日子尚且不能没有金刚石，20世纪70年代的中国，在工业生产建设中更是少不了金刚石，没有大量且优质的人造金刚石，许多生产建设项目都会受到影响。当时我国虽然已经有了人造金刚石技术，但我们的技术远不如美国和日本起步早，造出来的金刚石或不耐热，或不抗压，用于搞生产建设时，总会造成大量的物资浪费。

1971年，国家把改良人造金刚石的重任交到了芶清泉手中，他欣然受命。

自受命之日起，芶清泉便带领团队夜以继日地研究，白天不是在实验室做高温高压实验，就是在工厂车间实地考察，晚上则在家苦读思索，家里书籍堆积如山，好像砌起的一座座宝塔。所谓“功夫到，滞涩通”，不到5年，芶清泉改良的人造金刚石就研发成功了，而且不是一般的成功——原本我们的人造金刚石工艺落后美国20余年，经过芶清泉的改良后，金刚石合成中的很多历史遗留问题都被解决了，并促进了合成新方法和新产品的诞生，以至于研发成功的消息才一传出，国外同行便纷纷要求来我国学习。

1978年，芶清泉的事迹被长春电影制片厂拍成彩色纪录片在全国放映，改良金刚石的故事被永久保存在了胶片之中。多年以后，在乌克兰首都基辅的某届国际高压科学技术研讨会上，两位捷克学者非常兴奋地报告说，他们发现了触媒合金与金刚石结构的对应关系，事后他们才发现，这一结果比芶清泉的论文整整晚了12年。

治学为乐，育人有道

苟清泉毕生简朴，平生乐事一在于治学，一在于得天下英才而教育之。

六十几岁时，苟清泉从东北回到四川大学任教，他不仅自己回来了，还把桌椅板凳和一些旧家具一同搬回了学校。在他看来，这些物品虽然旧但仍能用，于是也就一直没换过。对于苟清泉的清贫生活，许多人感到惊讶，因为知名物理学家居然只住在学校一座陈旧的居民楼里。其实，学校领导曾多次劝他换个更好的住处，但说了3年，他也没换。回忆往昔，学生邹广田院士总有遗憾："苟老师从来不讲享受，不计较个人得失。我以前说给他家安装暖气，他不愿意。我本来打算自己动手做一个暖气炉，结果还没做好，他就走了。"

苟清泉对衣食住行从不在意，因为他的乐趣并不在于这些外在的事物，而是完全沉浸在学问的海洋中。1991年入学的陈向荣一进校就感受到了苟老师的严谨与勤奋。苟老师每天坚持工作10小时，到了晚上也不休息，经常坐在那里闭眼沉思。陈向荣至今记得苟老师常说的一句话——"实际上我没睡

◆ 1995年，苟清泉（中）与诺贝尔物理学奖获得者杨振宁（左二）在四川大学见面交流

觉，我还在想问题”。

作为四川大学的终身教授，芶清泉即使在90多岁的高龄也没有停止研究的步伐，他晚年的研究重点集中在“冷核聚变”以及“金属氢”两个领域。94岁的他还发表了长达6页的纯英文论文，论文写好后，他请香港的一位教授帮忙检查语法错漏，对方读完回信说：“这么精准的英文，没得改。”

◆ 吉林大学原子与分子物理研究所举行芶清泉塑像揭幕仪式

对于科研造诣的理解，芶清泉曾说：“徐悲鸿画马，齐白石画虾，他们的画简单而传神，这其实是一种科研。”这话乍听起来好似无逻辑，但若能得其旨趣，却足以看出芶清泉的造诣之高。文艺与科研都必定需要大量的知识积累，然后才能由博杂而回归简约，由机械而回归生动，此时看似率性的一笔才能简单而传神；文艺与科研看似南辕北辙，其实殊途同归。

与治学并重的，还有芶清泉的教学工作。在近70年的从教生涯中，他不仅在三尺讲台上主讲过普通物理学、力学、分子物理、原子物理、热力学与统计物理、量子力学等多门课程，还编著了《原子物理学》《固体物理简明教程》等影响了一代物理学子的经典教材。芶清泉可谓是桃李满天下，光是中国科学院的院士，就有5位出自芶清泉门下。或许也正因为如此，芶清泉虽然谢世十余载，却似一直未曾离开过我们。

（文/孙奥麟）

林为干

深耕微波术精益 心怀家国谱华章

林为干（1919年10月—2015年1月），广东台山人，著名微波理论学家，中国科学院院士，美国麻省理工学院电磁科学院院士，被誉为“中国微波之父”。1939年本科毕业于清华大学；1951年获美国加州大学伯克利分校博士学位；之后回到祖国，先后在岭南大学（现中山大学）等校任教。1958年，随院系调整到新成立的成都电讯工程学院（现电子科技大学）任教，历任院长助理、副院长等职。终生致力于微波理论与技术的研究和人才培养。创立了一种新的单腔多波型微波网络理论，对世界微波学术界及现代卫星通信技术的发展产生了重大影响；提出了“传输线阻抗计算方法”和“三角波导理论”等观点，对静电场理论作出了重要贡献；发现了有介质平面上双像的现象，用介质球的镜像理论解开了电磁学界的“哥德巴赫猜想”。主要著作有《微波网络》《微波理论与技术》《电磁场工程》等。荣获全国科学大会奖、首届国家级优秀教学成果特等奖、何梁何利基金科学与技术进步奖等奖项。

科学家语录

我要做一辈子的研究生。

1945年的一天，美国加州大学伯克利分校正在举行英语考试，才抵美不久的留学生林为干匆匆走进考场，坐下便拧开钢笔，开始答题。

监考老师一直留意着教室里这唯一的东方面孔，最后忍不住拍了拍林为干的肩膀，问他是不是留学生。

在得到肯定答复后，监考老师耸耸肩说："你走错教室了。现在同时进行的有两场英语考试，你该去的是另一场。"

在监考老师的解释下，林为干才明白，自己正在参加的是美国人的英语考试，而自己本该去另一组——不以英语为母语的留学生的英语考试。显然，后者的试卷要远比眼前的简单。

"如果我这张卷子成绩合格，是不是也等于通过了另外一场？"林为干问。

"当然。"监考老师回答，神色却仍然疑惑。

"那我就放心了，谢谢您。"

监考老师不知道，这个来美国不到一年的年轻人，不仅在短时间内掌握了极地道的英语，还顺便学会了德语和法语。

少年得志，蜚声海外

林为干的父亲林德群是老派读书人。1905年，林德群治经有成，进京赶考，可人才到北京，清政府就宣布废除科举，改办新式学堂了。失落之余，林德群转而考入北京法政学堂学习法律，学成后，回乡做了律师。

受父亲的影响，林家的孩子都爱读书。林为干是家里最小的，也是最聪明的一个，在乡里有神童之誉——他还没上小学就自学了写字算账，上小学后嫌内容太简单，整天跟着高年级学生上课，原本要读六年的小学，林为干三年便毕业了。

到了中学，林为干还嫌学的东西简单，初二就完成了初中的全部学业，并考取了当时广东最好的高中——广雅中学。在广雅中学读到高二，林为干又嫌课业简单，悄悄地去考了大学，这一考可不得了，林为干一举考上清华大学、中山大学和国立中央大学三所名校。经过一番思量，15岁的林为干决定去清华大学。

大学期间，林为干最崇拜的是华罗庚老师，他一有闲暇就去旁听华罗庚的课，华罗庚教什么，他就读什么，一切与华罗庚有关的消息都是林为干渴望知道的。用今天的话说，林为干也“追星”。

华罗庚只有初中文凭，原本在清华大学的图书室做管理员助理，因在国际学术杂志上发表多篇论文而被破格升为讲师，此事在当时被传为美谈。林为干每次在路上遇到华罗庚，都会谦恭地站在路边，主动为华罗庚让路，并驻足目送其远去。如果碰巧同路，林为干就远远地跟在华罗庚后面。华罗庚腿脚不便，走路慢，林为干也慢慢地走，绝不超过华罗庚。

“那时候，华罗庚就是清华最勤奋的人。”林为干回忆说。

俊逸之才往往失之懒散，富家子弟常常有公子气。而林为干有天分，家境也好，其人却能终身勤勉恭敬。华罗庚虽非林为干的业师，其风范对林为干的影响却很大。

1945年，林为干通过考试获得了当时交通部的公费出国名额，得到赴美学习一年的机会。一年学习结束后，同去的人们纷纷打点行装准备回国，此时林为干却决定留在美国自费攻读博士——这在当时是一个非常冒险的举动。功夫不负有心人，中断了经济来源的林为干以各科全优的成绩进入世界顶尖学府——加州大学伯克利分校，并以全系第一名的成绩获得免交学费的奖励。

在加州大学伯克利分校，林为干开始研究电磁场与微波技术。1951年，林为干的博士论文《关于一腔多模的微波滤波器理论》发表于美国《应用物理》杂志的首页。该论文创新地阐释了一个圆柱谐振腔中有五个同谐振频率的简并模可以应用的新发现，打破了微波学界长期以来的一个圆柱谐振腔有两个简并模可以利用的观点。这一理论意义深远，一经提出便引起了学界的巨大反响。

林为干的这一理论对现代卫星通信等产生了巨大的影响。学界普遍认为，近代卫星广播通信业所用的多模技术是由拉贡（Ragan）、林为干提出来的，其发展的基础依据的是林为干、库恩（Cohn）的工作成果。可以说，直至今日，林为干所构建的理论依然站在学术的最前端。

矢志回国，道阻且长

刚来美国时，林为干还是穷学生，但“书中自有黄金屋”，林为干学业有成，钱的问题也随之解决了。

独自在美国打拼时，林为干找了份批改微积分作业的工作，这份工作每月能为他带来30美元的收入。1947年，因为表现优异，电气工程系破格聘请林为干做助教，月薪约100美元。一年后，学校再度破格聘请尚是研究生的林为干为讲师，年薪3000美元且每年增加300美元——这在当时是相当高的收入。

此时的林为干在美国有了自己的房子，每天在顶级的实验室工作，事业有成，所到之处充满了鲜花和掌声。

然而，在美国的六年里，林为干时时关注着祖国的动向：中华人民共和国成立了，他在宿舍欢呼雀跃；抗美援朝战争打响，美国媒体充满了对中国人的轻蔑，他咬牙切齿，只盼着志愿军再“拿下几个山头”。拿到博士学位后，他觉得自己学有所成，是时候回国了。

当时，钱学森归国受阻事件在学者中影响极大，因此，在博士毕业几个月前，林为干就开始暗自谋划自己的回国之路。

1950年2月，自己的偶像华罗庚率先从美国登船回国，在归国途中，华罗庚写下了《致中国全体留美学生的公开信》。公开信号召广大海外留学生回国参加社会建设，他在信中说：“梁园虽好，非久居之乡，归去来兮。”在此信中，华罗庚写下了振聋发聩的一句话——“科学没有国界，科学家有自己的祖国”。

林为干把华罗庚的这封公开信郑重地抄下来，放在床边的书桌上，每晚反复诵读，每每热泪盈眶，唏嘘不已。

当时的旅美学者受到密切监视，林为干只能暗地里和与他一样希望回国的留学生商量离开美国的途径。白天，他仍像往常一样给学生上课，对国际局势表现出一副事不关己的样子，晚上，他则在留学生中宣传回中国作贡献的抱负，逢人便说：“祖国在召唤着我们，我们一定要回去。”

1951年8月，林为干一行人几经波折，终于登上了回祖国的航船。

在颠簸的航船上，林为干回想着六年前赴美的情景，心中激动又忐忑，实有“近乡情更怯”之感。就在航船行驶在公海，即将到达香港时，他们却被通知，因为他们所拿的不是中华人民共和国的护照，所以不能在香港登陆，一行人将被原船送回美国——这突如其来的坏消息犹如冷水浇头。

“已经到了祖国的南大门了，岂有再回去的道理？！”作为领队的林为干立刻召集大家商量对策。

经过短暂讨论，林为干提出可以利用国际惯例，说服船员允许自己用船上的无线电给祖国发送信号，请求援助。大家一听，纷纷称是。于是，林为干与船员协商，最终说服了船员，给广东省教育厅留学生招待委发送了紧急求救信号。对方很快回电，说祖国将派船来公海接应，请耐心等待。接到这一消息，船上的留学生一片欢腾，高喊祖国万岁。

最终，在阔别祖国六年后，林为干再次踏上了祖国的土地。

巨匠暮年，壮心不已

回国后，林为干除了取得大量研究成果外，还先后任教于岭南大学、中山大学、华南工学院（现华南理工大学）。1958年，林为干被调至成都电讯工程学院，先后担任院长助理、副院长，后成为一级教授。1980年，林为干当选为中国科学院院士。

◆ 1983年，林为干（右）与学生吴正德（左）在实验室做实验（张宗寿摄影）

在这几十年中，林为干坚持每年只休假两天——除夕和大年初一，其余时间都在工作。他平时不打牌，不应酬，家里来客人时，他问候几句后就扎进书房。一条皮带用了四十年，磨断了，他就用铁丝钉上接着系。

1989年，林为干从

◆ 1994年，林为干在办公室看书

科研和教学一线退下来，但此后他仍然发表了130余篇学术论文。20世纪90年代，林为干已年过七旬，但他依然以饱满的热情和旺盛的精力从事科学研究和人才培养工作。1995年，他的学术论文《一个介质球的静电镜像群》在美国《静电学》学报上发表，该论文攻克了一个百年难题——1892年关于点电荷在介质球中能够形成多大的镜像、位于何处的未解之谜。这个百年未解的难题被称为电磁学界的“哥德巴赫猜想”，解开这个谜团成了很多电磁学家的梦想，但他们也全部折戟于此。林为干历经40余年的不懈求索，终于成功地找到解决这个百年难题的“钥匙”，发现了有介质平面的双镜现象，从而解决了这一经典难题。

由于长期伏案工作，林为干的颈椎出现病变。2008年以后，林为干渐渐不能行走了——他在家里支起一张小桌子，每天趴在小桌子上看书研究。

再后来，林为干因颈椎压迫神经接受了手术治疗，术后留下了手部略微颤抖的后遗症。然而，这并没有阻挡他对学术的热情。他每天依然坚持用颤抖的手拿起放大镜和笔，仔细研读最新的外文文献，并在纸上认真推导公式。他说：“我希望到我100岁的这段时间里面，每年都能够发表一两篇论文。”

2015年1月，林为干离世，享年96岁。他在电磁场与微波技术学科领域取得了举世瞩目的科学成就，为我国电子科技事业的发展作出了巨大贡献。在电子科技大学工作的数十年间，林为干不仅培养了大批优秀的科研人才，还带领团队在微波电路、天线与辐射、电磁散射等多个方向取得了重要突破。即便在身体日渐衰弱的情况下，他依然保持着坚定的学术追求，不断为科学研究和人才培养贡献力量。他的精神和追求将永远铭刻在学术界和人们的心中，激励着一代又一代年轻人为科学事业不断奋斗和前行。

（文/孙奥麟）

刘盛纲

奠基中国太赫兹 践行拳拳报国心

刘盛纲（1933年12月— ），安徽肥东人，微波电子学家，中国科学院院士，IEEE Fellow（美国电气和电子工程师协会授予其会员的最高荣誉），美国 MIT电磁科学院院士，被誉为“中国太赫兹之父”。1955年毕业于南京工学院（现东南大学前身之一）无线电系电真空专业，后留校任助教，1956—1958年在成都电讯工程学院（现电子科技大学）成为苏联专家的研究生并任专业翻译，1958年获得成都电讯工程学院副博士学位后留校任教，曾任副院长、校长。长期从事电子科学与技术领域的科学研究与人才培养工作。在相对论电子学、微波电子学、电子回旋脉塞、微波等离子体、太赫兹科学技术等领域做出了国际公认的原创性及奠基性工作，带领团队研制出系列微波、毫米波、太赫兹器件，打破国外技术垄断，应用于重要国防及民用系统。创立了高能电子学研究所和太赫兹科学研究中心，积极推动真空电子学和太赫兹科学技术的发展。荣获全国科学大会奖、国家自然科学奖三等奖、国家技术发明奖三等奖、陈嘉庚科学奖、国际红外毫米波太赫兹领域最高科学奖K.J.Button奖和国际杰出贡献奖等奖项。

科学家语录

研究物理问题，要抽丝剥茧，像交响乐那样层层递进。只要锲而不舍、孜孜以求，也许在某一刻，问题就能迎刃而解。

100多年前，英国物理学家麦克斯韦（Maxwell）提出了著名的麦克斯韦方程组，从理论上预言了电磁波的存在，从而开始一场伟大的时代变革，将人类带入了崭新的信息时代。今天我们生活中的方方面面都离不开电磁波。大到天上的卫星、航天飞机，小到家中的家用电器，从军事上的雷达，到生活中的手机，都在利用电磁波。

设想一下未来的生活方式：我们不再为家里网络的速度而担心，三部高清电影一秒钟就可通过无线方式下载完成，电视光纤和网络数据线都被无线路由所取代；我们也不必因机场安全检查中烦琐的搜身检查而担心误机，成像系统只需一秒钟就可以完成全身的扫描图像，还可以直接判断携带物品的成分，但又不会像X射线那样有辐射；对于处在黑障区阶段无法联络的航天英雄们，我们也无须担忧他们的安危。

这些都将通过一种名为太赫兹的电磁波而实现。太赫兹是如今电磁波谱中唯一待开垦的频谱资源，频段处于宏观电子学与微观光子学的过渡区域。如果从电磁波的“身高”来看，太赫兹比手机通信使用的微波“个子矮点儿”，比电视遥控器使用的红外线“个子高点儿”，被认为是未来的十大重点科技之一。除了在移动通信领域应用外，太赫兹在医疗无损检测、快速安检、反隐身雷达、高端制造等领域也将发挥其安全、高穿透性作用，被称为“21世纪的一场新的技术革命”。

目前我国的太赫兹技术研究及应用已进入国际先进水平，而这一切都离不开被誉为“中国太赫兹之父”的刘盛纲的远见卓识与不懈努力。

壮心不已，成为太赫兹研究的先驱

1990年，已成为国际知名物理电子学家的刘盛纲受邀到德国高校访问，当时学者都在谈论“太赫兹”，学养深厚的刘盛纲马上就认识到太赫兹对国家的重要意义。之后他又受邀参加“第一届太赫兹国际会议”，国外专家对太赫兹的高度关注加深了他对这项技术的认识。自此，作为国内最早接触太赫兹的学者，刘盛纲将大部分精力投入其中，开启了人生的又一次科技“登峰”行动。

归国后，刘盛纲成了国内太赫兹技术的“代言人”，只要出席学术会议，他就要郑重地介绍太赫兹的重要战略意义，学术界的专家来电子科技大学交流，他也兴致勃勃地向他们介绍目前所做的太赫兹理论研究。

然而，苦于多年的呼喊无果，又没有经费支持，刘盛纲只能带领学生从理论角度进行探索，同时继续向相关部门力陈应加大对太赫兹研究的支持与投入。每每看到国外太赫兹领域有重大进展时，他都辗转反侧，担忧到难以入眠。

转机出现在2005年的春天，日本将太赫兹列为国家十大重点科技战略目标之首，举全国之力研发，消息传回国内，引起我国政府及学术界的高度重视。几天后，科学技术部和中国科学院邀请刘盛纲详谈，请他尽快组织香山科学会议，探讨太赫兹的研发前景。那一天，刘盛纲难掩兴奋，回到电子科技大学后，马上召集老师和学生激动地宣布：“国家要开始大力支持太赫兹研究了，我们得加快研究进度了。”

2005年11月，在第270次香山科学会议中，刘盛纲作为会议执行主席，主导了以“太赫兹科学技术的新发展”为主题的讨论和活动，这次会议对我国太赫兹技术的发展具有里程碑式的意义。之后“退而不休”的刘盛纲顶着重重压力，作为技术带头人之一，带领我国在太赫兹研发领域与其他国家赛

◆ 刘盛纲（左四）与太赫兹团队在一起工作

跑，牵头组织国际会议，办期刊，搭建研究平台，团结国内外研究力量与资源，在电子科技大学创立了太赫兹研究中心。2011年，在电子科技大学诞生了国内第一支太赫兹回旋振荡管，让我国成为世界上第五个掌握该技术的国家。

此后，刘盛纲一刻也没有停止追逐太赫兹的脚步。2012年，79岁高龄的刘盛纲在国际顶尖期刊《物理评论快报》上发表论文，由此，一种新型太赫兹辐射源横空出世。由于此项新发现极其重要，这篇文章在正式公开发表之前，就以专题评述的形式推出了预览版，即“尝鲜版”，引起国内外学术界的高度关注。

2013年春节刚过，刘盛纲生病了，接受治疗后，医生让他回家静养。回家的第二天，他就不听劝地带上行李和药参加了一个重要的学术会议。回来后病情加重，但即便是躺在病床上，他都还在看文献。医生说：“从没有见过这么大年纪还这么忙碌的病人。”

据多位学生回忆，年近古稀的他，只要身体条件允许，每天都要到实验室与大家一起搞研究。只要一问及太赫兹，刘盛纲马上眼里放光，语调加快，思路清晰地说：“也许有一天，用一个小小的仪器扫一下，几秒钟就能发现食品中是否有毒害物质。”

学生和家人劝他该享受天伦之乐了，他也不听，告诉家人说：“只要有一口气在，就要尽我所能，再培养一批优秀人才，继续为国家科技事业作贡献！”

科学报国，成为国际著名物理电子学家

刘盛纲出生于1933年，他的母亲生他时已经40多岁了。刘盛纲自幼体弱多病，被邻居讥讽为长不大的“秋茄子”。他的童年几乎是在躲避战乱中度过的，跟随父母长途跋涉，从安徽到湖南，从贵州到重庆，经历了8年的颠沛流离。

奔波途中，在湖南芷江发生了让他至今难忘的一幕。与他们一起避难的邻居得知自己再次怀孕后，为了给丈夫和两个孩子节约口粮，在天未亮时自

缢身亡了。

“她没有想过她死了，家里更难过啊！这不仅是一个人、一个家庭的灾难，这更是整个民族的灾难！没有国哪有家！国家不强大只能挨打！”多年后回想起这一幕，刘盛纲永是难掩悲愤，激动到哽咽。

刘盛纲将国破家亡的悲辱化为一生科技报国的志向。当时的有志青年有两条路可走，要么参军杀敌，要么读书报国。自幼体弱的他选择了后者。“虽然无法上战场握刺刀钢枪杀敌保卫祖国，但我可以向诸葛亮先生学习，用我的智慧和知识来保卫祖国，振兴民族。”

1951年，刘盛纲考入浙江大学电机系，在那里有苏步青教数学，王淦昌教物理，让他有了近距离聆听大师们教诲的机会。在大学时期，从来不参加娱乐活动的苏步青令刘盛纲印象深刻。苏老师办公室的灯总是亮着，他教育大家：“毕业后就没有大把时间搞学习研究了，要善于抓零碎时间。”

之后，浙江大学电机系按中央部署全部并入南京工学院电信系（现东南大学），毕业后，成绩优秀的刘盛纲选择留校任教。1956年，学校安排刘盛纲担任苏联专家列别捷夫的翻译，给了他一个跟随苏联专家学习前沿的微波电子学的绝佳机会。但是他当时完全不会俄语，只有5个月的时间，需要从零学起。于是，刘盛纲晨出暮归，苦学俄语。

刘盛纲到北京与列别捷夫第一次见面，敲开门后，他见到这位高高瘦瘦的苏联专家，紧张到一句俄语也听不懂，一句俄语也说不出。列别捷夫摇摇头说：“你明天再来吧。”刘盛纲很快冷静下来，他把句子写下来，彻夜对着镜子反复练习第二天的对话。第二天，刘盛纲见到列别捷夫后便对答如流，让列别捷夫惊愕不已。

当时国内的清华大学、北京大学、南京工学院等都想争取列别捷夫去任教，考察一番后，列别捷夫决定去刚成立不久的成都电讯工程学院，他说：“那里最需要支援。”就这样，刘盛纲跟随列别捷夫来到了成都，从此就再也没有离开。

勤奋好学的刘盛纲打动了列别捷夫，他做出了一个决定，让硕士研究生都还没毕业的刘盛纲跟着他念“副博士”（相当于现在的博士）。那时国内还没有博士学位制度，距离列别捷夫离开中国只有一年时间，大受鼓舞的刘盛纲百倍努力，仅用一年时间就高水平完成了硕士、博士两篇论文，并顺利通过了论文答辩。列别捷夫离开中国时，只带了两件东西，一件是周恩来总理给他颁发的中苏友谊勋章，另一件就是刘盛纲的博士论文。

◆ 刘盛纲（左）与列别捷夫在成都电讯工程学院

1980年，刘盛纲获评中国科学院学部委员（后改称中国科学院院士）后，他将消息告诉恩师，列别捷夫特别高兴。之后只要一提起中国，列别捷夫就会自豪地说："我为中国培养出了一名世界级的科学家。"

在成都电讯工程学院的刘盛纲刻苦钻研，其研究成果在物理电子学领域一步步达到了国际前沿水平。改革开放后不久，他的名字就频频出现在相关领域的国际学术会议上、期刊上。他的一篇与国外专家合著的论文，被评审专家盛赞为"高雅"，做到了物理与艺术的融合，一字未改就发表了。之后，刘盛纲成为国内少有的蜚声海外的物理电子学家，获得多项国际学术职务及嘉奖，如在2000年及2001年，他两度成为当年诺贝尔物理学奖的提名人。

一生抱持拳拳报国心的刘盛纲对众多的荣誉、头衔并不在意，还拒绝了美国田纳西大学抛来的终身教授的橄榄枝。他常对学生说："科学无国界，但是科学家是有国界的。爱国不是空洞口号，每个人踏踏实实做好自己的本职工作，同心协力，国家才会强盛，才不会遭他国欺辱。"

与时间赛跑，打开大门办学校

"科学是在相互交流、相互学习中产生和发展的，关门搞研究是很难有大的成效的，开放社会需要开放的精神，搞学术更需如此。”

1986年，刘盛纲被任命为成都电讯工程学院（1988年更名为电子科技大学）的校长，作为该校首任院士校长，他办学的宗旨很简约：对外把校门向全世界开放；对内以身作则，倡导勤奋、踏实、不浮夸的学风。

担任校长的刘盛纲，每一天都在和时间赛跑，利用自己在国际学术界的影响力，积极带动电子科技大学走向国际、参加国际交流、举办国际会议、邀请外来专家讲学。他每次参加国际会议都要带上一名学生或青年教师，同时积极创造条件让众多的青年学者和学生出国深造，为中国物理电子学与国际接轨交流立下汗马功劳。

电子科技大学的老师说：“我们经常看到他刚开完学校的会，就奔赴教室指导学生，下课后他又马不停蹄赶往实验室，常常工作到深夜。”

令他的学生胡旻教授印象最深的是恩师在飞机上还随手拿起清洁袋推导公式。刘盛纲说：“在飞机上的几个小时，是我最宝贵的零碎时间。没有人来找我，所以那几个小时我用来看书、想问题。”20世纪80年代，有一次成都市总工会组织教职工去峨眉山度假，身为领导的刘盛纲推辞不下只好去了，在峨眉山的7天，他写了8万字的讲义，只在最后一天匆匆看了一眼清音阁，就下山了。凭着这种执着的精神，刘盛纲才能在百忙之中做出一项又一项的原创成果，培育大批优秀人才。

令刘盛纲的儿子刘朝宇印象较深的是在唐山地震时期，那会儿刚搬到地震棚，父亲立刻就开始搞研究做计算。刘朝宇至今都随身带着他出国前父亲手写的字条：“抓紧时间，就是胜利。爱你的爸爸。”

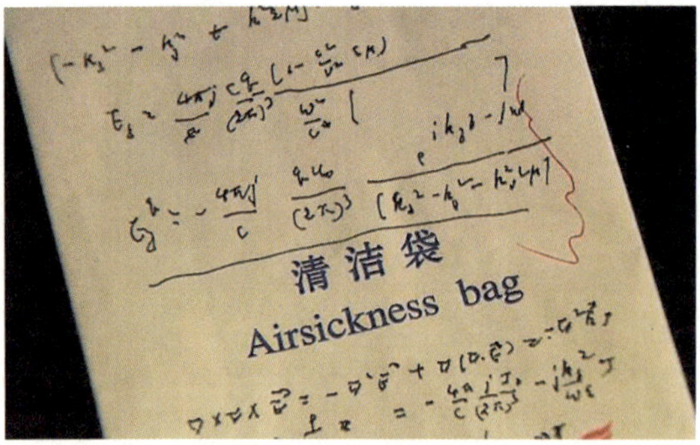

◆ 刘盛纲写在清洁袋上的手稿

2001年，卸任电子科技大学校长之际，刘盛纲作了一首《雨霖铃》抒怀。“看静静沙河水，默默千载天府业！寸心未眠，犹老骥伏枥不停歇。科学原属勤奋人，愿终生相托！”

卸任当天，惜时如金的

◆ 刘盛纲90岁生日时与老师、同学们在一起

他上午开完组织大会，下午就去参加学术活动了。他说：“我虽然不担任领导了，但还可以搞些科研教学工作，国家这么多年培养我不容易，我要力尽所能释放自己的光和热。”

如今刘盛纲还在孜孜以求，攀登太赫兹技术的高峰。

（文/陈宇祥）

徐　僖

塑料之父补国需　鞠躬尽瘁守初心

徐僖（1921年1月—2013年2月），江苏南京人，高分子材料科学家和教育家，中国科学院院士，英国皇家化学会会士，我国高分子材料科学与工程的奠基人和开拓者之一，被誉为“中国塑料之父”。曾任四川大学高分子研究所所长、上海交通大学高分子材料研究所所长等职务。长期从事高分子化学、高分子材料成型基础理论、高分子力化学、辐射化学等领域的研究。1953年，创建我国高校第一个塑料专业；1960年，撰写我国高校工科第一本高分子教科书，建立我国高校第一个高分子研究所；1989年，创建高分子材料工程国家重点实验室。领导的四川大学高分子研究院成为高分子材料科学与工程领域规模最大、实力最强的科研教学基地之一，推进了我国高分子材料工程学科及交叉学科的发展。发表研究论文300余篇，撰写出版著作、译著4本，获国家发明专利30项。荣获国家自然科学奖二等奖、国家技术发明奖二等奖、何梁何利基金科学与技术进步奖、侯德榜化工科学技术奖成就奖等奖项。

科学家语录

人生的乐趣在于无私奉献，饮水思源，助人为乐。

◆ 2011年，年逾九旬的徐僖在办公室工作

2023年初秋的一天，徐僖的一位研究生带着笔者走进了徐僖曾经的办公室。当时，徐僖已经离开十年了，但是他的办公室作为徐僖院士纪念室，依然保留原样。

办公室的陈设，简朴得让笔者非常吃惊。办公室的大小和布置，让笔者好似回到了20世纪70至80年代。

走进这间办公室，似乎能够更能深刻地触摸和感受到徐僖的一生。

少年经历南京战乱，促成了他一生报国图强的初心

在和平年代，16岁大概还是一个只管读书的年纪。可是，在1937年，16岁的徐僖却经历了一场影响一生的大难。

“八一三”事变以后，日军兵临南京城。城里的气氛日益紧张，徐僖父亲的许多亲朋好友都开始逃离南京。徐僖父亲在夫子庙开了一家规模不小的庐山照相馆，在一个刮着寒风的日子，他做出了一个重大决定：丢下自己亲手开办的照相馆，带着一家老小踏上了逃难的路。

他们最开始想坐船，但是听说城西北的中山码头人满为患、兵荒马乱，根本无法上船。于是一家人又冲向同样兵荒马乱、人山人海的火车站。

16岁的徐僖胸前抱着的行李中有他最心爱的书籍。在混乱的火车站，他奋力地爬上一列火车，可是身后却不见家人的踪影。等到火车都快启动的时候，他才发现坐错了车。眼看火车即将朝相反的方向行驶，徐僖赶紧从车上跳下，在人群当中找到了父母。经过千难万险，一家人终于踏上了开往汉口的火车。

火车启动后，窗外仍然人头攒动，混乱不堪。这一幕幕，深深地印刻在少年徐僖的脑海里：国家积弱，异族入侵，兵荒马乱，流民千里。

徐僖跟随父母离开南京后的第三天，就发生了南京大屠杀。他家里众多的亲人被日军杀害。这段经历造成了徐僖内心深处永远无法弥补的疼痛，更铸就了他想通过自己的奋斗改变中国落后的初心，这是他一生努力的动力。

后来在汉口，在四川万县（现重庆市万州区），在重庆，在贵州，在那个战火纷飞的年代，徐僖一路求学，奋发读书。这种状态有悖于他父亲的打算。父亲想的是儿子能够继承他开创的事业，读书似乎不如将家族企业做大做强更实在。

但徐僖受母亲的鼓励，坚持读书。这个16岁的少年，心里已经有了一个宏愿——不光要靠读书改变自己的命运，更重要的是，要为国家的繁荣富强贡献力量。

1947年，徐僖顺利通过考试取得了公款赴美留学的名额。那时候，他的专业方向已经非常明确。赴美时，徐僖背上了30千克五棓子植物果实，期望通过努力学习和研究，能够用国产天然原料制备塑料。

在美国宾州理海大学实验室，徐僖成功研制五棓子塑料，获得科学硕士学位。他还学习了当时世界上最先进的高分子方面的知识，并加以研究和实践，更以中国人的勤勉和聪颖，给周围的教授和同学留下了深刻的印象。

毕业时，徐僖的导师准备留他在美国工作，同时还介绍他到一家大公司去实习，他完全可以留在美国获得更优越的工作和生活条件。但是，在徐僖的内心深处，他始终对祖国和亲人们念念不忘。

1949年，不断有消息传到美国，新中国成立的脚步临近，各行各业百废待兴。这个消息在徐僖和很多留学生心中点燃了报效祖国的希望。

终于，在新中国成立的前夕，徐僖登上了回国的轮船，踏上了回国之路。

很多年以后，每当徐僖的学生要出国深造，他都鼓励并支持，临别之时，徐僖常常教导：“我们总是要老的，希望你们能回国接班！”

把自己所学的东西运用到国家的建设上来，让国家富强，这个坚定的信念，贯穿徐僖的一生。

在“文化大革命”期间，徐僖受到了一定的冲击，但他的初心依然坚定不变。在一个冬天的深夜，学校里一位数学老师因为神经衰弱，晚上睡不着，在学校走走，透透气。天寒夜深，四周一片漆黑，可是当这位老师走到宿舍楼下时，突然看见一楼有一个房间的灯还亮着，这位老师知道这是徐僖的家，他也知道徐僖白天挨了批斗，但是这大半夜的还开着灯，他在干什么？出于关心，这位老师凑近小屋，透过玻璃看进去：徐僖在灯光下夜读。

这一幕让这位老师感慨万千，记忆深刻。

许多年以后，知道这个情况的一位学生跟徐僖提起了这件事情，问他："在被批斗的那些日子里，你还要读书，这是为什么？"

徐僖平静地说："中国要富强，就离不开科学技术。我相信，困难只是暂时的，总有一天会过去，国家会急需科学技术，我们不能中断学习，要为那一天的到来做好准备。"

"中国塑料之父"，奋斗到生命的最后一息

1951年的春天，徐僖向重庆市的领导正式提出开发五棓子塑料的申请，得到了领导的大力支持。1952年5月，从重庆传出令全国振奋的消息，31岁的青年教师徐僖，采用自己设计的工艺流程和国产设备，利用国产原料合成五棓子塑料中试成功。

很快，徐僖承担起筹建重庆棓酸塑料厂的重任。30多岁的徐僖日夜奋战，终于在1953年5月完成建厂并正式投入生产。这是我国第一个完全由自己的工程技术人员设计，采用国产设备和国产原料的塑料厂。塑料厂的建成填补了我国化学工业的空白。

1953年，由徐僖创办的中国高校第一个塑料专业——位于泸州的四川化工学院塑料工学专业，第一次面向全国招生。这意味着，我国不仅创办了自己的塑料工厂，还可以源源不断地培养这方面的专业人才了。

当时泸州各方面的条件都相对落后。心中装着一团火的徐僖，在这样的条件下，一手搞科研，一手搞建设。他是一个精力旺盛的大忙人，不但要埋头编写教材，还要推进许多具体的学科建设工作。同时，他也是一个严格要求的厉害人。有一天，徐僖因为课题的事来到学校，在一个办公室，他看到几个人竟然懒懒散散地围着一盆火在烤火、抽烟。一气之下，徐僖飞起一脚踢翻了火盆，怒目圆睁，高声呵斥。从此，徐僖赢得了"徐旋风"的美称。

正是以这种“旋风”精神，徐僖在那个历史阶段创建了“高分子川军”，还赢得了“中国塑料之父”的美誉。

1954年，位于泸州的四川化工学院并入了成都工学院，从那以后，徐僖的工作重心就落在了成都。

在改革开放时期，50多岁的徐僖迎来了自己科研生涯的又一个春天。往后的几十年，徐僖创造了教学和科研生涯的一个又一个的高光时刻。

1981年，徐僖成为中国新时期国家批准的首批博士研究生导师，培养了一批又一批国家的高端人才。比如中国工程院院士王琪，她是徐僖培养的高分子材料研究领域研究生的优秀代表。1991年，徐僖当选为中国科学院院士。1995年，徐僖主持建设的高分子材料工程国家重点实验室，经过多年成功运行之后，正式通过国家验收。徐僖不断地总结自己的成果，写下非常有价值的教材、专著和众多的论文，得奖无数。徐僖在高分子材料领域开辟了很多独创性的学术研究，取得了一系列原创性的科研成果，开创了一些新兴边缘学科，也获得了学界和相关领域很多的荣誉。

最难能可贵的是，徐僖从来就不是一个纯粹的书斋型学者，他一直致力于将研究成果转化为实际应用为国家强盛贡献力量。在改革开放后的几十年里，他的科研方向总是和国家化工方面的建设项目联系在一起的。他先后与中石油天然气集团公司、中石化集团公司、齐鲁石化公司、云天化集团、兰州石化公司等多个大型企业共建高分子材料研究室。

徐僖是“拼命三郎”，这是熟悉他的人对他的一致评价。

由于平时工作太拼，徐僖并不健壮的身体开始出现一些状况。1979年在北京参加中美化工科学家会的时候，徐僖因为严重吐血进了医院。身体状态稳定以后，他并不在意，继续工作。可第二年又出现了咳血，他进了校医院，想让医生开点药，但是医生拒绝了，强迫他去四川医学院附属医院（现四川大学华西医院）做更全面的检查。

医生怀疑他得了肺癌，需要做手术。徐僖问医生：“手术以后我还能不能上班？能不能进实验室？能不能出差？如果不行，我就不动手术，如果能够做到，就可以动。”

1980年5月21日，徐僖做了手术，切除了2/3的左肺。幸运的是，术后活

◆ 20世纪80年代末，徐僖（居中站立者）和团队成员在实验室交流工作

检的结果不是肺癌，医生判定是支气管扩张。

手术后，医生要求他必须住院3个月，疗养半年。可是心里装着工作的徐僖只住了1个月的医院，疗养的时间也很短，总共不到3个月，他就又回到学校上班了。

时间到了21世纪，徐僖已经到了耄耋之年。尽管身体不如从前，但是他仍然每天都到办公室上班，年过九旬仍然这样，还积极地参加各种社会活动。

2013年2月15日，92岁的他像往常一样，仍然到办公室上班，还约了第二天要在办公室见客人谈事情。

2013年2月16日上午，他在家里还和北京的挚友毛炳权院士通了话。但是当天下午两点零一分，因为突发心脏骤停，徐僖离开了他心爱的世界。

（文/李若锋）

冯小明 刚柔并济攻化学 潜心坚守创新论

冯小明（1963年10月— ），四川武胜人，有机化学家，中国科学院院士。1981年进入兰州大学学习，先后获学士、硕士学位。1988年从兰州大学毕业后进入西南师范大学化学系从事有机化学教学和科研工作。1993年进入中国科学院化学研究所学习，获博士学位。曾任职于中国科学院成都有机化学研究所。1998—1999年赴美国科罗拉多州立大学化学系做博士后研究。2000年进入四川大学化学学院工作。长期从事不对称合成方法学及手性医药、农药和具有生物活性化合物的合成研究，取得了国际领先的重大原创性成果，为提升我国在不对称催化领域的国际影响力以及人才培养作出了杰出贡献。通过源头创新，设计合成了多种新型的具有原创性和标签性的特色手性催化剂，发明了一系列具有自主知识产权的不对称催化新方法和新策略。发明了国际同行公认的、以他的姓氏命名的“冯催化剂”和“冯反应”，被诺贝尔化学奖得主Noyori教授评价为“代表一类优势手性配体”。荣获国家自然科学奖二等奖、教育部自然科学奖一等奖、陈嘉庚科学奖等奖项。

科学家语录

人生的乐趣在于奋斗和突破。

26岁成为全国最年轻的副教授

“要做像陈景润一样的科学家”，这是冯小明15岁时就在心中埋下的“科学梦”种子。

1978年，《人民文学》上一篇题为《哥德巴赫猜想》的文章，讲述了著名数学家陈景润不惧困难、勇攀数学高峰的故事，在国内激起巨大反响。那时候，作为初中生的冯小明也深受鼓舞，立志要做像陈景润一样的科学家，并下定决心一定要考上大学！

就在那一年，科学界也迎来了春天。“那真是个充满激情的时代，我们也有一种狂热，引导着我们将来要像陈景润一样，从事科学、热爱科学。”就这样，冯小明在老一辈科学家精神的激励下，于1981年如愿考上了兰州大学。

从老家武胜到兰州大学，冯小明的求学之路从一开始就充满了艰辛。那一年，长江上游遭到了历史罕见的连续6天暴雨的侵袭，水灾殃及四川省14个市（州）119个县（区），中断了连接成都和兰州的宝成线。从成都到兰州，冯小明没有了直达的途径，必须经历多次中转。

“当时坐绿皮火车，只要能挤上去就行，在洛阳转车的时候我们甚至把车窗玻璃都挤碎了。”回忆起当年求学路上的艰辛，冯小明只是笑一笑，“这一路下来，我瘦了十来斤呢！但是我并没有觉得辛苦，内心反而是很激动的。”

在兰州大学学习期间，冯小明每天早上六七点钟先去教室占好位置，然后再去吃早饭，吃完后或是去上课，或是去自习。即使没有课，他仍然会一大早就跑到图书馆上自习，风雨无阻。

当时，冯小明有一个目标——考上研究生，那时候全国每年成功考上研究生的只有几万人。为了实现目标，冯小明只能顶着压力加倍努力。四年后，他得偿所愿，考上了兰州大学化学系有机化学专业的研究生。当时的冯小明是老师眼中最刻苦、最努力、最优秀的学生之一。

1988年，冯小明硕士研究生毕业，被分配到西南师范大学（后与西南农业大学合并组建为西南大学），从事有机化学教学与科学研究。在那个年代，高校教师的主要任务并不是搞科研，但冯小明在教学之外还是潜心研究，并取得了不错的进展，多篇研究论文成功在国内外知名刊物上发表。

26岁那年，冯小明被破格晋升为副教授，成为当时国内最年轻的副教授之一。但冯小明不满足于此，他觉得自己的学历还是太低，学识还是太少。他没有忘记自己少年时的志向，还是想做像陈景润那样的科学家。怀着这样的梦想，冯小明离开了西南师范大学，前往中国科学院化学研究所，攻读有机化学专业博士。在读博期间，冯小明大量接触国内外有机化学专业领域的研究，他发现我国在化学基础研究方面和世界先进水平还存在不小的差距。

于是，1998年，冯小明前往美国科罗拉多州立大学化学系进行博士后研究，并于1999年10月回国，进入中国科学院成都有机化学研究所工作。2000年，冯小明进入四川大学化学学院工作，从此，扎根四川潜心科研。

设计合成"冯催化剂"

20世纪60年代，西方世界出现了一种新药，英文名翻译过来叫沙利度胺，以"反应停"为中文名在中国上市。这是一种镇静止吐的药物，可以有效防止妇女的妊娠反应，明显改善呕吐恶心的症状。

但很快，服用这种药物的女性生出的婴儿中，有超过1.2万个都是短肢畸形，形同海豹，被称为"海豹肢畸形"。这就是轰动一时的海豹婴儿事件。

经过药物化学和合成化学研究，发现这类药物分子中具有手性碳，它们是一对外消旋体，其中R构型的作用是镇静止吐，S构型的作用是强烈致畸。冯小明说："海豹婴儿事件的发生，就是由于人类对手性药物的认识不足导致的人间悲剧。"

药物领域，只是手性化学广阔应用领域的一角，而手性化学正是冯小明的主要研究领域。他从1993年开始接触手性药物的研究，至今已经过了30年。

不过，到底什么是手性？"手性是自然界的普遍原则，大到星云，小到氨基酸，都具有手性。”冯小明说。简而言之，手性就是“一个物体不能与其镜相重合的属性”，比如我们的双手，左右手互成镜像又不能重合，这种特性就被称为“手性”。

“手性化合物对应的异构体在生理活性上不尽相同，甚至完全相反。”冯小明以阿斯巴甜举例说，“阿斯巴甜有个重要的结构单元叫天冬酰胺，它的一种构型是甜味，另一种构型是苦味，如果构型用反了，可能得到的就是苦味剂，而不是甜味剂。”

实际上，许多物理、化学、生物功能的产生都起源于分子手性的精确识别和严格匹配，如手性药物的手性对应生物应答关系等。因此，手性材料与医药、农药、信息材料和环境也都有密切的关系。

进入21世纪以来，短短二十几年时间里，诺贝尔化学奖就先后三次颁发给手性物质创制领域的科学家，由此也可以看出手性化学、手性物质的重要性。

冯小明说：“设计、合成催化剂是现代化学化工中最核心、最关键的技术之一，手性催化剂不但要促进化学分子的断键重组，同时它还要控制过程中分子的空间构型。”20多年来，为了设计、合成催化剂，多位中外化学家都进行了大量研究。2003年，美国哈佛大学的埃里克·雅各布森教授在*Science*杂志上发文，总结了催化剂的设计和合成；2011年，南开大学的周其林教授在其出版的专著中，也总结了手性催化剂的设计和合成。他们都认为，优势手性催化剂通常具有刚性骨架。

冯小明研究手性催化剂的主要突破是在催化剂的设计理念上有一个新的进展，即在配体或催化剂里引入柔性结构单元，使催化剂结构既有刚性又有柔性。这个和中国的传统文化有点相似，刚柔相济。他领导的课题组突破刚性骨架的理念，发展了一类具有柔性链的手性双氮氧化合物，现在能高效、高选择性地催化70余类不对称反应。

“尤其是一些新反应，大概30余类新反应，为一些重要手性分子的合成和制备发展了一种高效、高选择性的新途径。其中，不对称Roskamp–Feng反应是首个中国科学家在中国本土所做的被国际人名反应专著冠以中国人名的有机化学反应，还修正了美国有机化学教科书关于β–酮酯手性认识的片

◆ 2015年6月，冯小明（右）与诺贝尔化学奖得主罗阿尔德·霍夫曼（Roald Hoffmann）（左），在冯小明办公室交流

面结论。而在小分子催化剂领域，我们课题组也发展了双哌啶这种二胺类催化剂，以及手性胍类催化剂。”冯小明介绍，他设计、合成催化剂遵循一个基本理念，就是原料方便易得、性质稳定、应用广泛、活性和选择性高。不仅如此，冯小明研发的催化剂，都具有自主知识产权。其中，手性双氮氧化合物已经被国内外同行公认为一类新的优势手性催化剂，也被国内外同行以及一些试剂公司命名为“冯催化剂”。

如今，冯小明发展的手性双氮氧配体及其配合物被国际公认为最经济、最环保、适用范围最广的一类手性催化剂。

甘坐“冷板凳”

2018年，因为在手性化学领域的卓越成就，冯小明与另外两位化学家一起获得了2018年未来科学大奖物质科学奖。得知自己获奖的那一刻，冯小明第一反应是“真的没想到”。

从1996年独立开展不对称催化研究，到获得未来科学大奖，冯小明用了

◆ 冯小明（右一）指导学生实验

22年。在自己的研究实现突破之前，冯小明一直默默无闻，埋头苦干，甚至是在坐“冷板凳”。

但冯小明坐起“冷板凳”来却甘之如饴，因为他知道，自己在探索人类未知的领域，“成功了就是全新的成果，失败了也无妨，那种探索的欲望始终会把你推着往前走”。

10多年间，冯小明和团队成员每天都要做大量实验，合成了成百上千种化合物。但对于这种原创性的催化剂的设计和合成，“我们不知道它的性质和催化机制，对它的认识几乎为零。这是个全新的领域，不知道结果，不知道过程，甚至不知道该怎样着手。”冯小明回忆道。

坚守的过程痛苦而焦灼，在冯小明身上也不例外。因为“当时大多数的同龄人都有高水平的成果出来了，我还在这里面不停地、痛苦地探索。”但冯小明也知道，做基础研究，经历这种痛苦是必然的。

“做科研不可能没有困难。做研究就是把未知变成已知，中间充满了不确定性，像大浪淘沙一样，大部分都留不下来。每时每刻都面临着坚持还是放弃的选择。你不知道什么时候能成功，可能再坚持一下就做成了，也有可能永远不成功。”冯小明说。

面对巨大的困难和不确定性，冯小明带领团队首先明确对这类催化剂基本性质的认识，然后在手性双氮氧化合物作为有机催化剂和手性配体方面显示出了潜力。通过不懈努力，冯小明解决了一个又一个具有挑战性的科学问题。

终于，在2007年，冯小明的研究成果初步显现。对化学基础研究而言，尽管突破很难，但一旦有了突破，就如同打开了一扇大门，进而便是一系列的后续进展得以实现。

事实也是如此。从20多类到40多类，再到70多类，冯小明发展的手性双氮氧催化剂可高效高选择性催化的反应种类越来越多。而“冯催化剂”作为一种少有的“全能型”不对称催化剂，不仅为一些重要手性分子的合成提供了有效方法，也为深入认识手性诱导和传递规律提供了研究基础。

冯小明团队的这一研究成果，入选了2011年“中国高等学校十大科技进展”。2013年12月，冯小明当选为中国科学院院士；2019年11月18日，冯小明又获得何梁何利基金科学与技术进步奖。

然而，对于纷至沓来的荣誉，冯小明很淡然，他大部分时间依然“泡”在实验室里。做实验、带学生、搞科研，是冯小明最主要的日常活动。他说：“我只是发现了那个好的催化剂，但是还需要知道它为什么好，它的极限在哪，这件事情有没有边界……”

谈及未来，冯小明说：“我想我会一如既往地坚持原创性的基础研究，实现更多从零到一的突破，研发原创性的技术，用原创性研究引领创新人才培养，为社会进步、国家富强、民族复兴作出我们的努力和贡献。”

（文/董生）

黄汲清 二叠地层寻突破 大庆油海耀中华

科学家语录

生活的道路不是平坦笔直的，科学的道路更是如此。一个人一生要想做出点成绩，必须具有百折不挠的精神，不埋怨环境，不叫喊困难，认准目标，一直往前。

黄汲清（1904年3月—1995年3月），四川仁寿人，构造地质学、地层古生物学和石油地质学家，中国科学院院士，苏联科学院（现俄罗斯科学院）外籍院士。1928年毕业于北京大学地质系，1935年获瑞士浓霞台大学理学博士学位。曾任西南地质局局长、地质部全国矿产普查委员会常委、地质部石油地质局总工程师、中国地质科学院副院长、名誉院长等职务。毕生致力于地质学研究。1932年完成《中国南部二叠纪地层》，奠定了中国二叠纪地层研究的基础。1943年，撰写《新疆油田地质调查报告》，提出陆相生油和多期多层生储油论。1945年，发表《中国主要地质构造单位》，创立了多旋回造山运动说，奠定了中国大地构造研究的基础，被认为是亚洲大地构造研究史上具有划时代意义的著作。开创中国地质制图事业，1948—1951年，出版中国1：100万国际分幅地质图14幅和1：300万中国地质图，为新中国大规模矿产普查勘探提供了地质依据。

20世纪50年代，参与部署全国石油普查，为大庆等油田的发现作出了重大贡献。1982年获国家自然科学一等奖2项、二等奖1项，1994年获何梁何利基金科学与技术成就奖。

“锤子在手囊在背，前行前行复前行。越大山，爬峻岭，打完了石头唱个歌儿听……”这是黄汲清创作的一首山歌。聆听着山歌，仿佛可以看到黄汲清和一代代地质人走马山川、戈壁、雪山、田野，探寻中华大地地质宝藏的奥秘。

黄汲清原名黄德淦。1924年，黄德淦从天津北洋大学转入北京大学（以下简称“北大”）地质系，在北大地质系就读期间，因立志科学救国，改名为“汲清”，意在广纳新知，博览群书。

此后的70年里，他从一名意气风发的青年地质人转变为构造地质学、地层古生物学和石油地质学家，毕生致力于地质学研究，发表了250余篇文章，出版了20部专著，取得了一系列重要成果。

踏遍河山的“黄二叠”

在中国地质学家开始本土考察前，我国早期的区域地质调查工作主要由外国地质学家进行。老一辈地质学家翁文灏，向后辈学子说过这样一段话：“……但是就中国人的地位着想，我们自己的材料、自己的问题，不快快地自己研究，以贡献于世界，却要劳烦外国人代我们研究，我们应该感觉十二分的惭愧，应该加十二分的策励。”

重任落在黄汲清等中国地质人肩上。

黄汲清在很早的时候就暗下决心要学好本领，揭开地球奥秘。他认为中国的河山需要中华儿女的勘察，岂能依赖外国人？正是这一坚定信念激励他努力地学习和工作。

1924年，黄汲清在北大读一年级时，在王烈教授和朱家骅教授的带领下，分别去过北京的南郊和西山。他们不仅暑假去，寒假也去。到了冬季，西山上气温低，寒风刺骨，他们就去石灰岩山区，找到烧石灰窑的工人，指引他们烧石灰。石灰烧尽后，空窑底部依然残留着些许余热。他们便选择在晚上留宿于此以抵御寒冷。而到了白天，他们则继续专注地观察地质现象并采集标本。

在20世纪30年代初，二叠纪地层的研究在国际地层学界中是一个相对薄弱的领域。当时，中国在二叠纪地层方面只有早年的一些零星研究工作，且均没有得出结论。

1929年至1930年期间，在丁文江先生的积极组织下，西南地质调查计划如火如荼地展开。该计划旨在深入探索中国西南地区复杂多变的地质现象，填补该地区地质研究的空白。1929年春，黄汲清随学长赵亚曾踏上了西南考察的征途。他们一同穿越了陕西、甘肃等地，但在进入四川宜宾之后，由于考察需要，二人决定分开行动。黄汲清继续深入四川、西康、云南、贵州等地，进行了为期一年三个月的艰苦考察。在这段时间里，他为了多走一些地质线路、多采集一些地质标本，徒步万里，独自翻越了峰高谷深的秦岭、大巴山，涉过了激流汹涌的白龙江、金沙江，穿越了人烟稀少的原始森林，甚至踏过了土匪出没的不毛之地。而令人痛惜的是，赵亚曾在1929年11月15日遭遇了土匪的袭击，不幸遇害。黄汲清在这次考察中虽然失去了同伴的支持，但他仍然坚定地完成了任务。在考察中，他获得了大量化石，并测制了多个剖面，最终全面总结了中国南方二叠纪地层的特点，推动了地质学的进步。有人问他，搞地质那么苦，为啥还要搞？黄汲清的回答是："许多人不明白我们为何如此能吃苦，其实我们苦有限而乐无穷。我们的乐无所求于人，无得失之念存于心，是乐也！"

从1931年开始，黄汲清在大量的第一手资料基础上，潜心研究和著述。他桌案两端堆起厚厚的书籍，正面望去，只见在两座"书山"的夹缝中，黄汲清埋头疾书。1932年，黄汲清完成了《中国南部二叠纪地层》专著并正式出版。这是国内断代地层学的第一本专著，把中国二叠纪地层做了系统划分和对比，自上而下详细阐述了岩性特点和所含的不同种属化石，奠定了中国二叠纪地层研究的基础。在1933年举办的第十六届国际地质大会上，美国地质学家C.舒各特（Charles Schuchert）在其世界二叠纪地层的研究中，采纳并应用了黄汲清的这项重要研究成果。此后20年内，中国二叠纪地层成为世界标准剖面之一。由此，国内地质界一致尊称黄汲清为"黄二叠"，以赞扬他在这方面的精湛研究和独特贡献。

1937年6月底，黄汲清到莫斯科出席第十七届国际地质学大会。黄汲清被推举为"二叠纪及其在地层学上之位置"专题组主席。

“陆相生油”的开创者

中国大陆多是陆相沉积盆地。1913年，美国美孚石油公司在中国四处勘探，打了几口百十来米深的探井都一无所获。1921年、1922年，美国埃蒙斯教授和勃拉克韦尔德教授都曾断言：中国没油。日本在侵华时期，曾花费数年时间，多次在东北进行大规模地质勘探，最后得出的结论也是：东北没油。

但是，中国的地质学家并没有被“海相生油而陆相贫油”这一“法则”所束缚。实际上，中国在20世纪30年代末就开始了在陆相地层中寻找并开采石油的实践探索。以玉门油田为例，这片位于陆相地层中的油田，自1939年便开始了石油生产，至1942年，其年产量已达到5000多吨。这些成功的实践不仅证明了陆相地层同样蕴藏着丰富的石油资源，而且为陆相生油学说的不断发展奠定了坚实的实践基础。

在陆相生油的理论探索方面，潘钟祥提出了陆相生油可能性的初步论说；陈贲、尹赞勋、阮维周、王尚文、高振西等人从不同角度论述石油与陆相沉积的关系。但最完善且经受了最多实践检验的，要算黄汲清的《新疆油田地质调查报告》以及由此发展起来的“多期多层生储油”理论。

1942年，黄汲清率队赴新疆开始了为时半年的新疆石油地质考察。那时，独山子油田虽是中苏合办，但苏联不肯把地质图全部拿出来，考察队只好自行测制地形图和地质图。

在长期的野外考察中，黄汲清总结出一套行之有效的“行军指南”。一是三到，脚到、眼到、手到。二是预测，不仅要了解脚下的变化还要预测山那边的变化，然后再印证学习。三是及时记录，野外观察，必须趁有记忆时及时整理记录，否则容易遗漏。四是准备特别衣箱。贴有衣物分布图的衣箱，便于收拾和寻找。

十一二月的新疆，天气寒冷，黄汲清和团队带着“抗寒三宝”——卷羊皮毛、皮中山服和高筒毡靴，每天开展野外调查。他们的“抗寒三宝”在那里很管用，再大的西北风也难吹透他们头上的卷羊皮毛；身上的皮中山服和套在外面的老羊皮大衣更能让冷空气和人体“绝缘”；脚下的高筒毡靴即使踩在零下20 ℃的积雪上，也能保暖，即使在零下20 ℃的山上站立一两个小时，脚趾也不会冻僵。野外地质观察、勘测和研究，面对的最大问题是冻手。在山上观测时，可用眼看，有需要打标本时，也可以戴两层手套（里面一层线手套，外面一层皮毛手套）操作，但要在记录簿上写字画图时，手套就必须脱掉。不到几分钟，手指就冻僵了，他们只得停下工作用嘴哈几口热气，活动活动手指，再戴上手套，过几分钟待手指基本暖和后再脱掉手套，继续写写画画。这个过程一天要反复很多次，耽误的时间比较多。但不管怎样，他们也能如期完成任务。

◆ 1955年，黄汲清（中）在新疆进行石油地质考察

黄汲清常说：“杀死一个问题就是贡献，关键是杀死。”所谓杀死一个问题，黄汲清的解读是：“就是不管谁来检验，再大的专家来也推翻不了，几十年也推翻不了，这才是你对这个问题作出了贡献。”“杀死问题”是黄汲清毕生秉持的科学态度。在新疆考察期间，考察队了解到，天山北山麓带的油苗，即使不是大部分，也有许多是源自侏罗系的生油岩，如独山子的石油。这些生油层肯定为陆相沉积。

1943年，黄汲清领衔完成《新疆油田地质调查报告》。在报告中，黄汲清等人提出了陆相生油论和多期多层生储油论，认为油田的形成必须具备三个条件：一是能生油，二是能储油，三是要有地层盖住，油气跑不掉，即生、储、盖组合。这一理论冲破了传统陆相贫油理论的束缚，丰富了世界石油地质理论的宝库，成为指导新中国首轮全国石油普查工作的可靠理论依据。

在谈到这一理论的意义时，黄汲清说：“‘陆相生油说’看起来似乎很简单，实际上关系重大。如果准噶尔盆地和酒泉盆地，即中国西部的陆相盆地，可以形成有经济价值的油田，那么，中国东部的陆相盆地，例如，华北盆地和松辽盆地，也可以形成同样的油田。有了这个理论，我本人在1955年布置全国范围内的油田普查时，才理直气壮地把华北和松辽列入计划中。”这就从理论上突破了“中国贫油论”的束缚。

发现大庆油田

1963年，周总理在第二届全国人民代表大会第四次会议上宣布：我国的大庆油田建成了！石油现在已经可以自给了！参会的一些代表询问地质部地质科学研究院的黄汲清：油田是怎么发现的？井位是怎么确定的？

黄汲清回答道：“之前，许多国家的地质学家认为只有海相地层才可能生油，但咱们中国搞地质的人不信那一套。我们很早就有了陆相地层生油的理论。新中国成立后，我们依此理论找到了大庆油田！”

中华人民共和国成立前，我国年产原油仅10万吨左右，大量石油需从国外进口。中华人民共和国成立后，百废待兴，石油成为国家急需的“血液”。

1954年，地质部组建了全国矿产普查委员会，李四光部长兼任主任，黄汲清和谢家荣常委负责技术领导工作，统领全国石油普查的技术工作。这年，黄汲清等人运用具有中国特色的陆相生油理论，编制了中国第一张系统而全面的油气远景预测图——《我国含油气远景分布图》，圈定含油远景地区125万平方千米。

石油普查有点像军事行动，要人要枪要装备。为了筹备好第一次普查，1955年1月下旬，时任地质部副部长的刘杰曾经单刀直入地问黄汲清，石油普查和勘探需要多少力量，需要多少技术人员、设备以及经费等问题。黄汲清熟知先进石油工业国家的情况，立即结合中国的特点提出：必须至少投入地质部现有技术人员的三分之一，以及相应的经费、物资和设备。

面对辽阔国土，凭借解放初期有限的普查队伍和装备，如果漫天撒网寻找石油，无异于大海捞针。因此，石油普查的关键是进行科学的预测和部署，即在广袤的国土上圈定理想的普查区域。若是圈定出错，搞错了方向，接下来的一切都将白费。

◆ 仁寿县黄汲清先生塑像揭幕仪式

大庆油田的发现还不乏戏剧性的情节。大庆油田所在的松辽平原，在最后的关头竟然没有被列入第一次石油普查会议确定的普查项目计划。没有计划就没有任务，没有任务何谈发现？黄汲清立即找到地质部普查委员会的技术员苏云山，让苏云山起草“松辽平原石油地质踏勘设计任务书”，此时，会议结束已经两个月了。据苏云山后来回忆：“第一次石油普查工作会议上，松辽平原并没有被列为首选开展战略普查的地区……会议之后，黄汲清先生当即指定我起草一份‘松辽平原石油地质踏勘设计任务书’。我清楚地记得，他在谈到设计任务书的写法时指出，要求踏勘人员乘小船沿松花江两岸多找出露的岩层，尽量测量地层剖面，对铁路两侧及平原边缘的沟谷，要多下点力量，找基岩露头和油气显示。‘踏勘任务书’拟定后，曾经黄汲清先生修改和审定。”

1955年6月11日，地质部普查委员会下达了松辽平原石油地质踏勘任务书。1958年，地质部党组决定：3年内拿下松辽平原！黄汲清在1958年4月、11月及1959年年初，几次亲赴现场，听取一线技术员的报告，分析情况，指导工作。很快，在南14井和南17井发现了十几米至几十米厚的油沙！勘探取得了重大突破。

◆ 1984年，黄汲清在北京三里河南沙沟寓所中工作

1982年，李四光、黄汲清、谢家荣等23位在大庆油田发现过程中作出重要贡献的地质学家共同完成的“大庆油田发现过程中的地球科学工作”项目，荣获国家自然科学奖一等奖，黄汲清代表全体获奖人员领取证书。

黄汲清不仅是中国地质学界的杰出代表，还是我们科学家精神的典范。他的一生，是对百折不挠、勇往直前的科学家精神的最好诠释。他的成就，不仅在于他开创性的地质学研究，还在于他坚定不移的探索精神和为国家、为人民作出的巨大贡献。黄汲清的精神，将永远激励我们在科学的道路上奋勇前行。

黄汲清曾这样总结道：“我是一名地质工作者，深知地质科学是实践性和区域性很强的科学。要了解一个地区的地质特点，走不走到，看不看到，大不一样。本着这个原则，70多年来我走了很多路，爬了很多山，敲了无数块石头……”

证书

谨以我台发现的国际编号为二一五〇二三号的小行星荣名为“黄汲清星”，刊布于世，永载史册。

中国科学院紫金山天文台
二〇二一年九月

CERTIFICATE

We solemnly announce that the asteroid discovered by this observatory and numbered 215023 Internationally, be named in honour of Huangjiqing. It is hereby made known to the world and which will go down in history forever.

Purple Mountain Observatory
Chinese Academy of Sciences

◆ 2021年9月，“黄汲清星”命名荣誉证书

2023年7月3日，“黄汲清星”命名仪式在北京举行。国际小行星委员会批准将编号“215023”的小行星正式命名为“黄汲清星”。在浩瀚宇宙中，从此多了一颗闪闪发光的“黄汲清星”。

（文/陈伟）

常隆庆 寻宝攀西创未来 携手共铸新辉煌

常隆庆（1904年12月—1979年1月），四川江安人，地质学家，成都理工大学教授，被誉为“攀枝花之父”。1930年毕业于北京大学地质系。曾任中国西部科学院地质研究所主任、四川地质调查所所长、西南地质调查所副所长、西南地质局工程师、成都理工大学古生物教研室主任等职务。从事地质调查工作40余年，为四川地质调查作出了突出贡献。自1934年起到荒无人烟的攀西地区进行地质矿产调查工作，发表了著名的《四川雷马峨屏调查记》。1937年在《宁属七县地质矿产》报告中对攀西矿产成矿机理进行探讨，拉开了攀枝花钒钛磁铁矿的发现序幕，并提出建设宁属（现凉山彝族自治州和攀枝花市大部分地区）为中国重工业区的必要性和可能性的建议意见，又在随后的多份地质调查报告中，提交建设宁属重工业区的意见、设计和勘测工业区布局的成果。正是这一建议，使得曾被称为“蛮荒之地”的宁属成为如今世界著名的“钒钛之都”和中国重要的钢铁基地。1959年，与地质学家李承三共同主持编制四川第一幅百万分之一大地构造图，为四川大地构造学的研究奠定了基础。

科学家语录

地质工作者应该向李冰父子学习，做国家、人民，特别是子孙后代的掘井人。地质工作者要随时用李冰情操来提醒和鞭策自己，多为国家和人民找到矿，就会成为当代李冰，就会成为国家的有用之材。

1979年7月21日，就在即将启程到攀枝花市的前一天清晨，早早起床的常隆庆离开书桌，去书架拿一份资料，因连日劳累，突发脑出血，摔倒在书桌旁，终因抢救无效，于下午4时10分与世长辞。10天前，他特地花50元定做了一身新衣，想“盛装”重返攀枝花，想再看看他一生魂牵梦萦的地方。

梦起攀枝花。1934年的春天，火红的攀枝花在枝头绽放。常隆庆第一次走进攀西地区。此后的8年间，常隆庆数次到攀西地区，探明了储量巨大的攀枝花磁铁矿。

梦断攀枝花。常隆庆数次提出的关于开发攀西、建设成昆铁路的可行性构想，在新中国成立之前没有实现。

圆梦攀枝花。1964年8月，常隆庆好友刘祖彝的儿子刘降渝作为四川省交通厅公路工程局第二工程处的一名筑路人员，参与修建云南省永仁县大河区（现四川省攀枝花市仁和区）的那拉箐煤矿的简易公路。常隆庆为刘降渝送行，他立刻回想起20多年前到过的攀西地区，敏感地意识到：攀西开发上马了。那时，他像一个孩童一样，眼睛发亮，兴奋和快乐写在脸上。

“崇山覆林海，幽谷展矿宝。”常隆庆的地质梦变成了辉煌的现实。

攀枝花树，英雄树，怀抱着对阳光的渴望，努力生长，直到超越群树之巅，抢先沐浴阳光。

常隆庆，攀枝花宝库的叩门人，就像攀枝花树一样，充满火热斗志，不肯低头、昂扬向上、积极进取。“宜各立志图进，以应国家用人之需”，这是常隆庆一生的写照。

叩开攀西矿产发现之门

1922年，常隆庆遵循父亲的遗愿，考入北京大学理科预科。他在给家人的信中写道：“鉴于我国工业落后，民生凋敝，要想富国强兵，就只有为国家开发矿藏，从地下找出财富。”

两年的北京大学理科预科毕业后，常隆庆毅然选择了当时最为艰苦的地质学。从北京大学地质系毕业后，常隆庆留在了北平研究院地质研究所工作。1931年9月18日，常隆庆在开展土壤调查时，惊闻“九一八”事变爆发。常隆庆不得不中断行程。他在1951年撰写的《常隆庆自传》中回顾这次的行程："在南满铁路，看见日本关东军管制中国人的布告，条条都有射杀二字，又感受到东北同胞的愤怒情绪，知道日本侵略的残暴，也认识了我民族之不可侮。"

◆ 1930年，常隆庆于北京留影

从东北归来，常隆庆彻底明白，土壤调查难以实现他"救国救民"的理想。常隆庆认为，国防靠工业，工业靠矿产，矿产靠地质。他要去找矿。

1932年9月，经地质学家翁文灏推荐、应四川大实业家卢作孚的约请，常隆庆回川工作。在翁文灏、卢作孚的支持和帮助下，常隆庆组建起了西南地区第一个专业地质调查机构——中国西部科学院地质研究所，这是当时中国第七个地质调查机构。常隆庆白手起家，组织和培养了西南地区第一支专业地质调查队伍，在巴山蜀水间寻找矿产，为抗日战争物资生产提供了大量急需的煤、铁、铜等矿产资源。

1934年，中国西部科学院决定组建"中国西部科学院雷马峨屏考察团"，奔赴雷马峨屏进行科学考察，这是常隆庆第一次进入攀西地区进行矿产资源考察。半年的考察完毕后，常隆庆著成《四川雷马峨屏调查记》一书，向人们介绍了这个地区鲜为人知的矿产资源情况。

1935年12月17日，马边和会理发生强烈的地震。中国西部科学院安排常隆庆到会理调查因地震造成的"金沙江断流"问题。1936年1月4日，常隆庆与助理殷学忠从重庆出发，前往马边、会理调查地震。同年3月3日，他们到达会理，只见山崩，并未见金沙江断流。在这次调查中，常隆庆发现会理一带有金属矿成矿条件，便把调查重点放在宁属各县的地质矿产方面。

常隆庆一行人翻越崇山峻岭，经西昌、盐源、盐边进入攀枝花。山高谷深、沟壑纵横、野草莽莽、野兽横行，还时有土匪出没，但是他们没有退缩，努力克服生活中的种种困难。常隆庆还时常苦中作乐，在《金沙江上——旅行杂记》一文中，将艰苦的行程描绘成了一次田园牧歌式的旅行。他写道："山很低而秀，沿途有许多攀枝花，是常隆庆寻宝攀西创未来、携手共铸新辉煌的木棉花。只可惜此时已经看不见树上肥大红艳的花朵了。河水深绿，水流极平，而河亦曲折，不见石滩。水流无声极幽媚，真是幽静坐娴。较之下游浊浪滔天的景象，其美恶不啻天渊之隔……”

殷学忠回忆道：“凡是先生所经之处，均作地质路线图，详细记录地质情况（地层、岩石、构造等），采集化石、矿石标本。常先生除自己勘察外，还寻访知名人士、老矿工和当地老百姓，故他对矿产越访越多，尤得老矿工、老百姓的热心支持，他们多愿做向导。”

1937年9月，常隆庆根据地质矿产调查情况，写成《宁属七县地质矿产》报告，认为该地矿产有磁铁矿、赤铁矿、褐铁矿，总储量在3700万吨以上。这是迄今最早记载攀枝花磁铁矿发现和地质调查的资料。

发现攀枝花兰尖铁矿

《宁属七县地质矿产》报告发表后，在社会上产生了极大影响。几年间，一批优秀的地质专家、采矿专家、冶金专家，包括李建青、殷学忠、王恒源、袁复礼、汤克诚、姚瑞开等纷纷到此勘探调查，称宁属为“中国的阿尔萨斯罗伦”。这些地质科学的先辈们，在攀西的崇山峻岭中，舍生忘死，发现了大量的矿产资源，为攀西地区的开发作出了重要的历史贡献。其中，以常隆庆为代表的一代地质学家发现的攀枝花兰尖磁铁矿最具有代表性。

◆ 1940年，常隆庆（左二）在攀枝花和部分探矿人员的合影

1940年8月，常隆庆再度到攀枝花找矿，常隆庆再次到攀枝花的目的，一是继续找矿，扩大矿区范围，收集更多的矿石标本；二是选择、论证办矿地点，提出办矿的理由和条件。

常隆庆把地质工作分为调查与研究两项。调查包括地质调查、矿产调查、边区调查和标本采集等，研究包括标本鉴定、报告编辑、矿业设计等。“注重矿产之调查、地质分布之讨论，以求对地下资源有确切之估计。凡在调查所及区，曾尽量搜求参考资料，务期一地有一地之明了报告，籍便实业界及社会人士之参考。”这次调查历时87天，行程总长1885千米。常隆庆在后来的自传中写道：“八月二十四日到梅雨铺，九月六日到盐边攀枝花，发现攀枝花铁矿。”1940年9月5日下午，常隆庆与西康技艺专科学校采矿系副教授、西康技艺专科学校地质与矿产调查队领队刘之祥一行到达攀枝花。当时的攀枝花是一个村庄，位于金沙江北岸，北有两山对峙，东为营盘山（兰家火山），西为尖包包，两山高约400米，山体极其陡峭，而山顶颇为平坦。村子因有一棵高大的攀枝花树，被称为“攀枝花村”，仅有十几户汉族人家。

◆ 1948年，常隆庆于重庆留影

有的奇迹，是在踏遍铁鞋无觅处时发生的。

1985年，刘之祥在《两次冒险远征——发现攀枝花铁矿》一文中回忆起当时发现攀枝花磁铁矿时的情景：“我们不禁欣喜若狂。”进入攀枝花村后，常隆庆等人住在硫磺沟农民罗明显家。9月5日的这天傍晚，刘之祥在罗家院内散步，在余晖中，他无意中看见地下有两块异样的小石头，刘之祥初步判定其为磁铁矿。第二天早晨，刘之祥把两块小石头交给常隆庆辨认。常隆庆确定它们是磁铁矿。他们立即找来主人，询问这两块小石头的来历。罗明显不以为然地说：“像这样的石头，附近到处都有。”可常隆庆、刘之祥已经按不住心中的激动，吃罢早饭，他们让罗明显带路，上山寻找两块磁铁矿的出处。不一会儿，他们来到村北硫磺沟旁边的营盘山和尖包包两座小山上，常隆庆和刘之祥发现了宝库：平坦的山顶上有大量磁铁矿露头。他们希望有更多发现，继续探矿，再走到乱崖子，又发现了更多的磁铁矿露头。接下来，他们连续奋战两个月，对这一区域的地质构造、矿体、储量等做了详细考察，绘制了尖包包、乱崖子的万分之一矿区图，测出矿区的储量为10万吨左右，还在经过大量考察、论证的基础上，提出了办矿设想。

就这样，我国抗日战争时期最重大、最激动人心、最有影响力的地质发现之一——当今被誉为“攀钢钢铁粮仓”的原矿基地兰尖铁矿，由常隆庆、刘之祥发现了。

常隆庆在调查攀枝花铁矿后，他预感到，攀枝花磁铁矿“居宁属第一，亦全国不可多得之大矿”，其储量及价值极有可能远超想象；他还断言“安宁河流域矿产之丰，为西南诸省之完冠，而地处川、滇、康三省之交，有绾西南之势。诚能将由成都经西昌至昆明铁路筑成，则安宁河流域，当为国内极佳之工业区”。沉睡了千年之久的攀枝花磁铁矿向世界展现出它的姿态。

勾勒攀枝花建设蓝图

1942年7月，常隆庆又一次来到攀枝花。同行者有西南及全国著名地质学者陈正、汤克诚、秦馨菱、李善帮、郭文魁、徐克勤及益门煤矿矿长、开采工程师王微之等。此行的目的是对攀枝花磁铁矿的品类、储量、办矿条件和地址等进行现场鉴定，共谋开发大举。

在攀枝花的1个月期间，他们跑遍了攀枝花的山山水水，最后由秦馨菱、李善帮在现场做了当时中国最早的磁法测量，肯定了磁异常；由陈正正式鉴定和上报在攀枝花发现了大型钒钛磁铁矿的消息；由王微之初步制定开办煤矿方案；由常隆庆通盘考虑和制定开发攀枝花的具体规划和方案。

常隆庆在《新宁远》月刊撰文道：“攀枝花矿露头甚佳，本地人民亦知山上有矿……然该矿之天然条件则甚优越，试登矿山西望，则永仁、那拉箐煤田中群山，历历可数。南望即金沙江流水，俯瞰即是。”又在《四川叠溪地震调查记》一文中写道：“攀枝花取矿极易，办矿条件极优，而水上交通也极现成。陶家渡至鱼鲊90里之江水，浪遏水顺，举舟一日可达。如此便事，弃之无理。”

他在《开发四川第十八行政区矿产意见书》中指出：“诚能举全国之力，使宁属成为一重工业区，斯可养精蓄锐，藉钢铁之力，以发挥国力，而图复兴之大业也。”常隆庆首先提出建设宁属为我国重工业区的必要性和可能性的建议，又在随后的多份地质调查报告中，提交建设宁属重工业区的意见、设计和勘测工业区布局的成果。

也是在这一年，常隆庆撰写了《盐边、盐源、华坪、永胜等县矿产调查报告》，对攀枝花磁铁矿的储量、地质、成矿原理、藏量进行了论证，描绘了营盘山、尖包包的石灰岩与磁铁矿的矿层及厚度，对盐边大湾子赤铁矿、东巴湾赤铁矿和许家沟、阿拿摩、阿卡尼、弄弄坪等地的铁、煤矿藏都有独到的论述，并提出设厂开发的建议。常隆庆通过不断的探索、研究，终于勾勒出攀枝花开发建设的宏伟蓝图。但由于当时的国民党腐败无能，他的攀枝花开发建设构想成了一个泡影。直到中华人民共和国成立后，攀枝花的资源开发，才进入了新的阶段。

◆ 1979年5月，常隆庆重回攀西考察

以常隆庆为代表的一代地质学家所发现的攀西地区资源宝库中，仅攀枝花磁铁矿，目前已探明的储量就近300亿吨，仅次于鞍山-本溪铁矿群，在我国位居第二。更为重要的是，攀枝花还以占全世界11%的钒、35%的钛储量而驰名天下，有中国“钒钛之都”的美誉。

1954年，南京大学地质系主任、教授徐克勤，应西南地质局局长黄汲清建议，带学生到攀枝花实习考察，认定攀枝花矿区储量在1亿吨以上，攀枝花磁铁矿由原来的千吨级上升为亿吨级。不久，攀西地区的磁铁矿被纳入国家重点勘测、钻探计划。

1979年年初，时任国务院副总理方毅视察渡口时表达了对常隆庆的关怀：“攀枝花现在建成了，不要忘了发现攀枝花的有功前人常隆庆教授。”

在攀枝花市的金沙江畔，矗立着常隆庆的雕像。在雕塑的铭文上这样写道：“常隆庆数次深入攀枝花调查踏勘，探明了储量巨大的攀枝花钒钛铁矿，是发现攀枝花资源宝库的代表性人物。”离雕像数千米处，是我国西部地区最大的露天铁矿——兰尖铁矿。在攀枝花市，还有隆庆路、隆庆公园。这是一座城市的记忆。

（文/陈伟）

何信禄

探迹寻“龙”志不渝 究极本真献平生

科学家语录

世界上几乎所有的恐龙化石都是人们无意间发现的，它不像天然气、石油、矿藏等物质可以通过仪器探测到！

何信禄（1927年6月—2021年1月），四川广安人。1950年毕业于重庆大学地质系；1953年经古生物学家余建章院士推荐，至中国科学院古脊椎动物与古人类研究所进修，师从杨钟健院士。1959年1月调入成都地质学院（现成都理工大学）工作，长期从事古脊椎动物研究。1983年与蔡开基在四川省自贡市大山铺发现“何信禄龙”化石。主持“自贡大山铺中侏罗世恐龙动物群”项目研究，领导四川省发掘队开展对自贡大山铺恐龙化石群的科学发掘和研究，采集以恐龙为主的古脊椎动物化石数以百计，出版的相关专著和论文集是20世纪中国恐龙研究取得的重要成果，提升了我国恐龙研究的学术水平。带领科研团队对众多化石点进行了调查研究，发现并命名了多个古生物新属种，所著《四川脊椎动物化石》一书，对全川脊椎动物化石进行了阶段性总结。为四川盆地地层古生物研究和自然类博物馆建设作出了重要贡献，尤其是关于自贡大山铺恐龙化石群的系列研究成果，为我国第一座恐龙专题博物馆——自贡恐龙博物馆的建设奠定了坚实的科研基础。荣获国家自然科学奖二等奖（当年一等奖空缺）。

2022年11月23日，成都自然博物馆（成都理工大学博物馆）正式对外开放。博物馆的探秘恐龙厅，珍藏着三大“镇馆之宝”之一——合川马门溪龙化石。

何信禄曾是成都自然博物馆馆长，是最早研究马门溪龙的专家之一。1962年，当40箱合川马门溪龙化石运到成都地质学院时，何信禄和其他老师一样，都不是专门研究恐龙化石的。“学而不已，阖棺乃止”，50年里，何信禄在古脊椎动物研究领域默默耕耘。

2005年，一种生存在距今1.71亿～1.68亿年前的中侏罗世的小型恐龙被命名为“何信禄龙”。何信禄一生为做好恐龙研究“一件事”的努力，被国际恐龙研究界永远铭记。

合川马门溪龙修复记

在成都自然博物馆探秘恐龙厅，一具体形高大雄健，长22米、高约3.5米，头颈抬起来可达11米高的恐龙化石威猛地站立在厅内。

1964年，经中国科学院古脊椎动物与古人类研究所鉴定，认为这具恐龙化石是生活在距今约1.4亿年前的恐龙的遗骸，是迄今我国乃至亚洲发现的最完整的蜥脚类恐龙化石。1965年，中国科学院院长郭沫若先生为复原后的恐龙化石亲笔题名“合川马门溪龙”。

多年后，何信禄回忆起修复合川马门溪龙的往事，仍然激动不已。

1952年，在四川省宜宾市的马鸣溪渡口发现了马门溪龙的原型标本——建设马门溪龙，但遗憾的是恐龙骨架不完整。1957年，四川省石油勘探队在四川省合川县（现重庆市合川区）太和镇附近的古楼山上再次发现一具巨大的马门溪龙化石。四川省博物馆随即进行挖掘，仅化石就装了40箱。如此巨大且较为完整的化石，在我国尚属首次发现。

1963年4月的一天，成都地质学院陈列馆馆长李之常教授打开箱子，将化石拿出来放在综合大厅里。听说李之常要研究恐龙化石，何信禄和其他老师都来看，想知道到底是怎么回事儿。“这么大的化石谁都没有见过，不好弄呀。”何信禄等人有些担忧，“我们古生物教研室也无人研究古代脊椎动物啊！”恐龙化石被一节一节地拼凑，但是由于当时的条件和专业限制，数月的研究过去了，也没有什么实质性进展。

面对诸多无奈，何信禄和古生物教研室的几位同事商量后认为，应将恐龙化石进行修复，以实现更多的科研和教学价值。1964年2月，40个大箱子被送到了中国科学院古脊椎动物研究所。由中国科学院古脊椎动物与古人类研究所所长，有着“中国恐龙研究第一人”之称的杨钟健教授亲自挂帅，对这些恐龙化石进行研究、拼装。复原后的合川马门溪龙从北京运送回成都后，一直静静地放在成都自然博物馆内。

尽管合川马门溪龙化石相当完整，但仍美中不足——没有找到它的头骨。头骨哪里去了？何信禄两次去合川，想到恐龙化石的发掘地寻找头骨，依然没有答案。为了最大程度呈现合川马门溪龙的完整度，何信禄等研究者参考了美国的梁龙头骨，复原了合川马门溪龙的头骨。后来在自贡又发现了马门溪龙，何信禄等根据自贡马门溪龙的头骨，第二次复原了合川马门溪龙的头骨。回忆起当年的往事，何信禄曾欣慰地说：“自贡这次的发现可谓纠正了从前的‘张冠李戴’，真正意义上还原了合川马门溪龙原貌！”

运回成都后不久，上海筹建古动物史展厅，两位手艺高超的制膜师傅来到成都复制马门溪龙。花了近一年的时间，复制出了一条惟妙惟肖的、一般人难辨真伪的马门溪龙。中国科学院也派人来成都复制了两条马门溪龙。复制的合川马门溪龙曾多次远赴日本、意大利、新加坡等国家和中国香港地区展出。

何信禄曾说：“在世界各地风光无限的马门溪龙，都只是由石膏做成的复制品，真正的马门溪龙从北京送回来后，几十年间一直静静地待在成都自然博物馆内，与它的同伴许氏禄丰龙、开江巴蜀龙、多齿盐都龙等在一起。其模型在北京、上海及世界其他城市都有展出，但真品一直保存在成都自然博物馆。”

发现大山铺恐龙动物群

1972年春节前夕，何信禄第一次来到自贡市大安区大山铺镇。川南的冬天，天气阴冷潮湿。当何信禄穿过乌瓦长檐、门高楼低的街道，来到距离镇北头约200米的公路旁时，他发现了一座东西宽约150米、南北长约200米的小山包，由此打开了一座举世罕见的远古恐龙“公墓”。

在自贡盐业历史博物馆工作人员的陪同下，何信禄等人对现场进行勘察，并做了试掘，采得一些指（趾）骨和脊椎骨，确定是恐龙化石。但是，由于试掘时发现化石排列无序，毫无关联，围岩又风化得厉害，除了采集到的这些化石外，再也未见其他化石露出。何信禄等人断定，这些恐龙遗骸不是原地埋藏的产物，而是经过水的搬运被埋藏到这里的。其藏量如何，很难断定，必须做进一步的勘察、试掘。在山包的面纱未被揭开之前，它仍是一个谜。

1974年3月中旬，自贡市对大山铺恐龙“公墓”的挖掘正式拉开序幕。发掘工作中惊喜不断，化石一片又一片地暴露于地表。自贡当地的专家断定，这里埋藏的不是单一个体，而是恐龙群体的遗骸。这些遗骸多数排列无序，但关联较好的成串脊椎也有不少，这恰好证明了何信禄等人当年的判断是正确的。这些恐龙遗骸的确是它们死后被洪水搬运至此埋藏后而形成的化石。只不过有的因暴尸时间长，尸体分解厉害，被洪水彻底冲散了架，所以显得零乱；而少数尸体则因暴尸时间较短，尸体分解还不充分，在洪水搬运过程中未完全散架，所以关联较好。

在大山铺已发掘的2800平方米范围内，恐龙化石重叠堆积，犬牙交错，各种恐龙及龟、鱼等伴生动物数以百计，有近20个种属，组成一个完整的“恐龙动物群”。其中既有长达20米的草食长颈椎蜥脚龙、凶猛的肉食恐龙和数量多而完整的短颈椎蜥脚龙，也有仅1.4米长的鸟脚龙，还有目前世界上发现时代最早且保持完整的剑龙和在侏罗纪地层伴生动物中首次发现的翼龙等。中外古生物学家一

◆ 何信禄（前排左三）在化石发掘现场

致认为自贡大山铺是研究恐龙化石最为理想的地方。

目前，大山铺恐龙“公墓”已挖掘恐龙埋藏地面积约1900平方米。在高低错落的岩石上，裸露着千姿百态的各种恐龙化石，这样大规模的恐龙化石群在世界上是罕见的，甚至是独一无二的。

“中侏罗世的恐龙和伴生动物，凡是应该有的，大山铺几乎全都有了，就这个意义上说，大山铺恐龙动物群是无与伦比的。”何信禄后来在他的一篇有关大山铺恐龙动物群的综述性论文中评价说：“在四川各地中侏罗世下沙溪庙组的恐龙产地中，最突出的当然要数自贡大山铺恐龙动物群的发现了。种类和数量上非常丰富，几乎各类恐龙（蜥脚类、肉食龙类、鸟脚类和剑龙类）都有保存非常完整的骨架（其中包括完整的头骨）。除了恐龙外，还有大量其他脊椎动物化石共生在一起，这是极其难能可贵的。有人说这是近十年来世界恐龙发掘史上的一次重要发现。我觉得，甚至可以这样看，对于中侏罗世恐龙动物群来说，这应该是整个恐龙研究史上的一次非常重要的发现。”

开启大山铺恐龙化石群研究

2005年，一位叫作保罗·巴雷特的专家根据一种恐龙化石确立了其独立的恐龙种属，并用何信禄的名字将其命名为“何信禄龙”。他研究后认为，“何信禄龙”具有其他鸟脚类恐龙没有的单一特点：眼眶后带有一个非常显眼的凹陷。这是一种单一衍征，因此将“何信禄龙”列为单独的种属。

“何信禄龙”是一种小型的鸟臀目恐龙，诞生于距今1.71亿～1.68亿年前的侏罗纪中期，体长只有1.2米，体型在770多种恐龙中仅仅排在第624位。第一批“何信禄龙”化石的发现地点就在大山铺。

恐龙的起源、发展和灭绝是各国学者们的热门研究课题之一。

何信禄的同事、成都理工大学博物馆古生物化石研究专家蔡开基教授感慨地说：“合川马门溪龙化石的出土对恐龙化石研究界的意义巨大，也是它的到来，激励了我校很大一批老师、学生去学习和研究恐龙化石，投身古脊椎生物化石研究。”

在何信禄女儿和同事眼中，何信禄对恐龙的研究可以用“痴迷”二字形容。尽管恐龙研究的工作很枯燥——翻阅大量文献，长时间的野外调查，年复一年的案头研究，但何信禄一直坚持着。工作累了，他习惯走出实验室，在一片苏式建筑的校园走一走，在砚湖边，坐在亭廊的长凳上，看看春天的翠柳，听听夏天的蝉鸣，闻闻秋天的桂花香，找找冬天的蜡梅。

以何信禄为核心的科研团队，足迹走遍全川，对众多化石点进行了调查研究，发现命名了较多古生物新属种。而对于大山铺，何信禄更情有独钟。

他在研究中经常琢磨着：亿万年前，大山铺恐龙生活的时代是一个什么环境？今天为什么又变成这样？大山铺的恐龙与其他脊椎动物为何如此丰富？在大山铺，除恐龙外，这里还有能飞行的翼龙，以及生活在水中的蛇颈龙两栖类恐龙等。它们的生活各不相同，为什么都聚集在此地呢？为什么这里又有许多完整的化石骨架呢？

何信禄和他的团队一点点揭示了大山铺的奥秘：在侏罗纪中期，大山铺是一个洪泛平原。剑龙喜欢居住于距湖滨稍高而常年蕨类丛生的山林中；恐龙中性情温和的犀角类恐龙，常常成群结队生活在地质较低的湖滨平原上；鸟脚类恐龙活跃于较高的台地上；其他脊椎动物，如翼龙仅能在湖岸林间低

◆ 1997年，何信禄（前排左二）专程前往自贡恐龙博物馆参观恐龙标本

空飞行……

20世纪80年代，何信禄带领的成都地质学院专家团队关于大山铺恐龙化石群的学术研究终于迎来收获。1990年3月，四川省科学技术委员会邀请国内部分专家、学者参加自贡大山铺中侏罗世恐龙动物群研究成果评审会。与会专家学者一致认为，大山铺恐龙动物群的发现、发掘和研究成果表明，我国已在世界中侏罗世恐龙研究领域中取得了领先地位，这在我国恐龙研究史上是一个创举。研究成果中有不少新突破和新发现，这些研究成果无论在深度还是广度上，都达到了国际先进水平，被国外专家视为近二三十年来恐龙发掘史上的重大收获。

大山铺恐龙化石群经过近二十年的发掘和研究，已取得重大科研成果。截至目前，已出版7本研究专著、2本研究专辑，并在国内外学术刊物上发表科研论文60多篇。已鉴定出恐龙、鱼类、迷齿两栖类、龟鳖类、鳄类、翼龙类、蛇颈龙类、似哺乳爬行类和哺乳类18个属、21个种，根据这里发现的化石材料新建立和定名了1个科、2个亚科、13个属、20个种。

1994年，何信禄主持完成的四川省重点科研项目“四川自贡大山铺中侏罗世恐龙动物群研究”，荣获国家自然科学奖二等奖（一等奖空缺），成为全国古生物学领域第一个荣获国家自然科学奖二等奖的项目。

对此，成都理工大学的师生们却有点惋惜，有的说：“何信禄这奖拿早了，再晚一点评院士一点问题也没有。”也有的说：“何信禄这奖拿晚了，再早几年他就评上院士了。”

为什么有如此看似矛盾的两种说法？其实，之所以说他“拿早了”，是当时还没有评选院士的机会；之所以说他“拿晚了”，指的是何信禄拿到奖时，已因年逾66岁退休了，与晋升院士的机会失之交臂。

但何信禄对这些荣誉得失并不看重。直到临终前，他牵挂更多的还是大山铺的恐龙。

（文/陈伟）

刘宝珺 万水千山研地质 科研至诚显风范

科学家语录

我们这些老人有时候有点忧愁，怎么现在大家都要去当明星、搞金融，选择学基础学科的比例那么低？

刘宝珺（1931年9月— ），天津人，中国著名沉积地质学家，中国沉积地质学科奠基人之一，中国科学院院士。1950年负笈清华大学地质系，本科毕业后任甘肃白银地质队队员，后作为北京地质学院的首批岩石学研究生留校任教。1958年入川，执教成都地质学院（现成都理工大学），1982年出任成都地质矿产研究所所长，1987年当选全球沉积地质计划中国委员会主席。曾先后任四川省科协主席、全国政协委员、成都理工大学名誉校长等职务。在沉积动力学、层控矿床的岩相控制、板块运动与沉积作用、沉积成岩过程、风暴和实践沉积、全球沉积地质等方面均作出大量开创性研究贡献。自20世纪70年代起，创新性地引入国际沉积学前沿理论，提出的“沉积期后分异与成矿作用理论”领先国际学术界，提出的“资源能源相控理论”被收录至《中国地质调查百项成果》，牵头完成我国南方迄今最为系统详尽的岩相古地理图集，是获得世界地质科学最高荣誉“斯潘迪亚罗夫奖”的首位中国地质学家。20世纪90年代，首次把全球变化的概念引入历史地质学的研究中，提出“统一地质场”观念，并致力于资源环境可持续发展的研究。已出版20余本专著，发表120余篇论文。荣获“国家有突出贡献中青年专家”、“全国优秀科技工作者”、李四光地质科学奖等荣誉和奖项。

1931年出生的刘宝珺，身上杂糅着各种看似不相干的气质，混搭着各种看似矛盾却又难以分野的身份——做一流学问的院士，踏遍青山的项目领军人，野外科考的乐天派，嘴馋的老饕，传统文化倡导者，多国语言翻译，钟情人间草木的老茶客，会点功夫的武侠迷，抖包袱的相声票友，讲科普的刘爷爷，拍案而起的环保人士……

这样的刘宝珺自成一格，不仅葆有着对科学事业追求的初心，毕生以老派学者的风骨做精细的学问；更难得的是，他融合科学家精神与中国人文传统于一身，始终以好奇心探索世界的丰富和有趣。

家国山河，少年心事当拿云

津门世家子弟刘宝珺，生于国运维艰之时。出生几日即遭逢“九一八”事变，上小学时又遇“七七事变”，他目睹了日本的轰炸机将南开中学炸成一片焦土，自小“家国”二字就深深刻进了他的心里。

从经商海货的曾祖父一辈起，刘宝珺的家族就讲究“教育第一、努力奋进”的训学之道，鼓励子弟习得传统文化、接受新式教育，过年还给成绩最好的孩子发奖学金。“读书种子”刘宝珺不落人后，年年都拿一等奖学金。

刘宝珺天性爱好探索，但凡碰到感兴趣的新鲜事，事无大小难易皆必研究。但他也有顽劣的一面，若老师讲的内容引不起他的兴趣，他就不认真念书，以至于成绩难看；若讲得他感兴趣，再难的功课他也肯津津有味地下功夫。

正因为这个以兴趣为主导的特点，刘宝珺初中时醉心于一堆“不务正业”的科目，成了一个贪玩、能玩、会玩，学什么像什么，像什么成什么的“杂家”。读四书、临字帖、画素描、习武术、赏曲艺、弹乐器、念英语、打篮球，他样样精通。初中毕业时，同学在班级留言册上如是描述他：“好科学，油画妙，English列前茅，真活泼，体魄棒，待人热心肠。雄壮的歌声，矫健的身手，在告诉我们他是一个文武全才。”

1937年，天津沦陷，刘宝珺的父亲——南开大学数学系毕业的高才生刘学信拒绝给日本人做事，从此举家清苦度日八年。1947年，16岁的刘宝珺考上南开中学，这座大师荟萃的精神家园启发了他学习钻研的禀赋，他一发不可收地爱上了数学、物理、地理、历史、国文等众多科目，由此奠定了他日后科学研究的扎实根基，培养了丰富多彩的爱好志趣，厚植了爱国报国的理想情怀。

高三毕业前，刘宝珺原定保送燕京大学化学系，但填报志愿前夕他改了主意——当时正就读清华大学地质系的两位学长写信动员他报考清华，因为新中国需要地质人才。在“欲发达国家实业，必先从事于地质调查”的鼓舞下，他内心澎湃不已，瞒着家里放弃保送，并最终以第一的成绩考入清华地质系。这一将个人价值融入家国命运的人生选择，奠定了刘宝珺一生的发展志向和科学研究方向。

探矿攻坚，关山初度路犹长

1953年夏，22岁的刘宝珺作为北京地质学院（清华大学地质系于1952年并入新成立的北京地质学院）首届毕业生，离京奔赴地质部641队，参与甘肃白银特大型铜矿的开发建设。

在刘宝珺看来，国家急需人才，“学地质的人不就应该去矿山吗？学地质的人不就应该去广阔天地才能大有作为吗？”

白银乡地处兰州市东北部，北去一百多千米是浩瀚的腾格里沙漠，目之所及都是荒山枯岭。整个工业区建在气候条件极为苦寒的盐碱地上，地质队员们吃掺和沙子的馒头和米饭都是常事。

◆ 1953年，刘宝珺在甘肃白银

刘宝珺　万水千山研地质　科研至诚显风范

在白银乡大规模勘探工作的关键攻坚时期，各路创业大军从长城内外、塞北江南汇聚此地，几十台铜矿开采钻机摆在山头边日夜轰鸣。燃情岁月里，地质队员刘宝珺为了完成1∶10000的地质测量图，喝苦水、咽干馍，测剖面、勘地层、探老硐、找露头、寻矿体，在星夜里披着一身黄沙回到土坯房，点着油灯继续忘我地工作。野外的风凌厉如刀，附近狼嗥声哀回，他和大伙儿不分昼夜地奋斗，以“三光荣”“四特别”精神忘我地工作。

一年后，青年科研骨干刘宝珺被委以重任，成了折腰山矿区的区长。他带领团队用“铁脚板”踏遍荒芜的戈壁滩涂，为折腰山探明全部主要矿体进行了富有成效的工作，为1954年我国第一部40万卷、数百万字的大型有色金属矿床的储量报告出炉作出了重要贡献。

1954年年底，地质部641队取得了矿产勘探开发的重大成果，探明白银厂特大型铜多金属矿床铜金属储量为89.95万吨。这一成果对国家“一五”计划以及甘肃省乃至大西北建设具有重大历史意义。

在白银市“铜城的开拓者”纪念碑上，镌刻着一段高度评价地质部641队为国找矿立功的文字——“白银铜矿的勘探，体现了地质工作者艰苦创业的开拓精神，凝聚着地质部641队全体职工的聪明才智和辛勤劳动。”将青春奉献给白银的刘宝珺，作为光荣的地质部641队的一员，与有荣焉。

滇中寻矿，不破楼兰终不还

1958年10月，正是巴山夜雨涨秋池的时节。刘宝珺离开北京地质学院，经蜀道入川，踏上了陆放翁当年的宦游之地，开启了他扎根巴蜀，深耕沉积学研究的风雨人生。

20世纪70年代初，成都地质学院（现成都理工大学）“白专”助教刘宝珺参与滇中寻矿联合科考，为当时勘探出的大型含铜砂岩矿提供理论支撑。彼时他刚从监督劳动中被“解放”出来，是否有资格作为科考队技术负责人饱受争议。刘宝珺未曾想到，三年的云南滇中科考，成为他为我国沉积学事业作出贡献的一个标志性起点。

矿床的成因直接影响找矿勘探。随着研究工作逐渐深入，刘宝珺凭借欧美沉积力学的最新研究理论以及野外考察经验，率先质疑此前的“三板斧”结论，认为“砂岩铜矿不应该形成于古代湖泊相的沉积环境”。

一个“白专”居然挑战已在全国火热推广的找矿经验！批评之声涌来，捅了“马蜂窝”的科研团队一度陷入舆论的风口浪尖。

刘宝珺并未动摇自己的意见，始终坚持认为砂岩铜矿是由古代河流相沉积产生的，主张学术问题应以开放性思维进行实事求是的论证。为了说服质疑方，刘宝珺发起的科研攻关被提上日程。

此后3年里，他顶住巨大压力，带领团队运用泥沙运动力学理论，采取现代沉积学的科学实验方法对砂岩的沉积作用是源自河流还是湖海，是深海还是湖泊进行科学分析。最终，刘宝珺团队成功解释了成矿古环境的沉积相。

1974年，生产单位在团山矿区指定位置打到了4米厚的矿体，这与刘宝珺团队此前提出的理论完全吻合。所有人都服气了，并将该研究结果誉为“新三板斧”，技术负责人刘宝珺的名气在业内被迅速打响。

刘宝珺挂帅的云南滇中含铜砂岩铜矿研究，不仅在理论上解决了“河湖之争”，成功将国际最新沉积学理论用于解决生产实际问题，而且由此提出的“沉积期后分异与成矿作用”促进了我国在岩相控矿方面的研究站到国际领先行列，并最终发展成为沉积学领域具有重要意义的崭新理论。

沉积而发，吹尽黄沙始到金

在众多科学家中，刘宝珺的学术历程算不上顺遂。他的助教生涯长达20余年，47岁才被评为讲师，知天命之年才晋升为教授。

很多人好奇，在冷门学科“沉寂”20多年的刘宝珺，是如何“大器晚成”将冷灶烧热，取得国际领先的系列学术成果，同时成就了自身作为我国沉积地质学奠基人之一的学术地位的？

在北京地质学院担任助教时，刘宝珺服从恩师池际尚的安排，从研究岩浆岩、变质岩改为扎根冷僻的沉积岩。大约是命运有心眷顾，他误打误撞进入的冷门在20世纪60至70年代，隆起为国际学术研究的高原——欧美学派

◆ 1986年，刘宝珺在成都地质矿产所办公室

的泥沙运动力学推动沉积岩石学逐渐发展为沉积学科。

1970年左右，受困“白专”身份多年的刘宝珺回到成都地质学院沉积教研室业务岗位。他敏锐地捕捉到沉积学发展脉象，痛心于中国的沉积学落后了近10年光阴。为了把时间追回来，他挑灯夜战，看文献、搞科研、跑野外，翻译了大量关于层控矿床、成岩成矿等内容的欧美文献，成为当时国内少数在沉积学领域与国际前沿理论接轨的学者。

他将这个柳暗花明的过程视为“刚好并终于赶上了这样一个时代”。

20世纪70年代中期，刘宝珺成为首个将泥沙动力学引进国内解释沉积构造的学者。他通过高屋建瓴的宏观理论和对沉积岩的微观求证，将学科热点研究和国家找矿资源应用进行了有效结合。

80年代初，刘宝珺调任成都地质矿产所所长后，曾带领团队在南方的山川丘壑、峻岭丛野间奋战5年。他牵头创建的我国南方迄今最为系统详尽的岩相古地理图集，被国外学者誉为“岩相古地理研究领域的范本”。

进入90年代，刘宝珺提出了“统一地质场”观点，首次把全球变化的概念引入历史地质学的研究领域。他引导沉积地质工作者活跃在全球变化研究的国际舞台，成为我国深度参与全球沉积地质研究工作的执牛耳者。

无论是在成都地质学院还是在成都地质矿产研究所，这位师者广植桃李，培养了一大批国内外顶尖的沉积地质学骨干人才，带出了数支以学术交叉渗透见长的国际化研究队伍，他主编的《沉积岩石学》至今仍是我国沉积学人才培养的经典教材。

成为中国科学院院士那年，刘宝珺54岁。5年后，他迎来了自己地学生涯的又一个高光时刻，成为国际地质学界最高奖“斯潘迪亚罗夫奖”百年来唯一获奖的中国人。他在耄耋之年获得首届“中国沉积学成就奖”。他的“资源能源相控理论”在2016年被收入《中国地质调查百项成果》——这是对刘宝珺一个甲子筚路蓝缕的最高肯定。

心有大我，一寸丹心向日明

四十余载人生浮沉，刘宝珺一双“铁脚板”不知踏过多少蜀地山水。他的一生中，至少有三分之二的时光停驻在四川——学术上开花结果、培育后学是在四川，奔走疾呼、护水保矿也是在四川。

“不管你搞哪门科学，都要归结到国家和社会的总体发展上来”，这是心存国脉与民瘼的刘宝珺一以贯之的主张。1996年，他从成都地质矿产研究所所长岗位退休，担任四川省科协主席。从花甲之年开始将科学视野从矿产开发转向资源环境可持续发展的他，身体力行地呼吁、支持并参与川内多项资源环境保护事业。

刘宝珺自豪于退休后管过几件“闲事”，尤其是联合四川省科协老专

◆ 1984年，刘宝珺（前排居中）组织四川兴文风暴岩科考

◆ 1997年，刘宝珺在西岭雪山下

家叫停了柏条河电站开发。在这场“护河运动”中，年逾古稀的刘宝珺多方奔走呼吁，集结老院士们联名上书，跟相关利益方针锋相对甚至火星四溅，成为扭转柏条河命运的关键“声音”。

四川省科协第七届主席、前四川大学校长卢铁城很佩服刘宝珺这位老科协主席实事求是、尊重不同意见的精神，“他是根据科学知识，是基于对国家、对民族的仁爱，敢于讲”。

多年来，刘宝珺在多个触及地方经济利益的矿业开发问题上管了不少闲事，受了不少闲气，但他始终以吾国吾民的胸襟视野关注资源环境保护，在探究川东北地区高含硫天然气气田、科学开发攀西红格矿区等项目中敢说真话，和老科协的专家们打下一场场漂亮仗。

曾有人对刘宝珺“好言相劝”，让他不要因为保护抽象的集体利益而去损害具体的个人利益。一辈子视家国福祉为己任的刘宝珺并不这么认为。他自豪于从少年到暮年许身为国的每一次选择，坚持个人抱负不可能孤立实现，快乐而执着地仰望科学星空，为国家和人民的需要实现自我价值才是一个科学家最长情的信念。

（文/周图伽）

崔　鹏　遍山寻迹破地灾　薪火相传创新绩

崔鹏（1957年8月—　），陕西西安人，自然地理与水土保持学家，中国科学院院士。1985年在中国科学院成都地理研究所获得硕士学位，1990年在北京林业大学获得博士学位。曾任中国科学院、水利部成都山地灾害与环境研究所常务副所长（主持工作）。长期从事山地灾害过程机理、致灾机制、减灾理论、防治技术、工程应用与风险管理全链条、贯通式研究，创建了山地灾害综合减灾理论与技术体系，带领我国山地灾害研究取得国际领跑地位。面向国家减灾战略需求，长期坚守在西部山区和重大工程灾害防治一线，在汶川、芦山、九寨沟等地震次生灾害，舟曲泥石流、白格滑坡堰塞湖等重大灾害应急处置与灾后重建中提供了关键技术支撑；完成了川藏铁路全线灾害调查与风险评估，研发了风险防控关键技术，服务川藏铁路减灾；带领团队为委内瑞拉、巴基斯坦、尼泊尔等多个国家提供科技援助，创建了“中国–巴基斯坦地球科学研究中心”；组建了“国际防灾减灾科学联盟”，打造了国际减灾科技合作平台，发起的“一带一路”自然灾害风险与综合减灾国际研究计划，为我国以及“一带一路”合作伙伴的防灾减灾工作作出了重大贡献。先后获国家科学技术进步奖二等奖、中国科学院杰出科技成就奖、全国创新争先奖状、世界水土保持协会“杰出研究者奖”、欧洲地球科学联合会（EGU）Sergey Soloviev奖章等奖项。

科学家语录

防灾减灾研究是一种公益性协同作战，青年人要想做好科研，就要有集体主义精神和社会责任感。

2015年4月25日，尼泊尔发生8.1级大地震，根据中国科学院部署，崔鹏旋即带领11位各领域专家紧急驰援。

偌大的飞机上，座位空空。乘务员问崔鹏是不是代表中国去尼泊尔接侨胞。崔鹏答道："不，我们是去支援尼泊尔减灾的。"

乘务员诧异地说："现在飞往尼泊尔的飞机大多是空着去，满客回来。你们现在还前去支援，一定很有爱心！"

作为第一支抵达灾区的外国科学家队伍，到达灾区后，他们立即兵分三路，开展野外考察和遥感调查，在短时间内就拿出了科学、翔实的次生灾害数据和救灾减灾对策，因此受到了尼泊尔政府的重视与好评。在尼泊尔时，年轻队员纷纷劝崔鹏坐镇指挥，危险的地方就别去了，但他们根本拦不住当时年近60岁的崔鹏。

崔鹏在长达40余年的泥石流、滑坡、堰塞湖等山地灾害研究中，始终坚守在防治灾害的第一线，不到现场他心里就不踏实。5千克的设备再加上超过5千克的样本是他大背包里的"常客"。他常年三分之一的时间都在野外工作，用脚步和汗水丈量祖国的每一寸土地。

遍访群山，本分做事，成为中国第一位泥石流专业博士

1957年，崔鹏出生于陕西省西安市长安县（现长安区），其家门前就是巍峨的秦岭和一望无际的田野。崔鹏儿时读书非常用功，也时常帮家里干农活，这种经历让他深刻体会到乡村灾年所面临的收成困境，他心里常想能不能为此做点什么。自幼聪慧的他，在高中毕业后就利用杂交技术，成功为村生产队培育出优质的玉米种子。

1977年，国家恢复高考制度后，崔鹏第一时间就报名参加考试，虽然他的成绩达到了录取线，但遗憾的是并未被录取。崔鹏没有灰心，第二年再次参加考试，最终以高分考入了西北大学地理系。他当时家庭困难，本可申请甲等助学金，但考虑到当时国家处于百废待兴的阶段，各方面都要用钱，崔鹏主动选择了每月十七块五毛的乙等助学金，他认为"自己节约一点，够用就行"。

在西北大学求学期间，崔鹏遇到了“陕西省泥石流研究第一人”——李昭淑教授。在李昭淑的带领下，崔鹏多次深入陕西省地质灾害现场进行实地考察。李昭淑还曾请崔鹏为他的新书写一篇读后感，最后却将这篇读后感作为书的序言，这让崔鹏备受鼓舞。李昭淑体恤民情，重视现场考察，经费不足自掏腰包也要坚持搞研究，并赶赴灾区开展现场考察，如此种种都影响了崔鹏。

因从小就深知农民的疾苦，所以崔鹏小时候的梦想就是为山区居民防灾减灾做点本分的事。“此类自然灾害易发多发，但形成机理与防治手段复杂难解，总要有人做这方面的工作，减少灾害损失。”在一次讲座上，崔鹏听取了中国科学院成都地理研究所（现中国科学院、水利部成都山地灾害与环境研究所，简称“成都山地所”）唐邦兴教授有关泥石流研究的报告后，心系山区百姓的他豁然开朗，选定了“泥石流研究”这一毕生的研究道路。

1982年，崔鹏跟随唐邦兴读研究生，也跟着他全国各地跑。在考察途中，崔鹏目睹了不少泥石流灾害带来的巨大损失，这也越发坚定了他“减灾为民”的志向。

在一次跟随唐邦兴在泸定县的科学考察途中，眼看马上要下雨，当地陪同的同志为了大家的安全，劝说大家早点返回。但为了制订合理可行的泥石流防治方案，他们还是坚持上溯到泥石流形成区完成勘测工作。完工后一路雨湿路滑，不知跌倒多少次。着急等待多时的县委书记和县长看到一个个“泥人”安全回来了，才松了一口气。

◆ 1984年冬，崔鹏（右）与老师唐邦兴（左）考察九寨沟泥石流现场（成都山地所供图）

经过数年的野外科考锻炼后，崔鹏更能体会到对于泥石流防治工作，“读万卷书”与“行万里路”同样重要。因为研究泥石流往往需要综合多学科的知识，在泥石流领域研究渐入佳境的他也意识到自身知识储备的不足。为此，他在成都理工大学学习研究生基础课期间，跟本科生一起上不能算学分的地质基础课程。他完全不在意能不能算学分，因为他认为“补充自己的知识结构是最重要的”。

研究生毕业后，留在成都山地所工作的崔鹏选择在职读博，他考上了北京林业大学关君蔚院士的博士，跟随这位我国水土保持学科的开拓者和奠基人，继续学习生态保护与泥石流防治的相关知识。之后，成为中国泥石流专业首位博士的崔鹏又选择出国继续深造，其间他的研究成果得到英国皇家学会的高度评价。

1997年，崔鹏效法老师关君蔚，放弃国外的优渥待遇与一流的科研条件，毅然回国，继续在成都山地所工作，回到他心中最牵挂的、泥石流灾害频发的祖国西部。他坚信学习了国际前沿的山地研究知识，就更应该回归祖国，为那些还深受山地灾害的山区老百姓们服务。

此后30余年，崔鹏专注于泥石流灾害研究，提出了准泥石流体的概念，确定了泥石流起动的临界条件，在泥石流形成起动理论和运动成灾规律方面也有独到认识，还开创了一些学科的新生长点。他将自己的理论研究成果应用到防灾减灾实践中，并带领团队研发出一系列专利技术，构建了全流域调控的泥石流灾害防治技术体系。

灾情就是命令，重灾区前线的“工作狂”

“文明与灾难并生，人类文明就是在与灾难不断抗争的过程中向前演进发展的。”这是崔鹏多年研究泥石流等地质灾害的心得。

我们的地球很美，但是它也有“不高兴、发脾气”的时候，地动山摇或者大雨倾盆，都有可能引发泥石流。据统计，我国泥石流区域分布较广，暴发相对频繁，成灾大都很严重，遭到泥石流不同程度危害的省、自治区、直辖市达23个。

“灾情就是命令”，每当有重大灾情发生时，崔鹏及其团队就立马奔赴现场，勘测第一手数据，提出专业意见，预防次生灾害发生。

2008年“5·12”汶川特大地震后才两天，崔鹏就带领团队奔赴抗震救灾第一线。当时灾区余震不断，道路不通，他们仍逆行深入，在短短5天内，从256个堰塞湖中筛选判识出34个高危险堰塞湖并提交指挥部以应急处置。崔鹏及其团队对堰塞湖危险级别的科学判识与更多的救援力量融汇在一起，确保了汶川大地震后没有发生堰塞湖溃决造成的二次灾害，保障了下游上万名救灾人员和百万群众的安全。

汶川大地震后几个月，崔鹏及其团队在驱车赶往唐家山堰塞湖考察的路上，眼见一块巨石正从滑坡的山体上快速滚落。司机凭借以往的经验，马上急刹车，巨石擦着车头滚落沟中，然后司机立马加速，下一块落石擦着车尾落下。又过了几个月，崔鹏带领科考队在北川考察灾后重建的途中遇到大雪，暗冰遍地，路面湿滑，路旁就是几十米深的山沟，加之道路狭窄，稍有不慎就可能连车带人掉下去。当时三辆越野车只有两辆装配有防滑链，崔鹏把其他队员都“赶”去坐有防滑链的车，他则钻出车窗配合司机看路，最终一起安全通过危险路段。提起在一线工作中种种险象环生的经历，崔鹏不愿多讲：“当时没有想那么多。身为考察队长，保证大家安全是我的责任。”

每有危险，他都身先士卒。坎坷与险阻拦不住他奔赴现场勘察的决心，他说：“我就是干这个的，不去现场怎么能行？”

尽管在救灾第一线的工作是艰苦的，但崔鹏还是时常鼓励身边的年轻人说：“我们不一定能从废墟里救出多少人，但可以用我们的一点付出和一些科学的认识与方法，让更多的人避免遭受次生山地灾害。”

2010年8月8日，甘肃省舟曲县因强降雨引发特大泥石流，泥石流沿途的村庄和城区被夷为平地，大量民居和农田被毁，所形成的堰塞湖淹没了半个城市。一夜间，舟曲地区满目疮痍，这是新中国成立以来我国损失最严重的一场泥石流灾害。和往常一样，崔鹏及其团队第一时间就赶往现场进行处置工作，他们的勘测数据及专业意见，为灾害工程防控等决策提供了重要的参考依据。

2013年芦山地震期间，崔鹏在灾区每天最多只能睡5个小时。一天夜里，崔鹏刚合上眼就想起白天山坡上巨石滚落伤人的场景，这让他难以入眠。为了科学判别灾害风险，冲在防灾减灾第一线的崔鹏，经常“白加黑”

◆ 2013年4月20日发生芦山地震后，崔鹏带队考察地震灾区现场

连轴转，忙到饭都忘记吃。别人一让他休息，他就摇头："我就是做这个的，不是不想休息，而是不能休息。"

出于高度的使命感与责任感，崔鹏面对工作中的危险与辛苦，早已淡然处之——"习惯了"。从事山地灾害研究的30多年来，崔鹏的足迹几乎遍布全国，积累了丰富的第一手资料。他也从灾害现场总结出减少损失的应对之策，服务于重大灾害的防灾、抗灾、救灾工作。

如今崔鹏还在"一带一路"共建国家奔忙，致力于推广山地灾害防治的成果，使更多共建国家和人民受益。他总认为自己在防灾减灾方面的工作做得还不够多、不够好。他始终坚守在降服泥石流这条"蛟龙"的道路上。他坚定地表示，只有当未来泥石流等地质灾害不再发生或少发生时，才是他工作做好的时候。

青年人上来了，我们的事业才能继续

谈及工作的危险，崔鹏不愿多说，认为显得矫情。论起成绩，他只想讲目前的研究进展与存在的不足。夸他工作很拼，他很反对，他坚称所有科研工作者都很拼，自己并不特殊。面对采访，他更爱讲团队，不爱讲个人。

这位清瘦的西北汉子，有着率直坚毅的性格，面对学生及团队则是宽严相济。如今他最大的心愿就是为国家培养更多的山地灾害研究方面的好"苗子"。在挑"苗子"时，除了看重知识与专业背景外，崔鹏更看重学生的上进心和责任感。

因为泥石流研究涉及数值计算与建模分析，所以崔鹏想招揽一位计算数学领域的人才加入团队。他去隔壁四川大学"挖人"，正好四川大学数学系本科应届毕业生胡凯衡也对泥石流研究感兴趣，两人“一拍即合”。

学生张建强说，有一次在还原山地场景的建模时，他以为差不多就行了，结果遭到了崔鹏的严厉批评：“差不多就是差很多，模型构建必须做到极致的精细化。”

令学生郭晓军印象深刻的是，每次去野外科学考察，只要有泥石流或山洪暴发的线索，哪怕是泥巴、泥浆这些证据，崔老师都会捕捉到。而令郭晓军最感动的是，有一天晚上11点多接到了崔老师的电话：“请你到所里来一下，我在看的一篇文章有些地方不懂。”当时因为太晚了，郭晓军有点不太乐意，但是到崔老师办公室后才发现，这么晚了崔老师竟然还在认真仔细地修改他的论文。

回忆起崔鹏时，学生们都说崔老师平时对学生都非常和蔼，他身上强烈的责任感尤其让人钦佩。崔鹏常强调，科研不是“发几篇论文就完了”，而是要从中提升自己，要对实际工作有益。

崔鹏非常重视对学生野外科学考察能力的培养。他始终都把团队成员的安全放在第一位。每次出差前，他都要与团队周密准备，以提高科考效率，

◆ 2001年，崔鹏（左一）带领研究生进行野外实习（成都山地所供图）

尽量减少野外停留时间。同时，他也强调在外要更加警觉，比如要注意下午三四点可能会吹山谷风，或山上碎石较多时不能停留，以及下雨时千万不能去沟里。总之要把安全放在第一位，一有不安全的信号就立刻撤离。

“只有青年人一个一个成长起来，我们的事业才能继续，研究工作才能做得越来越好。”崔鹏说：“国家或者社会有重大减灾需求时，从事减灾工作的人都必须面对，要勇敢地承担责任。”

（文/陈宇祥）

追光

四川百年
杰出科学家
的故事

02 PART 第二篇

匠心独运篇

匠心独运，巧夺天工铸国力
鞠躬尽瘁，创新科技兴强邦

本篇共收录28位工学领域科学家追寻科学之光的精彩故事。他们有的根据国家需要改变科研方向；有的为祖国攻坚克难隐姓埋名，在山区、高原、煤矿等艰苦或有危险性的环境中从事科学研究；有的勇闯技术“无人区”，解决世界性的科技难题；有的主持飞机设计、重大仪器设备等国家重大工程项目……他们共同描绘出一幅工学界科学报国、力戒浮躁、理性质疑、敢为人先、协同攻关的生动画卷。他们在不同领域发光发热，不断攀登科技高峰，为推动我国科技创新和社会经济发展作出了不可磨灭的重要贡献。

赵仁恺 核海深潜铸国盾 苟利国家生死以

赵仁恺（1923年2月—2010年7月），江苏南京人，核反应堆工程专家，中国科学院院士、中国工程院院士。1946年毕业于重庆中央大学机械工程系，其后任第二机械工业部一院（现中国核动力研究设计院）副院长、总工程师。1983年后，历任核工业部原子能研究院副主任、国防科工委潜艇核动力装置总设计师等职务。长期从事核反应堆工程、核动力研究，推动我国快堆、混合堆和高温气冷堆的发展。20世纪50年代末，率领技术团队首先提出了我国第一个潜艇核动力装置初步设计方案。1965年开始作为主要技术负责人之一负责中国第一艘潜艇核动力装置及其陆上模式堆的设计、建设、安装、调试运行、退役的全过程工作。1988年春作为核动力总设计师，率队在南海参加核潜艇首次深海水下全速航行试验，试验证明潜艇核动力性能完全达标，并略有余量，完成了核潜艇动力最后一项，也是最难最具风险的考核任务。荣获国家科学技术进步奖特等奖、一等奖等多项奖项。

科学家语录

人生的价值在于奉献，在于创造。只有立志于行，坚韧不拔，艰苦奋斗，才能创造一个有价值的人生。

1923年2月，赵仁恺出生在南京的一个殷实之家。赵仁恺出生时，父亲赵镜泉正就读于北平高等警官学校（后并入黄埔军校），母亲何敏贞只有23岁，赵仁恺上面还有三个姐姐，家里日子过得有滋有味。

谁知天有不测风云，赵仁恺3岁时，一向身体健康的父亲突发恶疾去世，而家中长辈唯恐母亲何敏贞趁年轻改嫁，干脆不给赵仁恺一家任何财产，意欲将他们扫地出门。所幸母亲性情刚烈，几番据理力争，家族才不得不有所让步，给了她一个小旅馆的经营权，让她和六个孩子能够维持生活。

虽说家境贫寒，但母亲颇有孟母之风，咬牙把赵仁恺送进了南京实验小学（现南京师范大学附属小学），放学后再接他到私塾里学习。在私塾里，赵仁恺系统学习了“四书”。此时的赵仁恺虽然懵懂，但传统的儒家教育已在他幼小的心灵里埋下了“格物致知”“治国平天下”的种子。

1937年，“七七事变”爆发，同年11月上海沦陷，日军屠戮妇孺的暴行震惊海内外，作为当时国民政府的首都——赵仁恺一家所在的南京也是人心惶惶。此时南京开始灯火管制，城外炮声隆隆，城内商号停业、物价飞涨、流言纷纷，是去是留成了南京人议论纷纷的话题。母亲颇有决断，几经思考后，决定关闭作为一家人衣食来源的旅店，带着六个孩子离开南京。自此，赵仁恺一家开始了颠沛流离的生活。全家随着难民一路向西，途经安徽、湖北等地，其间饥寒交迫，风餐露宿，尽管敌机一路轰炸，家人几番失散，但最终全家还是平安抵达了四川江津。

赵仁恺后来回忆，他在国立九中上学期间，日军时常进行轰炸。老师们经常安排大家上完两节课，喝一顿稀饭就赶紧去两公里外的坪顶山上躲轰炸，孩子们猫在小小的岩洞里，感受着地面传来的炸弹震动，一直到下午两点，才回到学校吃第二顿稀饭，继续当天的课程。

“妈！我不念书了，我要打鬼子去！”有一天，赵仁恺偷偷剃了头，收好行囊准备去参军，临出门被母亲拦下来。

“我问你，你是想用一时来救国，还是想用一世来救国？”母亲这一问，让赵仁恺从激动的状态中冷静下来，思考自身的处境：自己营养不良，个子又瘦又小，就算上战场也只是普通的小兵，但是自己的文化成绩非常突出，尤其是在数理化知识方面，或许自己的战场不在硝烟之中，而从某一天起，自己会以己所长——知识——来救国家。

受命研发核潜艇，赴苏联上下求索

1946年，赵仁恺以优异的成绩从重庆中央大学机械工程系毕业，23岁的他到南京永利宁化工厂工作，很快成长为技术骨干。

1955年，毛泽东主席在中国共产党全国代表大会上发出“开始原子能的历史新时期”号召，中国核工业就此起步。为响应号召，已经成为化工业业内专家的赵仁恺被调到核工业战线，加入原子能事业部，先是参与了“一堆一器”的建设，后又参与了实验性重水反应堆的建设。3年后，赵仁恺接到一个任务——赴苏联取经，研发我们自己的核潜艇。

核潜艇与一般以柴油为燃料的潜艇不同，它以核反应堆为动力来源，因此，核潜艇的水下续航能力远比常规潜艇要强——能持续航行两到三个月。世界上第一艘核潜艇是美国的“鹦鹉螺号”，它于1954年试航，1957年苏联也紧随其后造出了核潜艇。核潜艇隐蔽性好、攻击力大、续航力强，最关键的一点在于，它是核武器发射平台。一个国家没有核潜艇，就没有战略核反击的能力。

1958年1—8月，赵仁恺赴苏联的列宁格勒核技术研究院学习军用生产堆设计。1958年10月，赵仁恺随着海军代表团访问苏联海军，他尽量从苏联专家那里多了解关于核潜艇的知识，以便我们参考借鉴。作为东道主的苏联军方尽管对我方礼遇有加，但对于核潜艇的核心技术还是有所保留。面对困难，赵仁恺没有灰心，在访苏期间，干脆每天泡在莫斯科的图书馆里，翻阅与核潜艇相关的书籍和报刊。

经过高层的沟通，赵仁恺等中方代表得到了参观核动力破冰船——“列宁号”的宝贵机会。在“列宁号”上，赵仁恺抓住机会，问了技术人员很多关于小型核反应堆的技术问题。访苏结束后，凭着这一点宝贵且有限的资料，赵仁恺带领团队完成了《潜艇核动力装置初步设计草案》，踏出了研发核潜艇最重要的一步，我国正式开始了核潜艇的研发计划。

建立陆上模式堆，铸造核潜艇“心脏”

从零开始造核潜艇，先要能造出核潜艇的“心脏”——反应堆，而制造适用于潜艇的反应堆，又需要先在陆上制造模拟潜艇实况的试验1：1核动力装置——陆上模式堆。核潜艇动力装置的研制工作再度上马，赵仁恺是这个任务的三位主要负责人之一，此时是1965年，赵仁恺已是不惑之年。

陆上模式堆的研发是机密工作，所有科研人员都迁往四川人烟稀少的大山深处。研究所是群山环绕中的一个木结构院落。大部分人员都住在帐篷和板房里，为了获取生活必需品和粮食，他们需要走十几公里山路去背。当时阴雨连绵，环境非常潮湿，周围杂草遍野，伏藏着无数蚊虫蛇鼠。很多女同志因为怕蛇不敢上厕所，而一般的花露水根本赶不走蚊子，为了驱虫，有人甚至急得往身上涂敌敌畏。赵仁恺在科研人员中年纪最大，身体最差，他患有心脏病、高血压和失眠症。尽管如此，他从来不在公众面前说起这些，只是咬紧牙关，默默地克服困难。

在这样艰苦的环境下，1969年，陆上模式堆的工程厂房终于搭建起来。1970年，陆上模式堆的研发进入决战阶段，赵仁恺甚至连续两个月没睡过一个囫囵觉，他拖着病躯日日坚守现场，校核成千上万个关键数据，验算审定每一个计算结果。

张金麟院士回忆说，曾有一次，厂房顶部一支冷却水管坏了，不断喷水。如果水喷到装有核燃料元件的吊篮里，那后果将不堪设想。这时，只见平时身体最差的赵仁恺竟飞快地爬上脚手架，爬到厂房最高处的吊车轨道上，及时排除了险情，这一举动令众人目瞪口呆。此时，他早已将个人安危置之度外。

1970年8月17日凌晨2时，大家研发数年的陆上模式堆首次启动。赵仁恺、彭士禄等人都紧张不已，他们的眼睛全都紧紧盯着仪表盘，仪表上显示物理、热工均正常。谁知20小时后，堆顶观察测量出现故障，堆顶管道和部件焊接处出现渗漏。为安全起见，他们立即降温降压，停止测试，组织抢修。此时，除了焦灼不堪的现场人员，远在北京的周总理也连续十个小时守

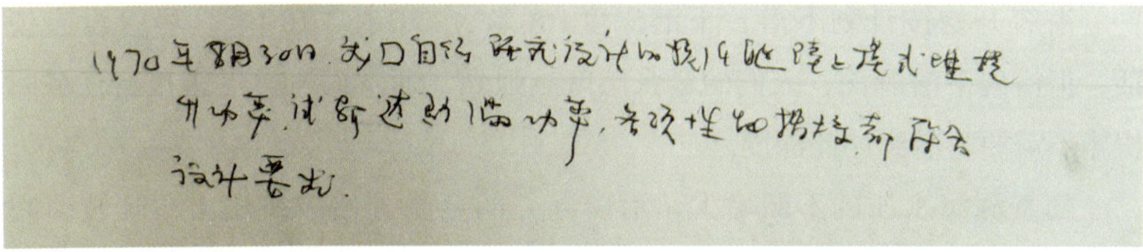
1970年8月30日，我国自行研究设计的核潜艇陆上模式堆提升功率试验达到满功率，各项性能指标都符合设计要求。

◆ 图片内容为：“1970年8月30日，我国自行研究设计的核潜艇陆上模式堆提升功率试验达到满功率，各项性能指标都符合设计要求。”（在2010年临终之际，赵仁恺深情地留下回忆）

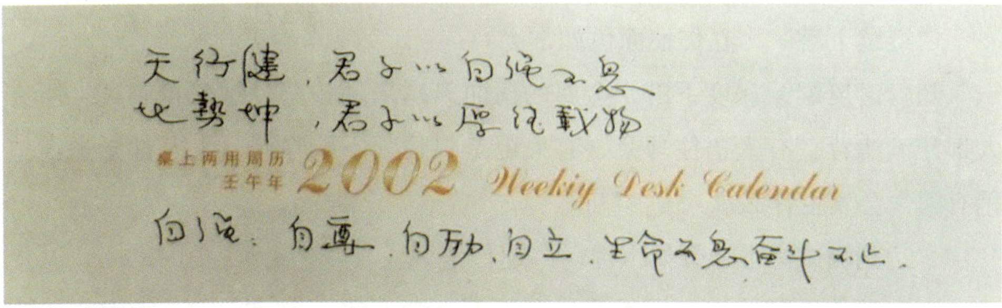

天行健，君子以自强不息
地势坤，君子以厚德载物
自强：自尊，自励，自立，生命不息奋斗不止。

◆ 图片内容为：“天行健，君子以自强不息；地势坤，君子以厚德载物。自强、自尊、自励、自立，生命不息、奋斗不止。”（在2010年临终之际，赵仁恺深情地留下回忆）

在电话另一侧，询问抢修情况。

8月23日，故障排除完毕，25日6时，模式堆功率达到9.6%，28日9时，功率达到35%，到30日3时，功率达到92%，到30日18时30分，主机功率达到101.2%，圆满达成全功率运转的目标。当时，现场一片欢呼雀跃，掌声雷动，很多人流下了热泪——中国的核潜艇有“心”了。

与新潜艇同沉浮，苟利国家生死以

1988年某日，中国某海域的水面之下。

潜艇里空间狭小，空气不流通。为保证空气新鲜，士兵不许穿容易出汗的胶鞋，只可以穿布鞋，尽管如此，空气还是十分闷热污浊。

为试验新型核潜艇的参数，士兵们今天要测试最大下潜深度，主持试验的正是核潜艇的设计者赵仁恺。他早已过了花甲之年，本无必要亲自参加危险试验，但作为设计者，他还是来了。

潜艇开始按计划下潜，下潜深度100米、150米、200米，尽管没人说话，但潜艇下潜越深，人们的紧张感就越强烈，通常而言，潜艇执行任务时根本不需要下潜到如此深度。

随着深海水压的不断增大，潜艇外壳的金属开始被挤压出“嘎吱、嘎吱”的凄厉声音，这种声音令人毛骨悚然。突然间，通信员传来报告，潜艇失去了同外界的通信联络。大家面面相觑，不约而同地把询问的眼光投向赵仁恺，狭小的控制舱内，只剩一片死寂以及令人窒息的压迫感。

“继续下潜。”赵仁恺面色如常。

随着潜艇继续深度下潜，金属的扭曲声越来越频繁、越来越刺耳，所有人都汗流浃背，有人捂住耳朵，有人更是眼睛都不敢睁开，大家都知道潜艇稍有闪失会发生什么。

“达到测试标准，开始上浮。”赵仁恺说。

大家的心也随着潜艇慢慢浮出海面而逐渐安定。惊魂方定，大家交口称赞赵仁恺胆子大，不知道害怕。

◆ 赵仁恺（右二）参加核潜艇试验归来

没人知道，尽管赵仁恺在十余年间做过500多次项目运行试验，但这次测试的危险性，他自己最清楚不过。为此，赵仁恺提前写好了遗书，给三个孩子各买了一块手表留作纪念，还第一次跟相伴半生的妻子旅行了一次。

试验完毕上岸，他写下了这样一段话：

“深夜，核潜艇在海域巡航。我坐在舰桥顶上，舷外浪花飞溅，海风拂面。抬头遥望北方，祖国大地笼罩在夜色蒙蒙中。想此时，辛劳了一天的祖国人民，为了迎接更美好的明天，正在幸福中安心休息；嬉戏困累了的幼儿，正在母亲温暖的怀抱中甜甜地睡去——祖国一片宁静安详。”

（文/孙奥麟）

彭士禄

激情引爆核动力 深海潜行筑长城

彭士禄（1925年11月—2021年3月），广东海丰人，核动力专家，中国工程院院士，中国核动力领域的开拓者和奠基者之一。1956年毕业于苏联莫斯科化工机械学院，同年9月于莫斯科动力学院核动力专业进修。1958年年底，归国后进入北京原子能研究所工作。1965年，任核工业部二院二部副总工程师，后入川主持筹建中国第一座潜艇核动力装置陆上模式堆试验基地，1983年被任命为水电部副部长、总工程师兼大亚湾核电站筹建总指挥。一生致力于中国核动力事业。1962年起，主持了潜艇核动力装置的前期开发、扩初和施工设计，建立了核动力装置主参数快速计算法，攻克了核燃料元件结构和控制棒组合等关键技术难题。在四川九〇九基地成功组建了核潜艇陆上模式堆。担任第一任核潜艇总设计师，组织研制的全封闭主泵达到当时世界先进水平。20世纪80年代初，担任大亚湾核电站总指挥以及秦山二期核电站联营公司首任董事长。荣获国家科学技术进步奖特等奖、为国防科技事业作出突出贡献的荣誉奖等奖项。

科学家语录

活着能热爱祖国，忠于祖国，为祖国的富强而献身，足矣！

1988年9月27日，随着一枚火箭从碧海深处腾空而起，穿越波涛，直刺云霄，中国导弹核潜艇首次水下发射运载火箭圆满成功。继原子弹之后，这代表我国成功构建了第二条深海核防线，标志着我国的国防尖端技术又跃到一个新水平。在那些为中国核潜艇诞生而呕心沥血的科技工作者中，有一位特殊的人物，他幼年失恃失怙，两度身陷囹圄，多次与死神擦肩而过……然而，虽然遭受重重困难，他却得到了乡亲们的悉心保护和党的深切关怀。最终，他以坚定的信念和非凡的毅力，为新中国带来了影响深远的“核动力革命”，为国家和人民创造了卓越不朽的功勋！他就是中国第一代核潜艇首任总设计师、中国第一个核动力装置的主要设计者——彭士禄。

二十多个“爸爸妈妈”

彭家靠开榨油坊起家，到彭士禄爷爷这一代，已经是广东省海丰县数一数二的大富豪，家里光佃农就有1500多人。受革命思想影响，父亲彭湃从日本留学归来后，开始在家乡组织农民运动。

1922年11月的一天，彭湃把家中的地契全部烧毁，当众宣布，凡是租种他家田地的佃农都不用再交租金。在彭湃的发动下，海陆丰地区的农会运动蓬勃发展，并成功建立了中国第一个红色政权——海陆丰苏维埃政权。

然而当时的红色力量还很薄弱，大革命失败后，农会组织被镇压，彭湃的妻子——彭士禄的母亲蔡素屏被敌人逮捕，并于1928年9月被杀害。彭湃被调往上海工作，不久后也因叛徒出卖被捕。

尽管周恩来指示中央特科组织全力营救，最终还是功败垂成。酷刑之下，彭湃视死如归，在生命的最后时刻，他给党中央写了最后一封信，信中说：“我们在此精神很好，兄弟们不要因为我们中一些人的牺牲而伤心，望保重身体为要。”

父亲彭湃于1929年8月30日被敌人杀害，除了父母，彭士禄还有四位亲人为革命献出了生命。

彭士禄的母亲牺牲后，敌人叫嚣道：“彭家的人，抓到一个杀一个！一个不留，斩草除根。”在一个黑夜里，为了躲避敌人的追杀，奶奶毅然背起彭士禄开始了逃难之旅。

一段时间后，奶妈几经周折联系到了彭士禄的亲戚。1930年，彭士禄的七婶将他接到澳门，和其他家人汇合。他们在澳门靠糊纸盒、做鞭炮艰难度日。1931年，彭士禄又到香港的五叔家待了一段时间。半年后，彭士禄的七叔将他送到了潮安，待有机会时将其送往中央苏区瑞金。然而不幸的是，彭士禄与亲人失散了。

那段时间，彭士禄东躲西藏，吃百家饭，以农民儿子的身份隐蔽在不同的家庭中。农民们知道彭士禄是彭湃的儿子，对他比自己的亲生儿子还要疼爱，宁愿让自己的亲生儿子饿肚子，也要让他有东西吃。回忆起那段时光，彭士禄说："在潮汕地区我有20多个'爸妈'，没有他们，就没有今天的我。"

这种颠沛流离的日子也未持续多久，1933年的一天，由于叛徒出卖，彭士禄和照顾他的"妈妈"一同被敌人抓捕。广州《国民日报》上刊登消息称："彭湃之子被我九师捕获。"彭士禄被押送到汕头警备司令部，一同被押去的人当天就被杀害，因按照规定，未满18岁的不能枪毙，所以彭士禄和几个"红小鬼"被关到了汕头石炮台监狱。

监狱沿海而建，囚室阴暗潮湿，囚犯们每餐只有一小碗发霉的米饭和一筷子菜，而且饭里夹有沙子，菜里有虫子，故饿死病死的人很多。监狱看守直接把死了的人丢进海里。在风平浪静的夜里，彭士禄常能听见"嗵"的一声，有时候则是"嗵嗵"数声。

一段时间后，彭士禄被转至广州感化院。之后，彭士禄得了一场大病，发高烧，说胡话，双腿不停地抽筋。经感化院里的一位红军哥哥照料，彭士禄才退了烧。身体渐渐地恢复了，但他的腿却一点力都没有，吃喝拉撒只能靠爬。监狱看守看彭士禄这个样子，认为这个孩子死定了，干脆就把他给丢出了监狱。

彭士禄因营养不良而显得比同龄的孩子小，但他的意志远比狱警想象的要坚强。尽管身体虚弱不堪，但他还是靠双手爬到了火车道附近。他记得养父母的家就在铁路的尽头，为了找养父母的家，他沿着铁路爬了整整13公里，而这13公里，彭士禄足足爬了18天。在这18天里，他渴了就喝稻田里的水，饿了就吃番薯叶，凭着顽强的求生意志，他终于找到了养父母的家。

1936年，彭士禄再次被捕，乡公所将他关进潮安监狱。后来祖母得知了他的下落，就想办法将他营救出来，并把他接到了香港。其后又几经辗转，彭士禄终于被周恩来派的人找到。1940年年底，周恩来把彭士禄和另外几名烈士子女接到了延安。

在陆地上造核潜艇的“心脏”

1945年8月1日，作为模范学生的彭士禄在延安光荣地加入了中国共产党。

1951年夏，国家选派优秀人才赴苏联留学，彭士禄以优异的成绩被选派前往苏联学习化工专业。当时国家培养一名留学生的费用相当于30户农民全年的收入，彭士禄非常明白国家对自己的期望，因此丝毫不敢懈怠。他每天学习16个小时以上，5年时间先后学完36门课程，除3门课程成绩是合格外，其他均为优秀。

在苏联学习期间，美国发生了一件震惊世界的大事：一个巨大而迅疾的“黑色水怪”神不知鬼不觉地游过墨西哥湾、荡过南美洲、横穿大西洋，途经欧亚非三大洲后又回到了美国东海岸。在下水后的3年多时间里，它总航程达到6万多海里（1海里约等于1.852千米），消耗的核燃料却仅为几千克。这个“黑色水怪”，就是继原子弹之后再度震惊世界的美国“鹦鹉螺号”核潜艇。

当时，聂荣臻元帅和陈赓大将正在苏联访问。在中国大使馆招待部分留学生时，陈赓对留学生们宣布了周总理的决定——为尽快造出我们自己的核潜艇，要求部分留学生改学原子能核动力专业。

“怎么样？愿意改专业吗？”陈赓问彭士禄。

“只要祖国需要，当然愿意！”彭士禄回答。

回国后，初出茅庐的彭士禄被任命为核动能研究室的副主任，他的任务是设计核潜艇最关键的部位——核反应堆。当时，核潜艇对于任何一个国家来说都是绝对机密，别说核反应堆的样子，就连核潜艇的外观都不会透露。

1962年，彭士禄开始主持潜艇核动力装置的论证和主要设备的前期开发。当时我国在核潜艇建造方面所掌握的知识近乎为零。在这种情况下，造核潜艇全靠“自教自学”。没有核潜艇资料，就参考国外的核电站做理论研究、方案设计；缺乏核专业人才，就边研究边打造人才队伍；为了验证一个参数，他们常常三班倒，夜以继日地连算好几天……

彭士禄回忆，当时的科研条件十分艰苦，研究室大多数人都是刚毕业的大学生，学的也不是原子能核动力专业。办公室没有电脑，仅有一台手摇计算机，大家就拉计算尺、打算盘，实验需要的所有数据都是用这些“土工具”没日没夜算出来的。

时逢三年困难时期，物资供应匮乏，他们的生活极其艰苦。大家常常靠吃窝窝头充饥，有时候连窝窝头都吃不上，只有野菜和白菜根。

彭士禄一边自我学习，一边给大家开课，他还带动大家一起学英语，没有俄语资料，就改看英文资料。他对年轻人说：“做科研要脑袋尖、屁股圆——脑袋尖才能钻进去，屁股圆才能坐得住！”

1965年夏，彭士禄带队进入四川深山中的某地，开始隐姓埋名，建设我国最早的模式堆。制造核潜艇的“心脏”——反应堆，先要在陆地上建模式堆。

接下来的日子里，彭士禄和同事们吃的是野菜，睡的是草袋子，喝的是用明矾净化过的河水。科研人员甚至连做饭的锅都没有，每到饭点，就用陶土罐焖一锅饭，大家分而食之，能找到一个废弃的茅房睡一觉，大家都觉得十分满足。山民们诧异地看着这群蓬头垢面的人，坚信他们是外乡逃难过来的，于是经常从家里端出几颗红薯给他们充饥。即便如此，大家还是在这人迹罕至的川南峡谷里扎硬寨、打死仗，一干就是五年。

1970年7月，陆上模式堆工程进入冲刺阶段，彭士禄应中央要求，前往北京汇报工作。同年8月30日，工作人员宣布，反应堆主机达到满功率指标，中国第一座潜艇用核动力装置试验成功。现场鞭炮大作，锣鼓齐鸣，同事们欢呼雀跃，热泪盈眶。中央军委、国防科委等机构纷纷在第一时间发来贺电。大家兴奋劲儿过后，才发现彭士禄不见了。找了好一会儿，大家才在值班室发现彭士禄。数月没睡过囫囵觉、几夜没合眼的他，此刻正仰面躺在

◆ 1976年，彭士禄（前排右二）与聂荣臻元帅之女聂力（前排右三）在工作中

沙发上，睡得像婴儿一般香甜。

陆上核潜艇模式堆建成后，1970年12月26日，中国第一艘核潜艇下水，彭士禄参与后面的系泊试验，为核潜艇做技术保驾。

精打细算建核电站

彭士禄说，自己一辈子就做过两件事：一个是造核潜艇，一个是建核电站。

20世纪70年代，我国第一座核电站——秦山核电站筹建之初，彭士禄就根据核潜艇的成功经验和当时国家的技术水平，提出采用压水堆路线并且功率设定为30万千瓦的核电站建设技术方案，为我国首座核电站技术路线的确定作出了贡献。

1983年，年近花甲的彭士禄被任命为大亚湾核电站筹建总指挥。4年后，大亚湾核电工程顺利开工，彭士禄又被国家委任为秦山二期核电站董事长，负责建设中国第一座自行设计和建造的大型商用核电站。

在建设大亚湾核电站期间，一贯慷慨的彭士禄变“抠门”了——百万千

◆ 彭士禄与他深爱的中国核潜艇

瓦级的核电站，彭士禄从反应堆到关键设备，从工程进度到成本造价都做到心中有数，小到汇率、公式，大到核电站参数、工程进度，彭士禄可以说是算无遗策——他甚至算出核电站停用一秒钟会损失30美元。

不是彭士禄变小气了，而是他想尽量为国家省下每一分钱。毕竟大亚湾核电站总投资是40亿美元，而在那个年代，我国外汇储备仅有几十亿美元。

2021年3月22日，彭士禄去世，依其遗愿丧事从简。

在我国某海域，家人们把彭士禄和其妻子的骨灰纷纷撒入大海之中，之所以在这里举行葬礼，是因为彭士禄还有一个遗愿——希望能与祖国的核潜艇永远相伴。

（文/孙奥麟）

周邦新 潜心研究核材料 铸造“金刚不坏甲”

周邦新（1935年12月— ），江苏苏州人，核材料、核燃料元件专家，中国工程院院士。曾任中国核学会理事、中国核材料学会副理事长、四川省电子显微镜学会理事长、上海市显微学学会理事长、国务院学位委员会第四届学科评议组成员等。多年从事核材料及核燃料的研究工作，解决了核工程中材料方面的关键性难题和生产中的质量问题。1990—1991年，组织国内首次低富集度铀的研制和生产，满足了反应堆中核燃料由高富集度铀转化成低富集度铀的需求，打破了西方国家在该技术上的垄断局面。以技术首席的身份带头开展了“锆合金关键基础研究”，并致力于该研发成果的推广和转化。作为我国核材料和核燃料元件研究领域的学科带头人，参与组建了我国唯一的核燃料及材料国家重点实验室，为我国核材料科学的发展开创了新局面。荣获国家科学技术进步奖一等奖、二等奖等奖项。

科学家语录

成功就是要在困难面前再坚持一下，找到了困难，也就可以发现问题，成功也就有了希望。

周邦新的祖父是清朝的秀才，父亲学习过土木建筑工程，一生从事道路、房屋工程建设工作，早年曾参与陇海铁路的建设。周家世代尚学，其家风之斯文，从周邦新的名字中也可见一斑，“邦新”二字取自《诗经·大雅·文王》，原句是“周虽旧邦，其命维新”——殷商末年的周国虽然古老，却能够自新其国，继而新天下耳目。在20世纪30年代风雨飘摇的中国，给新生儿起这样一个名字，其祖父的用心不言而喻。

应国之需投身科研，无惧艰难砥砺前行

1935年年末，周邦新出生于湖北武汉。

1937年7月7日，日军挑起“七七事变”，抗日战争全面爆发，日军进攻武汉，懵懂无知的周邦新随父母颠沛至大后方的成都市簇桥镇生活，抗日战争胜利后，一家人才回到了祖籍苏州木渎。

木渎地处太湖流域，是江南名胜，素有“吴中第一镇”“秀绝冠江南”之誉。故乡的灵岩山、老祖屋、青砖小道、门前石桥，河中成群的小鱼和不时划过的小船……凡此种种，构成了周邦新少年时的美好记忆。

当时周家的生活非常艰难，父亲一时找不到工作，只能靠母亲做乡村教师养活全家八口人。一家人生活捉襟见肘，当时上中学的周邦新要住校，为了省钱，节假日回家时他要徒步走二十几公里山路。追忆此事，周邦新觉得自己在科研路上之所以能事事节约、坚韧不拔，委实得益于少年时代的磨炼。

1950年，中国人民志愿军赴朝鲜作战。周邦新每天通过收音机和报纸了解战况。晚年的周邦新回忆说，自那时起他就真切地意识到，个人的前途与国家的命运是紧紧联系在一起的。

高中毕业后，考虑到国家建设需要钢铁，他便报考了北京钢铁学院（现北京科技大学），专攻金属学专业。1956年，他以优异的成绩从北京钢铁学院毕业，被分配到中国科学院应用物理研究所。

在那里，周邦新初试锋芒，展示了过人的科研天赋。1957年，德国科学家骄傲地宣称他们在铁硅合金中获得了集中的立方组织，但出于技术保密，

相关论文中并没有说明制作过程。周邦新和同事们不服气："国外能研究出来的，我们也能做到！"为了获得立方组织，周邦新决定用"调味"的方式复制实验过程——好像给菜调味一样，加点这种佐料尝尝味道、加点那种佐料尝尝味道，通过反复试错的方式不断趋近正解。经过反复比对，周邦新和同事们终于成功地在铁硅合金中获得了立方组织，此事令他信心大增。

20世纪60年代初，因为国家需要，周邦新和一些同事被调到沈阳金属研究所，时值三年困难时期，东北地区缺粮问题尤其严重。研究所的同志们经常吃不饱。同志们平常喝得最多的是一滴油都没有的菠菜汤，过年时改善生活，食堂给每人做了一条"炸臭鱼"，吃完饭后，满食堂都找不到一根鱼刺——全都被大家嚼碎咽下去了。在那些日子里，周邦新体形消瘦，面容浮肿，饿着肚子却仍坚持搞科研、参加各地的学术会议。

攻坚克难制造核燃料的"金刚不坏甲"

20世纪60年代中期，周邦新短暂留学英国，在掌握了国际同行的研究技术之后，他毅然响应国家号召提前回国。1970年，周邦新和沈阳金属研究所的一些同事集体接受调动，来到四川参加三线建设。国家有任务，要建造自己的潜艇核反应堆，而分配给周邦新的具体任务，是给核反应堆的燃料制造外壳——必须是一套金刚不坏的盔甲。

略有科学常识的人都知道，为保障核反应堆的安全运行，核燃料必须密封包裹在金属包壳内，这个金属包壳必须保证核燃料在发生核裂变时产生的放射性物质不会泄漏出来污染环境，这是核反应堆至为重要的安全屏障。核燃料的这套盔甲太重要了，甚至可以说，只有穿着坚不可摧的外壳，核燃料才是无限能量的源泉；反之，它就会变成挣脱羁绊的恶魔，把周围的世界变成人间炼狱。

周邦新自此隐姓埋名，在四川某地的深山中开展研究。当时的研究条件十分艰苦，他们的衣食住行远不如当地的山民，以至于山民们常常主动拿食物接济这些蓬头垢面的"乞丐"。那段时间，周邦新白天满身黄泥地投入研究工作，晚上再从狭窄的田埂上骑自行车返回宿舍。

研究核燃料包壳，常有意料之外的困难出现。

燃料包壳生产的初期，燃料棒两端焊缝附近常常会莫名出现白色的小斑点，这些小白斑直径往往只有0.1mm，肉眼难辨。可一旦出现这种情况，这根燃料棒就必须报废。因为一旦出现白斑，放射性物质就可能因此逃逸，后果不堪设想。白斑出现的概率时高时低，情况最严重时，废品率高达到三分之一以上。工厂的技术人员从生产材料的成分、生产工序的每一步进行排查，然而几番周折，却仍无头绪。

负责生产的同志找到周邦新的研究团队，希望通过实验找到元件包壳表面产生白斑的原因。

这些本不该出现的小白斑令周邦新始料未及。在实验室，他小心翼翼地把白斑从金属壳上刮擦下来，在玻璃板上将它们碾碎成粉末，再通过电子光学仪器观察。经过反复地观测和比对，他发现白斑部分的成分与周围的锆合金有一些细微的差别——原来这种小白斑是单斜晶体结构的氧化锆，有这种物质，说明长白斑处的锆合金不纯。也就是说，这里的耐腐蚀性能比其周围的材质差，因此氧化膜生长过快，以至于演变成了小白斑。

找到了线索，研究工作终于迎来了曙光，周邦新和同事们又开始思考锆合金氧化成白斑的原因。经过仔细分析，他认为生产环境是最大的疑点，因为工厂周围的尘土中往往含有微量的铝和硅，如果生产环境不够清洁，表面沾有尘土的燃料元件棒在焊接加热时，铝和硅就有可能进入锆合金。

为了验证这种推测的可能性，周邦新进行了一项模拟实验。果不其然，在人工干预下，锆合金黑色的氧化膜上再度出现了小白斑。

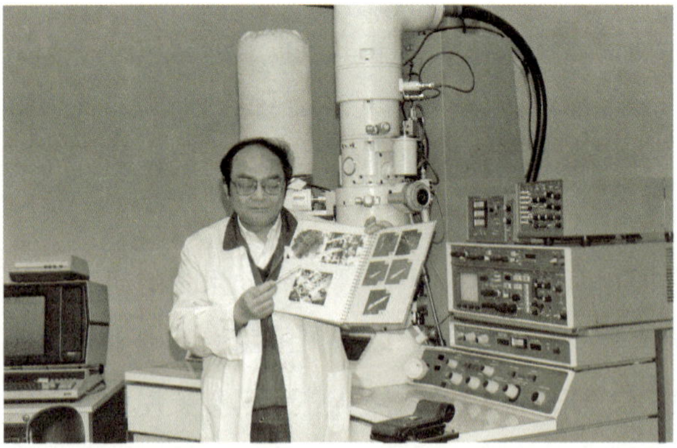

◆ 周邦新开展透射电镜调试培训

带着这样的实验结果，周邦新再次深入生产一线，与工人师傅一起生产劳动。他们走遍了生产线上的每一个车间，检查了每一道生产工序，反复和生产车间的技术人员讨论。在实验结果的指引下，他们终于从以前从未提及的生产细节中彻底解开了产生白斑的谜团，其成因果然跟周邦新的设想一模一样。

锁定了问题的症结，这一次可谓“药到病除”。很快，元件生产得以继续。周邦新的这一发现，直接避免了国家的重大经济损失，有力保障了我国核反应堆设计的成功，他也因此获得了1978年的全国科学大会奖。

后来，攻克小白斑的经验被写成了论文，论文的署名颇有意思，叫“白延祖”。“白延祖”实无其人，而是“白点研究小组”的简称“白研组”的谐音。

作为一个长期在实验室奋战的科学家，这件事使周邦新感慨颇深。一如在实验室中的药物治愈率总是远远高于临床治愈率，做理论研究是容易的，可一旦将理论应用在实际上，许多实验室里不存在的因素纷纷参与进来，问题就变得十分复杂。因此，科学家不能做悬空的理论，理论必须联系实际，而在实际中又促成新的理论发现，这才是科学研究者的真本事。因此，晚年的周邦新还是经常走进工厂解决问题，一直保持着“接地气”的科研风格。

学界泰斗转身为师，严谨与亲和同在

1998年，周邦新离开了生活近30年的四川，成为上海大学的一名教师，他的工作重心也从科研转为培养科研人才。

在众人看来，教书育人对早已是学界名师的周邦新来说完全是信手拈来，然而，出于科学家一贯的高标准严要求的习惯，周邦新总觉得自己是半路出家，对自己的教学能力并不自信。

60多岁的他开始认真思考一个问题：怎样做一个好老师？

像解决科研难题一样，他开始认真研究这个问题。那段时间，他想到最多的是自己的两位中学老师。其中一位是数学老师，周邦新记得他上课从不带讲稿，能全凭记忆在黑板上写满板书，讲解问题深入浅出，对时间也把握得极为精准，每次都是讲完最后一个问题时刚好下课。除了他，还有一位化学老师，她不仅见多识广，对学生也很是爱护，以至于因为喜欢这位化学老

◆ 周邦新在指导学生

师，学生们都“爱屋及乌”，包括周邦新自己，全班有一半的学生报考大学时都选择了与化学有关的专业。

回忆着年轻时的恩师，周邦新觉得自己想明白了，好老师，就应该像那位数学老师一样严谨专业，像那位化学老师一样温柔可亲。

因此，在上海大学任教时，他坚持早上七点多就到办公室，然后去实验室走一圈，有时还亲自做实验。虽然年事已高，但他对学生的实验数据和论文却毫不马虎，论文中一个标点符号问题他都会标注得清清楚楚。

学生李慧说：“论文需要周老师修改时，即使他特别忙，也能在三天内就收到他的回复，而且，文档上的修改时间往往是凌晨三四点。”

对学生，周邦新满心关爱，不争名不求利，联名发表论文时，他总是把年轻人的名字放在前面。周邦新说：“八十多岁的人了，精力不行了，记忆力也衰退，还能干什么大事？所以应该快点培养中青年，把他们推上去，科研工作才后继有人。”

自己老了，却仍以培养新人为使命。此种心境，似乎又与“周虽旧邦，其命维新”八个字隐隐关联起来。

2007年，周邦新被学生们推选为上海大学“心目中的好导师”。学生们送给周老师的评语是：满腹经纶的知名专家在学生面前竟如此平等谦和，足见其虚怀若谷和淡泊名利。

（文/孙奥麟）

于俊崇　深耕核动扬国威　匠心独运屡建功

于俊崇（1940年12月—　），江苏滨海人，核动力专家，中国工程院院士。1965年从南京工学院（现东南大学）工业热工和核能工程专业毕业后先后进入第二机械工业部第九研究设计院（现中国工程物理研究院）、中国核动力研究设计院工作。曾任中国核动力研究设计院工程研制总设计师等职务。长期从事核反应堆工程研制及设计研究工作。在核反应堆热工水力与核安全、核动力总体等专业领域取得了系列重大成果。作为主要技术负责人之一，参加了我国第一代压水堆型核动力装置、岷江堆、第一座脉冲反应堆、乏燃料研究堆等工程的研制；参加了秦山二期核电站方案研究和设计工作，为我国早期核研究打下了坚实的基础，在负责策划、组织工程设计、关键技术攻关方面均发挥了关键作用，作出了巨大贡献。2004—2009年曾三次荣获国防科学技术进步奖一等奖；2006年、2010年荣获国家科学技术进步奖二等奖；2007年荣获全军科学技术进步奖一等奖、国家重大贡献奖及金质奖章；2010年荣获核工业集团首届“钱三强”奖。

科学家语录

真正的荣誉与快乐，是在苦难与压力下孕育出来的。

2009年的一天，江苏省滨海县。

于俊崇的大妹这段时间一直在县城帮忙带孙子，从这一天开始，她发现县城各处都悬挂着红色的大横幅，上面写着“热烈庆祝我县于俊崇当选中国工程院院士”，她心中有些疑惑，这横幅上的名字怎么跟大哥一样呢？想了一下，她觉得应该是重名，哥哥虽然念过大学，长期在外地工作，却并不是什么大人物，跟“工程”“科学”之类的更是没什么关系。

然而，妹妹想错了，横幅上所写的正是从小带自己长大的哥哥——中国著名核动力专家于俊崇。因为长期从事涉密工作，五十年来，连亲妹妹都不知道哥哥是个多么了不起的人物。

为了工作，他隐姓埋名半个世纪，直到白发苍苍时才第一次可以告诉别人，他一辈子做的事，就是致力推动中国的核动力事业实现自力更生并蓬勃发展。

获得院士称号的第二年，于俊崇回到老家，与亲人团聚。于俊崇特地去给父亲扫墓，面对着父亲的坟茔，他几番想跟父亲说说自己这些年的工作，把自己的成绩汇报给父亲，但是，话在喉头几番盘旋却始终没能说出口。于俊崇说，他怕说着说着就会哭。

生于贫寒，艰难求学

1940年12月，于俊崇出生于江苏滨海县的一个贫寒之家，是家中的长子。于俊崇的父母都是目不识丁的农民。当时，于家的地只有半亩，也没有房屋可住，父亲给地主打长工，全家就住在地主家的车棚里。

于俊崇的父亲虽是长工却颇有远见，抱着新生儿，他想起自己一生吃尽了不识字的苦头，决意要把这孩子培养成读书人，不让他再吃自己这样的苦。

为了孩子，父亲比别的长工更肯吃苦，别的长工都休息了，父亲还要干割牛草之类的活。在全家的省吃俭用之下，于俊崇这个长工家的孩子终于得以读书，他所在的学校以当地一位烈士于长法的名字命名，叫“长法小学”。

于俊崇上小学时，国民党的飞机经常从校舍上空飞过。每到此时，老师就带着学生们到学校后面的芦苇荡里躲藏。于俊崇还要经常跟着大人们“跑反”，所谓“跑反”，就是躲避反动派的“围剿”。

于俊崇到了能帮家里干活的年龄，父亲却拒绝他像别家男孩一样下地“挣工分”，村民们纷纷劝说父亲，于俊崇自己也不理解父亲的行为。父亲默默听着，也不跟人解释什么。

◆ 青年时期的于俊崇

1954年，于俊崇以优异的成绩考入滨海县中学，那时学校的住宿条件很差，床还是大通铺。苏北虽属南方，但冬天气温仍可以达到零下十几度，宿舍里没有取暖设施，个人也没有褥子，大家只能尽量搜罗干草塞在草席下，睡觉时大家挤在一起熬过寒夜。

于俊崇始终忘不了一件事，某天，赶集卖粮回来的父亲到学校探望儿子，他竟送给于俊崇一件从来不敢奢望的“奢侈品”——一双六块钱的白球鞋！当时一斤大米才八九分钱，六块钱相当于全家几口人一个月的口粮。父亲吃力气饭，为这双球鞋不知要流多少汗，即便如此，父亲也舍得了。这双球鞋被于俊崇视为珍宝，但凡下雨下雪的天气，于俊崇宁可打赤脚也不舍得穿，每次穿完都要擦拭干净，妥善收藏。这双鞋他从中学穿到了大学，从大学又穿到了参加工作。

于俊崇在1981年涨了工资，生活条件终于好起来了，可父亲却在前一年去世了，这成为于俊崇最遗憾的事。父亲操劳半生，却一点福都没享到。他记得，父亲临终时拉着他的手说：“我尽全力供你读书，因为我这一辈子受的都是没文化的苦，所以你能读多久，我就供多久。”

深山中的“水电站”人员

发生在高中时代的一件事影响了于俊崇的一生。

毕业前，学校组织学生去县上的发电厂参观，电厂工程师说：“咱们这个厂是靠煤发电的，一年买煤、运煤要花不少钱。美国和苏联有核电站，人家用火柴盒这么大的一块核燃料，就能让火车绕着地球跑一圈。”

从发电厂回来，据于俊崇自己说，他是“天天做用核能发电的美梦”。

与一般的青年不同的是，于俊崇不止于做梦，他还为此考上了南京工学院的热工系。1965年，于俊崇大学毕业被分配到第二机械工业部第九研究设计院工作，后被调到715所，即中国核动力研究设计院的前身。

1969年9月，党中央一声令下，715所奉命迁至三线。说走就走，当天就来了一个海军工兵营，帮大家把设备和行李放在大卡车上拉到西直门火车站，于俊崇与同事们则坐了三天三夜的军列，从北京来到了四川的山沟里。

当时，在彭士禄等前辈的努力下，代号“909”的中国核动力研究基地已初具规模，等待于俊崇的，是静静蛰伏于群山中的中国第一代核潜艇陆上模式堆的建设项目。

这是一项隐秘的工作，面对当地老百姓的询问，他们都是说自己属于一个从未存在的“西南水电研究所”，来四川是为了发展水电。在深山里，于俊崇风餐露宿，雨天一身泥，晴天一身土，但一想到自己正从事的模式堆工作，心中的自豪就难以抑制。

模式堆就是潜艇用的核反应堆的陆地版本，这项工程需要大量不同领域的专家协力完成，组长给于俊崇安排的是稳态程序编制工作。因单位订购的计算机即将投入使用，于俊崇还负责调研两相摩阻计算方法，参加本单位两相摩阻试验。在主业闲暇之余，他也到模式堆现场参加安装打杂工作。1970年，模式堆开始调试后，于俊崇被安排到热工实验室值班，负责实时计算反应堆热功率。

于俊崇说，在那段日子里最难忘的时刻是1970年8月30日18点30分。“记得那天傍晚，值班人员都去吃饭了，我一个人留在实验室值班，因为要不断地进行计算。我忽然算到了满功率，模式堆的功率到了百分之一百零一点几，我当时心里非常紧张，生怕自己算错了。这时候吃饭的人回来了，我就讲反应堆已经满功率了。有一位叫黄士鉴的同事还不相信，他说是不是你算错了？他当时又进行了复核，确实是达到了满功率。当时，我的内心是非常非常高兴的，因为毛主席曾经发出豪言壮志，说核潜艇一万年也要搞出来，而我们只用了不到六年。”

在模式堆达到满功率运行的历史性时刻，正值于俊崇负责值守与计算工作，这让他有幸成为第一个计算出模式堆达到满功率的人。

不仅如此，模式堆第一张功率运行图也出自于俊崇之手，模式堆热工水力完工设计也是于俊崇执笔完成的。

献身核动力事业，屡建奇功

陆上模式堆工程顺利竣工后，于俊崇继续隐姓埋名，响应国家号召，先后参加了岷江堆、中国第一座脉冲堆以及中小型民用核反应堆等工程的热工水力设计和安全分析等工作，参加了新型核动力装置的立项论证和方案设计工作。

20世纪80年代，全国建设核电的热情高涨，于俊崇具有前瞻性，决定自己编写代码，研制核电热工水力堆芯设计的程序。然而，当时的计算机编程还是二进制，一个核动力专家跨界做程序员谈何容易？编写程序时，于俊崇不懂就请数学专业的人帮忙，问得多了，即便别人还能保持耐心，于俊崇自己都不好意思了。他就这样边学边做，在调试程序的那个阶段，于俊崇感觉自己满脑子都是数字和代码。

爱人笑话他是“自作自受”，明明是该别人做的工作，自己非要逞能，但于俊崇始终觉得，自己要用的程序总归是自己写才放心。程序编写完毕，于俊崇决定给它起名为“CCCC”，别人不解其意，只有于俊崇自己知道，这是方言“自作自受”的缩写。该程序后来在金山核热电站以及其他压水堆的设计中都得到了运用。

20世纪80年代，核动力院决定研制脉冲反应堆。但当时该技术只有美国GA公司独家掌握。为实现技术的自主研发，不再受制于人，院里决定组织建团进行科研攻关，于俊崇也在此列，但当时可以依靠的技术材料，只有华盛顿州立大学脉冲堆的安全分析报告等。

困难没有阻止于俊崇的决心，他根据相关原理推导理论模型，编制出一系列相关程序并逐一得到验证。1991年6月，铀氢锆脉冲反应堆建成并投入

◆ 于俊崇在讲解技术问题

运行，中国成为世界上第二个能设计制造这种反应堆的国家。在这一工程中，于俊崇居功甚伟。

后来，于俊崇担任过中国核动力研究设计院总师办主任，于2006年担任中国核动力研究设计院国防重点实验室学术委员会主任。此时的于俊崇仍然“接地气”，喜欢组织、参与搞科研，带领参研人员解决一个个技术难题。

于俊崇患有高血压，每天必须吃一颗降压药，在某重大工程最紧张的时候，即便药量增加到了两颗，他的血压依然没法稳定，以至于碰一下头皮都疼。可他总是看似轻松地面带微笑，出现在每一个工作场合。

几十年的努力付出，令于俊崇获得了无数奖项和荣誉，有核工业的、国防科工的、全国总工会的，还有党中央和国务院联合颁发的。尽管如此，于俊崇还是谦逊低调，甚至至今都不肯接受媒体采访。

人们提起这些荣誉，于俊崇就说：“事是大家共同干的，我贪了天功，惭愧！”

（文/孙奥麟）

屠基达

妙手设计征云霄 情系蓝天勇拓荒

屠基达（1927年12月—2011年2月），浙江绍兴人，飞机设计专家，中国工程院院士，被誉为我国航空事业的拓荒者、歼-7之父。1951年，从上海交通大学航空工程系毕业后进入哈尔滨飞机厂工作。1960年，调入正在建设的峨眉机械厂［原国营132厂，现航空工业成都飞机工业（集团）有限责任公司，以下简称“成飞”］担任设计科科长。曾任中国航空工业第一集团公司成都飞机工业公司（现成飞）总工程师、飞机总设计师。长期扎根一线从事飞机设计，做了一系列具有开创性和填补国内空白的工程技术工作，为我国航空科技进步，空军、海军装备，国民经济的发展和军用飞机出口创汇作出了杰出的贡献。1957年，独创性地成功设计出国内首架两侧进气下单翼传力的机身结构，完成初教-6国内首创小型飞机全铝合金半硬壳结构设计，此乃新中国第一个自行设计成功并投入生产的机种。1960年，到成飞工作后，成功设计出歼-5甲、歼教-5、歼-7Ⅱ、歼-7M等多种飞机，主持设计的机型荣获全国科学大会奖、国家科学技术进步奖一等奖、中国质量奖金奖等。荣获中国航空工业总公司个人最高荣誉奖——航空金奖。

科学家语录

科技工作者要努力使自己的科技工作成果，最终都能实实在在地在发展生产、增长社会财富、增强国家实力上体现出来，不图虚名，不做虚功。

屠基达，提到歼-7就应该想到他，他一生追梦航空工业，主持参与设计及修理过15种飞机，主持设计的飞机产量超过千架，为我国航空科技进步，为空军、海军装备，国民经济发展和军用飞机出口作出了卓越贡献。

屠基达一生主持设计过两款教练机，初教-6与歼教-5。初教-6至今还在服役，歼教-5生产上千架，铸就了空军、海军逐梦蓝天的“云梯”，为我国上万名飞行员的培养作出了巨大贡献。歼教-5的研制仅耗资100多万元，产值高达6亿多元，出口及援外10多个国家。

屠基达为我国二代战斗机以及国际著名的歼-7系列机型的研制奠定了坚实基础。他一生都钟情于飞机设计。作为我国航空工业飞机设计的拓荒人，他注重设计与市场的结合，讲求效益与质量统一。他参与了我国与西方军工的第一个合作项目，引进了英国航空电子设备改装国产歼-7，使我国军用飞机成功进入国际军售市场，拓宽了我国军事科技领域与发达国家合作的渠道。

造就空中云梯

屠基达儿时生活在绍兴，他家就在后来的鲁迅路上。在抗日战争时期，江南水乡也难以让人安生。他目睹了日军战机在家乡的天空上大摇大摆地来来回回，狂轰滥炸，也曾在上海求学期间看到美国的“空中堡垒”轰炸机而心生羡慕：“我们怎么能没有自己的飞机？”丧失领空主权无力反抗的屈辱，交织着追赶先进航空技术的梦想，在少年屠基达的心里埋下了航空报国的种子。

抗日战争胜利后，1946年的夏天，收到三所顶尖大学录取通知书的屠基达，毫不犹豫地选择了上海交通大学航空系。1951年，毕业后的屠基达服从国家安排奔赴东北，成为新中国成立后第一届被分配至航空工业体系的大学生，他几乎是从头参与了中国航空工业的发展。几年后，屠基达被调任到新中国成立后的第一个飞机设计室，当时的负责人是徐舜寿，被誉为中国航空工业的奠基人之一。徐舜寿以严谨科学、善于因材施教著称。包括屠基达在内，这个设计室后来出了多位院士。

1958年，在徐舜寿的支持与指导下，刚过而立之年的屠基达与航空及工程力学家林家骅共同担任初教-6的主管设计师，带领一支平均年龄不到24岁的团队，要设计一架有前三点起落架的初级教练机，以衔接之后的喷气式教练机训练。这架飞机的机身、前三点起落架、机尾翼等都没有原准机，需要自主设计。在他们的带领下，凭着热气腾腾的干劲，这群年轻人仅用30天就拿出了全套的设计图纸。

后来，仅历时72天，一架全身喷红漆、中间带有一道醒目闪电标识的初教-6就冲上蓝天，试飞成功。在这72天里，设计团队并没有为了追求速度就牺牲质量。“一切设计都要经过极端情况的试验。”屠基达从一开始就定下原则，条件再简陋也要严格完成每一项试验，如起落架的落震试验，就是在空地上架起4根柱子和一个台面完成的。多年后，屠基达接受采访时还感慨自己一生最骄傲的事情就是设计了初教-6，他非常怀念当时大家团结又热情的干事创业氛围。

这架现在看起来很有“二战”时期风格的飞机，至今也没有因为设计制造的问题造成过重大事故，我国空军、海军也一直还在使用该机型，并作为每一位空军、海军飞行员“人生第一次执飞”的教练机，初教-6也因此被称为飞行员的“初恋”。也正因这架身长9米的“小不点”飞机精巧耐用且安全性极高，初教-6已被先后出口超200架，受到欧美航空爱好者们的热捧。

设计师笔下有黄金

1960年的冬天，屠基达服从国家安排，举家入川，前往成都远郊黄田坝建设中的峨眉机械厂。彼时厂里还处于基建阶段，除了几条近乎废弃的碎石飞机跑道外，都是泥巴路和荒地。

1960年，苏联撕毁关于援助中国建设核工业的协定和合同，下令撤走苏联专家，我国自力更生设计战机的任务更迫切了。当时国家急需一种全天候歼击机保障夜间时领空不受侵犯。这个重担落在了屠基达身上，上级要求他测绘仿制，让具备全天候作战能力的歼-5甲歼击机尽快成型，装备部队。

那时屠基达负责的设计团队成立不久，缺乏经验，手里只有两架实物飞机和一些零碎残骸。大家对如何设计意见不统一，有人提出可以先按歼-5来设计，但作为主管设计师的屠基达力排众议选择了最笨的办法，提出了“老老实实按样机测绘”的设计理念，目的是通过这次设计，培养一支能打硬仗的设计队伍。

时值三年困难时期，屠基达和同事们吃着红苕尖、胡萝卜，甚至油炒盐巴下饭，也要力保歼-5甲测绘设计按进度推进。条件十分艰苦，但大家毫无怨言，有点力气就用到工作上，有时甚至爬上飞机就没力气下来了。凭着这股“傻劲”，他们用15个月就完成了测绘设计工作，结果发现只有一半的零部件与歼-5相同，“笨办法”成功了。

据参与过这次测绘的陆英育（后任成飞副总工程师、飞机总设计师）回忆，当时测绘了1万个零件，每一个都是高质量完成的。屠基达当时多次强调：设计师笔下有黄金，出现一点点错误，不仅会拖延进度，还会给国家造成巨大的损失。

1964年年底，歼-5甲首飞上天，同时峨眉机械厂也建成了，歼-5甲成了厂里的“发家机”，也成就了中国航空工业史上的一段佳话。

因为当时歼-5甲的订单还不多，所以屠基达在仔细论证后大胆地提出了一个想法——设计制造能大量继承歼-5甲装备、生产工艺和零件的歼教-5喷气式教练机。

上级肯定了屠基达的想法，并把歼教-5喷气式教练机交由他主持设计。他给歼教-5的设计立下了“能省就省，尽可能地降低成本”的规矩。最终，歼教-5的研制只花了100多万元，其后累计生产了1000多架，出口援外10多个国家，支撑了成飞20多年的发展。屠基达曾说：“十几年来，这个机型的总产值已达5亿元，可建4.5个成飞。”

背水一战的歼-7M

1978年3月18日，屠基达刚从罗马尼亚考察归来，衣服都没来得及换，就作为成都科技界的代表参加了全国科学大会。会上，邓小平同志提出了“科学技术是生产力”和“知识分子是无产阶级的一部分”的重要观点。科学的春天来了。

时年51岁的屠基达作为成飞的总工程师，负责歼–7系列飞机的改型设计试制工作。前期，屠基达带着团队四处调研，了解空军、海军及飞行员对新一代歼击机的设计需求。当时收到最多的反馈是“歼–7是跑得最快的近视眼”，原因在于它没有雷达。

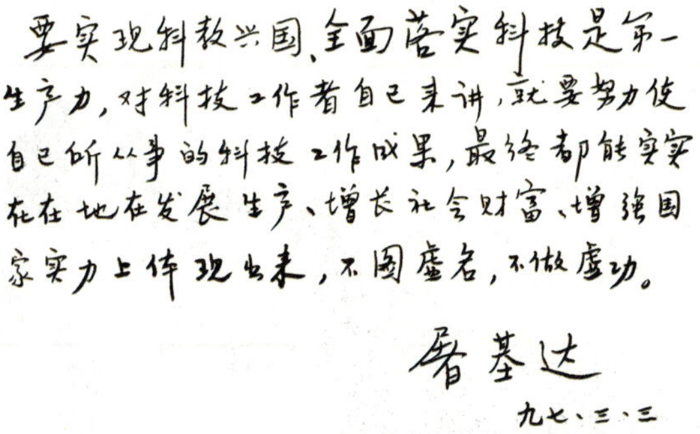
要实现科教兴国，全面落实科技是第一生产力，对科技工作者自己来讲，就要努力使自己所从事的科技工作成果，最终都能实实在在地在发展生产、增长社会财富、增强国家实力上体现出来，不图虚名，不做虚功。

屠基达

九七、三、三

◆ 1997年3月3日，屠基达写给科技工作者的寄语

为了让歼–7改进系列赶上世界先进水平，屠基达和同事在经过16个月艰苦谈判、10轮激烈交锋后，终于促成了与英国马可尼公司的技术引进合作，促成了改革开放后我国与西方的第一个军工合作项目，让歼–7改进系列得以引进当时较先进的航空电子系统，包括平视显示系统、火力控制系统、测距雷达等。

但意外还是发生了，1980年年底，因为经济发展困难，国家决定取消与英国公司的歼–7改装引进合同，要求132厂与英方公司终止合作。英方公司得知后提出，如果停止合作，定金、违约金等的赔偿超过4000万元，而且一天拿不到赔偿，就多一天违约金。屠基达非常清楚，终止合作带来的除了经济损失外，还有技术上的损失，更有损国家声誉，错过了这次机会，中国歼击机不知又要多少年才能拥有先进的航电系统。

幸运的是此事遇到了转机，某国军方看上了这款飞机，经过谈判后，很快就决定订货数十架。屠基达及团队就靠着“以出养进”的方式，保住了与英方的技术引进合同。但该国军方又提出了许多改装要求，当时进口与出口之间在时间上几乎没有空当，要如期履约，只有背水一战。

面对巨大的压力，屠基达制定了合理的管理制度，设置攻关奖、费用节约奖等奖项来激发团队，提升工作效率。最终，团队以不可思议的速度完成了1300多项新零件工艺鉴定，又快又好地完成了这架名为歼–7M飞机的各项试验以及设计制造工作，书写了一个业界传奇。后来这个型号的飞机大量出口，为国家赚取了大量外汇。

◆ 1990年5月10日，第三机械工业部原部长吕东（左二）到成飞参观考察，屠基达（左三）与时任成飞党委书记王满仓（左一）和总工程师杨宝树（左四）陪同参观

1984年之后，屠基达因为年龄逐步退居二线，但是他追赶先进技术的脚步仍然没有放慢。在歼-7M的基础上，他开始推动超7项目，目标就是超越歼-7。他不断往返于苏联、美国、巴基斯坦等国，做了大量开拓性的工作，终于于1993年使得超7获得立项，为后来大名鼎鼎的枭龙战机的诞生打下了坚实的基础。

退休后的屠基达，仍然在追逐航空强国之梦，他为促进我国民用飞机制造以反哺军机发展而奔走，高瞻远瞩地提出航空工业要抓好战场与市场的洞见，要大力发展无人机……这些真知灼见都实打实地促进了我国航空工业的进步与发展。

屠基达曾在自传中说自己是一个不懂幽默的人，是典型的工科生。但他在自传以及《超7史话》中记录了许许多多的名字，同时把每个名字背后为航天事业所作的贡献都翔实地记录下来，很多记录都是用“我们”而非“我”表述。这位严肃的工科生，其实是一位非常重情重义的人，一位不居功、不求名而一生钟情飞机设计的人。

他曾说："科技工作者要努力使自己的科技工作成果，最终都能实实在在地在发展生产、增长社会财富、增强国家实力上体现出来，不图虚名，不做虚功。"这或许也正是他一生飞机情的写照。

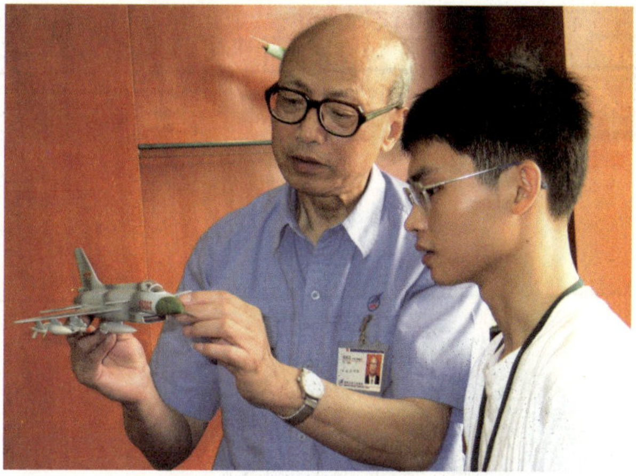

◆ 屠基达为青少年讲解航空科普知识

2011年春节，屠基达在深圳逝世，享年84岁。他设计的飞机如今仍然纵横蓝天之上，他留下的《超7史话》到现在还被军迷们称道，成为我国航空工业的一部重要信史。有年轻人把它一字一句地录下来，配上视频和图片，上传到视频网站，获得了超过百万的观看数。

（文/陈宇祥）

宋文骢

霹雳震天创歼十 矢志蓝天誉乾坤

科学家语录

不能只是重复走别人走过的路，做出来的东西比别人先进、比别人好，这就是创新。你要有这个决心，有这个梦。

宋文骢（1930年3月—2016年3月），云南大理人，我国著名的飞机设计师，先进气动布局设计技术的开拓者，中国工程院院士，自然科学研究员。1960年毕业于哈尔滨军事工程学院，1970年起进入中国航空工业集团有限公司成都飞机设计研究所工作，曾任中国航空工业集团有限公司成都飞机设计研究所主任、副总设计师、副所长、总设计师、首席专家等职务。从事飞机设计研究工作50余年。1980年，任歼−7C飞机总设计师，带领团队完整走过了歼−7C从自行设计到定型装备部队的全过程，填补了我国全天候中高空高速轻型战斗机装备部队的空白。20世纪80年代中期，任歼−10飞机总设计师，带领团队实现了我国战斗机从引进仿制到自主研制的历史跨越，开启了我国航空武器装备从跟踪发展到自主创新的历史进程。荣获国家科学技术进步奖特等奖和二等奖、何梁何利基金科学与技术进步奖、国防科学技术进步奖特等奖等奖项；被授予全国五一劳动奖章等荣誉称号；荣立中华人民共和国人事部一等功、获得中华人民共和国国防科学技术工业委员会“献身国防事业荣誉证章”等，为我国航空事业发展、重大国防武器装备建设及国家安全作出了杰出贡献。

1998年3月23日早晨，一位健步如飞的老人如同护送自己的孩子参加高考一般，护送一架飞机到试飞线。各项准备工作就绪后，随着巨龙怒吼，歼-10飞机成功跃上蓝天，在按照计划完成了一系列试飞科目后，平稳落地。老人第一时间激动地紧紧抱住英雄试飞员雷强，眼含热泪。这一天，中国航空人创造了中国自主设计研发战机的历史，实现了中国航空工业从二代机到三代机的历史性跨越，震惊了世界。这位时年68岁的老人，是这一切背后的关键人物，他就是歼-10飞机的总设计师——宋文骢。从歼-10首飞成功的这一天起，宋文骢将自己的生日改成了3月23日——他要永远纪念这一个非同寻常的日子。

“必须给空军最好的装备，长痛不如短痛，必须确保零故障。”为了这一天，宋文骢已经带领团队奋战了数千个日夜，一点一滴积累起多项创新技术，一步一步攻破了设计和制造的重重难关。

“你蹲在地上看蚂蚁，它们是黑压压一大片，但是站高点看，它们就是一个小点，看问题要抓本质，要高瞻远瞩。”“不能只是重复走别人走过的路，做出来的东西比别人先进、比别人好，这就是创新。你要有这个决心，有这个梦。”这是宋文骢攻关夺隘的心得。

研制歼-10：驻扎在一线的总设计师

时间回到1982年，打开国门一看，我国航空工业水平与世界发达国家相比，已经落后至少20年，第三代战机的研制迫在眉睫。

在一次“新歼”方案论证会上，时任中国航空工业集团有限公司成都飞机设计研究所（611所）总设计师的宋文骢临时获得了一个介绍“新歼”方案的机会。事出突然，同去参会的同事们都有点紧张，但宋文骢镇定指挥，大家分工合作连夜赶出汇报方案。第二天，这个“新歼”方案引起了参会人员的高度关注，获得了与会领导和专家的掌声和认可。宋文骢的发言有理有据，既有宏观视野又有微观分析；既有理论依据又有试验数据，目光深远又前沿。“‘新歼’必须要有同时锁定多个目标的雷达，导弹要是子母弹，甚至激光制导”，他从当时世界战斗机发展的现状结合未来空战，讲到了“新歼”应该具备的基本战术技术指标，以及要实现这些指标应该如何设计，最后用明胶片展示出这些年来设计的腹部进气的鸭式气动布局飞机方案……

15分钟的精彩汇报背后，是宋文骢及其团队在飞机设计研发领域埋头耕耘数十载的积累。其中，静不安定气动布局在会上受到了较多的质疑，宋文骢根据在歼-9飞机多年研制中积累的理论依据和上万次的风洞试验数据，逐一回应了大家提出的各种问题。

1983年，国防部长张爱萍将军到611所视察，在听完宋文骢关于“新歼”总体设计方案的汇报，看完鸭式气动布局飞机模型后，张爱萍将军非常兴奋，并称赞这就是创新。

最终，国防科工委下达文件确定“新歼”研制总体单位为611所和132厂，正式任命宋文骢为“新歼”总设计师。

一架战斗机，由十多个大系统、近百个子系统组成，单涉及的部委就有十多个，还牵涉航空、航天、电子等行业和军队部门（单位）上百家。设计研发单位的技术储备如何？工业基础怎么样？能调动和凝聚起各行各业的权威人士吗？……这些随之而来的问题，引起了各方面领导和专家的担忧与争论。

按照国外不成文的惯例，一架飞机上新研制的产品绝对不能超过30%，一旦超过，则飞机研制成功的可能性将大打折扣。而“新歼”方案上的新产品超过60%，具有极大的不确定性。面对种种疑问与压力，宋文骢这样回答：“你问我有多大把握，我只能这样回答，只要批准上我们飞机的产品，我就要求有100%的把握！”

◆ 1983年，宋文骢介绍歼-10飞机

事非经过不知难。总设计师宋文骢运筹帷幄、指挥若定，将明确的研制方针、强有力的组织保证、行之有效的技术途径这“三大法宝”贯穿歼-10研制的全过程，凭借丰富的工程经验，带领团队把巨大的压力转化为超强的战斗力，向着一定要让“十号工程”达到世界先进水平的目标坚定前行。

歼-10全尺寸金属样机完成后，又一道大难题摆在了宋文骢和他的团队面前——飞机主起落架的结构设计不太理想，如果进口，需要265万美元，这还仅仅是评审费。国外专家认为中国人怎么都不可能设计生产出来，因此“狮子大开口”。宋文骢带领研制团队与国内成品厂联合攻关，历经半年多的艰苦试验，最终花费28万元人民币攻克了这个重大关键技术项目。

歼-10飞机首飞成功后，宋文骢和团队短暂庆贺后，他马上又投入试飞设计定型的复杂工作中。当时歼-10的飞行数据不够好，经过专题研究和对比分析，宋文骢决定对飞机进行大改进。牵一发动全身，大部分前期工厂订单、零部件、模具都因此需要调改。面对歼-10诞生后的第一次“大手术”，反对声不绝于耳。宋文骢始终不为所动，坚持不管困难再大，再多客观原因，绝不凑合，必须立即着手改进。正是凭着这极致的严谨，采用数字式电传飞行控制系统的歼-10飞机在研制过程中从未发生过摔飞机的严重事故，这在世界飞机研制史上是从未有过的！

在歼-10设计定型的关键时期，年过七旬的宋文骢与研制人员、试飞员驻扎在西北戈壁荒漠深处，朝迎寒风，午受烈日，与大家同奋斗、共患难，始终奋战在一线，被大家亲切地称为驻扎在一线的总师。“什么苦都吃得下，什么罪都受得住”，这是研制团队对他的一致评价。

历经5年多的风雨，在逐一攻克30多个高难度高风险科目后，歼-10飞机终于在2004年4月13日通过了设计定型审查，列装部队形成战斗力，中国人终于可以用自主设计研制的第三代战斗机捍卫祖国领空了。随着歼-10战斗机的设计定型，我国形成了一整套具有自主知识产权的第三代战斗机设计研发制造技术。

“彪悍”人生：从游击战士、空军机械师到总设计师

在歼-10研制成功之前，宋文骢的家人一直都不知道他是搞战斗机研制的。此前，宋文骢的弟弟来探访哥哥，看到宋文骢书柜里的医学书，一直

以为他是一名医生。这位隐姓埋名几十年的战斗机总设计师的人生，可以用“彪悍”两个字来概括。

“防空警报，警报什么呢？——中国飞机跑了，日本飞机来了。我们没有抵抗力啊！”宋文骢扼腕，一个国家如果落后，那挨起打来是没完的。宋文骢回忆自己小时候爱冒险也非常调皮，每次日本军机轰炸昆明的时候，他都要从防空洞中出来，在轰隆的巨响与狂轰滥炸中冷眼盯着敌机，心里想着要是能有什么东西把它们打下来就好了。“一定要有我们自己的飞机”，这是宋文骢等老一辈中国航空人埋在心中的共同夙愿。

青年时期的宋文骢就“彪悍”尽显。他高中时主动参加进步组织，在云南解放前曾孤身一人帮助解放军给昆明城里送情报。他把传单装在背篓里，上面再装上蔬菜，伪装进城，把传单一夜间贴满昆明的大街小巷。解放后他先做了几年情报员，后获得机会报考飞行员，但因为心脏有杂音而没有通过体检的最后一关。虽然没有当上飞行员，但宋文骢并不气馁，他被分配到航校学习飞机维护维修技术，在抗美援朝时期成为一名飞机机械师。凭借超强的学习能力与动手能力，他在短时间里就吃透了各项技术要点，成为一名不断立功的出色的飞机机械师。

因为有过从军当飞机机械师的经历，宋文骢非常注重从飞行员实战的角度来考虑问题。歼-10的研制，开创了国内飞行员参与设计的先例，连一个操纵杆，也要根据飞行员模拟飞行的反馈调整设计，改到飞行员觉得趁手好用为止。歼-10飞机的首飞试飞员雷强回忆，当他坐进歼-10的驾驶舱那一刻，感觉像是从旧吉普车换成了豪华轿车一样舒适。

1954年，经过不懈努力，宋文骢考入了哈尔滨军事工程学院航空系，而校长陈赓最关心的就是飞机设计。大学期间，宋文骢发狠地学习各国前沿的飞机设计知识，用五年时间完成了从机械师到设计师的转变。

宋文骢从不轻易许诺，但是只要他说到就会做到。在上级领导对歼-10能否研制成功怀有较大顾虑时，宋文骢和时任611所所长的成志明一起签字画押，立下军令状，承诺保证完成任务！那一刻，这位小时候调皮不走寻常路的人，将儿时的那份“匪气”，变成了敢于担当千钧重任的大勇。

工作中，宋文骢十分严谨较真，不容任何的马虎大意。研制歼-10期间，一位副总师向他报告某种油泵的干运转时间超过了2分钟（即油泵在无油或缺油的情况下运行了至少2分钟而未出现故障）。宋文骢很快就说：“不对，设计要求应该是15分钟。”事后这位副总师经常对人说起这件事，飞机是一个包含十几万个零件的复杂系统，总师的工作更是千头万绪，但是宋文骢连这么小的地方都记得一清二楚。

◆ 宋文骢（右）与杨伟（左）

在航空战线耕耘数十载，宋文骢在型号研制中遭遇过许多挫败，有人谈及这些受挫的往事，宋文骢说：“过去的事情老提它做什么？人要朝前看向前走。”

宋文骢在工作中很乐于接受年轻人的意见，善于培养、敢于任用有才能的年轻人，如他将歼–10研制的关键核心技术之一——数字化电传飞控系统交给20岁出头的杨伟主导。型号成功我成才，型号研制的磨砺让杨伟成长为歼–20总设计师、中国科学院院士。杨伟亲切地称呼宋文骢为“老头儿”，回忆时说宋文骢身怀绝技，一辈子都坚持游泳、双杠等锻炼，80岁高龄还保持旺盛的好奇心，还能在马路牙子上弯腰双手触地。

2016年3月22日，宋文骢因病逝世，享年86岁，离歼–10的“18岁生日”仅差一天。歼–10飞机的研制成功，一扫我国鸭式气动布局战斗机研制各种不被看好的阴霾。实干是回应流言的最好方式，“宋文骢”三个字，与歼–10飞机一起载入中国航空工业史册，为国铸就长空利剑的他，用一生的“彪悍”为国铸魂。

（文/陈宇祥、张杰伟、彭文晶，简介图片提供者朱鹏 、其余图片提供者姜凤祥）

陆英育 奇思妙想敢为先 航空领域添光彩

陆英育（1937年3月— ），江苏徐州人，飞机总设计师，国务院特殊津贴专家。历任成都飞机工业公司［原国营132厂，现航空工业成都飞机工业（集团）有限责任公司，以下简称“成飞”］设计组组长、总体设计室主任、设计所所长、副总工程师及飞机总设计师等职务。参加了歼-5甲、歼教-5、歼-7系列飞机的设计研制工作，担任歼-7E 、歼-7PG等型号飞机总设计师。主持的歼-7系列飞机疲劳定寿科研成果获得国家科学技术进步奖一等奖。任歼-7E型飞机总设计师期间，率先在国内采用双三角翼、机动襟翼和平显，使歼-7E型成为当时我国空军主力机种之一。歼-7E研制获得国家科学技术进步奖二等奖。研制的歼-7系列外贸机为我国外贸机出口作出了巨大贡献。1992年获航空航天工业部“有突出贡献中青年专家”称号，2000年被评为四川省劳动模范，2004年获中国航空工业总公司个人最高荣誉奖——航空金奖。

科学家语录

希望年轻人，除了注重书本知识学习外，还要重视从干中学。不要拒绝任何小事，科研工作避免不了小事，要从具体的事做起。工程的事就是集体的事，科研工作要讲求团队精神，要协作共进。

2023年7月27日，第31届世界大学运动会开幕前一天，天气凉爽，飘着小雨，在陆英育家中，谈及歼-7改进的历史，陆英育一改温和内敛的神色，精神焕发，声音洪亮。从立项到定型，从整体设计到设计原理，一道道艰难坎坷，一次次攻关制胜，这位86岁老人都能脱口而出，他讲述着一段机型研发的鲜活历史，再次走进那段峥嵘岁月。

飞机研制要有战略思维

20世纪80年代，打开国门一看，美国、苏联等国已经装备了三代机，三代机的一大特点就是依靠高机动性，主攻夺取空中优势。观察到越战中高空高速战机作战效果不理想，我国空军也打破了对“高空高速”的坚持，注重实战，开始关注战机的中低空作战能力的提升，提出了“一新、二改、三配套”的装备发展方针。

正在负责歼-7Ⅱ改工作的陆英育敏锐地感受到了空军战略思想的转变。他认为：“在三代机一时半会儿装备不到军队的空档期，要满足国防需要，国家投入又有限的情况下，可行的办法就是在国内已经吃透的歼-7改进型上做文章。修改气动布局，提升机动性，装备更先进的航电、雷达、空空导弹，以及更大推力的发动机，提升中低空作战能力。”

无独有偶，某高校教授在带学生来峨眉机械厂实习时观察到，歼-7M出口型飞机光机头的配重就有140多千克，而且机动性差，比较“笨”。于是他从为歼-7减重出发，结合已开展的外翼边条和双三角翼的气动布局研究课题，提出歼-7机翼改型方案，并在1985年开始与成飞接洽合作事宜。

该教授接受公司老领导的建议找到负责歼-7Ⅱ的陆英育，两人越说越投机，发现彼此对歼-7改进的设计思路不谋而合。很快领导决定自筹资金支持歼-7Ⅱ改型项目预研。

陆英育回忆说：“在方案制订初期，当时业界反对的、不信任的声音很大，国内的强-5是沿用歼-6的机翼，从来没有改过机翼。”当时议论纷纷：“机翼就是老虎的屁股！”“老虎的屁股摸不得，你们连走路都没有学会，就想跑？就想改机翼？”

但是当时空军对歼-7机动性差、作战性能差等缺点意见很大，不改没前途，不创新就没有出路。

1986年，空军某副司令员到成飞考察的时候也听到了种种意见，但他还是坚定地认可了陆英育牵头的歼-7Ⅱ改设计方案。这个方案的报价只是其他机型的零头，延续了歼-7优秀的经济性，更为重要的是，它拥有优越的中低空机动性，还有使用维护简便等设计特点。

于是，歼-7Ⅱ改在1987年被总参谋部批准立项，型号被确定为歼-7E，陆英育任总设计师，项目的核心是改进机翼，同时换装发动机和新型航电设备。当时这位副司令员特别告诫陆英育："要对历史负责，飞机还要用三四十年。"

带着强烈的责任感，陆英育等人专程去北京拜访歼-8Ⅱ总设计师顾诵芬院士，他告诫陆英育："歼-7E改型方案若只改机翼不改尾翼，可能会出现全机气动匹配性问题，那就是全局性大问题了。"

后来在陆英育的主持下，项目团队从全机布局及研制全局出发，通过对后机身和机尾大力减重，把主要增重尽量向中部集中，把飞机纵向惯性矩保持在原型水平，巧妙化解了尾翼匹配的问题。

谈到这里，陆英育感慨道："我退休后还时常给年轻人说，飞机研制不光是知识与技术的事，还得看得宽一些，从空军实战需求出发，有用户思维，要看远一些，有战略思维。"

平生最大的夙愿就是为祖国负责一个机型设计

"人生能有几回搏。干航空的，一生能干几个机型？我平生最大的夙愿就是为祖国设计一个机型。"这是陆英育常说的一句话。

1960年，陆英育从北京航空学院（现北京航空航天大学）毕业后来到成飞工作，第一个岗位是飞机强度设计，当时的主管领导屠基达给了他一本厚厚的俄文版《飞机强度计算手册》，他不仅硬生生地啃下来了，还能熟练应用。屠基达说："你们大学生底子好，要把技术与实践结合起来。"之后，陆英育先后参与了飞机批生产、试飞等工程工作，获得了飞机研制各方面的实践经验。

陆英育被任命为歼-7E总师后，时任成飞总经理也对他信赖有加，对他说："跟这个飞机研制有关的事，不光是设计，包括工艺方案、制造方案和成品协调都统一交给你了。"

"我这个人的特点就是不喜欢坐在办公室里面指挥，我喜欢到一线和大家一起干。"陆英育略带激动地说道，"当时没人改过机翼，为了发挥好厂校合作的优势，我在全国各地的风洞实验台到处跑，见缝插针地在各地风洞吹风，一起计算分析数据，边学边干边改。有一次火车没座位了，我就垫张报纸坐地上，还有一次火车晚点。招待所关门了，就翻爬窗户进去。"

"风洞模型的吹风结果用到全尺寸飞机上时需要修正，当时尚在攻关，我们只得将改型与原型的模型同时对比吹，大大增加了试验量，这也是没有办法的办法了。"

创新之路是艰难的。在歼-7E首飞评审时，专家指出了襟翼系统设计存在的问题——一旦发生故障会危及飞行安全。陆英育及团队连续攻关20多天，终于解决了问题，保障了1990年5月18日歼-7E的成功首飞。

首飞不易，定型更难。一架定型用的歼-7E，在定型试飞前的调整试飞末期突发空中抖动，副翼拉杆折断，试飞员强压着操纵杆降落后，惊魂未定。一位飞行员说："这个机翼怎么改的？才飞了10来个起落，前面很好，怎么突然间全身抖动起来了？"这次危机，几乎给双三角机翼判了"死刑"。

但好在前期全机气动布局试验研制的工作很扎实，陆英育对此非常有信心。他马上稳住军心，带领团队很快就排查出问题的原因是操作系统刚性不足，导致副翼嗡鸣，引起机翼强烈振动。后通过增加副翼操纵系统刚度，彻底排除了问题。

1993年，歼-7E经过数百个起落定型试飞后，其战术性能全部达标，被批准定型，当年就列装了部队。但在列装部队后，才开飞，歼-7E就因出现"纵向摇摆"的问题被空军停飞。这次停飞是歼-7E与陆英育面临的最大的一次考验。

时年50多岁的陆英育得知消息后，立刻启程奔赴空军某师，亲赴现场实地排查问题。在酷热的7月，他一人扛着重达24千克的助力器，去机场、过安检、办托运，后背干了又湿，湿了又干，累了也只是原地站着歇一会儿，无暇多顾。当时的同事回忆说："陆总当时内心只有一个信念，就是要赶紧

◆ 1992年，在成飞试飞站陆英育与歼-7E飞机合影

解决好问题，让战鹰早日重飞蓝天。”

最终，陆英育与团队一起试验证实，发现是助力器滑阀阻力瞬时增大，而本身阻尼不够，导致助力器扯动平尾，发生纵向飘摆。后来他带领团队一一为飞机换装了具有阻尼装置的助力器，妥善解决了问题，保障了部队的后续正常训练，获得部队好评。

歼-7E的研制虽一波三折，但其最后的成功，为我国战机研制的自主创新之路开了个好头，也增加了业界的信心。

思维要活，大胆闯大胆试

歼-7E列装部队后，获得了飞行员的普遍好评，实现了空军领导的殷殷期盼：飞行员喜欢飞、爱飞，飞机才更有战斗力。凭借出众的中低空飞行性能，增加了拉烟装置的歼-7EB飞机列装空军八一飞行表演队，相关改型先后有100余架出口至巴基斯坦、坦桑尼亚、纳米比亚、尼日利亚、孟加拉国、斯里兰卡等国家。

歼-7E及其后续改进机型，成为空军“七爷”（歼-7系列）队伍里中低空机动性最强的“匕首”，随着武器挂载能力提升、航电及发动机升级、压力加油等技术的加入，让其与国外三代机相比也有一战之力。即使三代战机列装后，它仍然作为过渡机型，为保持部队规模起着不可替代的作用。歼-7E及其改进型生产及出口超过400架，为成飞提供了10余年的稳定订单，创收超过50亿。

歼-7E的研制还开创了国内厂校联合研制飞机的先例，陆英育牵头与某高校签订了国内第一份校企合作的机翼合作研制协议。在没有先例可循的条件下，直到2013年最后一架歼-7E交付，成飞公司都严格执行着此项协议。

歼-7E发动机采用市场化风险共担的方式，由成飞投入研制费用，联合国内3家航空发动机厂，为3型发动机改装3架试验机，历时3年，通过300多次飞行起落比选，为歼-7E的顺利研制提供了保障。

歼-7E成功了，陆英育也没闲着，他还要解决歼-7全天候作战能力问题。他主持设计的下颌进气的歼-7FS，同样也是让3家公司来进行空中雷达“赛马”，为我国战机后来的雷达升级换代起到了极大的推动作用。

临近退休，陆英育仍然奋斗在我国战机研制的最前线，致力于为下一代战机的前沿技术探路。“我那时60多岁了，新技术涉及很多知识，都几乎是从头学。没办法，飞机总设计师就是‘万金油’，什么都得懂呀！活到老学到老嘛。”

退休后陆英育也不闲着，他在成飞做顾问，发挥余热。每当年轻人遇到涉及歼-7的问题就会直接到他家里找他，最后总能疑惑大释，载笑而归。谈到这里，陆英育笑着说：“现在的年轻人底子好，学新东西快，计算什么的都比我强很多，但在一些总体考量和工程经验上还需要努力增强。”

一场手术后，陆英育才真正退休，他每天早上六点起来打太极拳、散步、读书，生活非常规律。假如在路上偶遇他，估计没人能看出来他曾叱咤在战机研制的最前线，开创那么多事业，但只要你和他一聊起飞机、气动布局、机翼、风速……他根本停不下来。

整个采访过程中最让人感佩的是，陆英育温和低调的气质中含而不露的闯劲与韧性，那是顶尖工程设计师才有的不凡气度。创新之路需要大胆的闯劲，更要有百折不挠的韧劲。

（文/陈宇祥）

杨 伟

忠诚航空强国梦 飞龙呼啸上云天

科学家语录

再远大的目标，也只能通过扎实做好当下每一项工作来实现。坚韧不拔、耐得寂寞，是抵达目的地的必由之路。每个人前进的脚步，都会融入国家发展、社会进步的大潮；每个人创造的价值，都会汇聚为民族复兴、文明进步的洪流。

杨伟（1963年5月—　），四川资中人，飞行器设计专家，中国科学院院士。中国航空工业集团有限公司副总经理、中国科学技术协会副主席。曾任中国航空工业集团有限公司成都飞机设计研究所总设计师、所长，中国航空工业集团有限公司副总工程师、科技委副主任等职务。长期从事战斗机的研究和设计工作，先后担任歼−20、歼−10A、歼−10B、歼−10C、歼−10S、枭龙、枭龙双座等飞机的总设计师。率领团队突破系列关键技术，对我国第五代战斗机歼−20战机的研制成功起到关键作用，为我国航空科技和武器装备的跨越式发展作出杰出贡献。荣获国家科学技术进步奖特等奖1项、二等奖1项，国家管理创新奖一等奖1项，省部级科学技术进步奖等奖项。被授予“全国先进工作者”“全国五一劳动奖章”“全国优秀科技工作者”“全国创新争先奖章”等多项荣誉。荣获巴基斯坦总统亲自颁发的“卓越之星”国家荣誉勋章。

在2021年9月举行的第13届中国国际航空航天博览会（以下简称“珠海航展”）上，伴随着响亮又振奋人心的“龙吟”，装配了国产发动机的歼-20战机以其精湛的大迎角飞行、小半径转弯、快速跃升等飞行表演，再次成为举世瞩目的焦点。

歼-20战机是我国自主研制的第五代隐身战斗机。其研制成功使我国成为世界上第二个装备第五代战斗机的国家。在珠海航展上，歼-20飞机的总设计师杨伟成为全网关注的焦点人物，网友称他为“歼-20背后的男人”“天才少年”“航空少帅”“最牛总师”……然而杨伟却说：“我和团队不会躺在歼-20上，我们会一如既往地发展，你们期待的都会实现！”

中国战斗机研制的飞速发展，离不开这位目光炯炯、霸气幽默的总设计师。从主持研制歼-10战机数字式电传飞行控制系统，到成为歼-10系列改进型飞机、“枭龙”战机、歼-20战机的总设计师，杨伟和团队引领我国“龙”系战斗机研制进入了“中国智造”的时代，从跟随模仿向自主创新不懈努力。

谈及30余年逐梦航空工业的经历，杨伟说：“飞机设计是很酷的事情。我非常热爱这份事业，‘什么也不说，祖国知道我’。即使外人不知道，但可以在装备中见证自己的创新、发展，在成果中实现自我价值，工作中的成就感、自豪感让我非常满足。”

勇闯无人区

1998年3月23日，成都温江机场的天空有些阴沉，时任中国航空工业集团有限公司成都飞机设计研究所（以下简称“成都所”）飞行控制研究室主任的杨伟正在地面上为歼-10战机首飞做最后的测试。测试完成，一切正常，他对着试飞员雷强竖了一个大拇指。旋即他埋头做第二次测试，再次确认无误。杨伟破例给雷强竖起两个大拇指，给他鼓劲加油。

随后歼-10战机直冲云霄，掠过天际，平稳落地，首飞成功。杨伟终于松了一口气，这次首飞是他经历的第一次首飞，也成为他经历的多次首飞中最刻骨铭心的一次。

歼-10战机采取鸭式静不稳定气动布局，其优点是比二代三代静稳定战机在操控反应上更快更灵活，但难点在于静不稳定的飞机需靠精密的数字式电传飞控系统来完成飞机的各项动作。这次首飞是在静不稳定的状态下成功实现的，打破了国外从静稳定状态开始试飞的惯例，所以大家都捏了一把汗。杨伟就是歼-10战机四大关键技术之一——数字式电传飞控系统的研制负责人。

对这套复杂的系统，杨伟有一个精辟的比喻——静稳定设计好比是碗中装乒乓球，而静不稳定设计犹如篮球上放乒乓球，篮球一偏，乒乓球就掉了。所以需要电传飞控系统“保持”篮球上的乒乓球动态稳定，让乒乓球不掉下来。同时还需要设计多台计算机的“冗余”，确保即使三台计算机都出现故障，系统仍然可以照常工作。

这套系统不容许出现任何差错，否则就会机毁人亡。为了做好相关实验，杨伟主持研制了地面综合动态试验设施——“铁鸟”。

1996年3月，杨伟沉着地坐在“铁鸟”座舱中，左手握油门杆，右手掌驾驶杆，双脚踩脚蹬，舱外几十人紧张地注视着屏幕。加油门，滑跑，起飞！飞机在屏幕上的图像似真的起飞一般，大家激动地欢呼：“成功了！”

杨伟团队研制的电传飞控系统在地面的“铁鸟”上第一次实现了闭环飞行。这套系统仅试验电缆就长达100多千米，代码数万行，从传感器、试验控制台到飞行软件包，全都是团队边学边做出来的。这一刻，杨伟感到无比自豪，他和同事们一起流下了激动的热泪。无数的数学公式、演算变成了实物与程序，这群年轻人成功了！

这也是杨伟自22岁加入成都所以来的第一次突破性创新，他带领团队设计出10多种方案，攻克了余度配置，故障检测、隔离、重构，同步算法等一系列关键技术，实现了我国战机电传飞控系统从“0”到“1”的创新突破。

◆ 杨伟在“枭龙”战机模拟器上进行模拟试飞（朱鹏摄影）

“国内首创”“国际先进水平”“国内第一”“填补了空白”……

这些评价毫不夸张，都源自杨伟和团队经年累月点滴创新积累的成果。这套系统连外国专家看了都心生羡慕，直叹“我们都没有！”

在鸭式静不稳定气动布局系统的加持下，歼-10战机从首飞、试飞到交付，打破了“试飞摔机”的魔咒，创造了战机研制的奇迹，标志着我国完全掌握了电传飞行控制技术。这套先进的“神经系统”还让歼-10战机的性能得到极致发挥，进一步坚定了我国自主研制战机的信心。

铸就“枭龙”

2001年，时年38岁的杨伟被任命为“枭龙”战机的总设计师，成为国内最年轻的飞机总设计师。该型号由中国与巴基斯坦联合研发，巴方对此寄予厚望，并立足实战提出了许多定制化的需求。其间历经坎坷，包括之前的两任总设计师都为之付出了许多心血。

2002年，杨伟又被任命为歼-10双座机的总设计师。此时，他同时身负两型飞机设计的重任，其中歼-10双座机是军队急需，使命必达；“枭龙”战机是国际合作，信誉至上。两个型号的飞机研制节点几乎重叠，都必须在较短时间内实现首飞。

杨伟迎难而上，带领团队日夜兼程，忘我工作。因为热爱，他说：“累不是问题。”

对于“枭龙”战机，杨伟提出了双线作战的研制思路：一条线冻结现有技术，努力实现首飞，建立国外用户信心；另一条线着手改进，融入更多先进技术，提升用户的满意度。

2003年8月25日，“枭龙”战机成功首飞。其从冻结技术状态到实现首飞仅历时23个月，创造了我国飞机研制史上的奇迹。“枭龙”战机的研制采取了市场化的采购方式，以及大量应用现代化工程设计组织管理机制，极大地提升了研制效率和组织管理效能。同时，杨伟还主持建立了“枭龙”战机研制质量成本控制制度，在技术上高低搭配，追求最优性价比。

2009年7月1日，首架与巴基斯坦合作生产的“枭龙”战机正式开工，这标志着我国航空工业实现由技术引进转向整机技术出口的新突破。如今，这

◆ 2015年4月20日，国家主席习近平乘专机离开北京，对巴基斯坦进行国事访问。巴基斯坦8架“枭龙”战机组成编队在巴境内上空为习近平的专机护航。图为专机的一侧与其中4架“枭龙”战机（王宇波摄影）

款战机仍在迭代升级，已经成为巴方的“空中宝石”，是我国的骄傲。这款战机凭借极高的性价比，在国际上树立了良好的口碑。

2015年，习近平总书记访问巴基斯坦后收到了一张特殊的“合影”——1架印有五星红旗的专机身后，8架“枭龙”战机分列两侧伴飞护航，湛蓝苍穹下，如雁阵翱翔。这是中国制造的历史时刻，也是我国航空工业的骄傲。2017年，杨伟被巴基斯坦授予“卓越之星”国家荣誉勋章，成为至今为止唯一获得该勋章的中国人。

令杨伟更为欣慰的是，在“枭龙”双线并进的研制过程中，锤炼出了一支素质过硬的研制“铁军”，验证了一批新技术，形成了更科学合理的工程管理模式。我国战机研制不再受制于人，迈入了与先进发达国家齐头并进的新阶段。

永远的“新歼”梦

“最近确实忙，一直也没闲着。如果我说的话，您是安心了；但如果我不说的话，我们的对手可能更worry（担心）。所以我觉得还是让对手更worry一点比较好。”

2022年11月，杨伟的这段霸气又幽默的发言快速引起网民的极大关注。从2011年1月11日成功首飞，2016年珠海航展惊鸿一瞥、绝尘而去，到此后历届珠海航展的闪亮登场，歼-20战机与杨伟的每一次亮相，都备受瞩目。2011年歼-20战机首飞前，时任美国国防部长的盖茨曾预测我国2020年之后才能突破五代机的研制，得知歼-20这款五代机的存在后，公开向媒体承认低估了中国。短短几年间，杨伟带领中国航空工业在战机研制领域迈入世界前列。“在未来的世界航空装备制造业格局中，是对手根据我们的装备来调整自身装备发展目标，而不是相反。”这是杨伟给自己和团队设定的高远目标。

威龙出世，天高海阔。我国永远告别了建国初期因“代差”只能空中肉搏的窘境，进入了来去自如、超视距作战、能守能攻的空中自由王国，让任何国家都不敢小觑。在杨伟的主持下，未来歼-20将不断升级，还会有2.0、3.0……版本。歼-20战机研制的跨越式创新，还带动了电子、新材料、航电、机载导弹等新技术领域实现创新突破。

这些年杨伟也成了“网络红人”，他的成长故事被反复讲述：15岁中考成绩5门100分，1门99分，获得了提前参加高考的机会；而后高考“差一两分”与北京大学、清华大学、中国科学技术大学少年班失之交臂，又因色弱被另外几所大学拒之门外；复读了一个月高中，突然得到西北工业大学著名空气动力学家、同样色弱的罗时均教授的青睐，作为年龄最小的学生破格进入了我国“史上最牛的航空班”——“5381”班，即5系，3专业，78级，1班。

这个班里除了他，还走出了运-20总设计师唐长红、歼-15常务副总设计师赵霞。在这高手云集的班里，大家根本没工夫比吃穿，只比拼谁理论“玩儿”得深。杨伟凭着出众的数学能力，经常超额完成数学学习任务。每天早上5点，他就坐在教室里，一边嚼着玉米面饼，一边“啃”着课程之外的《数学分析》，为的就是让计算推理更精确更漂亮。

22岁的杨伟研究生毕业后，主动请缨到成都所工作，因为他学生时代在这里实习时听闻要研制“新歼”的消息，这让他心里燃起熊熊斗志。当时社会上流传着“搞导弹的不如卖茶叶蛋的”的说法，但他毫不犹豫，主动选择了飞机设计这项工作。在成都所，他得到了歼-10战机总设计师宋文骢院士的悉心栽培与爱护，谱写了他们一生亦师亦友的传奇故事。

比起网友们给杨伟贴上的那些标签，或许最让人敬仰的是他永远的航空梦想，以及坚忍无悔的赤子情怀。他说：“我人生的最高理想就是要和同事们一起研制出更多更先进的战机，为壮军威、扬国威，强大祖国的国防，维护祖国的和平与统一作出我们的努力和贡献。”

“我们还远未抵达终点。”杨伟还将继续为国扬威，带领研制歼-20飞机的年轻团队，以及越来越多的“80后”“90后”，攀登战机研制的新高峰。

（文/陈宇详）

刘大响　雄心逐梦中国“心”　负重疾驰报国恩

刘大响（1937年10月— ），湖南祁东人，中共党员，我国航空发动机领域的第一位中国工程院院士，我国航空发动机自主研发事业的开拓者和领军者，我国第三、四、五代航空发动机大型研究计划的倡导人、组织者和技术负责人之一，主持建成我国首座航空发动机高空模拟试车台，担任歼-20用发动机首任技术负责人，为我国航空发动机事业作出了历史性贡献。1960年毕业于北京航空学院（现北京航空航天大学），并留校攻读副博士研究生。1995年获评全国先进工作者，1996年被授予航空工业总公司“劳动模范”和“劳模标兵”等荣誉称号，1997年荣获国家科学技术进步特等奖（第一完成人）和何梁何利基金科学与技术进步奖，1997年当选党的十五大代表，2003年当选第十届全国人大代表和常务委员会委员。2022年获第十五届航空航天月桂奖“终身奉献奖”。2024年获第九届“首都道德模范奖”。

科学家语录

让中国“心”驱动中国梦。动力强则航空强，航空强则军力强，军力强才能国家强，国家强才能自立于世界民族之林！

不坐机关，要上第一线搞科研

刘大响出生在湖南省祁东县太和堂镇罗口町村清公祠，他的爷爷和母亲是当地有名的祖传中医。在父母的熏陶下，刘大响宽人严己，与人为善。工作后曾数次捐款为家乡修桥筑路，乡亲们立碑为谢。

1960年，刘大响从北京航空学院毕业后被保送读研究生，成为宁榥教授的第一位副博士研究生。1962年，刘大响放弃了在北京某大机关工作的机会，主动提出："我希望到基层去，到科研生产第一线去"，后被分配到沈阳六院二所（今606所）工作。

◆ 刘大响（左）与吴大观（右）合影

在这里，刘大响结识了他一生难忘的恩师和挚友——"中国航空发动机之父"吴大观。在第一次谈话时，吴先生就说在西南联合大学时，他也是宁榥先生的学生，两人师出同门，相见如故，倍感亲切。

部队蹲点，助力空军装备换代

1963年，刘大响担任研究所总体研究室总体组的副组长，参与涡喷7甲发动机的技术摸底和反验算工作。1964年，他参加空某师调研时，部队提出请其解决歼-7的"腿短"问题。经总体组计算后，刘大响提出为使歼-7飞机带副油箱实现非加力状态起飞，必须采用气冷高压涡轮空心叶片，将涡轮前燃气温度提高100℃，他向吴大观副所长和虞光裕总师作了汇报并提出建议。所里向六院申报，决定成立"涡喷-7甲发动机设计室"。

1965年，担任涡喷-7甲发动机设计室总体性能组长的刘大响，奉命带领

4人的小分队到空某师"蹲点"半年，为部队从歼-6到歼-7的换代升级提供技术支持。通过半年的"蹲点"实践和座谈，小分队编写了13份调研报告。回所后，吴大观副所长要求并安排刘大响在全所技术人员大会上作报告，这进一步坚定了全所干部职工对涡喷-7甲发动机改型研制的决心和信心。

在涡喷-7甲发动机设计室，刘大响先后担任总体性能组长、室代理副主任和厂所联合"试车突击队"副队长，主管涡喷-7甲发动机的总体性能设计和地面台试验。在这期间，606所与621所、中国科学院沈阳金属所联合攻关，刘大响负责总体性能计算和参数协调。在吴大观、师昌绪和荣科的大力支持下，三个所联合研制成功9小孔和3大孔的高压涡轮导向器和涡轮转子的气冷空心叶片。刘大响负责主持指挥的地面台试车获得圆满成功。我国由此成为当年继美、英之后世界上第三个能够研制和试验成功装有气冷涡轮空心叶片发动机的国家。

1974—1975年，为配合我国自主研制的歼-8飞机的设计定型，涡喷7甲发动机必须先行完成鉴定试验。刘大响带领20人的团队执行任务，借用航天三院的暂冲式试车台，圆满完成了涡喷-7甲发动机的高空台鉴定试验任务。

深山30载，奋力拼搏高空台

1964年，聂荣臻元帅批示："要加快空气动力中心和高空模拟试车台的建设，如再迟迟不动，将来势必造成大的被动。"

◆ 刘大响工作了30年的624所江油松花岭基地

高空模拟试车台（简称“高空台”）是模拟飞机空中飞行状态和极端环境条件，对发动机进行试验的大型地面设备群。当时我国面临着国外的重重技术封锁，高空台的资料寥寥，甚至没有一个人亲眼见过高空台。但时不我待，唯有奋斗。

1970年，33岁的刘大响从大都会沈阳，千里迢迢举家迁入位于四川江油县（现江油市）的624所（松花岭基地）工作。当年松花岭的条件十分艰苦，“山清水秀屋顶漏，鸟语花香厕所臭”就是很好的写照。但刘大响一干就是30年。

从1974年起，刘大响先后担任高空台设计室副主任、试验研究室主任和分工主管高空台建设的所副总师。1980年，在430厂副厂长吴大观的力荐下，刘大响及其团队（6人）获得了赴英国参加国产斯贝-MK202发动机高空台考核试验的机会。在试验期间，刘大响按照吴大观的叮嘱，常常组织中方技术人员利用短暂的休息时间学习英国高空台的经验。回国后，他又组织完成了全面的技术总结，编写出近100万字的学习笔记和出国技术总结，为我国的高空台建设和调试提供了十分重要的参考和借鉴资料。

受1981年国民经济大调整的影响，高空台二期工程被列为“缓建项目”，经费锐减，工程陷于停顿，骨干大量流失，形势十分严峻。时任试验研究室主任的刘大响身先士卒，多次召开全室大会，找技术骨干谈话做思想工作，带领大家坚守奋斗。他还公开立下誓言：不搞出高空台，自己决不离开山沟，“死在松花岭，埋在观雾山”。

刘大响向所领导请命，从所内借5位老工人技师，共同组成“安装收尾突击队”，他带头既当干部又当工人，边安装、边研究、边调试，自己动手，缓而不停，硬是将缓建的三年变成了热火朝天搞科研调试的三年。他主持完成“高空台模拟试验技术研究”和 “高空台试验发动机性能数据修正规范”课题研究，突破高空台总体设计优化、高空模拟试验技术、发动机性能数据修正方法等多项关键技术，攻克高空台模拟试验中特有的“舱效应”难题，主持编写十几份高空台开车程序、规范和安全监控参数，主持完成进气加温炉和氨冷冻机组的改建，为高空台调试和发动机试验奠定了技术基础。1985年，完成高空台直接排大气调试，比原计划提前5年投入试验使用，极

◆ 2023年，刘大响在高空台加温炉前

大地增强了上级领导和所内职工对高空台建设的信心，促成高空台的二期工程提前恢复为国家重点工程建设。

1991年，美国单方撕毁高空台“自动测控系统”引进合同，妄图卡住高空台研制的“脖子”，刘大响及时提出“总体自主设计、硬件分散引进、软件国内编程、系统集成联调”的应对策略，完成高空台“自动测控系统”的自主研制和建设，其测试精度达到世界先进水平。1994年，他采用国产涡喷7发动机和自主研制的自动测控系统，主持完成高空台飞行状态下的总体性能联合调试。1995年2—3月，他与焦天佑所长共同主持完成与俄Ц-4Н号高空舱的对比标定试验，其相对误差为±0.7%～1.8%，优于美、英、法三国高空台对比试验的相对误差（±1.0%～4.5%），表明我国高空台试验的整体技术和测试精度达到了世界的先进水平。

1995年年底，高空台交付国家验收，使我国成为继美、俄、英、法之后世界上第五个拥有大型连续气源高空台的国家。高空台工程荣获“95全国十大科技成就奖”，1997年荣获“国家科学技术进步特等奖”，刘大响为第一完成人。

不辱使命，推进三四代动力发展

20世纪60年代，针对航空发动机出现的种种问题，周恩来总理曾提出一个问题：我们的飞机是不是得了“心脏病”？

20世纪70年代中期，我国还在使用测绘仿制的第二代涡轮喷气式发动机，与国外先进水平差距在逐步拉大。由于基础薄弱，经验欠缺，技术储备不足，自主研制航空发动机成了“无米之炊”。

1986年，刘大响接任624所总工程师和高推预研总设计师。当时高推预研受国民经济大调整影响，工作形势十分严峻。作为项目牵头单位，高推预研还要不要搞下去？能不能搞下去？怎样搞下去？这些问题都在等待新上任的刘大响作出回答。经过充分调研，刘大响认为高推预研的大方向正确，是我国航空发动机从跟踪研仿走向自主研制的必由之路，他提出了“在高推预研基础上开展三大高压部件、中推核心机、验证机的研究”的设想和建议，得到了全所上下科技人员的认可，也获得林宗棠部长等领导的大力支持。

1989年1月，刘大响应邀参加中央军委一次专题汇报会，他汇报了“中推发动机研制进展情况和下一步发展思路”，中央军委领导同志当即指示，中推发动机的研制应该开始论证和布局了。半年后，中推核心机研制被列为国防科技“八五”期间18项关键技术之一，正式登上历史舞台，624所牵头的高推预研和中推核心机研制走出困境，开启了新征程。

刘大响马不停蹄，亲自主持并参与总体方案设计和技术参数协调，完成我国第一台推重比8一级中推核心机的自主设计和加工制造。在中推核心机设计状态试验时，面对我国当时没有专用核心机试验台的困境，刘大响创

◆ 刘大响与中推核心机

造性地提出“利用高空台直接排大气”的试验方案，这不仅在国内是首次，在世界上也是“绝无仅有”。刘大响亲自担任试验总指挥，全程主持试验，排除多次险情，使中推核心机设计状态高空台试验获得圆满成功，性能全面达标，在我国第三代发动机自主研制的道路上跨出了关键性的第一步。可以说，这是我国航空发动机“从测绘仿制迈向自主研制”的转折点和新起点，具有里程碑意义。

1988—2000年，刘大响又作为技术总负责人，主持开展我国第四代先进发动机的立项和预先研究（歼-20用），主持完成总体方案设计、关键技术研究和三大高压部件研制工作。1993年，刘大响抓住难得机遇，推动第四代发动机关键技术对俄科技合作，他担任合作项目的中方总设计师，提出了“统一指标、并行设计、交叉评审、多轮逼近”的合作新模式。这种新模式拥有核心技术的自主知识产权，还培养了一批高水平的科技领军人才和骨干团队，为我国第四代发动机研制“提高起点、夯实基础、突破关键、培养人才”作出了突出贡献，为后续型号的研制奠定了技术基础。

◆ 刘大响（中）与俄罗斯法沃尔斯基院士（左一）与CIAM斯基宾院长（右一）合影

中俄合作俄方总师、俄罗斯科学院法沃尔斯基院士评价刘大响院士时说："刘大响长期致力于中国高空台建设，并取得了成功，没有高空台就谈不上发动机的自主研制和试验研究。同时最主要的一点是，他主持和领导了先进新型航空发动机的研究工作，为中国探索出一条新型航空发动机的研制道路。"

跨入新世纪，为根治飞机"心脏病"而战

2000年，刘大响调往北京担任中国航空工业集团科技委副主任，并受聘为北京航空航天大学教授、博导；2003年，他又当选第十届全国人大代表和常务委员会委员。

在北京工作期间，刘大响继续为我国航空发动机自主研制事业发展"鼓与呼"。平台更高了，责任更重了，他一刻都没有停下根治飞机"心脏病"的脚步：他主持完成我国2020年和2030年的航空动力多个发展战略研究；应邀参与多个部委航空动力发展中长期规划的制定研讨、咨询和方案评审会议；积极推动实施"某技术验证计划""某先进技术研究计划"的论证、立项和实施，同时担任两个计划的总师组长和技术负责人。

2001年8月，刘大响与王大珩等5位院士发起并共同主持召开第159次"香山科学会议"，上书中央"一定要造中国自己的大飞机"。

2003年起，刘大响作为第十届全国人大常委会委员，连续4年在全国人大会议上提交了开展大飞机及其发动机研制的4项建议和1项大飞机工程立法的提案，他坚持这次搞大飞机不能只搞一个飞机"壳子"，他提出"军民两型大飞机，一个半航空发动机"的发展思路，获得部委领导和论证委员的大力支持，发动机第一次被列入国家大飞机专项之中。2008年他又被聘任为国家大飞机重大专项专家委员。

刘大响力推的某大涵道比涡扇发动机现已替代进口，在运-20B大型运输机上批量列装使用；为C919自研的长江1000A工程验证机（当时叫作半个发动机）也已取得可喜的重要进展。

2011年，应胡锦涛总书记关于"我国载人飞船和歼-20飞机都上天了，

◆ 2018年9月18日，刘大响在四川绵阳航空发动机试验与测试工程技术论坛会上作报告

航空发动机为什么上不去”的询问，中国科学院和中国工程院成立了“两院联合咨询论证小组”，组织64位院士和近100位专家参与论证，由师昌绪院士任组长，刘大响和徐建中任副组长，共同主持完成“两机”重大专项咨询课题论证，获国务院批准立项。

此后，科技部组织开展“两机”专项实施方案论证，2015年，国务院批准正式启动“两机”重大专项，单独组建了中国航空发动机集团公司作为发动机的责任主体。刘大响被任命为国家“两机”重大专项专家委员和基础技术委员会副主任。

这位牛年出生的老人，在70岁生日时赋诗言志：“老牛自知使命重，不用扬鞭自奋蹄”。现如今，87岁的他还在为我国的航空发动机事业而奋斗，并率先呼吁加快低空空域开放，加快通用航空产业和航空应急救援体系建设，以此来推动我国低空经济展翅高飞。

身边人劝他注意多休息，他总是回答说：“为了让国产飞机都装上强劲的中国‘心’，我责无旁贷，愿意继续努力，发挥余热，直到自己的生命之光熄灭为止！”

（文/陈宇祥　刘书冬）

曹建猷

铸就铁路新篇章 竭智尽力兴家邦

曹建猷（1917年5月—1997年9月），湖南长沙人，中共党员，中国科学院院士，中国铁路电气化的奠基人，铁道牵引电气化与自动化学科的创始人。1940年毕业于交通大学，1950年获美国麻省理工学院科学博士学位，1951年毅然回国并到唐山铁道学院（现西南交通大学）电机系任教。曾任西南交通大学副校长，国务院学位委员会学科评议组成员，兼铁路、公路、水运分组组长、顾问等职务。长期致力于铁道电气化的研究开发。作为我国电气化铁道采用25 kV单相工频交流制的主要决策论证者，他对确定我国电气化铁道供电制度及电气化铁道的发展作出了重要贡献。1953年11月，国家铁道部（现国家铁路局）决定发展我国的电气化铁路，曹建猷经过研究提出25 kV单相工频交流电压制最优越。国家铁道部采纳了他的意见，最终决定将25 kV工频单相交流制列为国家标准。电气化铁路功率大、拉得多、速度快、污染小，在中国铁路运输中显出巨大的威力，成为中国铁路牵引技术的主要发展方向。

科学家语录

一切为了祖国，为了祖国建设。平日里，我想得最多的还是诸葛亮的那句“鞠躬尽瘁，死而后已”。

1936年夏，少年曹建猷还在思索自己应该报考交通大学（1959年，交通大学上海部分改名为上海交通大学，简称“上海交大”）的哪个专业。有人劝他去考机械系，也有人说电机系最好，到底该选哪个？连日思索，少年仍然举棋不定，颇为愁苦。

随着截止日期的临近，情急之下，曹建猷干脆采取抓阄儿的方法决定。他做了十个纸团，五个写上“机”，代表机械系；五个写上“电”，代表电机系。然后从中抓出五个，多者为胜。抓阄儿的结果令曹建猷大为惊讶，打开的五个纸团竟然都是“电”。于是他下定决心——报考上海交大的电机系。

这一年，曹建猷成功考入上海交大电机系，从此也与“交通”和“电”结下了一生的不解之缘。

无意得失，国事为大

1917年5月19日，曹建猷在湖南长沙出生，父亲曹武参加过兴中会，姑母曹孟君则是近代有名的革命人士。进入初中后，姑母给他订阅了《生活周刊》等进步杂志，使曹建猷比一般的少年更具家国意识，小小年纪便常为国事担忧。

高中阶段，曹建猷在岳云中学就读，这所中学由爱国教育家何炳麟先生创立，秉承以“勤、恪、忠、毅”四字为核心的教育思想，数十年间可谓英才辈出，涌现出革命英烈、抗日英雄、高级将领、新中国开国元勋等名人数以百计。与此同时，岳云中学也力倡科学救国，先后培养出中国科学院院士4人，其中就包括曹建猷。

在岳云中学的几年，曹建猷不只打下了扎实的学问基础，他对祖国的热爱也愈发坚定而深沉。曹建猷在此立志以科学救国，他喜欢吟咏《满江红》与《出师表》的习惯，或许正始于这一阶段。

大学毕业后，上海电力公司等单位纷纷提出优厚的招聘待遇，但当时上海已被日军占领，曹建猷不愿在敌占区工作，最后选择到昆明西南联合大学工学院任助教。

1945年，曹建猷与夫人姚哲明一起通过考试获取了公费留学资格，远赴美国波士顿麻省理工学院开始留学生涯。他的几门课程都得到了最高分H，教授们对这位面容清秀却又勤勉用功的年轻人喜爱有加，破格让他直读博士。

异国的生活经历，一方面使曹建猷开阔了视野，使他得以了解世界顶级的科研机构和研究课题；另一方面，旅美生活也让曹建猷目睹了中国人因积贫积弱而处处受歧视的情况。他由衷盼望祖国能够富裕、强大。

1949年新中国成立，这让曹建猷无比激动，他曾这么描述过自己当时的心情："忽然看到祖国的光明，那种从死灰中复苏的心情是无法形容的。"

1950年，曹建猷取得博士学位，在美国纽约市立学院任客座讲师，不久朝鲜战争爆发，曹建猷在美国屡屡听闻中国军队作战之英勇，内心大受鼓舞。于是他毅然放弃美国优越的生活条件，克服签证等重重困难，举家回国。若干年后，当有学生问曹建猷为何不在美国做大事时，他坦然答道："回国工作是我最大的事。"

归国后，曹建猷来到唐山工学院，准备从事新学科研究与教学。不料，

◆ 1956年，曹建猷（右三）参加全国科学规划会交通运输组讨论

◆ 1957年，曹建猷（右四）与苏联专家讨论学术问题

1952年院系调整，学校更名为唐山铁道学院，曹建猷受命创办电气化铁道专业。

一时间，曹建猷的去留颇为引人注目。中国科学院曾两次邀请他去研究加速器；中国科学院筹备成立自动化所时，钱伟长也邀请他加入自动化筹备组。

然而，这一切都被曹建猷婉拒了。人们不明白，为什么曹建猷没有选择自己在麻省理工学院研究的“高能粒子加速器”方向，也没有选择“自动化”方向，而是进入一片空白的“铁路电气化”领域？

对众人的疑惑，曹建猷在日记中有这样的解释：“我改行搞‘铁路电气化’，原因是这方面的人少，国外也没有从事这个工作的人可以争取回国。如果我改专业，将对这个新生的专业产生不小的坏影响。‘自动化’从业人员较多，国外也有很多人可以争取回来；而加速器的发展很快，我所知道的东西已显陈旧，新生力量较易培养。因此，我认为改行搞铁路电气化还是正确的。”

曹建猷转行搞铁路电气化，是服从国家安排，更有着对新中国科学进步的全局考量，其不计自身得失而成人之美，为国家后世计的高风亮节，非以报国为志者不能为。

力排众议，为中国电气化铁路定范式

时至今日，中国的高铁不论数量还是质量都是全球之冠，但是，很少人会意识到一个问题，就是如果没有电气化铁路，就没有高铁。

在20世纪50年代，电气化铁路还是个十分科幻的概念。当时，世界上的大部分火车都靠蒸汽机、内燃机运行，它们行驶时汽笛轰鸣，烟雾缭绕，气势虽大却运力平平，电气化铁路的运输能力远超过传统铁路。

曹建猷高瞻远瞩，决心搞铁路电气化，然而，在20世纪50年代的中国，要实现此种设想可以说压力重重。那个年代，全国连实现电灯的普及化都是个遥远目标，搞电气化铁路确实给人一种好高骛远的感觉。尽管国家铁道部已经于1953年决定发展我国电气化铁路，但还是有很多专家认为我国在当时搞电气化铁路不现实，远不如建桥修路，升级蒸汽机、内燃机车来得实在。

曹建猷的儿子还记得一件事，他上学时路过学校大学生宿舍，几个学生认出他来，带着嘲讽的口吻问他："你是曹建猷的儿子吧？你爸要搞铁路电气化，你们家电气化没有？"曹建猷的儿子十分尴尬，因为当时自己家里唯一跟电气有关的只有电灯。

各种质疑的声音一直传入曹建猷的耳朵，然而，他秉性倔强，一旦认准目标，便有"虽千万人吾往矣"的气魄。1956年11月，曹建猷在《人民日报》发表文章，直面了一个学界争论的焦点问题——该用直流电还是交流电？曹建猷在文中坚定地指出，直流电制虽然是当下发达国家的主流，但日后必定产生瓶颈。如果采用直流电制和交流电制混用，又势必产生臃肿复杂的衔接网和变电设施。为了铁路运输的长远利益，我们应避免走这条弯路，从第一步就用交流电制。

在曹建猷的坚持和说服下，我国确定了先进的交流单相工频25 kV电压制，此举为后续高速铁路的快速发展创造了有利条件，避免了许多发达国家日后不得不花费大量资金升级设施改用交流电的窘境。

作为中国铁路电气化的奠基人，曹建猷曾在小传中写道：“我们在电流制问题上没有走弯路，这是我对祖国的一点点贡献。”

对科学的敬畏和坚持

曹建猷思考问题往往独具超前意识，一旦认准便不顾众议，要与人争到底。

曹建猷的同事沈志云院士讲了这么一段往事。1988年，西南交通大学接到了申报建立国家重点实验室的任务。此事由曹建猷负责，于是，光是他负责的两个系就申报了18个项目。那时沈志云刚好从国外回来，听闻此事，觉得这是个千载难逢的机会，便也急忙申报了一个“400公里机车滚动震动试验台”的项目。

方案提交后，沈志云打听谁是实验室申报负责人，旁人说是曹建猷，沈志云一听心就凉了——他跟曹建猷向来不对脾气，不久前还刚刚吵过一架。沈志云本着多一事不如少一事的想法，虽然不敢自己去找曹建猷，但还是托同事去取回申请方案。

出乎意料的是，在细致阅读了沈志云的项目方案后，曹建猷非但没有为难他，反而第一个站出来支持沈志云，同时也拍板否决了自己负责的两个系的18个项目。一时间，系里的人怨声载道，觉得肥水流了外人田。面对大家的不理解，曹建猷语重心长地说：“国家投资有限，什么都建，就什么都建不成，发展高速铁路是世界趋势，沈志云的项目有意义，我们要支持。”

◆ 1981年，工作中的曹建猷

见曹建猷这么通情达理，沈志云心中充满感激。谁知曹建猷接下来的一番话又把他吓了一跳。

曹建猷说："试验台这么大，搞不好就是一堆废铁。如果搞不成，造成这么大的浪费，你们责任重大。"

◆ 1995年，沈志云（左）和曹建猷（右）

七年后，沈志云的项目通过了国家验收，沈志云跑到曹建猷的家里报告喜讯，曹建猷也大喜过望，欣然表示马上就去看实验室。此时的二人都已经是老人了，怎么去方便？沈志云表示要学校派车来接，曹建猷急着说："你不是骑着三轮车来的吗？"于是，二人便以三轮车代步，兴冲冲赶往实验室。经过图书馆时，图书馆的同志看到两位学界泰斗一位蹬三轮车，一位坐三轮车，觉得有趣，便信手拍下了这张宝贵的照片。

（文/孙奥麟）

沈志云

集智攻关造重器
轮轨丹心铸辉煌

科学家语录

高铁建设必须服务于人民、造福于人民、贡献于人民。归根结底一切都是为了人民。人民的需要就是中国高铁人努力的方向！

沈志云（1929年5月— ），湖南长沙人，机车车辆动力学专家，中国科学院院士，中国工程院院士。1952年，从唐山铁道学院（现西南交通大学）毕业后留校从事科研教学工作；1957—1961年，留学苏联列宁格勒铁道学院，获技术科学副博士学位；1982—1984年，作为访问学者在美国麻省理工学院交流学习。长期致力于车辆系统动力学及控制的教学与研究。1983年，发表非线性轮轨蠕滑力计算理论，国际上称之为“沈-赫-叶氏理论”；1989—1996年，主持创建牵引动力国家重点实验室，成功研制机车车辆整车滚动振动试验台，当时最高速度可达450千米/小时，现已提速至600千米/小时，该试验台被教育部评选为全国高校十大科技进展之一。指导的论文中，有两篇博士论文于2000年和2002年分别入选全国百篇最佳博士论文；参与指导的英国博士研究生西蒙·依夫尼茨基于2019年入选英国皇家工程院院士，2020年获英女王周年纪念奖。荣获国家级教学成果奖一等奖、国家科学技术进步奖一等奖等奖项。

如今，高速铁路已成为中国最响亮的名片之一，它极大地改变了人们的出行方式。2008年8月，我国第一条具有自主知识产权的高速铁路京津城际铁路开通运营；2021年，世界首套设计时速达600千米的高速磁浮交通系统建成；2022年，智能复兴号实现时速350千米自动驾驶……

中国高铁屡创世界之最，展现了“中国建造”的不断突破，这是国之大器自主创新、勇毅前行的生动写照，也是世界深入了解中国式现代化建设成就的重要窗口。中国高铁取得的这些辉煌成就，离不开相关部门对发展方向的精准把握，也离不开我国高铁人的不懈努力。

从提出“沈-赫-叶氏理论”，到创建牵引动力国家重点实验室……多年来，沈志云在机车车辆动力学的研究方面硕果累累，参与、推动和见证了中国高铁技术从无到有、从追赶到领跑的发展进程，为中国铁路高速、重载运输、高新技术的发展和铁路高等教育作出了重大贡献。

“沈－赫－叶氏理论”一鸣惊人

1976年，沈志云已经47岁了。此前的十年里，国外的科技快速发展，尤其是计算机的发明，对科学技术及人类的生产和生活方式产生了颠覆性影响。对此，沈志云抓紧一切时间补充和更新知识。

在当时，快速更新知识，与世界接轨的最好途径有两种：一是派出去，二是请进来。1982年年初，沈志云踏上了前往美国麻省理工学院的访学之旅，尽管已年过五旬，他依然怀揣着对知识的渴望，争分夺秒地投入学习。短短一年多时间里，他完成了8门机械工程方面课程的学习，更是深入研读了学校图书馆中几乎所有机械工程领域的论文，展现出了惊人的学术毅力和深厚的学术底蕴。

在麻省理工学院，沈志云主要研究轮轨蠕滑力的计算问题。轮轨蠕滑的力学特性定量确定，一直是车辆动力学领域的一大难题，包括沃尔妙伦、约翰逊等在内的众多国际学者对此进行了深入探索。其中，卡尔克的研究尤为引人注目，他将轮轨蠕滑理论从线性范畴推向了三维非线性的新高度，被誉为当时最精确的蠕滑理论。然而，这一理论在实际应用中却面临着计算量大、缺乏显式公式输入的困境，极大地限制了其应用范围。

因此，如何找到一种既快速又精确的轮轨蠕滑力计算方法，成为学术界关注的焦点。沈志云与指导教师赫追克都渴望在这一领域取得突破，于是这便成了他在麻省理工学院的主要研究任务。为了获取宝贵的现场测试数据，他们还与科罗拉多州普耶勃罗实验中心的总工程师叶尔金斯展开了紧密合作，由叶尔金斯负责提供第一手的现场测试数据。这一合作不仅为沈志云的研究提供了强有力的数据支持，也标志着他在轮轨蠕滑力计算研究领域的探索迈出了坚实的一步。

沈志云创新性地提出，先以卡尔克的线性理论为基础，对沃尔妙伦-约翰逊的线性公式进行改造，再利用沃尔妙伦-约翰逊的非线性曲线来校准误差。这一设想得到了赫追克和叶尔金斯的赞同。沈志云随即根据这一思路设计了一套新的计算方法，并将其编制成计算机程序。

在圣诞节至元旦这一周的假期里，美国学校的学生纷纷回家，而沈志云却坚守在实验室，利用二十多台计算机日夜不停地运行程序。他一方面采用卡尔克的方法进行计算，另一方面则运用自己设想的修正方法进行计算。

沈志云全神贯注地监控着每台计算机的运行情况，整整一周未曾踏出实验室的大门。大楼内静谧无声，他困了就在机房的沙发上小憩，饿了就从走廊上的自动售卖机里买些饼干充饥。经过一周的艰苦努力，主体计算工作基本完成。

结果令人振奋，两组数据在主要计算中的差异均不超过10%，完全具备工程应用价值。更令人欣喜的是，沈志云的方法的计算速度比卡尔克的方法快了几十倍。研究取得了成功！赫追克和叶尔金斯对沈志云这种拼命工作的精神印象深刻，称赞他思路清晰，并且可以“每天工作24小时”！

国际轮轨蠕滑力研究领域的权威学者卡尔克对沈志云等人发明的这一方法给予了高度评价，将其命名为“沈志云-赫追克-叶尔金斯理论”（简称“沈-赫-叶氏理论”），且并列为三维弹性体滚动接触力学的第四大理论。卡尔克还指出，这一理论最适用于车辆动力学的研究。

沈志云因“沈-赫-叶氏理论”而声名鹊起，这一理论也成为他最为标志性的成就之一，并在国际范围内得到了广泛应用。

擎千钧之力建一流试验台

科学研究与实验密不可分。早在1978年，沈志云便前瞻性地提出了建立试验台的构想。1988年，随着国家计划委员会（简称“国家计委”）启动第二批国家重点实验室建设申报工作，沈志云再次挺身而出，呼吁建立具有国际领先水平的车辆振动滚动试验台。

沈志云说：“轮轨关系看似简单，但科技发展到今天，人类依然无法准确地把握轮轨的相互作用，要使上百吨的机车车辆在试验台上自由滚动和振动，其难度可想而知。但是，非如此不能解开轮-轨这个黑匣子。”

为此，西南交通大学不惧挑战，坚定支持沈志云联合校内力量，共同申报机车车辆滚动振动试验台项目。从设计理念的构思到骨干人员的选拔，沈志云都进行了深思熟虑和精心安排。

1989年4月，国家计委派遣专家团队到西南交通大学，对实验室建设进行现场评估。专家质疑：“建这么大的实验室，要承担什么样的风险，你想过没有？”沈志云坦诚回答：“如此大的设备，如果成功了，将具有极高的

◆ 2011年5月25日，沈志云（右二）参与京沪高铁验收

实用价值；如果失败了，则可能变成一堆废铁，造成很大的资源浪费。”专家听后直言：“这么巨大的风险，恐怕会危及你的前途。”此后的日子里，沈志云倍感压力，但不敢稍有懈怠，始终保持着对科学研究的坚定执着与热情。

在实验室建设的进程中，沈志云对试验台的建设方案进行了大刀阔斧的调整。首先，试验台从原先的一轴设计进化为四轴试验台，因为只有四轴设计才能满足整车试验的需求，从而在国家科技与经济发展中扮演更为关键的角色。其次，将试验台扩展为可同时进行三车试验的平地试验台。在设计过程中，沈志云特别注重试验的方便性，因此要求试验台与地面保持水平。这样的设计不仅方便试验操作，而且试验台两端均可延伸，可以在中心放置试验车，两侧再各放一辆车，极大地提高试验效率。

1993年初夏，经过精心安装调试，试验台终于成功问世。它分为两部分：下方是重达4000多吨的基础平台，稳固可靠；上方是由广州重型机械厂承建的机械台，重达532吨，经过精心制造后运至成都安装。

1994年1月28日，沈志云首次在试验台上进行了车辆的滚动振动试验。试验成功的关键在于车辆在试验台上出现蛇形运动。因为在实际轨道运行中，车辆的失稳常表现为蛇形失稳。因此，一旦试验中的车辆出现蛇形运动，便意味着试验台成功地模拟了实际运行情况，试验台的建设便取得了成功。

沈志云一声令下，众人屏息凝神地注视着控制屏幕。突然，蛇形运动出现了！大家瞬间欢呼雀跃：“蛇形了！蛇形了！”沈志云也露出了欣慰的笑容，终于结束了那段特别紧张的日子，试验台的建设终于大功告成！

1995年11月，国家重点实验室顺利通过国家验收，这标志着实验室正式落成可以投入使用了。自实验室建成以来，它承接并完成了大量的试验任务。值得一提的是，在相当长的一段时间内，该试验台独步全球，是唯一能够进行机车整车滚动振动试验的试验台。我国的高速列车在正式投入运营之前，都曾在此接受过严格的试验与检测。这个试验台在我国高铁事业的飞速发展中发挥了不可替代的作用。沈志云也因其杰出的贡献和卓越的成就，于1997年荣获国家级教学成果一等奖，1999年更是摘得国家科学技术进步奖一等奖的桂冠。

精心培育铁路科研英才

沈志云不仅是一名研究者，也是一位大学教师。从毕业留校到1984年从美国回国来到应用力学研究所，他一直坚守在教学第一线。1982年，沈志云开始指导第一位研究生。

“研究生就是日后从事科学研究的人才，而科学研究非常艰苦，学生必须有充分的思想准备。”因此，研究生招生时，沈志云非常注重考查学生的个人品质。

1991年，机械系大四学生邬平波被保送上研究生。他找到沈志云，表达了自己想跟随其深造的愿望，沈志云婉言拒绝：“系里有很多比我好的老师，你去找他们吧。”被拒绝后的邬平波郁闷不已，但是他没有放弃。

几天后，邬平波再次找到沈志云，说：“沈老师，您学术水平非常高，我是机械系第一名，成绩不错，我也很喜欢科学研究，真心希望能跟着您学习。”沈志云意味深长地说：“跟着我做研究非常辛苦，你受不了这个苦！”沈志云再次拒绝了他，试图考验他的决心和毅力。

再次被沈志云拒绝后，邬平波仍然没有放弃。他到沈志云家里，恳请沈志云收他为研究生。其实，沈志云在收研究生的时候，除了考试成绩之外，他还会仔细地考查学生各方面的情况，尤其是坚韧不拔的精神。沈志云对邬平波的多次拒绝，其实是一种独特的考验方式，旨在测验他的意志力。

邬平波在学业上比较优秀，沈志云怕他过于自满，就以拒绝的方式来“打击”他、检验他。还好，邬平波顺利通过了考验，他的执着让沈志云很欣赏，所以沈志云答应收下他。

沈志云对学生有四大要求：一要热爱科学研究，二要高度关注实际问题，三要积极创新，四要有国际视野。就这样，沈志云用非常鲜明的理念，影响着学生的科学研究道路。

在指导学生的过程中，沈志云经常和学生一起加班，一起去生产现场。沈志云的性格比较直，脾气比较急。学生做得不好的地方，他会很严厉地批评。但当学生在研究中遇到困难时，沈志云又会不断地鼓励学生。

在科学研究上，沈志云充分尊重学生的意见，保护学生的创新意识。在毕业论文的选题上，沈志云只强调选题要紧扣国家重大研究问题，至于究竟选什么研究课题，则放手让学生自己选择。他认为：“既然已经读博士了，大方向就应该自己定。我注重结果，至于过程及采用什么方法，不宜过多限制。”

沈志云培养人才的经验和贡献得到了学界和政府的肯定。沈志云一生指导了两篇全国优秀博士论文，这在全国并不多见。2001年，沈志云被国务院学位办授予“最佳博士生导师奖”。

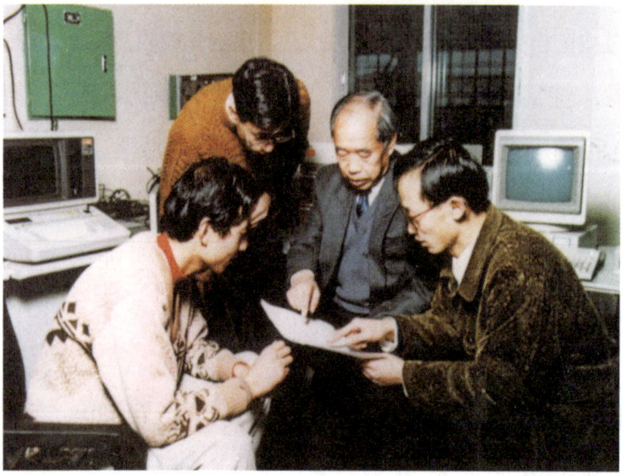

◆ 20世纪90年代，沈志云（右二）同研究生讨论试验问题

如今，沈志云的学生多分布在全国各地的高校及科研院所，其中尤以西南交通大学牵引动力国家重点实验室居多，且很多学生都已成为科研骨干。他们将继续为中国铁路技术发展作出新的贡献。

（文/陈仕印）

翟婉明

轨交巨擘铸国器 丹心献技耀中华

科学家语录

教师是美丽的职业，我很享受这样的职业。学生是老师的延伸，他们继续前行，开拓创新，投身大交通事业是我最欣慰的事情。

翟婉明（1963年8月—　），江苏靖江人，轨道交通工程专家，西南交通大学首席教授，中国科学院院士，美国国家工程院外籍院士。1985年毕业于西南交通大学，1992年获博士学位。四川省科学技术协会第八届、第九届副主席。长期从事轨道交通工程动力学理论与应用研究，开拓了铁路大系统动力学研究新领域，为中国铁路，尤其是高铁技术发展以及人才培养贡献了巨大力量。创建的车辆–轨道耦合动力学理论体系，成为国内外轨道交通动力学研究的基本方法；建立的车辆–轨道统一模型，在国际上被称为“翟模型”；构造的适合于大系统动力分析的快速显式数值积分方法，在国际上被称为“翟方法”，并得到广泛采用；提出了机车车辆与线路动力性能最佳匹配设计原理及方法；主持研究建立了高速列车–轨道–桥梁动力相互作用理论及安全评估技术。研究成果被广泛应用于我国铁路工程领域，取得重大社会经济效益。荣获国家科学技术进步奖一等奖、二等奖，陈嘉庚科学奖，四川省科技杰出贡献奖等奖项。

江苏省靖江市，是解放战争渡江战役东端的起点。人民解放军东线“渡江第一帆”就是从靖江起航的。

南宋时期，在岳飞遇害的前九年左右，靖江百姓给岳飞专门建造了一座生祠，这是历史上的第一座岳王庙，“生祠镇”也由此得名。

翟婉明出生在靖江生祠镇，从小听着渡江战役的故事，经常路过岳王庙，“八千里路云和月”这句词，常常萦绕在他耳边。

“为中国铁路发展而学习，为让老百姓乘坐更快捷、更舒适的火车而努力！”从1981年考入西南交通大学学习到现在，翟婉明一直深耕于铁路工程领域，主攻铁道动力学与行车安全，直接参与并见证了中国高铁从无到有、从“追赶者”到“领跑者”的伟大变革。翟婉明为了心中的梦想，铭记着“莫等闲，白了少年头，空悲切”，一次次跨越高铁领域的“八千里路云和月”。

破茧而出的“翟模型”“翟方法”

2023年7月26日，成都第31届世界大学生夏季运动会的火炬传递成都站的第5日，翟婉明参加了在西南交通大学的火炬传递活动。他右手高擎着火炬，左臂有节奏地挥舞着，途经镜湖、轨道交通运载系统全国重点实验室、茅以升图书馆等一个个点位，32年来在此读书、治学、授课等一幕幕回忆涌上心头。

1987年6月，翟婉明硕士研究生提前毕业，并留校任教。在机车车辆知名专家、西南交通大学教授孙翔（后任西南交通大学校长）的鼓励下，翟婉明跨专业方向报考机车车辆动力学方向的博士研究生。1990年夏，翟婉明攻读博士刚两年半，原定的研究工作基本完成，正准备论文答辩。博士研究生导师严隽耄教授和孙翔教授要求翟婉明改定新研究方向，缘于1990年国家启动“八五”重点科技攻关项目，孙翔教授主持、翟婉明主要研究的“减轻重载列车与线路相互作用研究”被列入攻关项目。“好比再读一个博士。”面对全新领域，翟婉明再次从恶补基础课程开始。

在铁路工程领域，车辆、轨道一直被视为两个独立的研究系统，并形成了经典的车辆动力学、轨道动力学理论体系。然而，仅依靠这两个理论体系，难以解决攻关项目面临的车辆与轨道相互作用复杂难题。“车辆在轨道上行驶，二者相互影响、相互耦合，构成了一个相互依存的动力学系统。”在苦思冥想中，翟婉明灵光乍现，可否将车辆与轨道耦合起来，整个作为一个系统来研究，构建统一模型呢?

“车辆–轨道耦合动力学”构想由此诞生。这是一个跨机械、土木学科的研究，该研究领域在当时还是一片空白，翟婉明的研究一开始并不顺利。当时，学校的计算机资源不足、运行速度慢，头天晚上输入的数据，要到第二天早上才能看到结果。翟婉明白天根据理论模型设计计算方案，到了晚上11点左右，等别人离开后，他又钻进机房，操作十几台计算机。他根据模型编程计算，把一组组计算参数输入不同的计算机同时计算，并在每台计算机键盘上留下“翟婉明在用机，请勿动”的纸条，第二天在别人来之前，他早早地把计算出来的一大批数据取走。那段时间，除了吃饭、睡觉，翟婉明整天都窝在实验室里。

在进行车辆–轨道耦合动力学仿真系统的编程过程中，翟婉明调试了大概三个多月，一直算不对结果。在仿真计算中，在轨道上行驶的车辆竟然飞离了轨道。“翟婉明，你把火车都开上天了！”质疑声、奚落声一片。翟婉明没有泄气。他通宵达旦地把上万条计算机语言挨着检查了好几十遍，他说：“眼睛都要看瞎了，还是没发现错误。”

那段时间，翟婉明虽然有点失望，但是没有放弃。他索性给自己放了个假，歇了一阵，舒缓高度紧张焦虑的神经，再次投入战斗，终于发现是在“参数赋值”这样的小问题上出了疏漏——有一个参数忘了赋值，计算出来的结果因此有误。“车辆–轨道统一模型”终于构建成功。

翟婉明基于车辆–轨道耦合动力学新理论建立的车辆–轨道统一模型，在国际上被称作“翟模型”；他构造的高效求解复杂大系统动力学问题的研究方法，在国际上被称作“翟方法”。这两项创新研究，被成功用于解决中国铁路提速，以及高速、重载铁路重点建设工程中的一系列技术难题，有力地支撑了中国铁路的跨越式发展。

理论与工程紧密结合研究高铁提速

2011年，翟婉明当选为中国科学院院士。

在高强度的工作之余，翟婉明一般通过看电影和听歌来释放压力。他很喜欢《魂断蓝桥》。因工作繁忙，他很少去影院，主要通过听歌舒缓压力。他说："工作累了就听一首换换脑子，方便。"

2004年，中国高铁开始起步。没有设计标准，工程建设面临一系列挑战。广深港高铁的广州与东莞间的狮子洋隧道，是高铁穿越狮子洋水域的关键工程，也是世界上行车速度目标值最高的水下隧道，地形条件复杂。如何穿越狮子洋？在缺少高铁设计标准的年代，这是一个极具代表性的技术挑战。

"到底哪个设计方案可行？"2005年的一天，设计单位技术负责人拿着广深港高铁穿越狮子洋的4种选线设计方案，找到翟婉明。

在30‰以上大坡度纵断面的情况下，高速列车能否以300公里时速安全平稳地运行？这道重大工程技术难题，在世界高速铁路线路设计史上，前所未遇。翟婉明把4种选线方案参数逐一输入"翟模型"，经过计算机模拟分析，再加上动力学安全评估，找出了其中的最优者——途经沙仔岛的长大隧道设计方案。

这一方案最终被设计单位采纳。2011年12月，广深港高铁广深段成功开通运营。12年的运营实践表明，高速动车组在狮子洋段行车安全平稳。

2008年，我国首条高速铁路"京津城际铁路"开通前，翟婉明团队抓住了难得的窗口期，对"黄村特大桥试验工点"进行了连续35天的关键科研试验。由于此前相关现场数据匮乏，这次实地测试显得尤为珍贵。试验结束时，翟婉明团队获取了海量的第一手数据，随后投入近一个月的时间进行深入细致的分析，并以此数据验证他的动力学理论模型。

在"理论—试验—应用—理论"的螺旋式进程中，"翟模型"不断被丰富与完善，被成功应用于中国高铁一个个工程现场，解决了一系列实际难题，有力地助推了中国轨道交通实现腾飞。

中国高铁速度到了350公里时速以后还能提高到多少？翟婉明参加了成渝中线高铁可行性研究。“将来等我国有了时速400公里的高速列车，就会在成渝中线上进行时速400公里及以上的行车试验。如果通过反复的试验证明这是可行的，将来我们就可以逐步地在一些运营线路上实现时速400公里高铁运营。”

◆ 2008年，翟婉明在我国第一条高速铁路——京津城际铁路进行现场测试仪器布置

翟婉明说：“我们的梦想是让中国轨道交通全面引领世界发展。更加舒适、更快、更安全地让老百姓乘坐我们的列车。”

严师的初衷

“我们做原创性研究，不要迷信权威，要敢于提问，敢于思考。”翟婉明认为，中国高铁勇闯“无人区”，需要更多科技人才的支撑。因此，他投入很多时间，为国家培养出上百名硕士、博士等轨道交通高层次人才。“传承一代一代，我们后继有人，在国际上我们能够站得更高、站得更稳。”他如是说。

办公室可以说是翟婉明的第二个家，有几次大年二十九，学校寂若无人，他仍然在办公室工作到晚上八九点才肯走。在节假日照常到实验室工作，是翟婉明二十多年来雷打不动的习惯，他把90%的时间都扑在了工作上。据翟婉明的学生回忆，一年到头，除去必要的出差，几乎都可以在办公室看见翟老师伏案专注工作的瘦削侧影；倘若不在，那他多半是在一楼实验室。

“我的学生一定要学习态度端正，没有功利心，要有更高的理想追

◆ 2013年，翟婉明荣获全国五一劳动奖章

求。”尽管工作堆积如山，但在指导学生方面，翟婉明从不吝惜时间，对每一位学生都倾注大量心血，带领学生踏实走好学术研究的每一步。

在翟婉明学生的印象中，他对学生的要求非常严格，总是指出学生在撰写论文时出现的各种问题。“治学严谨，专注细节”，是翟婉明向学生提出的基本学术要求。

据翟婉明的学生陈兆玮回忆，他的首篇论文《高速铁路桥墩沉降与钢轨变形的映射关系》把翟老师气得不行。初读之后，翟老师眉头紧锁，拿起红笔就改，大到论文的逻辑性、章节题目的拟定，小到公式中字母的正体与斜体的适用范围、图表如何演示更清晰，纸上密密麻麻，可以说改得“一片红”。“我前后起码反复改了五六次，才勉强达到翟老师的要求。而他就那么一遍一遍地认真修改，没有一点不耐烦。”

“板凳要坐十年冷。”翟婉明说，“要求严格，是为了让他们形成学术规范。科学研究环环相扣，一个看似无关紧要的细小差错，却可能导致整个逻辑链条的彻底崩塌。”

把科研成果及时反馈到教学中去，是翟婉明一以贯之的做法。围绕自己研究创建的新理论，他亲自撰写教材，开发出独有的硕士研究生课程“车辆–轨道耦合动力学”、博士研究生课程“铁路大系统动力学理论”。这两门课程已设立20多年，但翟婉明的每一次授课都会有新变化，每一年他都会把自己最新的研究成果在第一时间用于教学中。

（文/孙奥麟）

鲜学福 谒思毕智煤层气 薪火相传续新章

鲜学福（1929年1月— ），四川阆中人，矿山安全技术专家，中国工程院院士，煤层瓦斯（煤层气）基础研究的开拓者。1956年毕业于北京矿业学院（现中国矿业大学）采矿工程系，获硕士学位。研究生毕业后进入重庆大学采矿工程系工作。1960—1964年，到苏联莫斯科矿业学院采矿工程专业留学，获副博士学位。回国后，继续在重庆大学采矿系从事科研教学工作。长期致力于矿井煤层气理论及其工程应用的研究。完成的“用力学方法研究南桐煤矿与瓦斯突出潜在危险区预测”，从力学角度创立了突出潜在危险区预测理论及方法，其应用较好避免了重大瓦斯灾害事故发生；最早提出了煤层中的瓦斯不仅是致灾因素，也是一种洁净能源的学术观点，在国际上率先将煤层保护层开采与瓦斯抽放相结合，突破了国外经验，解决了近距离煤层保护层开采及抽放瓦斯这一世界性技术难题；创新提出超临界二氧化碳强化页岩气高效开采的路径，指导实施世界首次超临界二氧化碳压裂现场试验，使我国在这一领域的研究处于国际前沿地位。荣获全国科学大会奖1项、国家科学技术进步奖3项等奖项。60余年来教书育人，为国家培养了一大批科技杰出人才。

科学家语录

我的求学之路一直在警示我，学海无涯，人生苦短，珍惜时光，多干实事，回报祖国，这才是人生之所在。

2019年9月25日上午，时年90岁高龄的中国工程院院士鲜学福，在参加完人民大会堂“最美奋斗者”表彰大会后，来到天安门广场。他佩戴着“最美奋斗者”的徽章，精神矍铄，目光沉静，昂首眺望远方。此刻，他也许会再次回想起1955年毕业分配时，在登记表的志愿栏里郑重写下的“终身献身煤矿事业”的誓言。

“嘉陵江色何所似？石黛碧玉相因依。”这是唐朝诗人杜甫的《阆水歌》中的诗句。嘉陵江流经阆中，一路浩浩汤汤抵达重庆。鲜学福生于阆中，少年时在重庆求学，27岁被分配到重庆大学采矿工程系工作。这位95岁高龄的老人，66年如一日潜心科研，一直奋斗在煤层瓦斯基础研究领域的第一线，犹如嘉陵江上的一艘航船，逆水时涉过险滩，与江涛搏击；顺水时乘风破浪，抵达一个又一个远方。

国家需要，所以就学了采矿工程专业

虽已迈入鲐背之年，鲜学福最大的爱好依然是翻看数学书籍，空闲时他会顺手拿来手边的纸，反复推导演算数学公式。此刻，他仿佛又回到了少年时光。

鲜学福自初中起就特别喜欢数学。1949年，鲜学福凭借优异的成绩考入四川省立教育学院（现西南大学）数学系。当时，新中国百废待兴，国家基础设施急需建设，却缺乏关键技术支持。鲜学福偶然从报纸上了解这一信息后，慎重思考，决定放弃自己最钟爱的数学专业。鲜学福说：“矿业是国民经济的基础产业，国家需要，所以就学了这个专业。”

1950年，退学后的鲜学福同时被重庆大学矿冶系和在天津市刚成立的中国矿业学院（1953年迁往北京改名北京矿业学院，现中国矿业大学）录取，他选择去天津。1953年，他被推选到北京矿业学院采矿工程研究生班学习。做毕业论文研究时，鲜学福决定去河北井陉煤矿实地研究。“当时国家经济建设急需能源，那时候我虽不了解采矿，但很有兴趣，想去矿上看看。”鲜学福回忆道。

在河北井陉煤矿度过的10个月里，鲜学福每次去井下，都要待满8个小时。而他的食物仅仅是两个大馒头，头顶的探照灯只能勉强照亮周围的一小片区域，其余都是无尽的黑暗。鲜学福至今回想起那段日子，仍旧历历在目："那时候，每天往返井上和井下的运输车只有两趟。工作不像现在这样机械化，都是人工打眼、放炮、爆炸，然后把矿车开来，最后提升到地面，条件非常艰苦。"然而，正是在这样的环境中，鲜学福不仅完成了矿井毕业设计的实习内容，还对科学研究有了初步而深刻的认识。面对如此严酷的工作环境，有些同学选择了转专业，但鲜学福却坚定地说："虽然这个专业艰苦，但正是它需要我们，所以我坚持了下来。"在毕业分配登记表上，他毅然决然地在志愿栏里写下了"终身献身煤矿事业"的誓言。

20世纪50年代，我国的采矿技术与西方发达国家相比还有较大差距，教学资料大多依赖于外国文献和书籍。为了弥补这一不足，鲜学福被派出学习俄语。在聆听了苏联专家克利亚奇夫关于采煤方法的讲授后，他对采煤技术有了初步的了解。为了更快地掌握生产知识，他被派往黑龙江鸡西煤矿的机械化生产矿井实习。在跟随工人师傅学习实际操作的过程中，鲜学福对采矿这门学科的热爱愈发深沉。

国家的支持也为鲜学福提供了莫大的精神鼓舞。回忆起当时的情景，他的言语中还有几分激动："那时候，为了鼓励我们学习，国家每个月给每个学生5元钱补贴。国家的支持，深感无以为报，唯有用功读书！"

1953年，鲜学福加入中国共产党。1956年1月，鲜学福从北京矿业学院研究生班毕业后被分配到重庆大学采矿工程系工作。1958年，国家选拔学生赴苏联留学，他被学校推荐参加考试并被录取。1960年，31岁的他作为全国唯一一个学习水力采煤的公派留学生，赴莫斯科矿业学院深造学习。1964年5月，鲜学福从莫斯科矿业大学毕业，获得苏联技术科学副博士学位。

纯粹地做一件事，就是最大的快乐

科研工作之余，鲜学福喜欢读金庸的小说，他喜欢《射雕英雄传》里的郭靖和黄蓉。他说，郭靖的纯真和黄蓉的聪慧总是能给他带来心灵的温暖和愉悦。"金庸小说中的侠义精神与科学研究的思维是相通的。不管是淳朴憨厚、踏踏实实，还是机巧灵动、头脑灵活，都可以成为科研创新思维不可缺少的激情与活力。”

“科研的乐趣在于解决实际问题。”在科研的道路上，鲜学福始终关注国家的需要。

在开采煤炭资源过程中，会伴随发生多种灾害事故，瓦斯可称为煤矿安全的最大威胁者。瓦斯抽放是减少矿井瓦斯涌出量、防止瓦斯爆炸和突出的治本措施，同时也是开发利用瓦斯能源、保护大气环境的重要手段。重庆的南桐、中梁山煤矿，都面临层间距小于10米的保护层开采问题，风险系数极大。

20世纪60年代初，鲜学福组织重庆大学采矿系在南桐矿务局开展保护层开采防治瓦斯灾害方面研究的老师，开展了近距离保护层开采及瓦斯抽放方面的研究。鲜学福与团队日夜驻扎于此，终于在60年代中期取得技术突破，在重庆南桐矿务局成功实施了近距离保护层开采及瓦斯抽放的工程实践，攻克了国际性难题——近距离保护层开采及瓦斯抽放的高风险问题，使我国成为世界上最早实践这项技术的国家。

◆ 2012年，鲜学福（右四）在彭水指导工作

鲜学福创立的煤与瓦斯突出潜在危险区预测理论及其方法应用于国家“七五”攻关项目“煤与瓦斯突出综合治理”的研究和多个高瓦斯突出矿井的开发，该成果的推广应用较好地避免了煤矿瓦斯灾害事故的发生，使煤矿瓦斯事故率减少了近90%。

2009年开始，鲜学福带领团队将科研重心转向页岩气开发领域。针对我国页岩气地质封存条件，以及提高采收率问题，鲜学福创新性地提出超临界二氧化碳强化页岩气开发及地质封存一体化的学术思路，并成功推动了国际上首次超临界二氧化碳压裂现场试验的实施，为页岩气高效开发和二氧化碳大规模减排提供了支撑。

1999年，鲜学福当选为中国工程院院士。他的办公室位于重庆大学煤矿灾害动力学与控制全国重点实验室三楼。办公室不大，门牌也被鲜学福叫人取了下来。屋里大部分空间都被书占据，就连办公桌旁的窗台上，都垒着高高的旧书。书桌上放着陈旧的眼镜盒和用了半截的铅笔、橡皮，草稿纸的正反面都写满了笔记，字迹极为工整。

一年365天，鲜学福每天5点钟起床，7点30就到办公室。上午11点30下班，下午2点到5点30在办公室继续工作。90岁以前，他基本上没有周末、没有假期，五一、国庆都跟平时一样到办公室看看书、做一做专业方面的基础研究。一年到头，鲜学福仅给自己安排了从除夕到初三这4天假期。

随着年龄增大，鲜学福走路时总会提着一个用了十几年的公文包，其作用是平衡年迈的身体。来到采矿楼，他需要借助扶手，才能一步一步走完52级楼梯到达办公室，然后在窗边坐下，开始一天的工作。

如今，鲜学福还保持着摘抄的习惯，他每日都会阅读《中国科学报》和最前沿的科研文章，并将其中优秀的学术观点摘抄在他的笔记本上。这样的笔记本，鲜学福有近60本，垒了半米高，静静地摆放在办公室的窗边……

我只想把过去的工作好好总结以留给下一代

鲜学福有一颗年轻的心，玩得转智能手机。他的微信收藏夹里，全是行业前沿动态。看到最新的学术文章，他会随时分享给学生，平时喜欢通过微信安排工作。鲜学福的学生周军平说："鲜老师常常鼓励我们要敢于创新，在科研方面，鲜老师比我们年轻人更加有活力。"

"导师就是'向导'，要多为学生的发展考虑，这才是智者的魄力和远见。"鲜学福的博士研究生李剑波回忆道，"我的博士论文完成初稿时，鲜学福老师用了两周时间，不分昼夜地阅读完16万字的论文，并写下5000余字的详细修改意见，且每一页手稿上都布满了铅笔写下的修改批注，从论文题目、论文框架到模型建立、对策建议等都有所涉及，甚至细致到每一个标点符号，有的地方还有橡皮擦反复擦拭的痕迹。”2016年5月，李剑波进入博士论文的正式答辩阶段。当时鲜学福正生病，已住院近一个月时间。“他躺在病床上和我讨论论文的最后修改。6月初，出院的第一天，鲜学福老师便坚持亲自到答辩现场，全程参与了我的论文答辩。从鲜学福老师身上，我看到了老一辈科学家对待科研、学术、教学的认真、严谨和专注的态度。”李剑波的眼神里充满了感动和敬意。

“矿业是国家的基础产业，然而这方面却人才匮乏，我们需要培养更多的人才，担当起振兴矿业的责任。”鲜学福说，“身教重于言教，不管是做学问，还是做人，老师都要用行为作表率，要立德树人。”重庆大学许江教授是鲜学福创立的矿山工程物理专业的首届本科生之一，也是他的第六位博士弟子。许江教授还保留着当年的博士学位论文手稿，“我十分感慨，鲜学福老师对学生们的影响是很深远的，我们把这些文稿保存了几十年，是因为它们弥足珍贵，珍贵的也许不是文稿本身，而是它所代表的精神。”

20世纪80至90年代，尹光志等3位学生先后获得到美国参加相关专业国际学术会议的机会，但由于经费紧张，难以成行。鲜学福知道后，凑了十几万元，资助他们出国交流。

2000年，重庆大学图书馆清理旧书，鲜学福知道后立即请了两个人去挑了两担旧书回来。这些旧书，大都是俄文专业书籍。他在办公室把这些旧书重新整理了一遍，怕学生看不懂俄文，又将重要内容用中文翻译并摘抄下来。这些资料笔记现在都已经垒了半米多高。学生的许多灵感，大都来源于这些旧书和宝贵的翻译手稿。

鲜学福曾感慨地对学生们说：“我的求学之路一直在警示我，学海无涯，人生苦短，珍惜时光，多干实事，回报祖国，这才是人生之所在。”1979年招收硕士研究生、1987年招收博士研究生以来，鲜学福凭着对教育事业的执着追求与强烈的责任心，忘我地投身于教学科研工作中，引领

◆ 1991年，鲜学福（中）悉心指导学生

学科团队先后建成国家重点学科、博士学位授权点和博士后流动站。

鲜学福说：“我不是什么杰出人物，成就比不上其他院士，在茫茫人海中，我只是沧海一粟。我也不追求什么名分，只想在自己的学科领域踏踏实实地干点事。学海无涯，但我也坚信，有志者事竟成。”

（文/陈伟）

谢和平 山海为伴勤跋涉 初心不改再起航

谢和平（1956年1月— ），湖南双峰县人，力学与能源工程专家，中国工程院院士。1978年进入中国矿业大学学习，先后获学士、硕士、博士学位，后留校任教。曾任中国矿业大学校长、四川大学校长、四川省科学技术协会主席等职务。现任四川大学教授、深圳大学特聘教授，兼任国务院学位委员会委员、教育部科学技术委员会主任、四川省科学技术协会名誉主席等职务。长期从事岩石力学、深地科学与绿色能源（地热、CCUS与低碳技术、海水制氢）等基础研究及工程实践，取得突破性成绩，其研究成果居世界领先水平。1982年起，在国际上开创了岩石力学分形研究新领域和裂隙岩体损伤力学研究新领域，提出了深部原位岩石力学全新构想，构建了深部固体资源流态化开采颠覆性技术体系；开创了海水直接电解制氢全新原理技术，解决了困扰全球科技界的半世纪难题；研究且形成了一系列CO_2资源化、能源化利用的高效耦合技术全新原理和方法。已出版10余本中英文专著，在*Nature*、*Nature Energy*等期刊发表论文500余篇。荣获国家自然科学奖二等奖、国家科学技术进步奖二等奖等4项国家科技奖项。

科学家语录

人与人之间最小的差别在于智商，最大的差别在于坚持。

许多人赞叹谢和平是一个天才。他不仅是一名了不起的科学家，一名优秀的大学校长，还是一名书画家。离开四川大学校长岗位以后，他把中国乃至世界的海水制氢事业，推向了一个高水平的发展阶段。

这一切的背后，源自他童年和少年时，在湖南乡村里仰望星空时的初心，这始终是推动他成就辉煌的动力。

初心如炬，勇攀科研教育之峰

1956年的一天，一个男婴在湖南省娄底市双峰县二步山村呱呱坠地。农村家庭里诞生了一个男婴，这让家人们都非常高兴。虽然外面是数九寒天，但是屋内还是充满了温暖的喜气。

家里人给孩子起名谢和平，意为和顺平稳。让家人没有想到的是，男婴长大以后做出的成就，却是那样的不凡，那样的轰轰烈烈。

双峰县这个名字，源于这里的两座山峰。谢和平在这里度过了童年和少年时期。满眼的山峦、头顶的星光、脚下的土石、朴实的乡亲，是他和这个世界最初的相遇。

除了对周遭世界的好奇，读书是谢和平最喜欢的事。煤油灯下，谢和平在书中打开了另外一个世界。

山里长大的谢和平，对大山有着特殊的感情。1978年，他高考填志愿的时候，毅然选择了当时坐落于峰峦叠嶂的四川华蓥山下的中国矿业大学。

谢和平的初心很朴实：要探索大山深处的奥秘，要让矿山不再吞噬生命。

这样的选择和他童年时期的生活环境和内心感触是否有直接关联，暂不去求证。有一点却是无疑的，他以后的人生，再也没有离开大山以及大山深处的岩石，他心中的理想，始终是国家富强，百姓安全。

后来的学习和科研让他体会到，他所面临的大山，不光是满眼的崇山峻岭，还有科学路上的崎岖险境。他知道，必须一步一步地向着更高的山峰攀登。

本科毕业以后，他顺利地考上了中国矿业大学（北京校区）矿山工程力学专业的研究生，师从当时已经站在力学理论研究世界顶尖位置的陈至达教授。在导师的指导下，谢和平硕士研究生提前毕业，并一鼓作气拿到了博士学位。

◆ 2017年9月11日，谢和平（右三）与诺贝尔物理学奖获得者朱棣文（右二）一行在四川大学开展学术交流

名师出高徒，谢和平以山里娃的坚韧、虚心的态度、宽阔的眼界，在山石研究上一步一步成长为该领域的翘楚，在理论和实践上都有许多自己独到的建树。

从他的博士论文关注“岩石蠕变损伤的非线性大变形分析”，到他所研究的“岩体断裂表面形貌的客观描述模型”受到学术界广泛关注；从第一本专著《岩石混凝土损伤力学》和重要的英文专著*Fractals in Rock Mechanics*（《岩石力学中的分形》）出版，再到他成为行业全球著名的科学家，谢和平45岁时就被评选为中国工程院院士，并被世界许多著名大学授予名誉博士学位。

这一路的攀登，在谢和平的心目中，比起获得的荣誉，他更看重的还是这些研究成果在基础理论和具体实践中起到的重大作用，能够在开采领域的工程中避免各种事故发生。

正是因为心中一直怀揣不灭的理想，谢和平在崎岖的攀登路途上从不迷惑，在当时一片“造原子弹的不如卖茶叶蛋的”“研究煤炭矿难的不如当煤老板的”嘈杂声中翻山越岭，不畏清贫，不忘初心。不管是当学生，当青年教师，还是当校长，谢和平心中的那一团火，从来没有熄灭过。

从2003年6月5日担任四川大学校长开始，在谢和平的心里，就有一个明确的目标，要把四川大学建设成一所真正意义上的世界一流大学。

谢和平的这个理念并不是一个空洞的理想，他为此进行了一系列思考和实践：人才培养，重视本科教育；摒弃分数判断，重视学生素质的培养；重视每一个学生的人文底蕴，发展学生的国际视野，谢和平把这些理念一步一步地贯彻落实。

在四川大学，有一个传说，谢和平校长每周5天当中有2天在教务处办公。一所大学的一校之长，工作中三分之一的时间都泡在教务处，这一听是有点夸张，但是这个夸张的背后，也可以看出谢和平抓落实的劲头。实际上，他并不是真的去教务处上班，而是每次经过教务处时，都要过去跟老师们聊一聊本科教学，他特别担心同学们上了大学仍然围着分数转，他要督促教务处改变方针，落实新的规则。

谢和平一直非常重视开拓学生的国际化视野，他也采取各种措施，把他的这个理念传递到每一个学生的心中，落实在实践中。在四川大学，有一部分学生来自农村或贫困地区。为了让每个学生不论出身，都能在校园里直接聆听世界知名学者授课，培养国际交流的能力和胆识，从2012年起，他安排四川大学在欧美国家的大学放暑假时，举办为期2～3周的国际课程周，累计邀请了包括哈佛、牛津等世界一流大学的717位外籍专家开设全英文课程894门，每年受益学生超过3万人次。

2017年12月底，谢和平卸任了四川大学校长职务。校园的树木还是那样蓊蓊郁郁，锦江的流水还是那样昼夜奔流，他在这个校园里走过了近15年。许多人认为，谢和平在四川大学的15年是人生最高光的时候，但是谁也没有想到，他离开四川大学后，又创造了人生的另一个高光时刻。

以梦为马，破解海水制氢之谜

深圳湾的滨海长廊，是风光旖旎的一个景点。夕阳的余晖洒在海面上，海水闪烁着金子一样的光斑，游人为之陶醉。而谢和平面对如此的景色，却发出了这样的感慨："你看看这片海，多漂亮，这是取之不尽的'金矿'啊……"

海洋是地球上最大的氢矿，向大海要氢是未来氢能发展的重要方向。海水制氢，是中国乃至世界的科学家们一直以来的梦想。63岁的谢和平，决心把这个梦想变成现实。

困难不言而喻，大海是美丽的，也是冷酷的。过去无数次的海水制氢试验失败，一个很大的原因就是海水的构成太复杂。科学家们早期的思路是先把海水淡化提纯，但发现这样的过程消耗太大，牵涉的问题太多。于是在半个世纪之前就有科学家提出，能否不淡化直接用海水制氢？可惜的是，过去的实验始终没有成功。

在近半个世纪的研究中，大家普遍采用通过催化剂与膜材料等方式电解海水制氢，但海水中复杂的成分会导致催化剂失活、隔膜堵塞等问题。

63岁的"赶海少年"谢和平带领他的团队，一次次地开展头脑风暴，在实验室里熬过了一个个不眠之夜。

面对团队早期普遍采用的通过催化剂方式电解海水制氢的方法，谢和平提出了一个大胆的设想：能不能不通过催化剂，采用物理力学的办法把海水中的水汽抽取出来，将其与其他物质隔离开？

虽然几经试验都没有取得实质性的突破，谢和平依然鼓励团队不气馁，他说："这是一场跨界研究，跨界也可以说是'无知'，因为'无知'我们反而就有胆量'无畏'地提出构想。"

很快，谢和平在另外一个项目的研究中得到了启发，为跨界打开了前所未有的思路。新思路的着力点在于，在海水的电解过程中安装一个"漏斗"样式的过滤器。

这样大胆的构想，让大家茅塞顿开，整个团队激情澎湃，立即购置小型仪器开展了新一轮的试验。谢和平也好像回到了他在学校读博士的时候，不分昼夜，与团队成员一起在实验室挑灯夜战。

很快，团队兴奋地发现，在小型设备中，海水在电解时会以气体分子的形式穿越膜里纳米级别的气体微观孔道，进入电解装置里，完全有望实现预想的设计。这就实现了无须淡化过程、无须额外能耗，将海水直接电解制氢的目标。

谢和平的设想变成了现实，试验成功了。这是一个颠覆性的突破！被业内和媒体评价为破解了困扰科学界长达半个世纪的“海水直接电解制氢”难题。

一鼓作气，不舍昼夜，扩大容量，扩大整体规模继续试验。新设备连续运行超过3200小时，实现了从海水中稳定、规模化制氢。

2022年11月，团队的研究成果在*Nature*上发表，这标志着中国在海水制氢领域的原创成果已经处于世界领先水平。同年，团队的“全新原理实现海水直接电解制氢”入选2022年度中国科学十大进展。

全力推进，再把实验从实验室搬到海上！谢和平团队和东方电气集团合作，研制成功漂浮式海上制氢平台以及海上风电智慧稳定供电系统。

2023年5月17日—26日，漂浮式海上制氢平台对接海上风电在福建兴化湾海域连续稳定运行10天，第一次海上风电无淡化海水直接电解制氢取得成功。

谢和平的梦想，在一步一步变为现实。

在每一个做梦的夜晚和清醒的早晨，谢和平的心中还有一个宏大的愿景，就是他的三步走策略：第一步，海水直接电解制氢试验成功；第二步，研制第二代抗干扰核心技术，引领全球非纯水电解制氢新模式；第三步，引领海上风电等可再生能源与海水直接电解制氢一体化的全新工业模式，造福人类。

年过六旬，在深圳海边，望着夕阳里金色波涛的海水构筑梦想的谢和平，和半个多世纪以前，在湖南双峰县小山村的山坡上，捧着书本放着牛眺望远处高山的谢和平一样，初心不改，理想不变，痴心永恒。

科艺交融，绘制多彩人生画卷

在许多人的心目当中，谢和平这个名字是和四川大学联系在一起，和科学家联系在一起，还是和书画家联系在一起的。

其实，在谢和平的心中，这三个身份是不矛盾的，甚至是互相关联、互相促进的。

◆ 谢和平在书画创作

刚到四川大学的时候，谢和平经常调侃说："我是矿业大学的校长，来到了一个著名的综合大学当校长，我是有知识没文化的，首先要补文化。"这是谢和平的一种谦虚，但也体现了他更宽的眼界。要达到科学的高峰和人生的境界，科学的严谨逻辑和人文艺术的思维异构，其实是可以互相容纳和互相促进的。

谢和平习字作画十多年以后，专业的艺术家们都对谢和平作品呈现的专业度和艺术性表达了认可和赞叹。

在海水制氢课题长时间攻关、思路遇阻的时候，谢和平总是能够提出一些解决办法的思路。我们可否大胆猜测，这与艺术赋予的灵感相关呢？科学在于创造，艺术在于想象，当二者相结合的时候，艺术就给科学插上了腾飞的翅膀。

谢和平绝不把所有的期望都押在直觉上，他崇尚人文艺术，说自己要在文化上补课，这绝不是简单的谦虚之言。

当了四川大学校长以后，这位工科出身的院士，读《论语》，读中国传统诗词，学《二十四诗品》，学《文心雕龙》，研究中国古典的书论、画论、文论，潜心研习。

许多人认为谢和平是一个天才，有极高的智商。但是谢和平常讲一句话：人与人之间最小的差别在于智商，最大的差别在于坚持。

这是他的谦虚之言，更是他的励志之举。多数人在看到和称赞他在各个领域取得的成绩时，只有少数人看到了他坚持的毅力。

谢和平既要搞科研，又要搞行政，工作之忙可想而知。但是，他仍然见缝插针地进行书法创作。早晨从起床到出门有一段时间，大概就是每天的六七点，是他习字作画的时间，也是他幸福的时光。

他在坐飞机的时候，总会拿出一本准备好的册页，用自带墨汁的书法笔，在飞机上挥毫习字。就是这样，他在飞机上写字形成的册页，已经摞成了厚厚的成果。

有人这样给谢和平的书画生涯做了总结：科学是他的事业所在，校长是他的责任担当，书画是他的精神家园。

（文/李若锋）

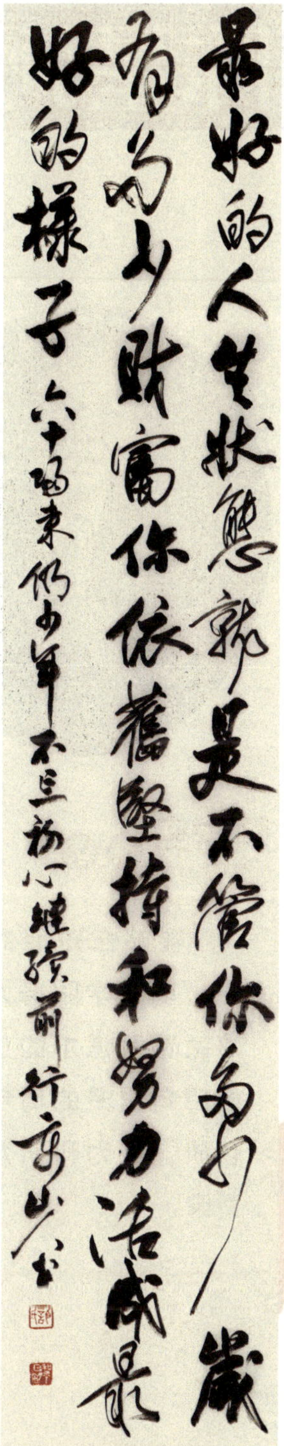

◆ 谢和平书法作品

陈星弼

神来之笔创超结 科学报国志不移

科学家语录

能够在短促的人生中，以科学服务人类，这就是我追求的价值。希望有更多的青年献身科研，成为科研发展的脊梁。

陈星弼（1931年1月—2019年12月），浙江浦江人，半导体器件及微电子学专家，中国科学院院士，IEEE Fellow（美国电气和电子工程师协会授予其会员的最高荣誉），中国半导体功率器件领路人。1952年从同济大学毕业后进入厦门大学电机系当助教。1953年到南京工学院（现东南大学）无线电系任教。1956年到成都电讯工程学院（现电子科技大学）工作。一生致力于半导体器件及微电子学的研究与教学工作。20世纪50年代末，在国际上率先对漂移晶体管的存贮时间问题做了系统的理论分析，提出新的电荷法基本方程、不均匀介质中镜像电荷方程等。20世纪70年代，在我国最早制造了硅靶摄像管。20世纪80年代以来，从事半导体电力电子器件的研究，提出的超结结构打破了传统功率器件的硅极限，被国际学术界称为“功率器件的新里程碑”。荣获国家发明奖及国家科学技术进步奖2项、省部级奖13项，荣获IEEE ISPSD大会颁发的最高荣誉“国际功率半导体先驱奖”，成为亚太地区首位获此殊荣的科学家。

于夜晚仰望星空，可见百千光年之外传来的点点星光，它们传递着宇宙的浩瀚。若从高空俯瞰大地，也可见一幅星图，万家灯火，尽显人类科技文明的魅力。

人类构筑的星图是由电能支撑的。但无论是通过水力、火力还是通过核能所获得的电，都只是一种原始的“粗电”，不能直接为各种电器所用。“粗电”只有在经历一段复杂的传输控制过程之后，变为电压、电流、频率皆符合要求的“细电”，才能发挥作用。将“粗电”变为“细电”依靠的是电力电子系统，该系统已被广泛应用于现代科学、工业、国防和日常生活的各个领域。

电力电子系统的“心脏”是功率器件，它由各种半导体材料制作而成，在各种电路中起到功率开关作用。一开一合之间，功率器件巧妙地改变了电压、电流与频率，实现了电能参数的变换。功率器件作用显著，电子消费品、工业控制、计算机、网络通信、汽车电子等领域的电源中都有它的“身影”。

功率器件的飞速发展，离不开陈星弼的努力。他一生致力于解决高压与低电阻之间的技术难题，努力实现功率器件理论与技术新突破。他的系列发明为人类“第二次电子革命”中半导体技术的发展奠定了重要基础。

在举国奋力以自主创新突破“卡脖子”技术的当下，温故“中国功率器件领路人”陈星弼的故事仍可“知新”，从而更加坚定我们突破国外重重技术封锁的信心。

想成为爱因斯坦那样的人

1931年，陈星弼出生了。父亲陈德征给他取了一个蕴含思家忧国深意的小名——“难儿”。

转眼之间，难儿3岁了。看着哥哥姐姐天天去上学，他就吵嚷着要跟着一起去。在母亲的再三请求下，校长勉强同意让难儿入学。出人意料的是，难儿在学习上居然能跟上。后来在辗转多地的避难中，老师和同学们虽然因为难儿年纪、个头都比较小而打趣他，“小娃娃，不要来胡闹了”“小学生怎么来念中学啦？”但平日里都对他照顾有加。

“一对双胞胎兄弟，如果哥哥以接近光速的速度去星际旅行几个月后再回到地球，他的弟弟将比他大好几岁，弟弟就成了哥哥……这就是双生子悖论。”这个令人费解的悖论，曾让陈星弼在听哥哥讲述爱因斯坦相对论和量子力学的故事时如痴如醉。

“我要成为爱因斯坦那样的人。”这是陈星弼小时候常说的话。他甚至“模仿”偶像，学小提琴，爱上古典乐。一直到工作后，他依然能够背出许多古典乐的曲谱，在繁忙的工作之余以哼唱古典乐为消遣。后来当了大学教授的陈星弼，还常在学生的报告上引用爱因斯坦的名言，“人只有献身于社会，才能找出那实际上短暂而有风险的生命的意义”，鼓励学生以科学回馈社会。

1945年抗日战争胜利，举国欢庆。陈星弼与家人一起迁回上海后，继续读高中。因多年的颠沛流离，他与同学在学业上差距不小，为了缩小差距，他就百倍用功。

一次物理课上，物理老师居小石当着全班同学的面表扬陈星弼道：“你们都应该向陈星弼同学学习！他的作业都是自己一个人做的，不管对与错，都有他自己的解法，而且他越做越好。”

之后，居老师还鼓励陈星弼说：“要做一辈子的‘傻瓜’，不要投机取巧。”陈星弼一辈子都在践行恩师的教诲，做事一丝不苟，从不讨巧，不计较名利。多年后，忆起居老师，陈星弼说：“他对我影响很大，我很崇拜他。”

“凡是伟大的东西我都要学习，越是难的东西我越要学习，没有任何功利的目的。”1947年，陈星弼考取了同济大学电机系。自幼热爱学习的他，如鱼得水，遨游在科学的海洋中。在学习上，他不拘一格。人在电机系，却热衷旁听土木系、测量系、机械系的课，其工程力学及画法几何学得比电机系的主课还好。这些跨专业、跨领域的课程为后来他的科研突破奠定了基础。

“我对好老师莫名其妙地非常崇拜。”陈星弼在追忆自己的同济生涯时，不禁说出了这句话。最受陈星弼喜爱的是理学院朱言钧教授的数学分析课，他的课，陈星弼可以说是每课必到。

抗日战争胜利后，同济大学迁回上海。起初，学院被分散安置到市区不同的地方。为了不错过朱教授的课，陈星弼在工学院上完课后，利用下课的几分钟，以百米冲刺的速度斜穿市区，跑到朱教授授课的教室里。他这样做，为的就是不错过哪怕一秒钟的课。

突破硅极限，发现超结结构，助推“第二次电子革命”

1956年，陈星弼跟随国家组建成都电讯工程学院（现电子科技大学，以下简称“成电”）的大潮，来到成电工作，投身于我国新兴的半导体事业。他在半导体领域的第一篇论文《关于半导体漂移三极管在饱和区工作时的储存时间问题》领先国外同行好几年。此后，他在该领域取得了不俗的成绩。

在我国“彩色电视大会战”中，他带领团队突破了理论与技术难关，做出了我国第一支硅靶摄像管。改革开放后，科学的春风再起，陈星弼更是分秒必争，一心扑在微电子物理学研究上。1980年，年近50岁的陈星弼赴美留学，再次成为“学生”。

当时，国外有学者提出了“第二次电子革命”的畅想，其关键就是利用微电子技术来帮助人类更好地控制与利用电能，同时要想办法将笨重且价格昂贵的外接功率管与集成电路的其他器件直连在一起。

当时功率器件研究的一大技术难题是实现最高电压与最低电阻的兼顾。电压上限的提高会导致导通电阻更大，反之，导通电阻越小，元器件能承受的电压就越小，达不到标准。陈星弼在美国留学时的导师，加州大学伯克利分校的胡正明教授在1979年将这种矛盾关系描述为：在传统的硅基功率器件中，导通电阻正比于击穿电压的2.5次方，这就是著名的“硅极限”。

正因为“硅极限”的存在，功率器件运行时消耗的能量始终无法进一步减少，电力电子系统效率的提升始终受到限制。在一个闷热的日子，在实验室坐太久的陈星弼走出门想要透口气，突然他灵光一现，“应该有一个最佳电荷分布能解决这个问题”。他的这一发现得到了胡教授的高度认可，并劝他回国后可以主攻功率器件的研究。当时的他仍然醉心于物理学理论研究，就暂时放下了这个建议。

陈星弼回国几年后，胡教授还专门写信询问他这个最佳电荷分布的研究进展如何，还提出想要合作。但忙于其他工作的陈星弼无奈地搁置了这封信。

担任系主任后，陈星弼面临着双重挑战：一方面，教师的待遇不佳，使得人才流失成为一大问题；另一方面，系里能争取到的科研经费捉襟见肘，极大地限制了科研工作的进展。在这样的背景下，陈星弼不禁再次回想起之前关于功率器件的研究。他深知，只有通过攻克功率器件的“硅极限”，才能为系里乃至整个学术界带来实质性的突破，同时也能为改善教师待遇和争取更多科研经费创造有利条件。在一个月凉如水的晚上，他拿出了胡教授的信，再读了一遍。在深思熟虑后，陈星弼毅然决然地放弃了他梦寐以求的研究理论物理的宝贵机会，头也不回地将一辈子的目标锁定在攻克功率器件的“硅极限”上。

此后，他带领团队不舍昼夜地泡在实验室，抓住出差的零碎时间推导公式，甚至还自费前往国内工厂进行“流片”试制……短短几年，陈星弼终于发明出复合缓冲耐压结构，打破了长久制约功率器件的“硅极限”。他将此新结构命名为“CB”结构，现称为“超结结构”。

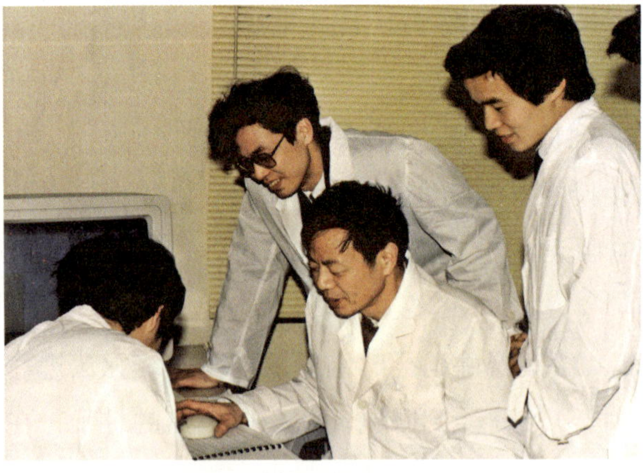

◆ 陈星弼（中）早年在实验室工作

1998年，陈星弼又首次提出了超结结构的二维解析模型，并系统地提出了该结构的设计理论。他再次用严谨的理论计算表明，超结结构将传统结构中导通电阻与击穿电压接近立方的关系奇迹般地降至接近线性关系。陈星弼还将超结相关发明申请了中美专利。这一做法每年都能给成电带来不菲的专利收入。如今，该技术每年的商业化应用市场规模已经超过20亿美元，未来或将突破100亿美元。电脑电源、照明电源、液晶电视、光伏逆变器以及医疗、电信、工业等多类电源中都有它的“身影”，可谓是惠及全球。

◆ 2015年，陈星弼在ISPSD上发表获奖感言

但对于超结发明带来的名利，陈星弼并不在乎，他仍然一心扑在相关技术改进的研究上。2015年，他成为亚太地区首位获得“国际功率半导体先驱奖”的科学家后，在采访中还对自己发明中开关启动速度较慢的问题感到遗憾。他疾呼道：“专利公布这么长时间了，居然没人发现或质疑过这一问题。我想，如果没有人沉下心来，解决基本原理的问题，这将是一件很悲哀的事情。”

后来，陈星弼在回顾自己的发明没有率先在国内实现产业化时，还感到有些痛心。他曾感慨道：“除了科学家的努力外，半导体行业的发展还需要有远见卓识的企业家，一批能干实事的工程师等人才的大力协同！”

“科学那个地方很好玩”

“是对未知世界的好奇心，而不是为了生存、吃饭或者金钱。”谈及一辈子做科研的动力是什么，陈星弼如是说。有人问他退休了怎么不休息，他说“吃喝玩乐才没意思呢，打麻将的高级玩法，我在10岁时就会了。但这些东西的趣味性是有限的，科学那个地方很好玩。我的兴趣就是科学。在科学的路上，遇到困难、解决困难就是一种幸福。”

在成电学生心中，陈老师让人又爱又畏，他对科研的要求非常严格。学生懈怠出错，免不了要被他训斥；学生论文中的每一步计算，他都要

◆ 陈星弼（中）在指导学生

一一检查，自己再推导一遍。接触久了之后，学生们都能理解他的“严苛”只是出于对科学的纯粹的热爱。他时不时的幽默话语，爽朗的笑声，都让学生对他越发爱戴。

陈星弼不管科研工作有多忙，都要坚持给学生上课，而且要上成电“最好的课”。刚进入成电时，他每次备课完，都要先给夫人讲一遍，请她纠正他那上海话加四川话的口音。他还和夫人一起推敲每一个例子、每一句话的准确性，并把讲义和公式都背得滚瓜烂熟。

上课时，陈星弼只带了一叠烟盒大小的纸片。起初，有人误以为他不备课，直到眼见他在课堂上将各种公式信手拈来、严密又通俗地讲解知识，而且上的都是最难的量子物理、半导体设计等课程，这才明白他背后付出的努力是何等巨大，所做的准备是何等充分。

在教育理念上，陈星弼对韩愈《师说》的“解惑”之说有不同的看法。他说：“教师的职责确实是传道授业，但解惑不一定就是老师的责任，学生不能把问题都交给老师来解决。”他对当时中国女子曲棍球冠军教练金昶伯“把运动员当‘敌人’”的魔鬼训练方式很推崇。“好的教学应该让学生遇到难题并自己想办法解决，这样才能锻炼他们独立解决问题的能力，进而让他们自己发现问题。”在“刁难”学生这一点上，陈星弼也煞费苦心。他考试的题目从来不重复，有时候甚至是以口试的方式来考查学生。这样，学生虽然压力大，但按老师的要求学完后，都会有真正的长进。同时“刁难”背后需要老师投入很大的精力，因为他要不断变着法子考学生。

“做人比做事重要。”这句话陈星弼不仅经常给学生讲，更是以身作则地践行着。即使当时已经70多岁了，不论节假日，他都到办公室工作或者指导学生。他说：“这只是我应尽的义务与职责。”在教学之余，他还要求学生背诵《出师表》《岳阳楼记》《兰亭集序》等古文，砥砺志节，涵养气度。

2019年12月4日，这位中国半导体功率器件领路人在成都去世。去世后，他的后人将其积蓄捐出，设立了鼓励探索半导体发展事业的奖学金。

陈星弼常给学生提起一句马克思的名言：“科学绝不是一种自私自利的享乐。有幸能够致力于科学研究的人，首先应该拿自己的学识为人类服务。”这句话也是他一生矢志科研的真实写照。

（文/陈宇祥）

李乐民 乐研通信惠民生 甘为人梯育英才

李乐民（1932年5月—　），浙江吴兴人，通信技术专家，中国工程院院士。1952年，从交通大学（现调整组建为西安交通大学等）毕业后留校工作。后赴成都电讯工程学院（现电子科技大学）任教，曾任该校信息系统研究所所长、宽带光纤传输与通信系统技术国家重点实验室主任。长期致力于通信技术的科研与教学工作。20世纪70年代初，成功研制了我国第一台载波话路用9600比特/秒高速数传机，解决了自适应均衡关键技术问题。1980年8月到1982年8月在美国加利福尼亚大学圣迭戈分校访学期间，提出了在扩频通信中抗窄带干扰的新理论和技术。对数字信息传输与通信网络，包括宽带光纤通信网、移动通信网等进行了深入研究，作出了新的理论分析并成功研制有关设备，取得了开拓性的成就。历年来为多项工程研制了关键通信设备，包括数字彩色电视光纤传输系统、抗毁光纤以太局域网、电视与数据综合光纤传输网、宽带综合业务局域网、ATM（异步转移模式）用户接入设备等，为我国通信技术的发展和人才培养作出了贡献。荣获国家自然科学奖四等奖、电子工业部科技成果奖一等奖、机械电子工业部科学技术进步奖一等奖等奖项。

科学家语录

要做一个有责任感的人，做一个有益于国家和社会的人，‘先天下之忧而忧，后天下之乐而乐’，为国家富强、民族兴旺而奋斗。

1932年5月，一个男孩呱呱坠地。父亲见他面如冠玉，目若晨星，不觉吟诵起《论语》首章：“有朋自远方来，不亦乐乎。”为其起名“乐民”，饱含让人民得其乐的愿望。

真理面前不讲面子

李乐民的老家在浙江南浔（现浙江省湖州市南浔区），是典型的江南水乡，经济繁荣，崇文重教，有“桑蚕之乡”“院士之乡”的美誉，近代以来，包括李乐民在内，从这里走出了8位院士。李乐民的家族是书香门第，其父李庆贤是我国著名的物理学家、教育家，其二舅等也是大学教授。

李乐民出生后，战火波及了这片美丽的水乡。李乐民自小就在躲避战乱中度过，耳闻目睹日军的种种暴行，随父母辗转安徽、上海。之后，他在日据区上学，对当时的奴化教育非常排斥，以不学日语来抗争。

父母对李乐民的教育比较宽松自由，在战乱中，尽力为其撑起一片安稳的学习小天地，节衣缩食供他上最好的学校。李乐民自小就对数学非常感兴趣，他不仅不贪玩，还时常拿起父亲书架上的数理方面的书，一看就是一天。

抗日战争胜利后，李乐民随父亲举家迁回苏州的东吴大学（现苏州大学），他就读东吴大学附中期间，成绩始终是第一。

高中毕业时，他以第一名的成绩获得了免试入读东吴大学的机会，但是他一心想考交通大学，父母也没有反对。考交通大学时，在该校任教的二舅建议他读当时好就业的纺织系，读了一年后，李乐民感觉自己兴趣不大，就自主选择了电讯系。他认为：“电讯研究的都是电话、电报、收音机等人们常用的东西。”

毕业时，在大家一心投身实业报国的氛围中，他表示服从统一分配，并做出了“非主流”的留校决定，继承其父之志，开启教书育人的一生。

在天津大学进修时，苏联老师吉杰列夫让李乐民回答一个问题，他回答后，老师认为他错了，但李乐民认为自己的答案是对的，两人就通过俄语翻译传话，你一句我一句地争论。事后有人说李乐民太傲了，没有礼貌。天津大学有线电系系主任蔡长年了解后说："你的回答是对的！但你也不能和专家争得太厉害，让人家多没面子啊！"但当时耿直的李乐民根本没想到什么"面子"，他只知道对就是对，错就是错，真理面前不讲面子。这事对李乐民也有所影响，他说："有人批评我太傲了，我就尽量低调。但我遇事还是有自己的主见的。"

西迁成都，成为通信领域的"难题克星"

1956年9月，按照中央要求，交通大学、南京工学院（现东南大学）、华南工学院（现华南理工大学）等的电子信息类专业要西迁成都组建成都电讯工程学院（现电子科技大学，以下简称"成电"）。交通大学电讯系全系搬迁，老师、学生、工人、图书、设备等电讯系的一切都上了一艘3000吨的轮船，沿长江一路西进，到重庆朝天门码头休整后，教职工和学生乘火车到成都。

李乐民毅然放弃了上海优渥的生活，服从国家安排来到了自己的"第二故乡"——成都。他只带了一大一小两个箱子，目标是"一定要实现电子设备的国产化"。

自贝尔通过炭粒将声音转变为电信号之后，人类终于可以远距离通信，而后有了长途电话、光纤宽带、移动通信，通信如今成了日用而不知的存在，让人与人之间的联结越来越容易、便捷。李乐民一生的科研目标都是致力于让人与人更快、更好地联结与通信，秉持着纯粹的技术浪漫主义理想。

20世纪60年代，当时通信科研的重点是从"模拟信号"向"数字信号"转变，以获得更稳定、更清晰的信息传递。1970年，成电承担了国家数字电话长途设备方案的研制，重点是解决数字信号长途传输过程中信号畸变以及干扰的问题，关键设备是数传机（也称"调制解调器"）。李乐民承担该项目的总体技术设计，并负责攻克最难啃的数传机"自适应均衡"技术。

李乐民埋头在这块国内空白的领域中，千方百计搜集国内外资料，同时还大胆提出了简化设计方案。

简化后可行吗？一切都是未知。

那时，实验机架上摆着40多块电路板，大家不断调试，期待示波器上“张开六个眼睛”，那就代表成功。

◆ 1970年，李乐民在成电做数传机实验

一开始，示波器上只能出现一两个“眼睛”，因为元器件众多，质量又参差不齐，一个不对就满盘皆错。直到一天，李乐民再次精心调整好元器件后，开机测试。刚开始，示波器上出现了杂乱无章的曲线，大家的心又悬起来了，但慢慢地，杂乱的曲线逐步变得平稳，示波器“张开了六个眼睛”。

“成功了！”李乐民及同事们一起兴奋地惊呼，亲眼见到之前只存在于想象中的“眼睛图”。

1973年，数传机被送往北京进行检验。实验证明，李乐民主持设计完成的数传机能对从北京到成都这样的远距离通信畸变问题进行校正。我国第一台“载波话路用9600比特/秒高速数传机”诞生。

张煦院士曾评价李乐民说：“通信信道的核心问题之一就是均衡，李乐民老师在通信界很有名气，就是因为他确实钻研进去了‘自适应平衡’。”

1979年，成电决定选派一批教师出国学习，当时已经是副教授的李乐民本可免试留学，但他坚持要考一下。

他的儿女担心地说：“你已经47岁了，考得过吗？”结果他认真复习后，专业基础课考试全对，他的答卷成为当时成电教师出国考试的“样板”。

在美国访学的两年，年近五旬的李乐民发奋学习，自学计算机编程，全身心地遨游在知识的海洋中，努力攻克了扩频通信抗干扰技术的系列难题，短时间内连发5篇论文，其中3篇登上国际通信领域顶级期刊《IEEE通信汇刊》，让比他小10岁的指导老师劳伦斯·米尔斯坦赞不绝口，自此对中国学者刮目相看。这些论文获各国学者多次引用并推动了后续研究。

归国后的李乐民越发感觉我国通信技术的落后，他以更高的使命感，担起成电信息系统研究所所长重任，带领他所在团队从“电”到“光”，连续攻克了“140兆比特/秒数字彩电光纤传输系统”等关键技术，此后又为我国光通信网络突破了关键技术。

象牙塔中的李乐民也非常关注通信行业的发展，他担任过5届全国人大代表，提出“三网融合”以降低成本、惠及民众，建议国家尽快出台《电信法》规范并引导行业健康发展。

李乐民说：“我只是一名普通的科研工作者，我更适合教书做科研。”因心有所属，他一生都致力于攀登通信技术的高峰，并且一直从事最清贫的、基础的通信理论与技术研究。

甘为人梯　冰心一片

“李乐民指导的是学生，不是‘李乐民的学生’。”

在虞红芳教授看来，恩师李乐民指导学生向来公正公平，无半点门户之见，不论贫富，有教无类，即便不是自己名下的学生，也有问必答，倾囊相授。但李老师在学术上的要求极为严格，从不给学生“开后门”。学生收到的经李老师修改的论文，到处都是密密麻麻的批注修改，就连标点错误、错别字也一个都不放过，在此基础上，论点都要求必须有推导依据，不能想当然。

一次，一位学生用比较取巧的数学方法写出一篇论文后，得意地拿给李老师看。李乐民看后说：“文章很好，但还是投一个偏学术的期刊吧。”学生有些气馁地问：“为什么？”李乐民回答说：“我们是做工程研究的，你的文章过于偏学术，有可能给它施加太多假设，这些假设偏离现实，你的结果再漂亮也没用，在现实当中怎么用它，还用不用得上都是疑问。”

这种研究哲学，李乐民践行了一生——通信研究一方面要重视基础理论研究，另一方面也要注重理论与实际结合，要能解决现实的工程问题。

有学生要申报国家级项目，他帮着修改项目申报书和演示文稿，还出席答辩会议，给学生加油。

“你一辈子做了那么多前沿的研究，怎么不多申报一些奖项呢？”妻子问。

李乐民工作忙，没注意报奖，妻子就提醒并和学生一起帮助他。甚至院士申报工作，也是妻子帮他做的。获评院士后，李乐民很淡然地说了句：“哦，知道了。”

◆ 李乐民（中）在指导学生

据学生们回忆：“李乐民老师非常勤奋，在互联网不普及的年代，在成电的外刊阅览室登记表里总是能看到他的名字出现在前几位。”

李乐民的办公室总是晚上十点过才关灯。不出差的日子，不论刮风下雨，他都要走进成电沙河校区，穿过林荫道，徒步爬上九楼的办公室，名曰“锻炼身体”，然后开始工作。

他常常给自己的学生充饭卡，让学生常有钱能吃“小炒”，他还给家庭贫困的学生报销路费。而他自己却很节约，一件衬衣洗到领口发白还在穿，物质欲望很低。

一天晚上10点多，李乐民浏览校园论坛，看到新生发帖说“太冷了，找不到地方买棉被”。由于自己没有论坛账号，他就马上打电话给实验室的研究生，让他们去回帖：学校附近的“好又多”超市有新疆棉被，质量好价格不贵……

如今成电校园里的学生们都亲切地称他为“李爷爷”，他关心学生的故事成了校园美谈。他身体力行的好学精神更激励着一代又一代成电人。他的学生中，有一人已经评上院士，有的当上了总裁，大部分都成长为学界、业界翘楚，散布世界各地。

迄今李乐民已培养硕士研究生121人、博士研究生89人。现在他还在关注信息与通信工程一流学科的建设。

（文/陈宇祥）

张锡祥

信念如磐破万难 雷达铸甲保国安

张锡祥（1933年5月— ），山西文水人，雷达对抗专家，中国工程院院士，中国雷达（电子）对抗事业的开拓者，雷达有源干扰领域的带头人。1959年毕业于中国人民解放军通信工程学院（现西安电子科技大学）雷达系。1966年到二十九所（现中国电子科技集团公司二十九所）工作，曾任二十九所副总工程师、所长顾问。从事电子对抗事业60余载，曾两次参加我国不明空情的分析，找出了原因并进行了实验验证。在西方严密的技术封锁下，提出了中国雷达干扰技术研究、装备研制方略和实施路径以及诸多对抗强敌雷达的机理。主持设计了6种电子对抗产品，解决了我国电子对抗发展的诸多难题，创造了我国电子对抗历史上的诸多第一。有力推动了我军电子对抗部队建设，为国家重点目标的电子防护及维护国家安全作出了卓越贡献。出版了《现代雷达对抗技术》《电子对抗技术与应用——雷达对抗篇》《新体制雷达对抗论》（并译成英文出版）等多部电子对抗领域的经典著作。荣获国家科学技术进步奖一、二、三等奖等奖项。

科学家语录

人生的道路是曲折的，机遇和选择是存在的，遇到麻烦和困难是必然的。只要有信心和决心克服前进道路上的困难，就能为国防和社会作出自己应有的贡献！

提到现代战争，就不得不提飞速发展的高科技作战技术。电子战作战手段多样而复杂，故人们对其倍加关注。在现代战争中，电子战在战争发起前较长时间就已经开始了，并且贯穿整个作战过程，直到战争结束。可以说它对掌握战场的主动权起着关键性作用。

电子对抗是电子战最重要的内容之一，其手段是利用电子设备或器材进行制电磁权的争夺，使敌方电子设备效能降低或失效，处于雷达迷盲、通信中断、制导失灵的被动困境，同时又要保证己方电子设备效能得到充分的发挥。

由于电子信号本身无影无踪，故雷达电子对抗又被称为“看不见的战线”。张锡祥就奋斗在这条看不见的战线上，为我国的军事发展贡献了一件又一件“铠甲”。

激活“瘫痪”的培训班

中华人民共和国成立之初，百废待兴。在战争创伤尚未恢复、西方国家封锁禁运等背景下，从设备购买到技术培训……中国经济的恢复不可避免地要依靠苏联的帮助。

1951年，张锡祥决定参军，参加抗美援朝，之后他在军校学习了8年，1959年4月，他从中国人民解放军通信工程学院毕业后，被分配到北京翠微路的总参谋部通信部（现总参谋部信息化部）工作。1960年夏天，总参谋部通信部组织电子战参谋培训班，三位苏联专家分别担任培训班的老师，张锡祥做辅助工作。

◆ 张锡祥当年与同事们工作的旧照

就在培训班的工作刚刚进行到一半时，苏联政府撤走了援华的1000多名专家。当时我国军方有150多个苏联援建的工厂，专家撤走后，这些工厂的很多工作一下子乱了套。

“正在举行的电子战参谋培训班咋个办？”眼瞅着刚刚还在讲台上讲课的苏联专家转身推门走出教室，所有学员都蒙了。如果正在进行中的电子战参谋培训班停办，岂不让人看咱们笑话？因此，培训班是不能停办的！但苏联专家一走，军方的各种电子战培训班全部“瘫痪”，因为没有专家授课，也找不到讲课的教员，不知道谁能上讲台。

这时，军方领导找张锡祥、李有守和李大忠三个小伙子开了个会，领导严肃地说：“经过多次研究，征求并综合多方意见后，我们一致认为，你们三人是军工行业最优秀的青年人才。电子对抗参谋培训班不但不能停，还要有声有色地进行下去。现在我正式宣布，由你们三位代替苏联专家讲课。”

“这是很严肃的政治任务，你们必须不折不扣、保质保量地完成任务！”张锡祥和其他两位同事没有犹豫，全都不约而同地站起来，敬了军礼，立了军令状！三人紧急磋商至深夜，根据讲课内容进行了明确分工，然后先备课，各自试讲一次，根据效果再适时调整。

当电子战参谋培训班的全体学员得知，代替苏联专家的老师是三个20多岁的中国小伙时，大家给予了热烈的掌声。但张锡祥扫视了一下学员，还是从中发现了一些质疑的眼神。他觉得，这些掌声只是出于学员们的礼貌，真正的掌声，还得看课后。

张锡祥胸有成竹！这不是他第一次讲课，但和以往不同的是，这次他是主讲人，是满载领导和学员期望的“专家”。好在张锡祥不但学得扎实，课也备得很扎实。讲台上的他，声音不高不低，语速不徐不疾，他时而面对学员娓娓而谈，时而转身在黑板上工整板书，一堂课下来，掌声比开课的时候还要响亮得多！

就这样，一度因苏联撤走专家而“瘫痪”的培训班被激活了。一些学员感叹道，跟着咱们自己的老师上课，学的知识也同样扎实！三位青年老师获得如潮好评，电子对抗培训班按计划如期结业！

圆满完成上级命令

张锡祥所从事的电子对抗工作究竟是什么？简单来说就是让敌方雷达发挥不出它的作用，遏制它的功能，最好把它扼杀在“摇篮”里。

1965年，我国某军工单位成功研制出单脉冲跟踪雷达后，就找到空军司令部科研部，要求进行批量生产来装备部队。科研部指示，必须要经过电子对抗试验才能生产。而要进行对抗试验，就得要有对抗试验的干扰机。用当时的倒相回答式干扰机是干扰不了单脉冲跟踪雷达的，那么该用什么样的干扰机呢？

大约在1965年年底，研究单脉冲跟踪雷达的人找到了某研究所，要求张锡祥等人做一个能干扰单脉冲跟踪雷达的样机，与他们的单脉冲跟踪雷达做对抗试验。但究竟做什么样的干扰样机，大家心里都没底。

张锡祥与研究所资料室的同事协商，请他们找一些国内外有关单脉冲跟踪雷达的资料。如果要干扰单脉冲跟踪雷达，不但要搞清楚单脉冲跟踪雷达的原理，还要搞清楚它的薄弱环节在哪里。

张锡祥自己也找了一些讲解单脉冲跟踪雷达原理的书籍。看了以后，他觉得单脉冲跟踪雷达是可以被干扰的，并且提出了干扰方案。这个干扰单脉冲跟踪雷达的方案，在军方研究干扰机的内部人员中进行了讨论。讨论后认为此方案能干扰单脉冲跟踪雷达的人少，持怀疑态度的人多。而对方的要求是：能干扰也行，不能干扰也行，只要能与他们做对抗性试验就可以。

既然是这种情况，那就先做干扰机，试验完了再说。领导看了一眼张锡祥，无比信任地将这项任务交给了他。张锡祥坚信世上没有干扰不了的雷达。无论被干扰方多么自信满满，他决定用行动说话。

这是对国家、对国防负责的一种担当！张锡祥精心设计，拟制具体方案，给各分机、分系统提出各项指标要求和接口关系的统一要求，并于1966年下半年给各分机下达了指标任务。

“文化大革命”期间，张锡祥的科研任务受到了一定的冲击，但他仍然排除万难，证实了单脉冲雷达确实能被干扰，消除了争论，圆满地完成了任务。

成功化解异常空情

20世纪90年代，国际局势云谲波诡，空情海警接连不断。身为国防科研领域的中坚力量的一员，张锡祥总会接到各种应急任务的命令。军令如山，一旦接手，他必须迅速投身其中。

1994年的某日，我国某地上空多次出现异常空情。在此期间，某部的对空雷达成功捕捉多批飞机数据，某军区的沿海雷达也发现异常。此时，某国的航母在我国沿海附近频繁活动，我国空军的雷达还侦测到疑似几十架外国飞机入侵。这些情况表明，当时我国领空、领海安全面临严重威胁，相关部门须立即采取应对措施。

军方向空军司令部报告，空军司令部迅速向总参谋部汇报。首长马上下令战斗机群起飞。当指挥官问战斗机是否携带导弹时，首长斩钉截铁地说："带！"

然而战斗机群一遍遍起飞后，在天空中没有发现任何敌情。难道军方的雷达出现"错觉"了？难道某国又有了新的令人瞠目的隐身技术？如果敌人的飞机像苍蝇一样，成群结队地进入中国领空，而中国军方却找不到敌机的半点影子，岂不是天大的笑话？

首长要求迅速组织专家研究，破解这异常空情之谜。于是，国防科学技术工业委员会（现为国家国防科技工业局）成立了由多名专家组成的专家组，对此次出现的异常空情进行了认真调研和分析。张锡祥与各地军工专家会合展开讨论，一些专家提出多种看法，有的说是鸟群，有的说是气象影响……

在总参谋部的领导下，在空军、海军和电子部（现机械电子部和机械工业部）的大力支持下，专家组收集了大量的原始数据，并进行了整理和分析，得出以下结论：其一，有真实飞行目标入侵；其二，异常空情中是大量的电子欺骗假目标；其三，不是气象回波和鸟群干扰雷达所致。

专家组非常负责任的结论，使某地区异常空情的分析工作任务圆满完成，同时还提出了识别真假目标的操作方法。张锡祥很有信心，他坚信可以用科技手段还原不明空情的形成。为此，张锡祥和同事做了一个干扰机，试验时，上级让哪个方向产生多少批假目标，干扰机就能从哪里产生多少批假目标。即使目标真真假假混杂在一起，专家组也能从中准确找出真目标。

凭借对国防领域的杰出贡献，该项目荣获国家科学技术进步奖二等奖。后来，在中国武官和某国武官的一次正常交流活动中，该国武官透露，他们前不久对中国的领空搞了个小测验，中国很快发觉并成功识别。该国武官钦佩地说："中国军方的警惕性很不错，一发现不明空情，中国战机就马上起飞，中国军工很强。"

中国军方终于确定之前的异常空情真是某国搞的把戏。某国本欲"戏弄"中国一把，没想到中国军方能很快发现这是一次虚拟入侵。张锡祥对不明空情作出的"欺骗干扰"结论，得到了进一步证实。

电子战就是天天战，雷达要天天开着，侦测仪器也要开着，才能随时发现异常空情，以便迅速应对。

正是因为有了像张锡祥这样的科学家们，我们的国防事业才能不断取得新的突破和成就。他们用自己的智慧和汗水，为国家的安全和繁荣作出了不可磨灭的贡献，值得我们每一个人充满感激并致以深深的敬意。

（文/陈仕印）

杨士中

少年立志记国耻 遥感跟踪创伟业

杨士中（1937年9月— ），重庆人，测控与遥感信息传输专家，中国工程院院士。1960年从重庆大学毕业后进入中国科学院西南电子所工作。1965—1985年先后担任航天504研究所副主任工程师、主任工程师，1985年进入重庆大学工作。长期致力于飞行器测控及遥感传输领域的科研及教学工作。首次在我国研制出传输型卫星遥感系统，奠定了我国传输型卫星遥感和无人机遥感的基础；发明精密跟踪系统中频车的截获新方法，解决了精密跟踪系统复杂谱线捕获和抗干扰问题；研制成功的卫星数传机及语音通信机，使我国于1984年2月首次实现卫星通信；研制的多普勒频率截获接收机是我国中、低轨卫星地面站的关键设备之一；成功研制了多波速、多目标跟踪测控、特高扩频增益通信、高速数据的OFDM调制的专用通信系统。此外，在通信、雷达、微波输能等多学科的研发工作中均取得了优异成绩。荣获国家技术发明奖三等奖2项、国家科学技术进步奖4项、专利授权15项等。

科学家语录

智慧出自苦思索，天才基于勤学习。

长于战火，求学报国

1937年，杨士中出生于重庆市，祖父是文官，父亲是精于冶金和弹道学的工程师。在当时，杨士中的生长环境可谓优渥。

然而，对杨士中而言，童年的记忆中却充满了烈火、硝烟、残垣断壁，以及随处可见的尸体。在杨士中出生的第二年，为打击中国人民的抗战意志，震慑人心，日军针对当时的陪都重庆开展了长达6年的无差别轰炸，造成30000多人直接死亡、6000多人间接死亡。

无差别轰炸，一在于手段无差别，二在于目标无差别。在当时的重庆，日军除了投掷常规炸弹摧毁中国人的生命财产外，还罔顾国际公约，在城市投掷了大量细菌弹，所以往往是空袭刚过，城市便鼠疫、霍乱肆虐，死者难以统计。同时，日军的轰炸目标还锁定平民区、学校、医院等人员密集处，甚至连外国使馆都不能幸免于难。

杨士中的父亲原是兵工厂的工程师，解放后该兵工厂改名叫重庆第二钢铁厂，而后杨士中的父亲任厂长。在当时，这一带自然是日军的重点轰炸对象。在无休止的轰炸中，杨士中全家每天都要数次往返于防空洞和家。有一次，他们发现一位妇女急匆匆地冲进防空洞，惊魂才定，却发现怀抱中的婴儿早已被弹片打死。还有一次，当空袭警报解除，杨士中一家人回到家时，发现自家房顶已经不见了。最痛心的一次，是杨士中随妈妈一起逃往防空洞，路上妈妈失足摔倒。这一摔，直接导致杨士中母亲流产，一个素未见面的亲人自此消逝了。

大半个世纪过后，杨士中仍清晰记得，在他儿时上学的路上，有一个面积足有十几平方米的弹坑。极限轰炸没有瓦解重庆人的意志，当时重庆街头巷尾的民谣唱的是“任你凶，任你炸，我就是不怕”。对于杨士中而言，有一桩事实愈发清晰明了：爱国就是让国家变强，让国家变强就得搞工业，要搞工业就得搞科学研究。

说起科学研究，杨士中的家庭确有传统，用他自己的话来说，叫“三代善于制作”。

◆ 2004年，杨士中（左二）指导学生

杨士中的祖父虽是文官，却颇有格物致知的精神。如祖母常年为关节炎所苦，天天需要有人捶打关节，家人不胜其累，祖父便发明了一套传动系统，通过人摇手柄，机器末端的两个鼓槌就反复敲打患处，效果居然比人手捶打要好。杨士中的父亲身为工程师，精于兵器研究，其对科学技术的深入理解自不待言，我军在抗美援朝战争中大放异彩的无坐力反坦克炮便有其父的功劳。杨士中也是一样，自童年起，他便有一个工具箱，想要什么便动手制作。如杨士中一度想学二胡，没有共鸣箱便用罐头盒代替，没有马尾便用芭蕉筋代替，制成之后，居然也能出声。后来年纪稍长，杨士中更是经常制作电动玩具、发电机、收音机之类的物品。家风熏陶加之勤于摸索，少年时代的杨士中具备了相当的科学素养，这也为他日后成为专业科研工作者打下了良好的基础。

几番跨界，各有建树

1960年，杨士中以优异的成绩毕业于重庆大学机电系，此时他已长成身高一米八几、虎背熊腰的小伙子。在学校，他系统掌握了电机、强电、变压器、输电线等机电知识。正值青年的杨士中摩拳擦掌，打算用自己的平生所学做一番事业时，他却接到了组织调令，进入中国科学院，研究当时最为前沿的技术——计算机。

20世纪60年代，对当时大多数的中国人而言，计算机是只闻其名、未见其物的东西。服从国家安排，意味着杨士中要在新的研究领域归零再战，但他还是欣然应征，这是他的第一次跨界。

“在学校里学的全是电机，哪承想，出来居然改行搞上了计算机！”杨士中回忆旧事，面带苦笑地说道。

老话说“隔行如隔山”，此语足见跨界之难；但老话又说“有志者事竟成”，有志向的人，总可以克服困难。虽说最开始时对计算机一窍不通，但杨士中舍得下功夫，在接下来的几年里，他起早贪黑，从计算机的基本原理开始研究。如此5年，他居然在计算机领域取得了不小的成就，填补了我国计算机研究初期的多项空白。

有趣的是，杨士中刚刚在计算机领域如鱼得水，尝到点“甜头”，这个职业生涯却结束了。因为在计算机研究领域表现出众，组织便安排他作为首发人员参与更为重要的科学研究，研究中国第一颗人造卫星，这是杨士中的第二次跨界。

从计算机领域转向航天领域，杨士中的体验是之前积累的知识经验又不够用了。话说到此似乎也不尽然，因为在研究人造卫星的过程中，以往的所学尽管没一样能直接套用，但它们似乎又发挥了作用。有当年的积累在，人就好像有了底气，吸收新的专业知识也似乎变容易了。这一次的新工作不像第一次跨界转型那么困难了。

几经寒暑，1970年4月24日，我国第一颗人造卫星发射成功，它平均114分钟环绕地球一周，不停地向地球发射《东方红》乐曲。此事举国鼓舞，世界瞩目。在这一项目中，杨士中在卫星测控方面作出了巨大贡献。

在接下来的日子里，杨士中就像军人一样，只要国家需要，他就义无反顾地投入新的研究领域。不论是研究通信、雷达，还是研究网络、新能源，每次跨界转型，他都是从头学起，却能够在短时间内熟稔专业，产出成果，堪称神奇，所谓“召之即来、来之能战、战之必胜”。

同为院士的朋友们也佩服杨士中的跨界能力，常开玩笑说：“你吃了这行，又想吃那行，到底要吃多少行？”

每到这时，杨士中都会不紧不慢地回答："I am a poor man，给我吃馒头我就吃馒头，给我喝稀饭我就喝稀饭。"

这话听来极平淡，细思起来却极豪迈。让我搞科研就行，我研究什么，得看国家需要什么。

杨士中何以有如此强大的跨界能力？用他自己的话说："只要你的基础雄厚，知识面广，国家需要你做什么就做什么，干一行，爱一行，专一行，要培养这样的能力。所以对刚大学毕业的学生，我告诉他们一定要知识面广一点，不能说我就是学通信的，其他的我都不会，要根据你的需要，边学边干。但你没有基础，是不能这么灵活自由的。"

不同领域的知识，看似不同，但如果深入观察，就会发现事物的表象虽然各异，内在的形式与逻辑却往往不二。因此，当掌握的知识达到一定的量时，就会酝酿出一种美妙的"化学反应"，也就是触类旁通。如学外语，第一门外语总是最难学的，但学第三门、第四门外语时就会容易得多，因为人们能够从新的语言里发现早就熟悉的语言逻辑，也因此能够豁然贯通，迅速掌握。因此，老话说"君子无入而不自得"，博学君子，在任何新领域都能迅速掌握关键，也能从容自得、左右逢源。在科学领域，杨士中就做到了这一点。

◆ 2006年，杨士中（右一站立者）讲解知识

耄耋之年，奋斗不止

生活中的杨士中是十足有趣之人，科研不只是工作，也浸润了他的生活。

杨士中家顶楼有个小菜园，有时家中无人，就没法按时浇水。杨士中也不求人，自己发明了一套远程灌溉系统。人在外地时，随时根据重庆的天气预报拨打自家电话，发控制码，系统就会自动浇水，这大概算是最早的“物联网”了。

杨士中年轻时通过说明书自学开汽车、修汽车，平常则总是骑着一辆摩托车代步。一次他在重庆大学的前校门处骑摩托车，一位老人让他带自己去后校门的学校医院。杨士中那天不是很忙，就按照老人的要求载着老人前往。到达目的地后老人掏钱，杨士中忙笑着说：“老人免费，老人免费！”老人一时愣住了：这个摩的司机怎么这么好啊？

如今，杨士中已经年过八旬，他仍有一件大事要办。

21世纪，资源枯竭和环境污染是全世界愈发关心的议题，中国乃至全人类要想持续发展，必须要有充足、清洁、安全、可再生的能源。如何找到这种理想的能源？既然人类当下所用的一切能源都源自太阳，最好是建立空间太阳能电站（SSPS）。具体来说，就是在空中设立一个巨大的太阳能电池阵，让它来聚集大量阳光，利用光电转换原理发电，所产生的电能以微波形式传输到地球，然后通过天线接收转变成电能，送入供电网。这一项目一方面能解决能源危机与环境污染问题，另一方面更重要的考量或许在于该项目蕴含潜在的军事战略价值。

美国政府曾投入了大量资金对此进行研究。研究的结果是，以全美一半的发电量为目标进行设计，需要在地球同步轨道上部署60个空间太阳能电站，整个系统算下来共需要2500亿美元。该方案在公布之初便引发巨大争议。此后数年，由于难度大、效率低、成本高，美国对此的研究一度停滞。

目前全世界只有中国真正进入了空间太阳能电站的地面验证阶段。2021年，在重庆大学负责这一工作的，正是杨士中。在2022年第717次香山科学大会上，杨士中提出“分散—独立—汇聚”（DIC）方案，这是大会唯一共识的具有中国特色的空间太阳能电站建设方案。现在该方案的演示验证模型已研究成功，得到同行高度赞许，准备工程化。

时至今日，杨士中仍然活跃在科研一线，尽管他已至耄耋之年，但其科研热情和探索精神却如初升朝阳般熠熠生辉。空间太阳能电站项目正是他服务国家发展、践行科学理想、关注人类命运的新跨界。

杨士中正倾尽一生的热情与智慧，携手新一代科研工作者勇攀科技高峰。为了激励新一代科研工作者不断追求卓越，他向重庆大学建议并创立了“杨士中院士科教发展基金”，为了表示自己的决心和支持，他从个人积蓄中捐献50万元。一位老师在网上说，她曾看见杨士中在面包店向售货员咨询优惠券如何使用（会员消费满20元减2元），感叹这得多少个2元才能凑齐50万元呀？杨士中正是这样，在生活上宁愿拮据勤俭，但在科研和人才的支持上却不遗余力。

（文/孙奥麟）

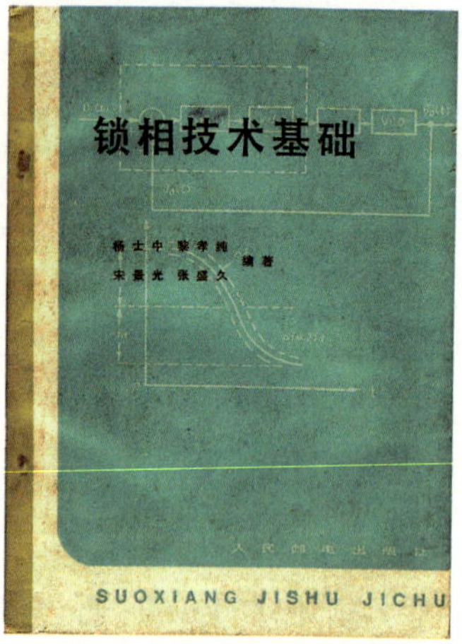

◆《锁相技术基础》杨士中编著，人民邮电出版社，1978

◆《合成孔径雷达》杨士中编著，国防工业出版社，1981

姜文汉

急国所需勇破界 锐意进取攀高峰

姜文汉（1936年5月—　），浙江平湖人，光电工程专家，中国工程院院士，中国自适应光学研究的开拓者和奠基人。1958年从哈尔滨工业大学毕业后，先后进入中国科学院长春机械所、中国科学院长春光机所、国防科委1019研究所（现中国科学院光电技术研究所）工作。曾任中国科学院光电技术研究所学术委员会主任、四川省科技顾问团顾问、四川省科协第五届常委、中国光学学会常务理事、美国光学学会高级会员等职务。长期从事大型光测设备研究、自适应光学技术及系统的应用基础研究工作。参加我国第一台大型光电经纬仪的研制，并主持研制出我国第一台固定式弹道测量设备——弹道相机。成功主持研制我国第一台接近/接触式光刻机。建立我国第一个自适应光学实验室，主持研制出多代具有国际先进水平的自适应光学系统，成功应用于星体目标高分辨力观测、激光核聚变光束控制、人眼视网膜细胞级活体成像等领域。荣获国家科学技术进步奖特等奖1次、二等奖3次、三等奖2次，国家技术发明奖一等奖1次、二等奖1次，何梁何利基金科学与技术进步奖1次，光华工程科技奖1次。2000年被授予“全国先进工作者”称号。

科学家语录

我一生最重要的关键词是“适应”，科技工作者要不断适应国家和社会的需求，这是成功的前提。

江南曾经流传一首民谣："金平湖、银嘉善、铜嘉兴、铁海盐……"平湖以"金"字排首位，其富庶程度可知。

1936年5月，姜文汉就出生在浙江省平湖县（现平湖市）。然而在姜文汉1岁时，日军从平湖县最东边的小镇"金丝娘桥"登陆了，中国守军虽奋起抵抗，但仍以惨败告终。

日军所到之处，如蝗虫过境，故土一片狼藉。姜文汉全家被迫开始了逃难生活。在逃难途中，姜文汉的3位哥哥姐姐都患上了麻疹，几天之内先后离世了。

姜文汉的母亲是大家闺秀，为人温婉大方，曾在杭州大学堂接受过新式教育，是民国较早的知识女性。哥哥姐姐的离世给母亲带来了永难释怀的伤痛，但为了姜文汉，她还是坚强地熬了过去。在这段最恶劣的日子里，她始终没有放松对姜文汉的教育——姜文汉6岁时，母亲已经亲自教他学完了小学一、二年级的课程。

只有国家强了，老百姓才不受欺负。本着这个心思，母亲在姜文汉上初中时就开始培养他对科学的兴趣。在那个烽烟连年的年代，想看到科学读物相当困难，但母亲还是千方百计地为姜文汉找来了《中学生》《开明少年》《科学画报》等科学读物。每次读到这些难得的课外读物，姜文汉便完全沉浸其中。

姜文汉与母亲在院落里乘凉时，母子俩常常一起对照书上的介绍识别天上的星座，数数满天的繁星，时光平静而又温馨。此时，姜文汉还不知道，自己一生的事业就与仰望星空有关。晚年的姜文汉说："母亲的启蒙，就是我一生追求科学的根源。"

从铸造研究到精密机械

1953年，步入青年的姜文汉进入哈尔滨工业大学就读。5年后，他被分配到中国科学院长春机械研究所工作，从事压力铸造工艺和设备的研究。

1960年7月16日，苏联政府宣布撤走全部在华援助的专家。

"我们要依靠自己的努力来建设社会主义。"在党的这一号召下，原本由苏联专家负责的大量高端科研任务都落到了中国人自己的肩膀上。初出茅庐的姜文汉也接到了第一个挑战——研制陀螺仪的宝石轴承。

陀螺仪是航海、航空和航天的必要设备，宝石轴承则是陀螺仪的核心零件，其加工精度要求达到微米级。一微米等于千分之一毫米，只有头发丝直径的七八十分之一。姜文汉一直所学的都是铸造技术，主要是将金属溶液转化为零件毛坯。这种工作在精度上能达到毫米级别就已经不错了。现在一下子要转行到如此精细的加工测量专业，犹如从宏观领域一下子深入微观世界，他需要从头学习许多新的知识。

姜文汉接受了研发任务就等于签了军令状。时间紧任务重，怎么办？专门去学相关知识，时间已不允许；不学，又很可能变成盲修瞎练。姜文汉决定起早贪黑，边学边做。

他白天分析计算、设计实验，晚上则常常学习到深夜。仅仅1年，他就掌握了精密测量、精密加工、误差分析等技术，成功实现了从铸造研究到精密机械研究的专业转型。

时值三年困难时期，因为吃不饱，姜文汉常常从食堂走回办公室就已经饿了，很多体弱的同事甚至无法进行脑力劳动。在这种食不果腹的情况下，

◆ 姜文汉（左二）早期工作照

姜文汉仍坚持科研实验，终于探索出了测量1毫米小孔内壁表面光洁度的新方法，最终掌握了研制宝石轴承的方法，出色地完成了科研任务。

长期营养不良加睡眠不足，完成任务时的姜文汉已是形销骨立、眼窝深陷。旁人看他这副样子都嗟叹不已，说想不到搞科研比卖力气还苦。姜文汉自己其实只觉得过瘾，用他的话说，“一旦真进了角色，其乐无穷”。

迈向自适应光学

1971年，由于三线建设的需要，姜文汉全家从东北迁至四川省大邑县的雾山山沟里，在此建设光电技术研究所。

此时的姜文汉再度听从国家安排，放弃本已轻车熟路的精密机械研究，转而负责研发弹道相机。仅仅两年，我国第一台固定式弹道测量设备就在此地诞生了。其后，为研发制造大规模集成电路的关键设备——光刻机，服从安排的姜文汉又一次跨界，从零学起，研发光刻机。两年后，中国第一台接近/接触式光刻机也诞生了。

事业上连年告捷，姜文汉却总觉得不够过瘾。在信息闭塞的山沟里，工作之余，他仍坚持搜罗所能得到的新科技期刊。一个充满挑战同时也极具诱惑力的新兴课题引发了他的关注——自适应光学。

1609年，伽利略发明光学望远镜并用于天体观测。自此，人类才得以观测到更遥远、更暗弱的天体，把视野投射到宇宙的深邃之处。当时，伽利略望远镜口径只有5厘米。从理论上讲，望远镜的口径越大，其分辨率就越高。于是在其后数十年间，人们热衷于建造口径更大的望远镜，以期看到更为清晰的宇宙。

然而，宇宙仿佛不希望被人类看得太清楚。在科学界欢欣振奋之时，一个始料未及的现象不期发生。天文学家发现，在实际的星体观测中，由于大气湍流的影响，大口径光学望远镜的实际分辨率远远达不到最佳状态。一个口径为数米的大型光学望远镜，其实际成像分辨率不比小望远镜好，所观测到的星体由于受到大气湍流的影响，呈现出一片模糊且不断抖动的图像。

何谓大气湍流？大气湍流就是大气层中空气密度的无规则起伏。说白了，大气层虽肉眼难见，但它有疏有密，且随时流动着，是一种不均匀且不稳定的介质。

大气层就好像一块极厚的玻璃，这块玻璃充满杂质、各处的密度不同又时时变化，透过它来看星星，势必给通过望远镜观测的结果带来巨大失真。

大气动态干扰的难题始终困扰着天文界，即便是大科学家牛顿对此也无能为力。在出版于18世纪初的《光学》一书中，牛顿描述了望远镜的实际观测分辨率因受大气湍流影响而大大降低的现象。他认为这一现象没法克服，曾沮丧地说，“唯一的好办法，是寻找宁静的大气，在耸立在云层之上的山巅上，也许能找到这样的大气”。事实上，在牛顿发表这一观点之后的两百年间，解决大气湍流这一问题的可能性仍处于锁死状态。

直到20世纪，随着科学技术的不断发展，人们才有勇气重新面对这一难题。1953年，美国天文学家霍勒斯·拜勒库克首次提出用实时测量和校正动态波前误差的办法获得清晰图像的构想，这成为自适应光学最初的设想。但这一设想所需的技术却远超当时的发展水平，只有美国军方在“星球大战计划”中研发这项技术。姜文汉得知这一科学进展后，被深深吸引了。

他认为自适应光学实时校正波前误差的构想，为解决困扰光学界几百年的难题提供了思路，将为光学系统在各种不良环境下的应用打开新的途径，必然将在军用和民用领域有广阔的应用前景。为此，姜文汉准备自己去开展这个新领域的研究。自适应光学是综合光、机、电、计算技术的新技术，与原来的工作相比，综合性更强，难度更大，不仅国内没人研究，国际上也只有刚刚发表的几篇文章。以往转行跨专业，都是国家安排，眼下这次转行是自己的选择，很可能因长期出不了成果坐“冷板凳”。虽然说这是个千载难逢的好机会，但姜文汉还是有些犹豫。

此时，姜文汉得到了爱人凌宁的支持。她分析此事，认为即便在短时间内出不了成果，但国家早晚会需要这种技术，即便研究不成功，至少也给国家开辟了一个新学科。分析至此，原本就是姜文汉大学同学的凌宁主动请缨加入研发团队——如果非要坐“冷板凳”，那就两人一起坐好了。

在爱人的鼓励下，姜文汉组织了几位同志，在所里的支持下白手起家。当时，光电所正往成都郊区的牧马山转移。牧马山是一片荒地，只有一些用作养蚕、养鸡的平房。道路是泥土路，一下雨就一片泥泞，因此行动时只能穿高筒雨靴。大家自己动手，把原来养蚕的平房进行改造，贴墙纸，铺塑料地板，没有光学实验平台就找一块厚钢板，下面垫上沙子做减振。就这样，我国第一个自适应光学实验室建成了。

攻克世界级难题

由于这是一项全新的工作，姜文汉团队只能边学习边工作，遇到问题就大家一起讨论。第一步是要建立有关的单元技术，这需要有一个“带动目标”。他们先确定的带动目标是建立一套最简单的校正大气湍流误差的自适应光学系统。系统采用动态剪切干涉仪（作为波前传感器）来实时测量波前畸变，并使用21单元变形反射镜（作为波前校正器）对波前进行校正，并将两者内置于一台口径为300毫米的望远镜内，对几百米室外光路进行大气湍流校正实验。以此为牵引，姜文汉团队分头建立各项单元技术，同时密切注意可能的应用，使建立的单元技术尽快在应用中得到检验和提高。

这时，中国科学院上海光机所正在建立我国第一套激光核聚变系统。脉冲激光经过上百米的光路，被放大成为高功率的强脉冲激光，然后聚焦到装有核聚变材料的靶球上，产生高温高压引发核聚变。上百米的光路中，光学器件的制造偏差及调校不准确，大大降低了到达靶面激光的能量密度。上海的同志发现了姜文汉团队正在进行的工作，就提请他们考虑能否用自适应光学来校正激光核聚变系统的误差问题。经过分析，姜文汉发现这个系统中的波前误差基本上是静态的，用团队刚研制的变形反射镜加上比较简单的控制系统就可以完成，因此接受了这个任务。

经过两年的努力，姜文汉团队完成了“神光Ⅰ”激光核聚变装置的自适应光学系统研究。经过试验，靶上峰值功率密度提高了3倍，效果显著。这是世界上第一套用于激光核聚变装置光束质量校正的自适应光学系统。6年以后，美国劳伦斯·利弗摩尔实验室在他们的激光核聚变装置上也研制了自适应光学系统，并在报告中称这是中国人首先使用的方法。自此以后，自适应光学系统成为世界上激光核聚变系统的标配。

1987年，校正大气湍流动态误差的自适应光学系统也试验成功。这是中国第一次实现动态波前误差的实时校正。这一成果在《光学学报》上发表后，美国技术情报局立即将其全文翻译。1990年，姜文汉在海牙参加一个光学国际会议时，美国光学学会会长理查德·L.艾布拉姆斯（Richard L.Abrams）教授说："关于自适应光学应用的事，我们已经说了很多年，但真正的工作开展得并不多，而中国同行却踏踏实实地努力并取得了明显的进步。"

◆ 1990年，姜文汉（右）工作照

如今，自适应光学技术不仅在光学望远镜高分辨率探测系统中得到应用，还扩展到活体人眼视网膜观测、天地激光通信、太阳高分辨率观测、激光大气传输、激光光束质量校正等多个领域。这些成果不仅提升了我国在自适应光学领域的国际地位，也为科学研究、天文观测和实际应用等带来了重要的意义和价值。

姜文汉的三次转型，两次是响应国家号召，一次是主动为国家贡献智慧，都充分展现了他作为科学家的崇高精神。他不仅拥有深厚的学术造诣，更有着强烈的爱国情怀和使命感。在科研道路上，他始终坚持以国家需求为导向，勇于探索、敢于创新，为我国自适应光学技术的发展作出了杰出贡献。姜文汉所展现的科学家精神，正持续激励着后来的科研工作者们，引领他们不断前行，在科学的殿堂里书写新的辉煌篇章。

（文/孙奥麟）

黄尚廉

光电仪器科学梦 痴心不改追梦人

科学家语录

静以研修，行以至诚，科学之真谛在于求是！

黄尚廉（1936年8月—2008年7月），四川乐山人，光电技术与精密仪器及机械著名专家，中国工程院院士。1954年毕业于重庆大学机械工程系并留校任教。曾任重庆大学光电技术研究室主任、光电精密机械研究所所长、光电精密仪器系系主任、光电技术及系统国家教委开放实验室主任等职务。毕生致力于精密仪器及机械、光电技术与系统的研究及教学工作。1965年在重庆大学建立了提高光栅测角系统测角精度的理论体系，首创环形光导纤维束莫尔条纹全接收系统，研制出0.1角秒高精度光电圆刻线机，刻出的圆光栅精度达到国际先进水平。1984—1990年，指导学生完成了国家“863”项目“AV-100表格自动阅读机”的研究，获得国际领先水平的成果，并成功应用于第四次全国人口普查。1987年赴英国从事光纤传感技术研究，回国后，带领团队提出了完善的光纤分布式拉曼温敏理论。荣获各类科技成果奖17项（其中包括国家奖2项、省市部委奖15项），拥有国家发明专利5项，为我国光电与精密仪器领域的科技进步作出了杰出贡献。

从“两弹一星”到潜海探月，从高端装备到精密仪器……中华人民共和国成立以来，包括黄尚廉在内的无数科研工作者，不怕困难、勇于创新，为我国科技自立自强作出了重大贡献，为提升我国国际竞争力奠定了坚实基础。

我国的光电研究起步较晚，20世纪50年代才开创光学工程。但随着光电研究的迅速发展，我国光电技术的若干分支领域已在国际上占有一席之地，甚至在某些领域的应用研究达到了国际先进水平。这些成绩的取得，离不开光电专家们在勇攀科技高峰道路上艰苦卓绝的奋斗。

著名仪器科学与技术和光学工程专家黄尚廉跻身其中，他是引领光电技术发展的佼佼者，50多年如一日，紧紧围绕国家战略、市场需求，不断攻克代表国际先进水平的核心技术难题；他也是甘为人梯的铺路石，以身作则、教书育人，既当严师，也为慈师，引导学生树立正确的价值观，深受广大师生的钦敬与爱戴。

围绕国家战略和市场需求搞科研

凌云山下，三江汇流；知者乐水，仁者乐山。1936年夏，黄尚廉出生在四川省乐山市。这是一个多么好的地方啊！偏居内地、人文荟萃、风景秀丽，但在当时祖国实力孱弱的境况下，这里同样不能免于侵略者铁蹄的践踏。1939年的一天，日军飞机投下了大量炸弹，乐山瓦砾遍地，这幅悲惨之景，让黄尚廉久久不能释怀。

1940年，黄尚廉入读东山小学。当时，华中重镇武汉已经沦于敌手，学校的老师大多是武汉大学西迁流亡而来的。一天晚上，师生们围坐在篝火旁，齐声高唱岳飞的《满江红》，欢送一位老师赴东北参加抗日义勇军，这位老师在歌声伴唱下舞起利剑，这幅悲壮之景，令黄尚廉落下了滚烫的眼泪。

为什么我们会被列强欺负？为什么赶走了日本人，老百姓的日子还是那么苦？幼小的黄尚廉一直在思考这些问题。直到新中国成立后，他才明白其中的深刻原因。“我一定要为祖国的强盛和人民的富裕而奋斗！”从此，黄尚廉坚定了这一宗旨和目标。

1954年大学毕业后，结合自己的专业特长，黄尚廉进一步明确了人生目标："我不能像士兵那样冲锋陷阵，也不能像企业家那样带领人们发家致富。但我不仅是科研工作者，也是人民教师，我可以攻克科技难题，可以为祖国培养人才，我同样能够为富国强民贡献自己的力量啊！"

1978年，随着全国科学大会的召开，我国的科技工作迎来了"科学的春天"。面对我国精密机械测量领域亟待填补的空白和急切需求，黄尚廉终于可以大显身手，他带领团队开启了高精度光电圆刻线机的研究。在总体设计方案上，他大胆提出采用光导纤维全接收系统，以及高精度空气静压轴系及无机械传动的转速自动调节系统，同时建立了一种采用光导纤维全接收技术提高光栅测角系统精度的创新理论，这在当时引起了国内外的巨大反响。经过8年的艰苦努力，高精度光电圆刻线机终于研制成功，刻出的圆光栅精度达到0.1角秒，处于国内外领先水平。

进入20世纪90年代，黄尚廉开始思考科技工作怎样面向市场和服务产业的问题。1997年，我国进行了第一次全国农业普查，这次普查工作史无前例地涉及我国2.3亿农户和8亿多农民。国家统计局决定采用光电录入技术，并公开向国内外研究机构及企业招标。

重庆大学的自动光电录入机在与美国和日本公司的产品竞争中脱颖而出，占据了农业普查光电录入70%以上的份额。这正是得益于黄尚廉团队多年来面向市场、面向用户，以产品为中心开展了创造性研究。他们攻克了成套关键技术，使产品的识别精度与速度远远优于国外的同类产品，而且价格便宜得多。该创新技术创造了三个世界之最：处理数据量世界之最、普查规模世界之最、光电录

◆ 黄尚廉查阅文献资料

入规模世界之最。该技术也获得了国家统计局、联合国粮农组织，以及美国、日本、法国、德国、意大利等国家的官员和专家们的高度评价。基于该技术生产的表格自动阅读机已广泛应用于统计、计生、教育、民政、公安等部门。

黄尚廉认为，科学研究一定要围绕国家战略和市场需求来开展。“我们没有自己的核心技术，处处受制于人，这是我们科技界的悲哀！我们一定要下定决心，攻克关键核心技术！”

当前，科学技术在塑造世界政治经济格局、改变国家力量对比方面的决定性作用愈加凸显，已成为大国博弈的核心领域。黄尚廉的这些观念和行动展现出了卓越的前瞻性，具有极其重大的现实意义。

一个地球仪成为高尚师德的实物见证

2023年6月27日，由重庆大学党委宣传部、纪检监察部门等联合创作的廉洁教育视频《礼·勿》在学校放映，不少学生看后十分感动。《礼·勿》

◆ 1992年，黄尚廉（左）指导博士研究生科研工作

的主人公正是黄尚廉。

某一年春节，一位学生将一个地球仪送到黄尚廉家中表示感谢。黄尚廉出差在外并不知情，回来看到后，一向温和的他十分生气。“平时在课堂上，或在生活中，我一再强调，我的规矩是不收学生的礼物，同学们咋就记不住呢？”

看着精美的地球仪，黄尚廉严肃地对夫人冯瑞金说：“等他们毕业了，如果想回学校看望我们这些老师，这番心意我一定领，我一定收，但一定不要送我礼物。”考虑到若生硬地直接把礼物退给学生，有伤师生情谊，也无法挽回学生的经济损失，于是，他和夫人了解到价格后，将地球仪换算成现金还给了学生。黄尚廉逝世后，这个地球仪由其夫人捐赠至重庆大学“立德树人”展览馆，这已成为黄尚廉清正廉洁的重要实物见证。

尚廉，顾名思义，崇尚廉洁。黄尚廉既是一名科学家，也是一位承担立德树人责任的高校教师。黄尚廉既是院士，也是国务院学位委员会学科评议组召集人。每当评院士、评学位点时，难免有单位或个人想送钱送礼。但黄尚廉义正词严地说：“我的名字就是我的人生准则，它铸就了我一生廉洁，不贪不占。”

有一年，某学校的副校长为了评博士点的事来拜访黄尚廉，说送点他们学校的小礼物。黄尚廉心想，礼物应该是学校的文化宣传品之类，就没有介意。

但当这位副校长离去后，黄尚廉一打开盒子，愣住了。原来，朴实无华的包装盒里面竟然放着一支金表，上面还挂着9888元的价目单和发票。黄尚廉说：“这哪是他说的啥子小礼物！这是奢侈品，退给他！退给他！”

黄尚廉当即拨打电话，让对方把送的礼物拿回去。但那位副校长迟迟不来，黄尚廉便直接把这金表送到招待所，并批评了他。

黄尚廉淡泊名利，廉洁奉公。每当听到贫困学生生活困难时，他总是心意难平并慷慨相助。“不少学生不是不愿意学习，而是生活太困难了，分散了学习精力，影响了成绩。”后来，他与夫人商量，决定每年拿出1万元，在重庆大学光电工程学院设立优秀贫困学生奖学金，鼓励贫困学生人穷志不穷，力争努力学习成才。

躺在病床上、趴在床头柜上写完论文

科技创新既是智力活动，也是体力活动。长期高强度的科研工作和繁重的教学任务，让黄尚廉付出了巨大代价。这个代价不仅仅有脑力的严重消耗，还有身体健康的严重透支。

早在1964年，不满30岁的黄尚廉就因病痛而被送进医院，经检查，诊断为严重风湿性心脏病，包括心脏二尖瓣及主动脉狭窄闭锁不全。1980年，长期艰苦的工作导致黄尚廉再次住进了医院。在经过高压电除颤治疗以后，他躺在病床上、趴在床头柜上坚持写完论文《计量光栅技术应用现状与发展动向》。发表这篇论文的杂志主编在了解到这一情况后，深受感动，亲笔给黄尚廉写来了慰问信。

出院时，医生下了“全休”的医嘱。但他回校后立即投入圆刻线机的研制工作。由于四处奔走解决技术难题导致休息严重不足，他的身体机能不能迅速恢复。1982年，在苏州参加会议期间，黄尚廉乘坐从苏州至上海的列车时，因疲劳过度再次病倒，被送到上海某医院。

医生要求住院，但黄尚廉坚持要赶回学校，医务人员只好用担架把他送上了飞机。回到重庆大学后，他对来看望自己的同志说：“我一下子是死不了的，我觉得有一种精神力量支撑着我，我不可能一下子死去。”

在高精度圆刻线机研制的最后冲刺阶段，他的心脏难以承受超负荷运转的压力。在他的心脏出现第二次心房纤颤后，医生再也无法使它恢复到正常人的节律，这导致他难以坚持正常工作。从教室到宿舍短短几百米的路程，他也要在途中停下休息三四次，但即使在这种情况下，他仍咬牙坚持工作。

1983年新年刚过，黄尚廉终于坚持不住了，早上刚开门就倒在了地上。经第三军医大学附属第二医院检查和专家会诊，确定为亚急性细菌性心内膜炎引起的脑血栓，极有可能导致下肢瘫痪。要解除病患，必须进行心脏瓣膜移植手术，否则只有躺在床上保守治疗。

在病床上，他仍在赶写参加国际学术会议的论文，他对自己的首届博士研究生饶云江说："你们都应当站在我的肩上，攀上去，比我强，国家才有希望。"在医护人员们的齐心努力下，黄尚廉重新站起来了，开启了新的人生奋斗进程。

1995年，黄尚廉被评为中国工程院院士。此后，他每年亲自参与的科研项目仍在20个左右。71岁那年，黄尚廉在接受媒体采访时说："国家对院士没有硬性的退休标准。只要身体允许，我就会一直工作。"他偶尔也想清闲一下，但从没想过退休，他要一直为国家工作。

2008年7月21日，黄尚廉因病医治无效，永远地离开了我们，享年72岁。黄尚廉虽然停止了他热爱的工作，但他"拼命三郎"的科学奉献事迹和不畏艰险的拼搏精神，将永远激励着我们一代代青年继续前进，继续追求科学之光。

（文/陈仕印）

涂铭旌 材料人生永拓新 千锤百炼惠人民

涂铭旌（1928年11月—2019年1月），四川巴县（现重庆市巴南区）人，金属材料与热处理专家，中国工程院院士。1947-1951年就读于同济大学，先后在哈尔滨工业大学、北京钢铁学院（现北京科技大学）和德国卡尔斯鲁厄大学深造。曾任西安交通大学材料工程系主任、金属材料强度所所长、成都科技大学（后并入四川大学）高新技术研究院院长等职务。牵头筹建了最早的反应堆材料专业，倾力培育人才，为我国核能事业及材料专业的学科建设和改革作出了重要贡献。因地制宜筹划和确立了"利用四川丰富的稀土钒钛资源，大力研究开发功能材料"的研究方向并取得丰硕成果，提出了包括"关于大力发展四川稀土产业的建议"等一系列切实有效的政策建议和方案，为成渝地区的经济、产业高质量发展提供了重要科技支撑。荣获国家科学技术进步奖二等奖、国家自然科学奖三等奖、国家科学技术进步奖三等奖各1项，省、部级成果奖10余项。

科学家语录

做科研、搞产业，要做就要做第一。

“涛声不断歌不断，回声荡漾白云间啰。高峡风光看不尽哪，轻舟飞过万重山啰。”一曲《川江号子》，一首生命之歌，曲调高亢激越。四川、重庆的长江航道，山势险峻，水急滩多。船工们穿行高峡间，拉着纤绳，喊着川江号子，涉险滩、斗恶水，激流勇进。

涂铭旌，故乡在四川巴县，生活在长江边，从小听着川江号子长大。年少出川求学，青年西迁报国，老年回川服务桑梓，激昂的川江号子在他的耳边萦绕，在他的心里回荡，激励着他一次次不畏科学领域的险滩恶水激流勇进，勇闯材料科技“少人区”。

开启材料人生

1947年，涂铭旌就入读同济大学机械系。大学求学的前两年，涂铭旌一直有个疑问：“振兴工业研究是靠机器设计，还是靠创新工艺？”当他念完大二，两次偶然的工厂实习经历帮助他找到了问题的答案。

1949年8月，涂铭旌和同学们一起到上海工具厂实习。在工厂车间里，他偶然看到高速钢刀具经过高温加热烧红后在油中冷却，由软变硬，最后变为锋钢，从此涂铭旌开始对钢铁热处理工艺产生了极大兴趣。

之后不久，当涂铭旌在参观上海纺织机械厂热处理车间时，几对三牙轮钻头引起了他的注意。工人告诉他，这是马上就要用飞机运到新疆的克拉玛依油田去钻井的。这些钻头只有经过用牛骨头碳粉装箱在900摄氏度高温表面渗碳淬火的硬化工艺后，才能用来钻破坚硬的岩石，打几千米深的油井。

这一系列课上和书本中都没有学过的、只有在车间和生产线上才能学到的技术，激发了涂铭旌对材料工艺的浓厚兴趣，涂铭旌不禁赞道：“神奇啊，真是太神奇了！”

1951年上半年，在临近大学毕业之际，涂铭旌做了一个令老师和同学都深感意外的决定：申请做材料工艺方向的毕业设计。

当时涂铭旌所在的47届机械系，一共有五十多名毕业生，同学们都申请做机械方向的毕业设计。唯有涂铭旌“特立独行”，他申请的毕业论文题目是“钢的热处理”，同时他还请到了从瑞士留学归国的专家李国华教授做指导老师。最终，涂铭旌的这一举动得到了老师们的理解，并获得了系主任的特批。在李国华教授的悉心指导下，涂铭旌用半年的时间完成了10万字的毕业论文，并获得了96分的好成绩。这篇论文后来被整理成书出版，这也是我国第一本关于钢的热处理研究的图书。

回川"二次创业"

在青城山老君洞的墙壁上，篆刻着一句话："我命由我不由天"。这是道教的重要教义，从现代社会来看，这也是一种高扬理性主义的积极人生观。

回川开启"二次创业"的涂铭旌，有次在游览青城山时看到这句话，触动很深。

1988年，60岁的涂铭旌辞别西安交通大学（以下简称"西安交大"），调入成都科技大学任高新技术研究院院长。

在涂铭旌的老家，有"老来不学艺"的说法。但涂铭旌却不以为然，在他心里，荣归故里不重要，重要的是能以自己所学的知识和能力回报家乡。

30年前，第一次创业的情景，在涂铭旌的脑海里一次次回溯。

1958年暑假，交通大学（现上海交通大学）动力系等院系开始陆续西迁。在交通大学任教的涂铭旌积极响应国家号召，义无反顾带着半岁的女儿坐上了西行的火车奔赴西安，之后，他就在西安交大扎根了30年。

在西安交大的30年里，涂铭旌与师生们多次到工厂锤炼，在百废待兴的年月里完成了关于"金属材料强度问题"的3篇重磅研究文章，作为主研人员协助周惠久院士创立金属材料强度理论，创建西安交大金属材料强度国家重点实验室，获得国家科学技术进步奖……

30年后的1988年，他又登上了回成都的火车。新的人生篇章开启了，涂铭旌也曾焦虑不安，但他有的是信心和勇气。回首这一时期的生活时，他这样说："面临着老来'二次创业'的挑战，还将面临新的'生存能力'的巨大考验。过去的研究专长，可能无用；曾拥有的研究所的管理经验，也将会失效。如今离开的是一个参与建设多年的国家重点实验室。那可是一流的实验设备、优越的研究条件啊！迎面而到的却是专业基础薄弱、科研经费严重不足，困难重重的'险境'，从此，我将迈步从头越。"

他鼓励自己："不靠神仙和皇帝，靠自己。如果自己一个人不行，就慢慢招研究生，跟学生们一起，一个问题一个问题去克服。"

怀着"靠山吃山，靠水吃水；一方水土，养育一方人"的信念，涂铭旌毅然决然离开了做了一辈子的结构材料和钢铁材料的研究，转向功能材料的研究，尝试少有人问津的轻稀土研究这个"少人区"。

当时，成都科技大学的稀土研究刚起步，严重缺乏稀土永磁材料的相关资料。为了解决这一难题，涂铭旌走遍了成都的各大图书馆，翻看各种磁性材料相关书刊。有一回，涂铭旌听说绵阳西南应用磁学研究所设有一个磁学情报室，里面收藏了大量的相关文献，他就多次自费前往去阅读和搜集资料。

刚到成都科技大学时，由于学科建设不完备，涂铭旌甚至没有自己的实验室。他找到第五教学楼里靠近厕所的杂物间，腾出一间27平方米的空房作为实验室。自己掏腰包，主动走出去，寻找合作的校外企业、科研单位，硬是从27平方米起家为学校的磁性材料研究奠定了基础。

仅用了几年时间，涂铭旌便带领团队建成了四川省稀土材料及应用工程研究中心，承担了一大批国家"863"计划新材料项目和国家重大科技专项课题。他带领的学科先后获得金属材料及热处理专业博士授权点、纳米材料与纳米技术专业博士授权点，并先后被评为国家重点学科和一级国家重点学科。

1995年，先后获得多项国家自然科学奖、国家科学技术进步奖和省部级成果奖，拥有30余项发明专利的涂铭旌当选中国工程院院士。

◆ 2004年，涂铭旌（右）与时任同济大学校长万钢（左）讨论燃料电池与电动汽车中的新材料开发

应用为本

上大学的时候，涂铭旌曾被同学们戏称为“啃书匠”。后来，他果断抛弃了“死读书、读死书”的做法，积极投身工程实践中。

1967年，在陕西宝鸡虢镇的兵器615厂（现陕西北方动力有限责任公司）接受“再教育”的涂铭旌，对应用为本有了更深刻的感悟。

615厂是从上海搬迁到虢镇的，当时有很多精通锻造工艺的老师傅也随着工厂一起来到了虢镇。涂铭旌发现，他在车间里用的模具很容易掉牙，有一次，“嘣”的一声，螺丝就滚出来了。涂铭旌专门去请教一个上海来的八级老师傅，想请师傅告诉他一点绝招。老师傅告诉他四个字：三镦三拔。何为三镦三拔呢？老师傅又接着解释道：“一块钢，锯下来以后要把它打扁，打扁后再合过来把它拔长。这不就跟揉面是一个道理吗？再来一次，又镦又拔，如此反复三次就好了。”老师傅质朴简明的话语启发了涂铭施，他终于明白模具掉牙的关键在哪里了。

回忆起这件往事，涂铭旌依然很有感触：“‘三镦三拔’让我也悟出一个道理。孙悟空在太上老君的炼丹炉里经历七七四十九天，终于练就了一双火眼金睛，脱胎换骨了。人生也是那样，要锻炼，要‘三镦三拔’，做学问和做人更要讲求‘三镦三拔’。”

在之后的学习、工作中，涂铭旌先后在哈尔滨工具厂、鞍山钢铁厂、上海机床厂、长春第一汽车厂、洛阳拖拉机厂以及渭阳柴油机厂等几十家工厂的生产一线锤炼，用宝贵的实践经验，更好地回馈和指导自己的科学研究。

涂铭旌认为，新时期的工程科学研究不应是纯理论的，更不仅仅是为了发表论文、申报专利，而是要面向实际应用，努力将研究成果转化，实现产品化、商品化，并最终取得经济效益。

长期以来，四川省稀土资源开发相对落后，极大地影响和制约了四川稀土产业由资源优势向产品优势、市场优势和经济优势的转化。涂铭旌认为，只有坚持应用为本，深入了解材料产业的实际需求与发展方向，才能开展应用研究以解决具体问题。

◆ 2004年，涂铭旌（中）在东方汽轮机厂作“纳米技术与科技革命”报告

正因为如此，涂铭旌的科研成果转化硕果累累。他率先在国内外提出利用四川提铈提钕后无钕的镧镨铈（LPC）的混合稀土金属，开发低成本、常温及低温性能优异的贮氢合金及镍氢动力电池，研制出了无钕贮氢合金及镍氢动力电池并通过省级鉴定，此项成果荣获2001年度总装备部科技进步二等奖。

涂铭旌以战略科学家的眼光，针对四川的经济发展，提出了大力发展四川稀土产业、制定纳米稀土发展规划、深度开发攀西钒钛资源等建议，得到四川省及地方各部门的广泛采纳，产生了极大的经济效益和社会效益。

他在国内率先利用冷压热固和热压工艺制成了高性能复合永磁，并在原银河复合材料厂实现产业化。2010年，成都银河磁体公司上市，当时的市值达到40亿元人民币。

涂铭旌取得的累累硕果离不开他的“四个坚持”：坚持与生产实践相结合，坚持材料科技为区域经济发展服务，坚持科技成果实现产品化、商品化、示范产业化和规模生产效益化，坚持走政、产、学、研、资、用相结合的协同创新道路。

（文/陈伟）

曾苏民 垦荒模锻奠基石 攻坚克难为国强

曾苏民（1932年2月—2015年11月），湖南双峰人，金属材料加工专家，中国工程院院士，我国现代模锻技术的开拓者。1950年毕业于国立中央技术学校长沙分校，并进入沈阳东北重工业部有色局基建处工作。1953年赴苏联乌拉尔卡明斯克铝加工厂学习。1966年被调到重庆筹建西南铝加工厂（现西南铝业集团有限责任公司）。曾任西南大学材料研究所所长，西南大学材料科学与工程学院名誉院长等职务。长期从事精密模锻工程技术研究工作，解决了许多压力加工中的重大技术难题；研制出了快速模锻、复合包套模锻、亚等温模锻等新工艺；开发出了一系列铝合金品种，用于波音飞机等；研究出了锻件热处理技术，将国产模锻件推向国际市场。他主持的“TC11钛合金材料盘模锻件的工艺研究”获1987年国家科学技术进步奖一等奖，“YL型烟气轮机用GH132合金大型涡轮盘和K213合金精铸叶片的研制”获1990年国家科学技术进步奖二等奖。

科学家语录

祖国需要，边学边干，边干边创，创出辉煌！

曾苏民是新中国第一代航空航天金属材料专家，是新中国第一架飞机、第一颗原子弹、第一颗氢弹、第一颗卫星、第一枚长征火箭、第一枚洲际导弹、第一艘神舟飞船等大国重器的主体结构关键材料的研制者之一。

他率先开发出中国镁合金军工产品，开创了中国镁合金军工应用的先河；率先研制出具有国际先进水平的钛合金模锻件；率先研制出应用于航空发动机的模锻件；他创造出20多项属国际首创或国内首创的新工艺，其中属于国际首创的代表性新工艺有9项。他长期奋战在国家重点工程、新材料研制和生产的第一线，主要研究金属压力加工及热处理，完成了铝合金、镁合金、钛合金、镍基高温合金、铁基高温合金、不锈钢等领域几十项国家级研究项目，创造出20多项国际领先的新工艺，开发出100多种国际一流水平的新产品，累计创造经济效益数十亿元。

手抄400多页的《压力加工原理》

1953年6月，曾苏民赴苏联乌拉尔市卡明斯克铝加工厂学习，于1955年1月学成归国。人们不禁会问，一个没有读过正规大学的普通企业的科研人员，如何能成为新中国第一代金属材料专家，成为新中国现代铝合金模锻技术的开拓者？

获得众多荣誉的曾苏民，在谈到自身的经历时说：“成才全靠自己，一是要自立，二是要自强，关键在于有坚强毅力。”在苏联的学习生涯中，曾苏民几乎把所有时间都放在学习和科研上。这段留苏经历不仅让曾苏民的科研能力得到了系统性训练，也进一步强化了他自强不息的探索精神。

1953年7月，曾苏民等赴苏学习人员抵达莫斯科时，苏联又向我方提出，为了生产军用飞机，必须增建一个模锻车间。听了苏方的建议后，我方将计划调整，指定曾苏民按计划学习3个月的挤压技术与工艺之后，重点学习航空航天材料加工技术中最核心的模锻技术和工艺。

留苏学习时间的安排十分紧张。学习者要在近两年的时间里学完专业理论基础知识，并且要能够独立设计实践活动，从而达到能独立开展本专业工作的目标，这对每个学员都是很大的挑战。白天，课程满满；晚上，做作业到深夜；做完作业，还要预习第二天的功课。

除此之外，曾苏民还要准备第二天向老师请教的问题。这些问题中，有的是课堂上没有完全弄懂的，有的是自己在相关的课外书籍里寻找到的。为了拓展自己的知识，他经常在节假日去图书馆看书。卡明斯克铝加工厂有图书馆，乌拉尔市也有图书馆，他是这两个图书馆的常客。曾苏民在图书馆一待就是一整天，中午不回寝室，午饭靠干粮解决。

在图书馆里，曾苏民发现了一位权威专家的著作——《压力加工原理》。这部著作共400多页，定价110卢布。“我的天！这些钱够我吃半个月了，干脆我来手抄吧！”曾苏民连续抄了一个多月，抄回去就死“啃”。经过一番“猛啃”“咀嚼”“吞咽”，经典著作中的“硬骨头”持续不断地被消化，变成了曾苏民的“营养”。一个周六的晚上，图书管理员走到他面前，用生硬的汉语打招呼：“中国孩子，您好！您不想睡觉吗？”并撩开袖子，把手表亮到曾苏民眼前，曾苏民抬头一看：“啊？10点多了，对不起，弗拉基米尔先生。”环顾四周，空无一人，别处的灯早已熄灭，曾苏民匆匆走出图书馆……

1955年1月，包括曾苏民在内的38名中国学员结业了，全部合格。在不到两年的时间里，曾苏民系统学习了熔铸、挤压、模锻等核心知识，为他毕生从事材料加工事业打下了坚实的理论基础，上百次的实践活动也丰富了他的工作经验。同时，他写出了16万字的学习报告，被我国驻苏大使馆评为优秀学员（共4名）。

12天完成氢弹外壳生产

学成回国后的近60年里，曾苏民一直拼搏在国家重点型号工程材料研制第一线，并幸运地参与了“两弹一星”科技攻关的整个过程。

在哈尔滨的101厂（东北轻合金加工厂），曾苏民在万吨水压机上成功地研制出我国第一颗原子弹的外壳后名声大振，“锻件王”的头衔上又加了一道“国防功臣”的光环。他还来不及总结成功的经验，一项光荣而艰巨的新任务又落到了他的肩上。

1964年11月的一天，曾苏民早早来到办公室，开始了他一天的工作。突然，电话铃响了。厂长在电话那头告诉他："中央有关部委又下达给101厂一个紧急任务，生产氢弹外壳，12天内务必完成任务，这项光荣的任务就交给你了。"

"行，没问题！"别看他答应得轻松，其实要完成这项任务并非那么容易。尽管牵头负责这项任务的曾苏民此前参与过原子弹部分关键材料的研制，但这么大尺寸的材料，当时整个中国都还没制造过，模具和炉子都是大问题。

12天就连模具钢都调不来，更别说制模具；模具那么大，现制作都要花费很长时间；炉子要大，目前厂里没有，如果临时拆装这样的炉子，至少需要3个月；工序有几十道之多，但总的时间只有12天。种种问题让曾苏民寝食难安。

对此，曾苏民做了两手准备。一方面，按照常规工作模式去准备，虽然常规模式效率低下，导致时间不够，12天很可能完不成任务，但他认为常规模式不能放弃，必须要去尝试。于是他请坐镇的领导出面，去齐齐哈尔钢厂调取大型模具钢。在当时，一切都是按计划进行的，而计划在年前就安排好了，要调整计划有难度，像这样临时调运战略物资，实施起来非常困难。另一方面，曾苏民在现有基础上，就地取材，灵活应对，不等不靠，采取其他办法，一边做实验，一边筹备生产。但存在的问题之一是现有模具钢的高温强度不够，产品尺寸过大，采用常规模锻工艺时，锻压时的强大冲击力容易导致模具开裂或产品报废。现有的炉子没有做过这么大的产品，产品在加热时很难热透、热均匀；如果产品加热不均匀，被锻压时很容易出现裂纹或者直接报废。

接到任务的当晚，厂里就召开特别会议研究制造方案。会上，曾苏民提出"高料温、低模温"的新工艺方案，即待锻金属的温度要提高，模具钢的温度要降低，要比现在的标准降低一半，避免模具钢因高温强度不够导致模具开裂或产品报废的问题，还可以争抢时间和工作进度。但风险是坯料温度提高有可能引起微观组织过烧，导致产品性能大幅下降。风险虽然存在，但只要措施得当，风险完全可控，最终方案得到通过。

会后，曾苏民立即作出周密部署，全方位启动工作。从绘制模具图到图纸审批，从调运普通钢坯到模具安装到位，48道工序在一天内全部完成。在生产中，人员分作几批，日夜连轴转。仅仅10天，圆满完成氢弹外壳的生产任务，为中国第一颗氢弹的成功引爆提供了关键保障。

要从20分努力考到100分

20世纪60年代，曾苏民被调到重庆筹建西南铝加工厂（以下简称“西南铝”）。随后的四五十年，他在工作上创新如初。面对技术挑战，他始终不低头、不服输，敢琢磨、敢钻研，攻克了上百个技术难题，并于1999年当选为中国工程院院士。

曾苏民当选院士的第二天，西南铝就在他的办公室门楣上方换上了“工程院院士”的牌子。他端详了一会儿，就平静地进去了，以后进出办公室，他再也没有当回事儿。曾苏民的办公室不大，大约只有18平方米，很难让人相信这就是院士的办公室。

西南铝是多所大学的大学生实习基地。大学生每次来这里实习，都要求了解当代的尖端技术，也希望一睹曾院士的风采。为此，西南铝专门安排了一堂课——“院士答疑”。

2000年9月的一天，中南大学的百位师生来了。“曾院士好！”一个学生首先提问，“我是航空系学生，今后也许有机会跟波音公司打交道。欣闻您曾多次访问波音公司，西南铝也一直与波音公司合作，能否介绍一下您的经验和感受？谢谢！”

“好的。经验谈不上啊，同学们。”曾苏民用他的湖南话说：

◆ 2000年5月，曾苏民在工作中

◆ 1997年12月，曾苏民在研讨工作中

“我就结合西南铝与波音公司这几年合作的实践，讲一讲体会吧。有人说，我们是发展中国家，不能同发达国家相比。有人常用这个作为理由原谅自己，但合作伙伴不会原谅你。”

“我们的成长就像从20分提升到100分的过程。假设第一次考试你考了20分。你发奋再考，老师给你打了40分。再发奋攻读，考了50分。这时你可能会哭鼻子，但老师仍板着脸。你再发奋，考了60分。老师又说，必须考100分，你可能想发火，但老师仍坚持标准寸步不让，你只能老老实实再努力。最后，你使出浑身解数，终于考了100分。这个时候，你笑了，老师也笑了。”

“跟波音公司合作的每一步都很难，前进的道路上布满了荆棘。只有唯一的一条路——摸索，创新。失败了就吸取教训，成功了就总结经验。把教训累积起来，铸造成前进路上的警示牌，把经验焊接起来，成为通向成功之门的天梯。”

从20分到100分，既是曾苏民对学生的殷切期待，也是他人生历程的真实写照。从1955年告别苏联卡明斯克铝加工厂，到1984年出任西南铝总工程师，再到1999年当选为中国工程院院士……无论是新中国第一批飞机的升空，卫星、火箭的上天，氢弹、原子弹的爆炸，还是神舟飞船、嫦娥二号的发射，这些重大事件无一例外都包含了曾苏民积极进取、攻坚克难的努力。

（文/陈仕印）

张兴栋 培植“真骨”拓新域 勇啃“硬骨”志不息

张兴栋（1938年4月— ），四川南充人，材料科学与工程学家、中国工程院院士、美国国家工程院外籍院士。1960年毕业于四川大学固体物理专业并留校任教，1972—1973年赴山东大学进修，1987—1988年赴英国玛丽皇后学院进修。曾任四川大学生物材料工程研究中心主任、国家生物材料工程技术研究中心主任、国际生物材料科学与工程学会联合会主席等职务。长期从事材料科学，特别是生物材料领域的科学研究。20世纪70年代，在国内率先研发出超硬材料立方氮化硼及其磨具和刀具，首创高强度人造多晶金刚石及其等离子喷涂钻头，对四川天然气开发和我国第一口6011米超深井钻探作出了重大贡献。20世纪90年代，发现材料可诱导骨形成，建立理论雏形，首创骨诱导人工骨并推广临床应用。21世纪初，发现材料可诱导软骨、韧带、中枢神经等非骨组织形成，提出“组织诱导性生物材料”新学说，作为首个中国定义被列入“21世纪生物材料定义”，被评价为“打破了材料不可能诱导组织再生的教条”“引领了中国和国际生物材料的开发”。2014年，当选为美国国家工程院外籍院士。荣获全国科学大会奖4项、国家科学技术进步奖二等奖、国家自然科学奖二等奖，以及4项国际奖项。

科学家语录

做任何事情，不仅要有恒心、有毅力，还要脸皮厚。

在很长一段时间内，医生在治疗骨缺损时，通常会使用某些金属、高分子等生物稳定性材料。如果这些材料发生腐蚀、性能衰退等问题，不仅会给患者带来痛苦，而且会长期以异物形式存在于患者体内，不利于骨缺损的长期修复。因此，研发一种可刺激人体再生新骨，实现骨缺损修复的人工骨材料一直是医学及生物材料科学追求的目标，但是传统观念认为无生命的生物材料不可能诱导骨再生。

中国工程院院士、四川大学教授张兴栋及其团队经过26年的努力，研究出了一种骨诱导性人工骨生物材料，把它植入人体后，能激活人体自身的修复功能，形成新的骨组织，既无排异反应，又可实现骨缺损的永久性修复。

简单来说，植入人工骨材料就是把一种医用磷酸钙生物陶瓷植入体内，隔段时间后，新骨会逐渐形成，陶瓷会慢慢消失，最终在患者体内形成新生骨，从而修复骨缺损。这种看似只能出现在科幻电影里的炫酷技术，因为“组织诱导性生物材料”新学说的问世，变成了现实。

从调皮少年到中美两国的工程院院士

张兴栋的求学之路非常励志。

爬树、下河、摸鱼、躲宿舍睡懒觉……张兴栋说自己初中的时候就是一个典型的“费头子”娃娃。他的寝室与教室之间只隔着一口天井，他常常直到听到老师的脚步声，才翻身起床，一跃翻进教室。当老师走进教室时，他已经坐得笔直开始晨读了。

到了初三，他突然醒悟，意识到再这样浑浑噩噩混日子，可能这辈子就完了。于是他发奋努力，以优异的成绩从成都七中初中部毕业，升入高中部。临近高考时，张兴栋把目标锁定在北京大学哲学系，但班主任却说：“祖国建设急需应用型人才，你应该去学理工科。”于是，张兴栋把志愿改为物理专业，最后考入四川大学物理系。

张兴栋的科研之路异常崎岖。

1983年，张兴栋跨行转入生物材料领域，这缘于四川医学院附属口腔医院（现四川大学华西口腔医院）的医生向他寻求合作。当时，他意识到材料科学与医学相结合，能够催生出一个全新的科学领域，而且随着经济的发展，生物材料的应用将越来越广泛，这将是一个巨大的市场。由此，45岁"高龄"的他就此从高压物理研究跨行转入生物材料研究。

他随后摸索着进行了一些与磷酸钙相关的研究。张兴栋指出，他的科研跨界和转向并非空穴来风，而是有迹可循的。骨和牙的主要成分是磷酸钙，因此以磷酸钙为主要成分的修复材料应该能够被人体所接受。

1991年，张兴栋发现并确认"多孔磷酸钙陶瓷"具有诱导骨再生的功能，提出了"骨诱导性生物材料"学说，但这一学说在当时并未得到学术界的认可。直至2000年，第六次世界生物材料大会在夏威夷举行，张兴栋被组委会邀请主办"具有骨诱导作用的磷酸钙生物陶瓷"专题研讨会。这在一定程度上表明了张兴栋的研究在国际领域的受认可度，但即便如此，仍存在一些质疑的声音。

回应质疑的最好方式就是用科学严谨的实验结果说话。张兴栋带领团队开始了探索理论和完善实验的历程：最初，从对材料诱导组织形成的组织学的考查探究，到对基因激活、级联表达等理论路径的探索；接着，在理论模型的基础之上，通过持续性的实验及国际交流，不断对理论加以验证与完善；最终，张兴栋团队收获了累累硕果。张兴栋于2007年入选中国工程院院士，这个院士称号让他足足等待了14年。

7年后，美国国家工程院在其官方网站上公布了2014年的院士名单，76岁的张兴栋位列其中。美国国家工程院的媒体事务主管兰迪·阿特金斯在接受媒体采访时表示，该选举过程公平公正，张兴栋当选院士主要是因为其对肌肉和骨骼系统治疗的开创性贡献，以及他在生物材料领域的突出贡献。

2018年，"国际生物材料定义共识会"在成都举行，标志着继1986年来，国际生物材料界对生物材料定义的再次审定、修改和完善。来自17个国家和地区的53位专家出席，其中40位为中国和外国院士。此次会议的发起人和主席就是张兴栋。

张兴栋提出的"组织诱导性生物材料"经大会投票通过后，作为新定义被列入了"21世纪生物材料定义"。这是首次由我国科学家提出的生物材料定义，也是中国生物材料界的国际地位显著提高的标志，意味着中国乃至亚洲在生物材料领域的崛起！

从无生命的材料到有生命的组织

“张院士，谢谢您。我现在已经结婚，家庭很幸福，还育有一个孩子。”2016年4月21日，在荣获2015年四川省科技杰出贡献奖的当天，张兴栋收到了一封感谢信。

写信的是一位浙江小伙子，信中还附了一张全家福，照片上一家人在一起，幸福美满。“我记得他！”照片上洋溢着一脸幸福的小伙子，勾起了张兴栋的回忆。

原来，这位浙江小伙子的下巴短了一截，导致脸庞看上去极不正常。曾有医生使用硅材料为这位小伙子进行了填充，但效果并不理想。小伙子后来辗转找到张兴栋，张兴栋利用自己研发的骨诱导材料，成功地让他的下巴“长”了出来，这位小伙子也因此迎来了“新生”。

过去，隆鼻手术常采用硅胶材料，但用这种材料填充的鼻子在阳光下看起来是发亮的，且容易移位；现在，隆鼻手术使用张兴栋研发的骨诱导材料，可诱导植入鼻梁的材料最终“长成”真正的骨头，从而实现与鼻子的浑然一体。这种骨诱导材料是一种具有填充和诱导双重功能的新一代骨修复材料，是一种无机的人工合成材料，接近自然骨结构。它具有优良的生物相容性，能够诱导孔隙内的间充质细胞向成骨细胞分化并进一步成骨。此外，

◆ 2004年，在四川大学国家生物材料中心中试研究实验室，张兴栋做磷酸钙陶瓷粉体合成实验

它具有优良的骨诱导性，且无须外加细胞或骨生长因子。这种通过无生命的生物材料诱导有生命的组织形成或再生的技术，至今已有20余年的临床应用经验，且始终保持零意外纪录。

从隆鼻、填充下巴到治理骨质疏松，从齿科、骨科到创伤修复……生物材料产业正成为最有生气的朝阳产业，其运用范围广阔、商业价值巨大。“现在国内生物医学材料市场中80%的高端产品都是国外的，成本高，希望我们的研究能加快生物新材料的推广应用，解决老百姓看病贵的难题。”张兴栋如是说。

早在2002年前后，张兴栋就注册了公司（四川大学生物材料工程研究中心），由此开启了一条产学研相结合的科技成果转化之路，这在当时的高校里是十分罕见的。甚至有人曾半开玩笑地对他说：“你咋不像一位学者，倒像一个商人，都开始卖产品了。”然而，对于张兴栋来说，一项研究并不应只停留于实验室里。

张兴栋认为，理论研究必须跟实际应用相结合。他从一开始就坚持走产学研相结合的道路，并在2003年开始销售第一件产品。起初，医院并不熟悉这项技术，张兴栋就一趟一趟地跑去各家医院进行推广介绍。如今，这项技术的临床应用案例已累计至数十万例。

除了在骨科的应用，该项技术在血管、肌肉、神经、心血管等方面的应用也在逐步发展。2023年，张兴栋团队的王云兵研究组又突破了“心血管不可能诱导心血管组织再生”的传统观念，研发出心脏封堵器，实现了心脏组织的再生，完成了心脏缺损封堵。该技术被MedTech评价为2023年世界医疗技术十大创新之一，2024年，被《健康报》评选为当年中国医疗技术创新的十大新闻之一。可以期待，在不久以后，人们能更普遍地借助新材料令更多的缺损组织再生。

从五十岁苦学英语到执教育人六十载

1960年，四川大学严重缺乏师资力量，张兴栋便提前毕业留校任教。那个年代没有颁发学位的惯例，因此，这位大名鼎鼎的国际生物材料科学与工程学会联合会主席、中国工程院院士、美国国家工程院院士，竟然连学士学位都没有！他经常以自己一波三折的求学经历来勉励莘莘学子："做任何事情，不仅要有恒心、有毅力，还要脸皮厚。"

50岁那年，张兴栋有一个公派到英国做半年访问学者的机会。不巧的是，他在学生时代学的外语是俄语，对英语一窍不通。原本，四川大学出国留学培训中心提供英语补习服务，但由于张兴栋的英语基础为零，补习老师担心他会影响整体教学进度和教学效果，故未同意其报名。最终，在一位朋友的帮助下，张兴栋才进入其他单位的培训中心学习英语。

由于频繁出差，张兴栋很难保证按时上课，学习效果非常差。培训中心的领导找到四川大学的一位副校长说："要不你们让张兴栋回去吧，他的英语底子太差，还不认真。我怕到时候他考试不及格，要砸我们的牌子。"

副校长问张兴栋："要不，我找个理由让你回来？"张兴栋说："给我三个月的时间，只要不安排我出差，这块'硬骨头'我就啃得动。"从那以后，张兴栋把自己关在空房间里，白天背英语课文，晚上练英语听力，最终成功通过了考试。

刚到英国的时候，张兴栋跟导师的交流完全不畅通，连比带画，搞得双方一头雾水。为了提高英语水平，他住在没有中国留学生的地方，强迫自己接受英语思维。半年以后，张兴栋的英语水平有了很大的提升。他说："我英语讲得不好，但是我敢开口，谁纠正我的发音我都接受。"

勤奋刻苦应该是张兴栋能获得累累硕果的重要因素之一。他每天待在实验室的时间超过12小时，来不及吃饭这样的事，对张兴栋来说是常态。数年前，他曾连续一个月每天只睡两小时，直到生了一场大病，他才警告自己："张兴栋啊，你可能哪一天就完蛋了，可不能再这样下去了。"即便如此，他仍然坚持上午9点去实验室，傍晚7点回家吃晚饭，饭后又到实验室工作到深夜2—3点的上下班时间。

张兴栋严于律己，对学生却包容、宽厚、有爱心，是一位典型的"暖男"。

西南交通大学教授翁杰是张兴栋的学生，他曾到荷兰做访问学者，张兴栋帮他打包行李。在转机安检过程中，翁杰被要求开箱检查时发现，行李箱

◆ 2017年，张兴栋（左二）指导学生的科研工作

内的所有物品均按类别有序排列、整齐摆放，甚至连牙膏、剃须刀等日常用品也一应俱全。

在张兴栋的研究生中，有几个性格内向的小姑娘，在学习和生活中遇到一些困难时会情绪低落，甚至悄悄落泪。张兴栋看在眼里，他鼓励她们说："女孩子应该自信一点，不管有多艰难，只要自己不倒，别人是打不倒你的。"

在长达60余载的执教生涯中，张兴栋教授以坚定的毅力与无畏的精神勇攀科研高峰，他不仅在生物材料学领域取得了卓越成就，更是将高尚师德如春风化雨般播撒于教育沃土上。他始终坚守教书育人的初心，倾尽毕生心血，精心培养了一批又一批具有全球影响力的生物材料学界的精英人才，为党和国家的科技进步及世界生物材料科学的发展贡献了不朽的力量。

（文/陈仕印）

张铨

皮革泰斗真硬气 术德兼修立典范

张铨(1899年10月—1977年11月)，浙江仙居人，制革化学家，国家一级教授，现代皮革工业的开拓者和奠基人。1925年从燕京大学皮革学系毕业后留校任教，1927年任系主任。1937年赴美国辛辛那提大学皮革研究院深造，先后获硕士、博士学位。1940年起先后任教于华西协合大学（现并入四川大学）、四川大学、四川化工学院和成都工学院。长期致力于制革的开创性研究工作。1951年响应上级号召，率先在成都开办猪皮制革技术培训班，为推广现代化猪皮制革作出了重要贡献。1958年作为我国皮革科技界杰出代表，赴莫斯科参加第三届社会主义国家皮革会议，并作了“中国皮革涂饰剂生产和应用概况”专题报告，夯实了中国在世界皮革研究领域的学术地位。同时作为中国皮革高等教育的开拓者和教育家，他把毕生的精力和知识都奉献给了我国皮革教育事业和皮革工业的发展，为中国制革科技人才的培养及皮革学科的发展作出了奠基性贡献。

科学家语录

你的实验台布满灰尘，你的实验结果就很难正确。

浙江仙居，隶属台州，地貌“八山一水一分田”。

100多年前，这里的人们为了生计走出大山，补鞋子、做孵坊、卖油漆、做早点、开洗衣店……干各种营生。山的硬气和水的灵气交织，造就了当地人独特的“台州式硬气”。

90多年前，鲁迅先生在《为了忘却的记念》一文中，曾评价左联五烈士之一的柔石：“只要一看他那台州式的硬气就知道，而且颇有点迂，有时会令我忽而想到方孝孺，觉得好像也有些这模样的。”

“台州式的硬气”的特点是：敢于反抗、勇于斗争、坚韧不拔。

出生在台州的张铨也具有“台州式的硬气”。1921年，张铨离开仙居，来到燕京大学（现北京大学前身之一）求学。走出大山的张铨，在此后56年的岁月里，搞研究、做实验、重应用、抓教学，历经艰难和曲折，始终念念不忘发展我国皮革工业。

“丹心未泯创新愿，白发犹残求是辉。”这是张铨一生的写照。

1919年，震惊中外的五四运动爆发，在这一伟大爱国主义运动中，受时代爱国主义、救亡思潮影响的先进青年知识分子是先锋，张铨就是其中一位。

那时，张铨刚从之江大学（现浙江大学前身之一）预科毕业不久，因为家中遭灾，无法再支持他的学业，张铨到金华省立第七中学教书，承担起了养家的重任。但是，他一直未放弃读书救国的想法。张铨一开始还很迷茫：要学习什么专业知识才能实现救国救民呢?

他一边担任教职一边思考着今后的学习方向。在无数个不眠之夜，他辗转反侧，心中逐渐有了一个明确的方向：百年外侮，皆因中华羸弱，只有民富国强才能敌外侮，要民富国强，必先振兴科学，师夷之长技。而振兴科学的具体方法之一，就是搞工业，工业可以救国。

趁一次休假的机会，张铨回到母校之江大学探望，偶然间看见燕京大学为“工业兴国”设立制革系的招生简章。当时我国的生皮资源很多，但制革技术落后，不能满足制造皮鞋、皮具的要求，大量的利润被外商赚走。燕京大学决定创办制革学系，希望为社会办实业，造福人民。张铨当即决定报考燕京大学制革系。

从燕京大学毕业后，张铨留校任教。1927年，国民革命军开始北伐，北京局势动荡。燕京大学一批外籍教师纷纷离校回国。制革系两位美国教授也先后离任，系里只剩下张铨一位专职教师，校方打算停办制革系。当时燕京大学是国内唯一设置制革专业的学校，张铨听说要停办制革系后，心急如焚，毅然向校长据理力争：制革工业是我国大有希望的民族工业，亟待振兴，一旦被裁撤，势必会极大地影响我国制革工业的发展。在师生们的一致声援下，校方才同意保留制革系，并任命张铨为代理系主任，负责维持局面。

由于师资不够，张铨一个人要承担原来两个教授的工作，任务十分繁重。第二年，校方以经费紧张为由，将制革系并入化学系的工业化学科，张铨仍然坚持教授制革课程。

艰难发展民族皮革工业

1937年，张铨在老师文森的帮助下，申请到两个奖学金，赴美国俄亥俄州辛辛那提（Cincinnati）大学制革研究系深造。他非常珍惜这难得的进修机会，恨不得每分每秒都在教室、实验室中度过。短短3年时间里，他以惊人的毅力通过了多门学位课程，经过上千次实验计算，出色地完成学位论文。他仅用一年时间就获得硕士学位，两年后又获得博士学位。

他在博士论文《中国五棓子鞣质和鞣酸与皮胶原结合的研究》中提出了“植物鞣质与皮胶原的结合系吸着作用”的假说，为辛辛那提学派关于植物鞣革机理吸着学说的创立提供了开篇之作。由于他的博士论文是创新的理论，答辩时引起了专家们的极大关注，专家们提了很多严格又深入的问题，最终他凭丰富的实践经验和严谨的治学态度博得了专家们的赞赏。1940年5月，张铨顺利获得博士学位，成为我国在辛辛那提大学制革学获得博士的第一人，当时辛辛那提大学的老师和有关方面都再三争取他留下，并许诺给予丰厚的生活待遇和提供优越的工作条件，可张铨均婉言谢绝了。

他担忧着万里之外的祖国。1937年，抗日战争全面爆发，国内需要大量物资。皮革既是民用工业品，又是军需品，需要开足马力生产，国家亟

◆ 1939年，张铨（右）在美国俄亥俄州辛辛那提大学

需培养一大批皮革研究、生产的青年人才。“国家兴亡，匹夫有责”，张铨下决心在完成学业之后回来报效祖国。

1940年7月，张铨启程回国，途中历尽艰难险阻。同年8月，张铨到达香港，和从北平（现北京）敌占区辗转来港的妻子会合，然后绕道越南入境到昆明；同年11月安抵成都，旋即受聘于成都华西协合大学和乐山国立中央技艺专科学校（现成都纺织高等专科学校），主持化学系制革组的教学与科研工作，还兼任四川省立成都高级制革职业学校（现成都工业学院）校长、四川大学理科研究所研究指导教授、燕京大学成都分校化学系主任和教授。

天竺园院落是华西坝内一片房子的统称。抗日战争时期，这里住了很多知名专家。南边的一栋，住的就是皮革专家张铨一家。院内花草树木郁郁葱葱，春天的迎春花，夏季的玫瑰花，冬天的蜡梅花，应季开放；几株苹果树，几笼绿芭蕉，点缀其间，赏心悦目。每天，张铨早出晚归，很少有闲暇时间驻足观赏小院的风景。

张铨觉得肩上的责任很重，无论烈日风雨，他都不顾体弱与疲劳，按时到学校给学生上课。当时，学校既无现成的教材，又缺乏资料，张铨多方设法收集资料。他教授的是工业化学，采用的教科书是Riegel著作的*Industrial Chemistry*（《工业化学》）。这是一本800多页的英文原著，由于内容较多，每周上课两小时，一年内很难完成授课任务。但他总是提前认真备课，从不照本宣科，而是选取其重点和精华进行讲授。有一段时间他主讲有机化学，为了备课，他将一本厚厚的《英汉对照有机化合物字典》从头到尾逐条抄写了一遍。不仅如此，他的习惯是上课前早早来到教室，把当天要讲的内容，如流程图、设备剖视图，或者有关数据、表格等先写在黑板上，学生们一进教室，就能看到讲义。讲课时，他说着一口带东吴音的普通话，少有吴侬软语的绵润，多的是抑扬顿挫、铿锵有力、言语精练、引人入胜。他常常以切身体会告诫学生真功夫是苦练而来的，强调做实验一定不能马虎。除带学生实验室做实验外，他还自费从英国定制当时欧洲先进的皮革打光机等机器运回华西坝供学生实验用，千方百计给华西协合大学化学系原试验型制革厂增添转鼓、划槽、大型丹宁液槽等设备，将其充实为一个小型生产规模的工厂。这里可同时容纳数十名学生进行制革实践，也成为他带领学生开展教学和科研的基地。

我国在古代时就在制革工艺上取得了显著的成就，但到了近代，由于工农业整体发展水平滞后，牛皮资源尤为匮乏，这一状况严重制约了我国制革工业的进步与发展。张铨根据我国国情，提出了用猪皮制革的设想。抗日战争时期，我国制革化学品奇缺。张铨结合实际，指导学生进行植物鞣

◆ 1954年，张铨（中）在成都工学院指导学生做植物鞣料的分析实验

料的研究开发，例如研究橡椀、桦树皮和姜头的鞣革性能等。四川的山羊皮驰名中外，但都是干板皮，他指导学生研究用工业盐或硫酸钠处理山羊皮再制成革，带领助手和学生撰写了《中国橡椀鞣质与皮粉结合的研究》《胶原纤维的膨胀》等研究论文。其中，《中国橡椀鞣质与皮粉结合的研究》与辛辛那提大学罗拉博士等用鞣酸、坚木鞣质与胶原结合的研究得出的结论相同。在当时那样困难的条件下，张铨在这一领域的研究仍处在世界前列。

抗日战争胜利后，物价飞涨，经济崩溃。因经费不足，乐山国立中央技艺专科学校和成都高级制革职业学校先后停办，许多初有成效的研究项目相继被叫停。巧妇难为无米之炊，张铨发展皮革工业的计划和设想都付诸东流，他痛感报国无门、壮志难酬，感伤不已。

术德兼修，手脑并用

1949年10月1日，中华人民共和国成立了！张铨异常兴奋地说：“现在我们都解放了，总算出了这口气。”

1950年，张铨随蓉渝两市人民政府组织的参观团到东北、上海等地考察工业建设，回来后就写了考察报告，他在报告中提出利用天府之国的丰富资源兴建一批化工厂的建议。1951年，轻工业部号召开展猪皮制革。张铨立即向成都市政府提议，率先在成都开办猪皮制革技术培训班，并亲自指导传授新技术、新工艺。

1952年秋，国家开始进行院系调整，西南军政委员会文教部决定将省内大专院校的化工系组成四川化工学院，地址选在泸州原川南行署大院。同年10月初，西南文教部的调令下达，聘张铨为四川化工学院建校委员会副主任委员，要求10月下旬就到泸州上任。张铨将他在美国收集到的制革资料、学习书籍和笔记，以及在华西协合大学讲课的教案、科研资料等一起整理打包，将所有的家具杂物贱卖处理掉，从成都前往泸州。

在泸州，他带领学生们创建了新中国高等工科院校第一个制革学专业。可专业成立了，招生又出了问题。

当时，社会上有“一军、二工、三民”的说法，一些学生误以为“学皮革的以后就是做鞋匠的”，觉得会被人瞧不起，学习情绪消极。张铨给学生讲了一个小故事：有一次从北京坐飞机到西安，和他坐在一起的是一位中国人民解放军的将军，得知他是教皮革的教授后，这位将军和他聊起了如何解决军需、民用制革的难题，还聊到皮革专业对我国皮革工业发展、解决军队后勤保障的重要性等话题。下飞机时，将军对张铨说：“七十二行，行行出状元。”同学们听后，心态积极了许多。

张铨上课，既像作报告，又像拉家常，还经常带着样品。他亲自制定四年制教学计划和教学大纲，编写教材，改建制革实验场，筹集图书资料等，完成一整套基础建设。

张铨深知“学习理论—科学实验—指导生产，是培养专门人才和发展科学技术的必由之路”，提出要“术德兼修，手脑并用”。张铨的学生们还记得他的一句警句：你的实验台布满灰尘，你的实验结果就很难正确。他经常带领青年教师和学生到成都、重庆、上海、河南等地的制革厂参观

◆ 1950年，张铨在成都工学院研究植物丹宁的分析与提取

实习，指导学生实地观察、动手操作，并为厂方技术人员上课，帮助他们解决技术难题和制定技术操作规程。

1954年，四川化工学院并入成都工学院。张铨又和四川化工学院的师生一起，把教研组、实验室和实习工厂的全部图书、仪器、设备都搬到成都。

从成都搬到泸州，再从泸州搬回成都，张铨相继担任四川化工学院和成都工学院教授、皮革教研室主任。1956年，张铨在全国高等院校教师定级中，被教育部评定为一级教授。1957年，张铨成为首批研究生导师，指导研究生进行铬-植结合鞣、铁鞣等鞣革理论的探索。他还开设了丹宁鞣料、皮革准备工程、皮革整理、毛皮工艺学等课程。1961年，张铨主编了中国第一部高校皮革专业统编教材《皮革工艺学》，编写了《毛皮工艺学讲义》《丹宁鞣料讲义》等大学教材；并在1964年被轻工业部委任为高等工业院校皮革工业专业课程教材编审委员会主任委员。成都工学院以张铨先生为首的制革学专业的师资力量，在全国乃至亚洲范围内都非常强，为国家培养了段镇基、石碧两位中国工程院院士和大量皮革专业工程技术人才。张铨培养的学生遍及全国，其中不少人成为我国皮革工业的骨干力量，为我国皮革工业现代化的发展作出了重要贡献。

（文/陈伟）

张洪沅

化工泰斗勇拓新 呕心沥血为国家

张洪沅（1902年4月—1992年10月），四川成都人，九三学社社员，化学工程学家、教育家，中国化学工程教育的奠基人之一，中国化工学会和中国化学会的创办者之一。1916年考取清华留美预备学校，1924年赴美国加州理工学院化工系留学，1930年获美国麻省理工学院博士学位，1931年回国任教于国立中央大学化学系。1932年任教于南开大学化工系，1937年抗日战争全面爆发后，内迁到四川，此后一直在四川工作。曾任四川大学化学系主任和理学院院长、重庆大学校长等职务。毕生致力于化工科学领域的研究和化工教育的发展。参与创办了南开大学、四川大学和重庆大学的3个应用化学研究所，取得了丰硕的研究成果。尤其是对接触法制硫酸的反应速率进行了开拓性的研究，受到全世界学者的高度重视，推导的硫酸反应动力学方程式被国外化学工业界称为“张氏制酸公式”，为我国橡胶、制盐、制药、制糖、酿造等行业的发展作出了突出贡献。1934年与谢明山教授共同主编出版了我国第一本化学工程教材《化学工程机械》，1954年主编出版了我国第一本《化工原理》教材，1956年与丁绪维、顾毓珍两位教授合著了我国第一本高校统编教材《化学工业过程及设备》。

科学家语录

刻苦学习，振兴中华乃我辈己任！

放弃美国大学教职，以振兴中华为己任

1902年农历四月初八，张洪沅出生于当时四川省华阳县的一个文人家庭。父亲张运魁是1903年癸卯科的进士，对张洪沅的管教十分严格。有一次，张洪沅在大门口玩耍，被父亲撞见，便挨了一顿批评。不幸的是，在张洪沅还很小时，父母就去世了，是伯父伯母收养了他。伯母也很严格，要求张洪沅“勤用功，戒嬉戏”。

少年时，张洪沅考入成都少年强国学校，这所学校由革命党人创办。张洪沅曾回忆，学校老师经常教育他们，要树新思想、立大志向、强国雪耻。

在少年强国学校念了四年书，1916年，张洪沅以优异的成绩考取清华留美预备学校。那一年，成都仅有两人考上。进了清华园，张洪沅对化学产生了浓厚兴趣，经常同时做两项实验，也由此踏上了化学工程研究这条路。

清华的学习生活对张洪沅产生了极大的影响，不仅让他掌握了扎实的基础理论，也培养了他严谨的科学态度、自强不息的精神和强健的身体。张洪沅的次女张眉回忆，直到年近九旬，父亲的身体状况都不错，这也与他在清华求学时的训练密不可分。

身处特殊的历史时期，家国危亡、战乱频发，这些给张洪沅的内心造成了极大的冲击。他早早就认识到，要强国雪耻，必须普及教育、发展科学，也因此立下了勤奋读书、报效祖国的大志向。尤其是1919年五四运动爆发后，北洋政府逮捕了许多爱国学生，其中有不少清华学子。面对北洋军阀的暴行，清华学生背起铺盖卷，步行进城与之斗争，高喊“释放被捕同学或者把我们全部关起来！”张洪沅也参加了这次行动。

从清华毕业后，1924年8月，张洪沅漂洋过海来到美国留学，进入加州理工学院化工系学习，直到1931年秋天回国。在美国求学的7年间，张洪沅一连获得学士、硕士、博士三个学位，其中硕士和博士学位是在麻省理工学院获得的。这或许有些不可思议，但张洪沅做到了。

在美国加州理工学院学习时，曾有一件事刺痛了张洪沅。有一个同学去理发，但理发店不给理，还说他是有色人种。这件事让张洪沅的心情极不平

◆ 张洪沅在查阅文献

静，他也因此认识到，国家落后就会受人歧视，民族没有地位，人民也会抬不起头，这是莫大的耻辱。

1928年1月，在麻省理工学院获得硕士学位后，张洪沅到俄亥俄纸板厂任化学工程师，半年后返回麻省理工学院应用化学研究室任助理研究员，同时攻读博士学位。仅用了两年，张洪沅就获得化学工程学科学博士学位，并晋升为副研究员。

当时，美国中部一所州立大学打算聘请张洪沅担任助理教授，但条件是他必须加入美国国籍。张洪沅断然拒绝了这一聘请，他只有一个想法：我是中国人，学成后理应为祖国的富强效力。

所以，他早就下定决心："刻苦学习，振兴中华乃我辈己任。"1931年秋，张洪沅毅然回国。归国途中，他专程去英国、德国等国家参观工厂，实地考察化学工业的发展情况，随后又辗转瑞士、法国、意大利、新加坡回国。

成立学会、创办杂志，"张氏制酸公式"闻名于世

张眉于1982年回到成都，一边工作一边照顾父亲，但她那时对父亲过去的经历了解并不多。"我父亲在家里从来不讲自己过去的事，整天忙于工作，为人非常低调。"直到后来，张眉才从一些资料中了解到父亲曾经在化工领域取得的辉煌成就。

在中国化工科学界，张洪沅被奉为泰斗级专家，但这还不足以体现他的贡献。实际上，在世界范围内，尤其是现代硫酸工业发展史上，都有张洪沅

的一席之地。早在张洪沅在麻省理工学院应用化学研究室任助理研究员时，他就根据当时硫酸工业生产的需要，对采用钒催化剂的接触法制硫酸的反应速率进行了开拓性研究，推导出了更具工业实用价值的硫酸反应动力学方程式。这个公式被称为“张氏制酸公式”，并闻名于世。

张洪沅使用的“接触法硫酸反应速率”研究方法，迄今为止仍是制酸界的经典方法，采用这种方法生产出来的硫酸成品浓度高、产品纯、生产能力大。

“他推导出的制酸公式在我们国家甚至世界上都是比较早的，当时有个说法叫‘北侯南张’，一个是发明侯氏制碱法的侯德榜，另一个就是发明张氏制酸公式的张洪沅。”张洪沅的女婿、四川大学退休教授刘振铎回忆说。

不过，张洪沅并非只知道醉心于化学实验的“书呆子”。相反，他很早就把发展中国化学工程研究作为使命。激发张洪沅产生这个念头的，仍然是当时中国化工学科与其他国家的差距。

1929年年初，张洪沅在麻省理工学院攻读博士学位时，发现学校图书馆内陈列有各国化工期刊，唯独没有中国的。因此，张洪沅决心成立一个学会，创办具有高水平的化工期刊。1930年2月，由张洪沅和顾毓珍等中国留学生发起的“中国化学工程学会”在美国正式成立，张洪沅成为第一届理事，以后又多次担任理事长、会长。

学会成立后，张洪沅又为创办《化学工程》杂志进行艰难的筹备工作。几经周折，《化学工程》终于于1934年8月在天津出版。抗日战争期间，《化学工程》杂志由天津先后移至成都、重庆并坚持出版，直到抗日战争后期，由于多方面原因才被迫停刊。新中国成立后，国家非常重视这一刊物，不仅重印了从创刊到停刊时的各期刊物，还将刊名改为《化工学报》继续出版。

这一系列的工作确立了张洪沅在中国化学工程学科领域奠基人的地位。直到现在，《化工学报》仍是国内外影响较大的学术刊物之一。

临危受命，出任重庆大学第四任校长

刚回国时，有人请张洪沅去化工厂工作，说如果投身实业，日后他肯定能成为一名化工企业家。但张洪沅选择了“教育救国”之路，先后在国立中央大学和南开大学化工系任教授，讲授化工原理、化工计算等课程。

1937年，抗日战争全面爆发后，张洪沅来到四川大学担任教授兼化学系主任、理学院院长。“清华、北大、南开联合成立了西南联大，我父亲当时在南开，但因为他是四川人，所以就留在了川大。”张眉说。

但张洪沅的治学成就远不止于此，在他的人生历程中，担任重庆大学校长，是浓墨重彩的一笔。1941年9月初，重庆大学被国民政府勒令解散，同年年底，张洪沅受命担任重庆大学整理委员会主任，第二年2月正式出任重庆大学校长，成为重庆大学第四任校长。

担任校长后，张洪沅对重庆大学进行了整顿，首先组织行政会议和校务会议，使教授能发表意见，直接参与学校管理。为了扩充教师队伍，提高教学质量，张洪沅聘用了一批海内外具有真才实学的优秀专家、一流学者。具体到化工系，除张洪沅外，还有时钧、徐僖、汪家鼎等学者，他们使得重庆大学化工系成为国内著名的化工教育机构。

已故分析化学家、中国科学院院士梁树权，当时被张洪沅任命为重庆大学化学系主任。他曾撰文回忆说：“张校长很愿意听别人的意见，重大事情都由校务会议决定。为人作风民主，从善如流。”

在当时，张洪沅就意识到了产学结合的重要性，注重依靠社会、面向生产。从1942年起，重庆大学先后建立了应用化学研究室和公路工程实验室，接受社会各界人士关于化工的咨询、设计及代为化验等业务，应社会需要从事生产调查及研究。

在张洪沅任重庆大学校长期间，学校规模有了很大的发展，由原来的理、工、商3个学院12个系发展为文、理、工、商、法、医6个学院20个系、3个研究所和1个专修科，成为一所院系比较齐全的高等学府。

张眉说：“父亲在南开大学时整天在研究所，到了重庆大学担任校长后，行政事务太多了。但即使这样，他也一直没有脱离教学和科研。”尽管行政工作十分繁忙，但张洪沅从不脱离教学和科研第一线，一直承担着本科生的教学工作，还兼任化工系主任，担任研究生导师，招收化学工程研究生。

张洪沅不仅治学严谨，而且始终坚持正义。在张洪沅担任重庆大学校长期间，张眉的一个表哥考重庆大学只差了2分，负责招生的老师找到张洪沅，问录不录取，张洪沅回答：“按章办理，不录取。”但对于当时的进步学生，张洪沅又十分偏爱，不仅给予他们许多学习上的帮助，还经常照顾他们的生活。

◆ 张洪沅在实验室工作

1952年，全国院系调整，成立了四川化工学院，后并入成都工学院。张洪沅先是到了泸州，后又于1956年到成都工学院任教。此后，张洪沅长期在四川大学从事教学和科研工作，对四川大学化学工程学科的影响尤为深远。

从事化学研究半个多世纪，张洪沅始终满怀热爱祖国的赤诚之心。作为我国化学工程教育的奠基人和开拓者，他为发展我国化学工业和化工教育付出了毕生精力，也作出了不可估量的贡献。张洪沅参与创建的四川大学化工学院，目前已是国内综合实力最强的一流化工学院之一。四川大学化工学院如今确立的“立足基础，面向工业，服务社会”十二字办学理念，与张洪沅的办学理念一脉相承。

2002年，在张洪沅百年诞辰时，四川大学为他题写条幅“化工界泰斗，人世间楷模”，这是对张洪沅一生的高度概括。

（文/董生）

石　碧　耐住十年"冷板凳"领航制革新时代

石碧（1958年6月—　），四川成都人，皮革化学与工程专家，中国工程院院士，中国皮革行业功勋人物。1982年、1986年在四川大学皮革工程系分别获学士学位和硕士学位，其间，进入四川大学工作。1992年作为四川大学-英国谢菲尔德大学联合培养博士研究生获得博士学位。曾任国际皮革工艺师和化学家协会联合会主席，现任四川大学制革清洁技术国家工程实验室主任。长期从事制革化学、制革清洁技术、皮胶原转化利用研究。研究成果包括"橡椀栲胶分子降解-金属络合制造鞣剂""基于酶作用的制革污染物源头控制技术及关键酶制剂创制"等，得到国内外同行的高度赞誉。牵头建设了制革清洁技术国家工程实验室，目前该实验室已经成为我国最重要的制革清洁环保技术开发基地；组织行业生态环境保护政策研究，制定了行业绿色发展规划。2011年组织完成了"制革行业集中生产发展模式调研报告"；2014年组织完成了"皮革行业无铬化战略研究报告"。2015年组织编写、宣讲和推广应用了我国皮革行业第一部《制革行业节水减排技术路线图》。曾获国际皮革科技界最高荣誉奖IULTCS Merit Award、国家技术发明二等奖、国家科学技术进步二等奖等奖项。

科学家语录

天赋在成功中的比重约占1/3。对自己的天赋，不能期望过高，但也不能过低。勤奋是成功最重要的要素，比重占50%以上。

作为见证者，他亲历了我国皮革工业由弱变强的转变过程。

作为创造者，他的科研成果让中国在无铬生态皮革制造领域上率先取得系统性突破。

作为领头人，他带领团队在开发和推广应用清洁环保技术领域作出卓越贡献，对全球制革行业的可持续发展产生了重要影响。

他被评为中国皮革行业功勋人物，获国际皮革科技界最高荣誉奖——IULTCS Merit Award。

板凳要坐十年冷

“要想博士毕业，你的研究成果必须投入生产，形成生产线！”成都科技大学（1994年并入四川大学）教授，我国皮革化学与工程学科第一位博士研究生导师何先祺对他招收的第一名博士研究生石碧如是说。

以治学严厉且严谨著称的何先祺教授提出如此高标准的要求，给已读博两年的石碧带来巨大心理压力。石碧及时调整作息时间争分夺秒做科研：早上7点到实验室，夜里凌晨离开。晚上10点实验室要锁门，每到凌晨，石碧不得不心怀歉意地把门卫大爷叫醒，久而久之，为不打扰别人休息，他干脆改作凌晨翻墙而出。长此以往，石碧居然落下“墙上飞”的绰号，一时在学校传为笑谈。

与皮革结缘，从学习到科研，是石碧考入大学后一直努力的方向。1978年秋，在蒲江县西崃公社插队三年后的知识青年石碧抓住全国恢复高考的机会，以优异的成绩考入成都工学院（后更名为成都科技大学），化学成绩突出的他选择了皮革工程专业。4年苦读后，石碧大学毕业留校任教，1983年他考上硕士研究生，师从我国皮革领域德高望重的学者和教育家张文德教授，逐渐进入植物单宁应用研究领域。

1987年考上博士研究生的石碧在何先祺教授指导下，致力于橡椀栲胶（植物单宁）化学改性及应用研究，力图将这类资源丰富但质量较差的植物单宁改造成高质量的鞣剂产品。接下来一年多的时间里，石碧进行了数百次试验均未成功，但是他坚信自己的技术路线没有错。

◆ 1990年6月，青年教师石碧专注科研

1989年12月31日深夜，跨年的钟声即将敲响，实验室里的石碧无暇享受新年的喜悦，其内心满怀着沉重的压力：过了今夜就是博士研究生第三年了，实验仍尚未有突破。他望着实验台上同时在进行的6套反应装置没有丝毫倦意。凌晨3点，其中一套反应装置中产物的转化率、pH滴定曲线、等电点等重要指标都达到了他梦寐以求的结果，黎明的曙光渐渐映亮天际……

石碧最终研发出的这种栲胶型金属配合物鞣剂是一种可以同时强化染料和加脂剂的渗透和结合，能显著提高皮革产品质量的关键材料。这是他所取得的第一项具有行业影响力的科研成果，也为之后的无铬鞣法研究奠定了基础。为纪念与导师的成功合作，石碧以导师何先祺教授和自己的姓氏首字母开头，将这款获得国家技术发明二等奖的鞣剂命名为“HS鞣剂”。

学以致用，实践验证。阆中制革厂一次性合成2.5吨液体HS鞣剂用于生产。“能使成革丰满、柔软、弹性好，色泽鲜艳，丝光感强，产品质量得以极大提高，深受用户好评”，该厂工程师如实撰文。石碧团队还通过与四川亭江新材料股份有限公司等6家企业合作完成了关键材料工程转化，累计产量超过6万吨。随后两年，我国有上千家制革企业开始使用HS鞣剂技术，制革行业每年可节省材料费用近2亿元，有效地支撑了这项清洁技术的应用实施。

1990年，石碧赴英国谢菲尔德大学化学系留学。“没有应用科学，只有被应用的科学”，导师Haslam教授颇具哲理的教诲对石碧的科研思想产生重大影响，为他之后不断取得创新性成果按下“快进键”。石碧很快便在英国完成了全部博士论文的研究工作。

两年后，昔日为做实验不得不“墙上飞”的石碧顺利拿到博士学位，其研究成果已经大量进入生产线。1982—1992年，在3位导师的指导下，石碧蛰伏近10年刻苦科研，并带领团队开启了我国皮革行业更深远的变革。

跑在时代的前面

一对日益尖锐的矛盾爆发在皮革行业和自然环境保护之间。

皮革制造将生皮转化成革的最重要生产过程是鞣制，其中普遍使用的铬鞣剂自1858年发明以来已有160多年的历史。铬鞣剂中大量未被吸收且有危害性的重金属物质铬的排放，会造成严重的环境污染和资源浪费。“节能减排、低碳环保”是皮革行业在21世纪生存与发展的根基，行业在转型期间必然面临种种阵痛。

明者因时而变，智者随事而制。早在20世纪90年代初期，石碧就意识到污染治理对我国制革行业可持续发展的重要意义，如何用其他鞣剂替代铬鞣剂消除铬污染，进而实现整个制革生产清洁化是他科研的聚焦点，但要挑战这项有着百余年历史的权威工程技术又谈何容易，石碧在众多质疑声和否定的目光中以逆行者的身姿毅然上路。

石碧在其撰写的《无铬少铬鞣生产山羊服装革——无铬鞣法的研究》一文中，从全球环境保护和国家战略利益两个层面系统论述了“寻找一种新型无污染或少污染办法以取代铬鞣”的必然趋势，坚定了自己向攻克无铬鞣法迈进的步履和决心。在那些刻苦攻关的日日夜夜，在无数次试验失败中，他的思绪仿佛进入茫茫崇山峻岭。前方没有出路，偶有灵光闪现，心里难以遏制的些许激动与是否走错路的疑惑交织在一起，在煎熬与困惑中，石碧艰难地推进无铬鞣法研究。

从1994年开始，石碧从理论上证实了以棓儿茶素为基本结构的植物鞣剂与醛类化合物具有显著的交联协同效应，开发出利用荆树皮栲胶与改性戊二醛结合鞣生产山羊皮正面服装革技术，在原雅安制革总厂完成工业化应用，成品的各项指标都达到部颁标准。虽然它还不是能完全替代铬鞣的最理想方法，但这项获得2000年国家科学技术进步二等奖的科研成果对我国无铬皮革生产技术的发展产生了重要影响。

无铬鞣法研究之所以困难重重，是因为制革行业对此有非常严格甚至苛刻的评判标准，其研究成果必须得到全行业的认可与普遍应用，这显然是一项长期且需要持续投入的科研工作。石碧孜孜不倦，又创新性地提出开发改进无铬鞣剂和加强对不同无铬鞣剂之间协同效应研究这两个重要发展方向，通过采取综合性技术手段来推进无铬鞣制革技术快速进步，以适应皮革行业的发展需求。

对于制革行业来说，2011年是不平凡的一年，将其称为我国皮革制造行业具有划时代意义的年份并不为过，这也是石碧科研道路上具有里程碑式纪念意义的一年。他带领团队成功研发出“无铬鞣剂TWT”，即“无盐不浸酸无铬鞣剂”，基于此，石碧科研团队又与四川亭江新材料股份有限公司合作开发了无盐不浸酸无铬鞣制革新技术，这被业内人士评价为“将是引发制革行业技术革命的重要成果”。“无铬鞣剂TWT”的发明和完善可以完全替代传统铬鞣技术，不仅解决了铬鞣带来的铬污染，还能解决浸酸鞣制带来的氯离子污染并省去了浸酸工序，具有重大的环保与经济效益。

2012年，石碧应邀在第9届亚洲国际皮革科技大会上作主题报告，德国知名皮革技术期刊*Leather International*邀请他撰写一篇能指导国际同行使用该

◆ 2019年9月4日，在上海国际皮革展会上，石碧（左）与四川亭江新材料股份有限公司签订无铬鞣技术转让协议

技术的讲座文章。

迈入21世纪，我国在“十一五”规划中首次提出节能减排约束性指标，欧美一些发达国家对皮革产品也出台了专门的环保和生态标准，构筑起绿色壁垒。在皮革工业重要转型期如何打造中国自主皮化品牌，为皮革强国的梦想奠定坚实根基是命题，也必须破局。

作为这个时代杰出的皮革化学专家，石碧站在产业规划和学科规划的总体性高度来引导皮革行业和皮革工程学科的发展。“不怕做不到，就怕想不到”，他以战略眼光审视了实现制革工业可持续发展的核心要素：“科研道路绝不能仅仅局限于单项制革技术的突破与完善，更要在技术集成的基础上逐步建立起污染源头控制与集成减排的清洁制革循环经济新模式，将制革产业打造成封闭的、不向外排放污染的循环经济圈。”

他先后组织实施了“十一五”国家支撑计划课题“清洁制革过程与绿色产业链接集成技术及工程示范”以及“十二五”国家支撑计划课题“500万标张/年制革园区清洁生产与废物循环利用的关键技术及示范”等多项科研工作，有20多所高校、科研院所和企业参与其中，开发出的8项制革清洁生产关键技术和近20种清洁制革关键助剂，在数百家制革企业应用实施。更重要的是，由此我国先后发布实施了《制革行业清洁生产评价指标体系》《制革工业清洁生产标准》，对引领我国制革行业走向循环经济发展发挥了重要的支撑作用。

通过加强与业内骨干企业合作共建院士工作站，建立起科研单位、制革企业和皮化企业战略联盟，实现从关键化工材料到应用工艺技术同步优化，加快成果大规模产业化转化的节奏，这是石碧团队科研成果转化与产业化布局的又一重要战略举措。

2011年4月28日，中国皮革行业首家院士专家工作站在福建冠兴皮革有限公司建立。冠兴皮革负责人曾江勇介绍说：“和石碧院士团队合作的项目都体现出两个效益，公司还通过‘真皮标志生态皮革’资格认证，正式迈入生态皮革企业行列。”为全面推广四川大学先进制革技术的应用，石碧团队拟定了一套完整的建立院士专家工作站的系统方案，一系列产学研体制的实施，有效保障了石碧团队科研成果的顺利应用和转化，让这些成果在皮都海

◆ 2023年8月25日，石碧（前排左二）在山东森鹿皮业生态皮革生产现场

宁、鞋都温州等地发芽、开花。

潜心研究数十载，砥砺奋进不言弃。石碧及其科研团队不仅推开皮革行业绿色发展的大门，更领跑在时代前沿，引领潮流。

“石门”出高徒

在四川大学皮革工程系流传着“向石碧老师学习”这句话。据说，皮革大楼中没有人的工作时间能和石碧相比，他每天都在晚上十点半以后才下班，也从来没有寒暑假。

善之本在教，教之本在师。石碧不仅树立起“忙出成果”的榜样，更以严谨治学著称。他要求学生每月作一次系统阶段性总结报告，这项工作多年来从未中断，至于对学生的论文逐字逐句甚至于标点符号的批改更是习以为常。但即使科研工作再繁忙，数十年来他都坚持为本科生甚至大一新生授课。

用博士标准要求硕士，用博士后标准要求博士，做石碧的学生3年内很难毕业，总要读4年。不过没有一个学生抱怨，他们反而以成为石碧老师的学生而感到自豪和荣耀。同学们都知道，但凡能从严格的石碧老师那里毕业，都具有出类拔萃的学问和严谨的治学风格。

石碧在学生们身上倾注了大量心血，培养出大批制革及相关领域高层次的优秀人才。2003级本科生邓德会在本科期间已发表4篇研究论文，并于2022年荣获国家杰出青年科学基金资助。石碧指导的2000级硕士研究生陆忠兵，在学习期间发表SCI和EI论文5篇，并应邀在境外国际学术会议上作大会报告，并获得中国科学院一等奖学金和中国皮革工业协会一等奖学金。石碧指导的另一位2000级博士研究生廖学品是全国百篇优秀博士论文获得者，目前是国务院学位委员会学科评议组成员。如今，石碧门下培养出的100多名博士、硕士研究生和博士后，无论在国内外大学还是企业工作，其表现出的才能和人品都是出类拔萃、有口皆碑的。

学生们有言道：“石老师是个非常有‘质感’的人。”这个“质感”，是指他对科研教学工作有极高的追求和严格的标准。然而，能成功从“石门”走出的学子，无一不是经历了严格的锤炼与磨砺，个个都练就了一身扎实过硬的“真功夫”，都会在各自领域展现出非凡的实力与潜力……

（文/宋林）

王玉忠

国需为本研材料 科济天下启未来

王玉忠（1961年6月— ），山东威海人，有机高分子材料专家，中国工程院院士。1994年四川大学博士研究生毕业后留校任教至今。现任四川大学化学学院教授，创建了环保型高分子材料国家地方联合工程实验室、新型防火阻燃材料开发与应用国家地方联合工程研究中心等国家及省部级平台并任主任等职务。在高分子材料阻燃与高性能化、生物基与生物降解高分子材料及高分子材料循环与升级回收等领域取得了系统的基础研究和应用研究成果。提出和发展了无传统阻燃元素阻燃等新原理和新方法，发明的阻燃技术得到广泛应用，研发的阻燃产品有的在全球市场占有率超过80%；提出和发展了由废弃高分子材料直接转化为功能/高性能材料的新原理和新方法；提出了可反复化学循环的全生物降解高分子材料新理念并发展了相应的新技术，为解决一次性使用高分子材料废弃后的污染问题提供了有效途径。他被国际同行评价为所研究领域的“创新与学术思想的引领者”。作为第一完成人，获得国家自然科学奖、国家技术发明奖和国家科学技术进步奖等13项国家和省部科技奖，获得全国创新争先奖、何梁何利基金科学与技术进步奖、四川省科技杰出贡献奖、四川省优秀共产党员等荣誉；获得国家级教学成果奖二等奖、四川省教学成果一等奖及四川省教书育人名师等荣誉；带领的团队入选教育部创新团队和“全国高校黄大年式教师团队”。

科学家语录

科研工作就是要发现问题和解决问题，不仅要解决基础科学问题，而且要解决国家需求所面临的瓶颈技术难题。

1994年12月8日，新疆克拉玛依市的一个剧场发生了一场特大火灾，举国震动。

事后查明起火原因是舞台上的纱幕（部分是涤纶材料）由于离射灯太近，在演出刚开始就被射灯的高温引燃，火势迅速蔓延，并释放了大量有毒气体，终成大祸。

同年，四川大学博士毕业的王玉忠，放弃了高薪工作机会，选择留校任教，继续推进涤纶（最大的合成纤维品种，在合成纤维的产量占比超80%）的阻燃研究和应用。看到火灾惨状，那一刻他既难过又自责。因为他自20世纪80年代起就开始研究聚酯阻燃，并做出了许多成果。“要是我的成果能得到应用，说不定能挽救更多人的生命。”“我当时就痛下决心，一定要把聚酯的本体阻燃从基础研究做到应用，把成果推向市场！”王玉忠回忆这一幕时，仍难掩悲痛。

做真科研，以国家需求为导向引领中国阻燃材料

克拉玛依大火悲剧发生后，王玉忠没有太多时间悲伤，这场大火让他认识到光做基础研究发表论文是不够的，还得思考如何将基础研究成果发展到应用层面，实现研究成果的产业化发展。不久后，他把自己多年的聚酯阻燃研究成果总结出版，让众多的研究者和企业从中受益，并且经过几年的技术开发，终于实现了聚酯的本体/本征阻燃技术的产业化应用。直到现在，市场上本体/本征阻燃聚酯及涤纶的生产仍主要源自他过去开发的技术。

从那场大火发生至今的近30年里，王玉忠带领团队将主要的精力放在不同高分子材料的阻燃研究开发上，而且他也是国内最早倡导并致力于环境友好无卤阻燃剂研究开发的学者。

2004年，随着欧盟禁用对环境和生态有负面影响并且燃烧时易产生有害物质的某些含卤阻燃剂，作为制造业大国的中国面临一场巨大的考验，国内相关企业必须加速转型，而在无卤阻燃剂领域潜心研究多年的王玉忠，一时间就成了被企业家们“包围”的明星。

“十年磨一剑，不问寒窗苦。”在国家最需要的时候，王玉忠及其团队

解决了行业面临的难题，推动了我国阻燃行业科技进步，为无卤阻燃高分子材料科研和产业发展作出了突出贡献，使得我国在阻燃的多个研究方向上处于世界领先地位。

他带领团队提出和发展了多项阻燃新原理和阻燃新技术。例如，无传统阻燃元素阻燃、“三源”一体大分子膨胀阻燃、原位自增强阻燃等。他在国际上最早发表了聚烯烃的大分子成炭剂论文，并开发出相应的阻燃技术，引领了聚烯烃的高效无卤阻燃技术的发展。他是国内聚酯无卤阻燃技术的开拓者，所研发的聚酯本体/本征阻燃技术至今仍为行业的主流技术。源自他研发的技术生产的阻燃聚酯在全球的市场占有率超过80%，并且他在国际上首次研发成功的高性能炭化不熔滴阻燃聚酯颠覆了人们对聚酯材料在高温或燃烧时不能炭化而熔滴严重，以及阻燃与不熔滴相矛盾的传统认知。他带领团队在国际上首次实现聚氨酯软泡不含传统阻燃元素的高效阻燃，低于10%（质量分数）的单组分“阻燃剂”能使聚氨酯软泡的氧指数达到30%以上，并且软泡的综合性能与同类非阻燃产品相当，突破了具有实用性聚氨酯软泡的氧指数难以超过26%的极限，并且可以满足美国个别州立法限制家用沙发等使用阻燃剂的需求。

为了解决国际上缺少研究高分子材料的燃烧与阻燃机理的有效手段问题，他带领团队创制出全球首台套聚合物燃烧过程实时在线分析系统，提出并建立了能表现聚合物真实燃烧行为，同时能实时在线分析聚合物热释放、烟释放、燃烧瞬态自由基、燃烧产物官能团及精细化学结构的全新分析方法。在大量真实燃烧研究的基础上，创建阻燃材料数据库，从分子水平明确特定基团结构对阻燃性能和燃烧行为的贡献，采用人工智能与实验大数据相结合策略，建立阻燃基团与材料性能关系的阻燃材料基因库，构建阻燃材料基因工程，形成全新的高分子材料阻燃科学理论，打破过去阻燃高分子材料研究开发严重依赖经验、多因素耦合下阻燃作用机理不明确、缺乏普适作用机制的现状。采用这一新范式，成功设计合成出低烟/低热释放本征阻燃聚碳酸酯等对阻燃要求苛刻的特定领域使用的高性能阻燃高分子材料。

王玉忠说，目前阻燃技术已经按照相关标准应用到了人员聚集多的公共场所，例如剧院、影院、商场、飞机、高铁，以及更多的家具、家电之中了。我们的世界或许会离“火魔”越来越远。

在王玉忠院士的带领下，团队还在继续攻克各个领域不断提出的对低烟、低热释放、环境友好方面要求更加苛刻的高效阻燃技术，并且，也有越来越多的学生、青年学者不去追逐容易发表论文的热点领域，而是投身到这个非学界热点但却是对人类意义重大的事业中来。当跟这些青年人谈及为什么选择阻燃研究时，他们的回答是，受王老师强调的“以国家需求为导向，做真科研，做‘有用’的科研”的影响非常大，而且这些研究都非常有意义，危急时刻真能拯救生命！

◆ 2022年2月，王玉忠（右二）在指导学生实验

破解难题，推动高分子材料的绿色低碳发展

“塑料是不是20世纪最糟糕的发明？”

“我认为塑料是一种伟大的发明，未来会更伟大。塑料造成的糟糕环境问题，是使用的人随意丢弃导致的，如果把它们捡回来，我们可以用科学的办法解决其回收循环利用问题。”在2023年9月的一场线上加线下讲座上，被问及上述问题的王玉忠正色答道。

“随着由各种高分子纺织品制成的衣服在洗衣机里面多次清洗产生的高分子微粒、汽车橡胶轮胎在路面摩擦产生的磨屑，以及牙膏或化妆品等中添加的细小塑料颗粒大量进入自然水循环中，形成微塑料，微塑料已经进入了人类的食物链，可能对人类健康产生影响。”

在2020年成都举办的一场科技论坛上，王玉忠强调了我们生活中使用的一次性塑料制品废弃物对环境产生的负面影响已到了必须予以高度关注的程度。“在大多数情况下，塑料制品是与生活垃圾混在一起的，回收难度大，一般直接被焚烧或填埋。”话锋一转，王玉忠就指出了目前塑料回收率低的核心问题，“现在回收率低，不是没有回收技术，而是现有技术回收的产品性价比低，效益不好，市场接受不了。”

如何解决目前的“白色污染”问题，王玉忠的理念也很实际。他说：“要有新的思路。研究开发经济有效的可反复循环和升级回收技术：要么通过物理方法回收为其性能不减的原聚合物，或者通过化学方法将其完成解聚为聚合单体后再聚合，实现可反复循环；要么通过不同的方式将其回收为高品质、高性能、高价值的产品，提升回收产品的性价比，这样市场就能接受。”

近年来，在低价值的一次性塑料制品变废为宝方面，王玉忠及其团队实现了不少突破。他们提出了从废弃高分子材料到功能（高性能）材料直接转化的新理念，并发展了一系列的新技术方法。在高性能化再生、更低成本的回收技术方面也有突破，如部分回收品经处理后，可制备更高价值的化学品和重要化工原料及材料。此外，王玉忠及其团队还在着力解决废旧衣服产生的“彩色污染”问题，开发了一系列新技术，实现纺织品——特别是废旧混纺织物的温和高效循环利用。

有没有可能人类在某一天仅通过回收循环就彻底解决“白色污染”问题？王玉忠认为，总会有泄漏到环境中而不能回收的塑料废弃物。他举例说：“如果你去爬山，不小心掉了一个塑料袋到山下，或者你在海上坐船不小心把矿泉水瓶子掉到海里，这些肯定是很难捡回来的，解决这种偶发的污染问题，要从源头进行思考。”

王玉忠团队目前的解决办法是通过研制可反复化学循环的生物降解高分子材料用于生产一次性塑料等高分子材料制品。例如，他们研究开发的聚对二氧环己酮（PPDO）用于生产塑料制品后，其被回收的废弃物几乎百分之百可被制成其聚合单体对二氧环己酮（PDO），PDO又可以聚合为新的PPDO，可实现反复循环利用；如果废弃后无法被捡回，它们也可以在自然环境中完全生物降解为水和二氧化碳等对环境没有污染的物质。因此，这种新材料生产的一次性制品被废弃后，无论如何处置，都不会对环境产生污染，为从根本上解决塑料等高分子材料废弃物对环境的污染问题提供了有效的途径。

令人期待的是，王玉忠团队已在聚对二氧环己酮的应用领域实现了催化剂、单体合成、聚合、成形加工、回收单体等全链条的完整自主知识产权

◆ 2019年5月，王玉忠在中国工程院举办的工程科技论坛上发言

保护。北美和韩国的生物降解塑料协会主席评价他为“开辟了一个新兴领域”。目前，相关技术正在被推进至产业化阶段，将引领一次性高分子材料制品的发展方向。

为了应对化石资源的枯竭问题，未来的高分子材料还要解决制备来源问题。王玉忠认为，以可再生的生物质为原料生产生物基高分子材料符合低碳发展需求，未来须发展其绿色生产技术，并提升产品的性价比。

2020年，我国推出了我国有塑料产品以来的最严“限塑令”。王玉忠认为，塑料用品涵盖的领域非常广泛，既然人们已离不开塑料制品，那就考虑如何解决其废弃后因不当的处置方式而产生的问题。王玉忠表示，对现有量大面广包括塑料在内的各种高分子材料而言，应研究开发既经济又绿色的回收循环技术；同时，应从源头入手，对于新设计合成的高分子生产塑料，除了考虑使用性能外，还应该考虑可循环、易回收性，对于一次性使用产品，还应同时考虑其可生物降解性，研发生产集可循环、易回收、可降解于一体的高分子材料。此外，我们还要在思想认识上改变观念，提高对回收循环利用材料制品的接受度。

拧干时间，成为最受学生欢迎的教师

生活中的王玉忠，如同一个行走的时钟。他每天5点多起床看文献、给学生修改论文，7点多出发去位于四川大学望江校区东门附近的实验室开始工作，中午12点多到学校食堂吃午饭；有时事情多，错过了食堂营业时间，就到校园的面馆吃点东西；晚上7点到家，边吃饭和边看新闻联播，之后又到实验室工作到晚上近11点才回家，周而复始。对此，家里人多有抱怨，王玉忠笑着说："那我也要抱怨，几十年了，我早上就没有开着灯穿过衣服，都是从卧室悄悄拿着衣服到客厅穿的。"

就算出差，王玉忠也见缝插针地工作，已成为教授的王玉忠的学生杨科珂说："王老师走路很快，我们年轻人有时都跟不上。他出差时随身带着笔记本电脑，只要有点时间，在任何地方都可以马上工作。"

因忘我地投入科研和教学中，王玉忠几乎放弃了所有的爱好，二胡、口琴、画画等都舍掉了。在外人看来，这如同苦修，但是王玉忠乐呵呵地说："我觉得跟学生在一起，在实验室里干活就是一种极大的乐趣！"对于学生，他鼓励全面发展，快乐学习，快乐科研，有条件就支持学生们开展文体活动，同时也经常给学生强调"在学做科研之前，首先要学会做人"。

作为老师的王玉忠是什么样的？学生王紫霓说："王老师既关心国家大事，又非常重视与学生面对面交流，这很可贵。院士有很多大事要忙，但每次团队开大组会，王老师一定会参加，有时刚下飞机，家都不回就直奔大组会，会上无论是本科生还是博士研究生的问题，他都会仔细耐心地回答。王老师办公室的门永远开着，学生可以随时找他交流，科研或者生活上的事情都可以找他聊。"令学生李春波印象最深的是王老师工作非常认真，一次上课的前5分钟，都还在修改PPT，凡事都精益求精。

2020年年初，工业和信息化部明确公布目前最紧缺的医疗物资是防护服。王玉忠知悉后就带领团队紧急研究，最终他们发明了一种涂层，在现有医用防护服面料表面抗湿性失效后，这种涂层能对医用防护面料进行改性并恢复其抗湿性，从而实现现有医用防护服的增效防护和长效使用。在王玉忠

◆ 2019年11月，王玉忠（右十）与其团队合照

心忧天下的实际行动感召之下，进入他团队工作的老师和学生无不为其高尚又亲切的人格魅力所折服，他强调的“让优秀成为习惯”的理念已深入学生们心中。

1982年，王玉忠就开始从事他心中非常神圣的教师职业，至今都还坚持给四川大学的本科生、硕士研究生、博士研究生上课，把最前沿的知识传授给学生。2011年，王玉忠荣获四川大学首届“最受学生欢迎教师奖”。学生李春波说：“王老师在科研方面的奖项早已‘大满贯’了，该拿的奖都拿遍了，包括国家三大奖，但是在他办公室最醒目的地方摆的却是这张由学生评出来的‘最受学生欢迎教师奖’的奖状，这份荣誉一直是他最珍视的。”

“如果某个课题用尽一生的精力也没有攻克，怎么办？”一次采访中有记者这样问王玉忠。他回答道：“科学是有继承的，即使自己没有最终解决，学生、后辈在我的基础上，一代一代，总有一天能解决这个问题。”

（文/陈宇祥）

黄潼年

齿轮测量立巅峰
技术破冰勇为先

黄潼年（1935年3月—1995年3月），江苏溧阳人，机械工业、加工测量领域的著名专家，高级工程师，齿轮整体误差测量技术的创始人、奠基人。1954年毕业于哈尔滨工业大学机械系，1960—1995年在成都工具研究所工作。长期致力于机械加工测量，在我国齿轮测量技术领域有很深的造诣，组织研究成功的整体误差测量仪，在1978年召开的全国科学大会上被列为应用技术成果的首项，获全国科学大会奖。1979年提出的齿轮整体误差测量理论为世界齿轮测量理论和技术发展作出了重大贡献。发明的齿轮单面啮合间齿测量方法、单面啮合整体误差测量技术等齿轮整体误差测量新技术，可有效地控制齿轮的质量并指导齿面的正确修形。1982年攻克了弧锥齿轮误差理论的技术难点，提出并研制成功具有弧锥齿轮测量新技术的弧锥齿轮测量仪。1984年解决了世界难题——锥齿轮误差的全面测量问题。众多科研成果转化为生产力，为国家节约了大量外汇，还为国家出口创汇作出了贡献。

科学家语录

科技人员要排除外界干扰，潜心技术创新，不论时代如何发展，把科研成果转化为产品，就是对国家科技创新和经济发展最大的贡献。

镶嵌在国徽上的齿轮，是现代工业的象征。齿轮形状复杂，表征其质量的参数众多。测量一个齿轮需要多台仪器，存在测量效率低、项目测量精度不一致等诸多问题。

1970年，以黄潼年为主的我国齿轮测量技术领域的科技工作者在全世界率先掌握了齿轮整体误差测量技术，实现了在同一台仪器上快速获取齿轮的各种单向误差和综合误差信息。1965—1975年，黄潼年和同事仅用10年时间，就赶上并且超过了国外该领域40多年研究的水平。此后，黄潼年带领团队一次次攻克齿轮测量技术领域的技术难关。

是什么信念，支撑着黄潼年不断攀登齿轮测量技术高峰？

斯人已逝，偶然翻阅到的一张黄潼年的照片，似乎可以带我们找到答案。照片上的黄潼年意气风发，年龄在35岁到40岁之间，脸上带着微笑，右手食指和中指间夹着一支钢笔，左手紧握的拳头支撑着身体，眺望着远方。

那远方，是创新的蓝海，是齿轮测量技术领域的中国奇迹。

我就不信混不出个名堂

1977年9月18日，中共中央发出了《关于召开全国科学大会的通知》。这次全国科学大会的召开，各省、自治区、直辖市和国务院各部门都很重视，积极推选了大会代表和特邀代表，大力推荐先进典型和优秀科技成果。黄潼年被推选为四川省参加全国科学大会的代表，并安排在大会上作发言。听到这一喜讯后，黄潼年在兴奋之余，陷入了沉思。

黄潼年从小生长在上海，其父亲黄希阁是我国纺织工业开拓者之一，上海享有名望的大实业家，南通纺织大学校长、教授。虽然家庭环境优渥，但黄潼年并不骄纵，他从小勤奋好学，喜欢和机械技术有关的东西，有一股不服输的劲头。

“初生牛犊不怕虎。”1960年，黄潼年刚到成都工作时，被安排担任苏联专家格拉迪雪夫的助手。有一次，格拉迪雪夫画了一张草图，让黄潼年根据草图制作一幅加工蓝图。黄潼年接手后，发现有重大错误，在后续的制作中修改了草图。这一举动让格拉迪雪夫勃然大怒，他当着众人的面直接训斥黄潼年："谁是专家，谁是助手？！"黄潼年毫不让步，两人争论了起来。因为这件事，黄潼年被调至情报室工作，远离了研究一线。

"我就不相信我混不出个名堂来。"调到情报室后，黄潼年并没有气馁。他充分利用情报室的藏书和机械行业资料进行研究，经过两年的努力，终于搞明白了在齿轮测量方面哪些是世界上最先进的、哪些是我们国家急需解决的、解决的难点又在哪里等问题。黄潼年瞄准了齿轮测量仪，并以此作为一生研究的目标。

在制作精密齿轮过程中很容易出现误差。国内外专家为测量齿轮伤透了脑筋，但对齿轮的误差却无能为力。黄潼年决心攻下这个难关，他要研制出一台能同时测出单个齿轮全部误差数据的测量仪。

20世纪70年代初，黄潼年提出了"齿轮动态整体误差测量新技术"，相关论文在《中国科学》杂志上发表后，在齿轮业界引起轰动。成都工具研究所决定，设计试制基于这一新技术的齿轮单面啮合整体误差测量仪。项目实施时，我国正处于特殊时期，众多企业、科研院所均无法正常开展工作，项目的推进实施面临极大的困难和挑战。原国营宁江机床厂的王宗毅曾受邀加入黄潼年的科研项目组，在他的回忆中，黄潼年时常与项目组成员促膝长谈，他常鼓励大家："科技人员要排除外界干扰，潜心技术创新，不论时代如何发展，把科研成果转化为产品，就是对国家科技经济最大的贡献。"在黄潼年的带领下，项目组成员千方百计排除干扰，历经千辛万苦，按照各自分工推进零件加工、成套、装配、调试。

◆ 黄潼年（左一）和齿轮测量科研人员傅崧峻（中）等进行试验研究工作

1975年，黄潼年主持研制的中国第一台圆柱齿轮动态整体误差测量仪在成都研制成功。这种新的仪器能够以很高的效率，把齿轮精度标准中规定的20多个误差项目全部测量出来。黄潼年一直记得，测量仪项目鉴定的那一个夜晚，车间里灯火通明，大家忐忑不安地等待着测量仪首次测画出齿轮整体误差曲线图。工作人员只要一看曲线图，便能判明误差在哪里，以及造成这种误差的物理原因。研制成功！黄潼年和同伴们欢呼、拥抱，欢呼声在车间久久回荡。时任中国科学院学部委员、全国机械工业技术权威陶亨咸激动地指着曲线图说："在机械工业中，这是为数不多由我们中国人独创的高水平项目。"

当时的欧洲齿轮研究中心的专家们都认为："这是一台高水平的仪器，不仅能测出齿轮的全部误差项目，也能在非恒温条件下使用。"

日本大阪精密仪器株式会社总工程师看了齿轮整体误差测量仪后说："这台仪器是世界齿轮技术的最新发展。"

1980年，该项目获得国家发明奖二等奖。

一个又一个难题还需要不断破解

1978年是黄潼年人生中的高光时刻。他参加了全国科学大会，并且光荣地加入了中国共产党。

1978年3月14日，新华社的一则报道传遍全国，标题为《新中国培养的工程师黄潼年等人研究成功具有世界水平的齿轮测量新技术》。

4天后的3月18日，黄潼年等5000余名代表参加了全国科学大会。黄潼年和数学家陈景润、物理学家周培源、生物农学家金善宝、航天科技专家孙家栋等，在会上作了发言。

走上人民大会堂万人大礼堂主席台的发言席，黄潼年百感交集。他看到参会代表们关注的眼神、听见雷鸣般的掌声时，刚开始有点紧张，他深呼吸一口气，介绍了项目组发明齿轮整体误差测量仪的情况，谈了自己对实现科学技术现代化的思考。

作简短的发言后，走下发言席的黄潼年，一次次被参会代表握手致庆。在大会现场，他听到来自广东汕头超声电子研究所所长姚锦钟的感叹："大会叫人坐不住啊！回去以后，我要尽力把无损检验技术搞上去！"听到时年

71岁的著名科学家王淦昌的心声——“这是鼓舞人心的革命压力，这种压力将产生巨大的推动力量”。这些话语让他心潮澎湃，他告诉自己：“这是一个新的起点。齿轮测量的一个又一个难题还需要我们不断地破解。”

全国科学大会散会后，黄潼年和其他代表们走出人民大会堂，十里长街已是万盏灯火。对黄潼年来说，这是一个欢乐的夜晚、难以入眠的夜晚。

全国科学大会的召开，开创了一个科技发展的崭新时代，激发了黄潼年等科学家的报国情怀。1978—1984年期间，黄潼年连续攻克了齿轮测量技术领域的3个世界难关。

黄潼年心里酝酿着一个更大的计划——突破困扰科学界40年的锥齿轮测量难题。

在所有齿轮的测量中，锥齿轮最难测量，而关于锥齿轮的研究也是西方齿轮工业界致力研究的尖端课题。到底能不能突破这一难题，黄潼年自己心里也没底。

但不服输的性子促使他想尝试，他在家里写下了总体构想方向，又申请了一笔费用。1982年，黄潼年率领团队完成任务，成功研制出世界上第一台高效率锥齿轮整体误差测量仪。1984年，这项重大成果在北京通过了国家级鉴定，40多位专家一致认为，这项科研成果是国内外曲线测量技术的重大突破，在锥齿轮几何量误差测量技术方面处于世界领先地位。

没想创造什么世界纪录

1988年，在北京召开的国际齿轮会议上，黄潼年的齿轮整体误差测量新技术报告，被推荐为代表中国最高水平的论文，黄潼年在大会上作了发言。

会议现场，面对来自全球各地的齿轮界专家，黄潼年的声音铿锵有力。

回想起无数个日日夜夜，在齿轮测试实验室，黄潼年和科研组同事们一次次检测齿轮，一次次推倒重来。

1982年，慕尼黑工业大学的温特（Winter）教授来华访问。温特教授与黄潼年交流时，黄潼年提出，齿面刮伤原因之一是顶刃啮合，温特教授马上问：“你做过测试没有？”黄潼年回答说没有，温特教授接着说：“等你做完测试后再与我讨论。”黄潼年的内心再次涌动起不服输的劲头。1984年，黄潼年终于解决了世界上尚未解决的锥齿轮误差的全面测量问题。

齿轮整体误差技术作为20世纪80年代以前中国机械领域的三大原始创新成果之一，得到世界公认。国外的不少同行经常问他一个问题：“为什么能有持续不断的创新成果？”黄潼年谦逊地回答道：“这是集体的智慧、国家的力量。”

20世纪80年代初，四川齿轮箱厂（现重庆齿轮箱股份有限公司）的工程师邀请黄潼年实地走访该厂，厂长说：“我们要求用整体误差测量技术解决如何确保大齿轮在制造过程中达到极高的精度和质量标准这一技术难题，全面分析和评定大齿轮质量，被加工的齿轮是为德国制造的，希望我们共同为国争光！”厂长的话让黄潼年和同事深受鼓舞。此后，成都工具研究所组织了技术骨干研制小组展开工作，最终向四川齿轮箱厂提供了整套适用的测量装置，被成功应用于2米磨齿机上。德国专家到厂里验收齿轮时很惊讶：“没想到你们中国有如此先进的测试技术！”

20世纪80年代中期，黄潼年提出了又一个重要研究课题——“弧齿锥齿轮整体误差测量技术”，并得到了时任国务院副总理方毅亲自批拨的研究经费。成都工具研究所里组成了由黄潼年任组长的课题组。课题组从啮合理论、参数计算、仪器设计、测量原理和软件开发等各个方面进行了深入研究和开发，攻克了各种技术难题。该项新技术和首台仪器样机在北京通过了鉴定。

◆ 1982年，著名齿轮专家德国慕尼黑大学温特教授（右四）访问成都工具研究所，黄潼年（右三）介绍锥齿轮整体误差测量技术

“我们建厂几十年来，从来没有买进人家的技术进行生产。这次

◆ 1986年姜杏生（右四）、黄潼年（右七）、谢华锟（左三）等访问日本，与日本东京工业大学林辉教授（左五）等合影

买你们的技术，是第一次。”1987年，德国的克林贝尔公司总经理对黄潼年这样说。当时，克林贝尔公司是全球最大的齿轮生产厂家，建厂几十年里，在此之前从未对外购买过技术用于生产。1987年11月，德国的克林贝尔公司与中国机械进出口公司、成都工具研究所在北京签订了《“锥齿轮整体误差测量技术”技术转让协议书》，实现了新中国机械工程领域的首项高技术出口。

作为一名优秀的机械加工测量领域专家和科学家团队领导者，黄潼年始终保持着高度的专业性和严谨性，不断在创新中突破，力求带领中国机械加工测量事业达到一个又一个领先世界的高峰。

在齿轮微差探究之间解锁创新密码，敢想敢拼，勇于为国争光，这便是这个时代可贵的科学家精神。

（文/陈伟）

追本溯源篇

追本溯源　生命密码解密人
初心不忘　普惠福祉惠民生

本篇集结了15位农学与医学领域科学家追寻科学之光的精彩故事。他们有的临危受命，在战乱中挺身而出，用医术救人；有的挑战权威，在全球首次发现新物种，创立新学说；有的数十年如一日耕耘大地，培育良种以造福人民；有的慧眼识才，传帮带培养新生力量……他们在国家重大需求、经济主战场及人类生命健康等领域，用科研成果铸就辉煌，以智慧和奉献照亮前行之路。

刘承钊 矢志科研心不改 奠基“两爬”动物学

刘承钊（1900年9月—1976年4月），山东泰安人，动物学家，中国科学院院士，我国两栖动物研究事业的奠基人。1924年进入燕京大学（现北京大学）学习，先后获得学士、硕士学位。1934年获美国康奈尔大学哲学博士学位。1939—1946年，任华西协合大学（现四川大学华西医学中心）生物系教授，历任华西大学第一任校长、四川医学院院长。先后在我国14个省区调查采集了大量珍贵的两栖动物标本和资料，对两栖动物的分类、区系、适应与地理分布方面进行了系统精湛的研究，奠定了中国两栖动物学科研的基础。先后发现了角蟾亚科7个属40个种，定名新种和新亚种60余个。提出横断山脉是中国角蟾亚科分化中心的见解，为研究角蟾动物的起源和演化提供了科学依据。编写专著《华西两栖类》《中国无尾两栖类》。从事教育工作40余年，以专心致志、锲而不舍的精神影响并培养了大量专业人才，为我国两栖动物研究事业的发展作出了突出贡献。

科学家语录

种类繁多、千姿百态的两栖爬行动物，使我忘掉了所有的艰难与险阻。

兴趣引领下的两栖动物探索者

1938年的一个雨夜，峨眉山显得空旷而寂静，但细雨浇不灭刘承钊一行人的热情。在刘承钊看来，眼前正是一派充满生机和活力的景象，许多昆虫和其他小动物刚出来活动和觅食。刘承钊此刻顾不上和这些“老朋友”们打招呼，他正小心翼翼地沿着溪流中的石块前行，耐心地搜寻着什么。忽然，“咕——咕——咕”的低层声音再次出现，刘承钊做了个手势，众人立即停下脚步。经过判断，发现声音来自溪流浅滩处的一个石块下面。凭直觉，刘承钊意识到这种声音的与众不同。连日反复搜寻，众人对这片溪流的地形已非常熟悉。刘承钊缓缓地向那石块处移动，其他人也小心地将那石块围拢起来。大家准备好后，刘承钊机敏地掀开石块的一角，在电筒灯光的照射下，众人看见一个探出头的小家伙又缩了回去。这一刻，刘承钊的心跳加速，他感受到一种前所未有的喜悦。刘承钊努力调整呼吸，让自己心绪平静。凭借多年与野生蟾类、蛙类打交道的经验，他小心地捉起这个小家伙并进行详细观察和记录。

小家伙属于蟾类，长约8厘米，头的长宽几乎相等，吻极宽且圆而扁，最特别的是嘴角有一排尖刺，有点像胡须。众人一扫疲惫，兴奋地围着这个小家伙观看，在细雨中感到无比畅快。第二天，刘承钊带着团队，再次来到这片溪流，对此处的纬度和海拔高度，以及浅滩、石堆、植物等生态环境进行了仔细记录。

后来，刘承钊通过反复比对，确认这个小家伙为十分稀有的中国特有两栖动物。这是中国科学家第一次记录的一个新属种，它的名字叫“峨眉髭蟾”。许多年以后，刘承钊和同是动物学家的妻子胡淑琴的一部分骨灰被撒在峨眉山大峨寺附近，以纪念这个“第一次”。

刘承钊一生热爱探索野生动物，这与他温文尔雅、风度翩翩的学者气质似乎并不相符。20世纪20年代，刘承钊考入燕京大学心理学，之后转攻自己兴趣所在的动物学。毕业以后，刘承钊留校担任助教，后来又拿到硕士学位。随后，刘承钊赴东北大学担任讲师。20世纪30年代，刘承钊赴美国康奈尔大学学习，获得博士学位。留学期间，刘承钊花了很长的时间赴欧洲各个博物馆考察，尤其参观了欧洲很多动物博物馆，对世界动物学特别是两栖爬行动物学领域的科研成果了然于心。

1934年，刘承钊回到祖国，担任东吴大学（现苏州大学）教授。“八一三”事变以后，东吴大学迁到了浙江湖州。不久之后，湖州不保，刘承钊带着22名学生连夜撤离。经过异常艰苦的长途跋涉，刘承钊来到四川成都的华西坝，开启了和成都大半辈子的缘分。

20世纪40年代中期，刘承钊再度访美，在美国完成并出版了长达400页的英文专著《华西两栖类》，奠定了他在两栖爬行动物学领域的学术地位。

刘承钊出生在山东省泰安县（现山东省泰安市）的大堰堤庄，父亲是一位私塾老师。虽然继承了父亲的一些读书人的气质，但是生长在农村乡野里的刘承钊打小就对大自然有着浓厚的兴趣。他常常对着水沟里的蝌蚪、青蛙看得入迷。在炎热的夏季，他专注于抓青蛙，并且极其细致地研究青蛙的身体构造。这份专注与痴迷的程度远胜于对父亲教授的四书五经的热情。童年时期，在田头沟里玩耍时看到的青蛙等众多小动物，激发了他探索野生动物的浓厚兴趣，也成为他一生不懈探索与研究的源泉。从事野外动物研究，会面对各种艰苦的环境和意想不到的困难，但是刘承钊从来没有觉得苦。循着自己的兴趣，一步一步地解开谜团，是让刘承钊感到非常幸福的一件事情。

11次野外考察成就他在两栖爬行动物学领域的学术地位

1938—1944年，刘承钊带领自己的学生，先后进行了11次野外考察，足迹遍布四川的甘孜州、阿坝州、凉山州，以及云南、陕西、甘肃和青海。

那时的交通条件还很落后，从成都到西昌，一路都是窄窄的泥石路，破旧的汽车开过，总会扬起一阵尘土。

彼时的凉山州还执行着土司制度，民间流传着很多骇人的传说。刘承钊和他的学生每一次出行都有风险——每一次外出考察，刘承钊的内心深处都隐隐担心，也许这一次出行就再也回不来，再也见不到自己的家人了。

但是所有的不安和担心，都挡不住他上路的激情。那种少年时的兴趣和梦想，一直是他内心深处永远不曾熄灭的火焰。

图1

图2

图3

◆（图1）1939年，刘承钊（右三）在宝兴进行野外考察；（图2）1940年，刘承钊在峨眉山进行野外考察；（图3）1942年，刘承钊在西昌进行野外考察

70多年以后，刘承钊的长子刘益康重走了父亲当年的考察之路。学地质学的他，也长年在野外行走，但是当他亲临父亲当年到过的现场时，依然感慨，父亲当年太不容易了。

从凉山的西昌到昭觉，现在只需要2个多小时的车程。但是当年刘承钊和他的团队穿着草鞋步行的时候，要在崎岖的道路上行走6天。他身上穿着褪了色的旧衣服，许多地方还打着补丁，脚上穿着草鞋，腿上打着绑腿，腰间系着几个大小不一的布口袋。最重要的是，他身上始终背着一个用来采集标本的背包。饿得不行的时候，刘承钊就从口袋里拿出几个煮熟的土豆，就着山风吞下去；渴得不行的时候，就捧着小溪里的水来喝；肠胃不舒服了，就吃几口随身带着的大蒜来消毒止泻。

这位出生在山东，从小在农村长大的汉子，有着钢铁般的意志和强健的身体。但是有一次，他还是倒下了。那天从雁窝塘步行到昭觉以后，刘承钊发起了高烧，一度烧到昏迷，近10天不省人事。

当地人用两根树枝做成了担架，日夜兼程把他送到了西昌一所小医院，刘承钊随即被诊断为“斑疹伤寒”。当时医院没有特效药治疗这种病，只能使用基础药物，剩下就得靠自身的免疫力硬扛。扛了50多天，刘承钊才终于恢复过来，但精壮的他却变得瘦骨嶙峋了。

带着这一趟收集的动物标本，大病初愈的刘承钊回到了成都。当看到刚出生不久的儿子时，他脸上露出了欣慰又内疚的笑容。

刘承钊常常对儿子讲起那11次跋山涉水的难忘经历，了然于心的讲述让刘益康仿佛去了现场。刘益康重走这条路线时常常发现，路途中的许多场景是那么的熟悉，和父亲的描述几乎一模一样。当他来到那所父亲曾经待了50多天的医院时，不禁眼眶湿润、眼前模糊，他不由感慨，“父亲所有的科研成果，都是用生命换来的”。

正是这11次野外考察，成就了刘承钊在两栖爬行动物学领域的学术地位。正如刘承钊在美国出版的学术专著《华西两栖类》中描述的那样，其成果来源都是基于在中国西南山野里多年的考察收集。

基于刘承钊的发现，世界范围内确认了29个两栖动物新种，建立了1个新属。

因为刘承钊的发现和其成果的出版，中国科学家在这个领域具有了世界性的话语权。这也是刘承钊一直以来的心愿和奋斗目标。

1955年，全国首次评选中国科学院学部委员（后改称中国科学院院士），四川有2人获评，一位是四川大学的柯召，另一位就是四川医学院（现四川大学华西医学中心）的刘承钊。

最贴心的院长和众多院士的老师

1953—1976年，刘承钊一直担任四川医学院院长。“川医”这个简称，凝聚成了几代成都人忘不了的名字。直到今天，许多老成都人说到华西医院时，还是习惯性脱口而出“川医”两个字。

刘承钊担任四川医学院院长时，新中国才刚成立不久，百废待兴，学院的工作千头万绪。刘承钊以满腔热忱投入十分繁重的行政工作中，用科学家冷静的头脑处理行政事务，很快明确了三项重点工作：一是坚持教学为主，做好教学组织管理工作；二是抓科研工作，努力提高全院的学术水平；三是发挥教师在教学中的主导作用，做好高级知识分子的思想工作。

刘承钊是一个没有架子的领导，经常和医学院的教师、学生打成一片。人们时常看到刘承钊在校园里和教师们谈心。将心比心，有青年求学和留学经历的刘承钊，特别了解学生的心思和诉求。许多教师都把他当成知心朋友。在学生的课堂、寝室与食堂里，经常可以看到刘承钊的身影。他对学生嘘寒问暖，关心他们的生活和学业。刘承钊出身农村，他特别关心工农家庭的学生，经常帮他们解决生活中的困难，了解他们的学业情况。他一直是川医校园里深受师生爱戴和崇敬的刘院长。

刘承钊在提携后人、培养专业人才方面，也倾注了大量的心血。1937年，他带着22位学生从浙江湖州一路披星戴月，跋山涉水，来到遥远的四川华西坝。纵然在那样艰苦的条件下，他还坚持一路搜集资料、开展研究。这段长长的旅程，让学生们清楚地看到了侵略者给祖国带来的巨大灾难，同时也清晰地认识到老师秉承科学救国理念这一正确选择，他们更加深刻地体会到做科研所需要的严谨态度和脚踏实地的精神。后来，这一批学生中，有许多人成为行业翘楚、业内精英。

“桃李不言，下自成蹊。”刘承钊的许多学生成为成就卓著的科学家，例如，两栖爬行动物学家赵尔宓院士、鱼类学家刘建康院士、鱼类生物学家曹文宣院士、医学昆虫学家陆宝麟院士、两栖动物学家费梁教授等。

刘承钊的儿女回忆说，父亲是一个很温和的人，但是他的身上有一种巨大的力量。这种力量不怒自威，能够在学生的内心起到巨大的引领和召唤作用。刘承钊带着学生，不畏劳苦，在大自然这个实验室里考察研究，获取真知。那种对待科学的态度，那种强大的驱动力和坚韧不拔的行动力，在学生们的心中埋下一粒种子，燃起一团火焰，让学生们一生目标明确，矢志不渝，长期奋斗，开花结果。

（文/李若锋）

胡锦矗 付出青春至白头 殚精竭虑护国宝

胡锦矗（1929年3月—2023年2月），四川开江人，动物学家，西华师范大学教授，国际公认的大熊猫生态生物学研究奠基人。1955年毕业于西南师范学院（现西南大学）生物系，1957年从北京师范大学生物系脊椎动物研究班毕业后，进入南充师范学院生物系（现西华师范大学生命科学学院）工作。长期致力于大熊猫生态生物学研究。1974年领导组织全国第一次大熊猫野外调查研究，首创了调查野生大熊猫种群数量的“胡氏方法”；组建四川省珍稀动物资源调查队，第一次查清了金丝猴、牛羚等7种珍稀野生动物在四川省的分布状况。1978年在卧龙自然保护区建立世界上首个野生大熊猫观察站——“五一棚”野外观察站。1980年与世界自然基金会开展国际合作，运用无线电遥测技术跟踪野生大熊猫。出版《四川省珍贵动物资源调查报告》，荣获全国科学大会成果奖、国家及四川省科学技术进步奖等奖项。

科学家语录

我们和大熊猫同住一条河，同饮一江水，所以保护大熊猫，不仅保护了它们的栖息地，也保护了人类自己。这也是习近平总书记提出绿色发展、建设生态文明的意义所在。

20世纪70年代初开始，大熊猫被赋予了特殊的外交使命，象征着和平与友谊。为了全面了解并精准统计我国野生大熊猫的数量情况，1973年，国务院召集四川、陕西、甘肃三省大熊猫主要区域研究人员代表参加座谈会。1974年2月，受四川省林业厅委托，南充师范学院（现西华师范大学）生物系的胡锦矗组建了一支30人左右的四川省珍稀动物资源调查队（又称“野调队”）。野调队进入卧龙自然保护区，开展全国第一次大熊猫野外调查研究（简称“一调”），由此揭开了我国系统开展野生大熊猫生态与保护研究的序幕。

首创“胡氏方法”

难题宛如连绵起伏的峰峦横亘在眼前……

“竹林隐士”大熊猫是独居动物，它们嗅觉灵敏，攀跑迅捷，闻到陌生气味就会一溜烟钻进山林深处。不同季节里它们因觅食或求偶而行踪不定，在遮天蔽日的原始森林中，要想调查掌握它们的数量，几乎是不可能完成的任务。

领命前行，拓荒破冰。时年45岁的胡锦矗带领野调队进入卧龙自然保护区，他站在茫茫林海中，日夜思虑着“如何才能找到调查方法的突破口……”这位将一生奉献给动物学研究的学者，早已将追求未知和解答难题融入自己的血脉。

静夜里，胡锦矗想起了对他影响至深的中学良师曾孟久和大学老师施白南（被誉为“中华鲟研究第一人”）。曾老师教会他勤锻炼、生活简朴；施老师总是从细枝末节处深入浅出地讲解知识，例如从吃剩下的鱼骨头中倒推出其种类和生存环境。“动物总会以某种方式留下痕迹”的思考灵光乍现，如流星般瞬间划亮黑夜。野生大熊猫每天进食量在10～40千克，视季节而异。“直肠子”的它们吃进肚子里的竹子基本上能“原样”被排泄出，熊猫经过之处留下的粪便正是最明显的痕迹。以此为追寻方向，胡锦矗发现不同大熊猫的粪便中，竹节长短、咀嚼程度、咬痕各不相同，通过仔细比较就可以了解它们的大体年龄，佐以粪便的新鲜程度及空间信息等，就基本能确定野生大熊猫的数量、种群、年龄结构、活动范围等。这种由胡锦矗首创的野生大熊猫种群数量调查方法——“咬节法”被学术界命名为“胡氏方法”，从“一调”一直沿用至2012年的全国第四次大熊猫调查。

在原始森林中，为了追踪大熊猫的足迹，胡锦矗不仅承受着身心的极度困苦与疲惫，还时常面临各种未知的险境。一次，在四川青川县摩天岭地区，他从拂晓直至深夜，连续跋涉了整整14个小时后，突遇猛烈的暴风雪侵袭。此时体力已严重透支的他，竭尽全力地举起手，向天空发射了信号枪后，便力竭倒卧在皑皑白雪之中。七八千米之外的同事们闻讯疾驰而来，终于在风雪中找到了一个几乎被冻僵、形如“雪人”的身影——正是胡锦矗本人。当他从昏迷中逐渐苏醒过来时，发现周围的人都满含泪水，焦急而关切地守候着他。还有一次，胡锦矗带领的调查团队在四川汶川县草坡原始森林追踪大熊猫的途中迷了路，饥渴难耐的他们拖着沉重的脚步前行。“绝不能让队员们牺牲在森林里！”胡锦矗在心里暗暗捏了一把劲。面对断水问题，胡锦矗四处寻觅，终于发现了不少泥炭藓，用手使劲一挤就有水滴下。“有救了！”大家陆续收集到两饭盒泥水，倒点米混着泥水煮熟吃。整整五天，他们依靠泥炭藓挤出的水来煮饭，终于走出了这片生死边缘的绝境。

如此艰辛的事例不胜枚举。胡锦矗带领团队历时4年，总行程9万多千米，最终在1977年结束了我国历史上第一次野生大熊猫调查研究，确定其数量为2500余只，形成的《四川省珍贵动物资源调查报告》在1978年的全国科学大会上获奖。这份来之不易的调查报告，也成为保护大熊猫及其生态环境的重要依据。在此基础上，国务院批准将卧龙自然保护区由原先的200平方千米扩建至2000平方千米，并相继建立了青川唐家河、宝兴蜂桶寨、北川小寨子沟等5个国家级自然保护区。这些保护区的建立，为野生大熊猫及其生态环境的保护与管理打下了良好的基础，也为后续的研究和保护工作提供了重要的支撑。

“开荒人”迈步新征程

“一调”结束后，与大熊猫结下不解情缘的胡锦矗再次来到卧龙国家级自然保护区，开启了自己的大熊猫保护研究之路。

在卧龙东南海拔2560米高的牛头山腹地，一个由几根木桩支起的简易窝棚于丛林深处若隐若现，这便是1978年胡锦矗和卧龙国家级自然保护区的工作人员一起艰苦创建的世界上首个野生大熊猫观察站——“五一棚”野外观察站，因窝棚距最近的水源地有51级台阶而得名。有人说，只有到过“五一棚”，才能领悟大熊猫保护的真谛。因此，“五一棚”也成为大熊猫保护研究者向往的圣地。

以“五一棚”为根据地，胡锦矗带领团队不畏艰险，刀劈斧砍开辟了总长100千米的7条大熊猫观测线路，其中5条可深入20多只大熊猫的活动区域。胡锦矗带着大家每天都要走一条“熊猫线”，追踪大熊猫的活动痕迹，找大熊猫的粪便，数大熊猫咬过的竹子，教大家辨认和记录一切与大熊猫有关的生物学信息。而最苦最累的活儿，莫过于对几只戴着无线电颈圈的大熊猫进行连续3天不间断跟踪定位。在长达8年的野外观察追踪大熊猫的科考活动中，胡锦矗带领团队积累了丰富的野生大熊猫种群状况及生境资料，取得了宝贵的科研成果。著名作家谭楷对此有个形象的比拟，

◆ 20世纪80年代，胡锦矗（右一）带领外国专家到卧龙巴郎山考察

“胡锦矗教授是走在中国大熊猫科学研究最前列的‘开荒人’”。

1980年，中国政府与世界自然基金会合作研究保护大熊猫工作，美国动物学家乔治·夏勒带领许多外国专家进驻“五一棚”，开启了研究大熊猫的国际合作。1983年，双方共同在卧龙建立中国保护大熊猫研究中心，胡锦矗担任该研究中心首位主任。1985年，胡锦矗与夏勒博士等中外专家合著的《卧龙的大熊猫》，首次揭秘了大熊猫在密林里的“隐士”生活，该书出版后引起国际动物保护学界的极大关注。这部著作也成为国内外研究野生大熊猫生态与保护的奠基之作，影响深远。

1985—1988年，大熊猫栖息地的竹子大面积开花导致大熊猫面临生存危机。为寻找良策，56岁的胡锦矗挂帅再出发。全国第二次大熊猫野外调查的结果显示，我国野生大熊猫种群数量为1100余只。

胡锦矗调研发现，专食性动物大熊猫对生存条件的要求非常苛刻。海拔2500米以下的林区很多被开垦为农耕区，海拔2500米以上的林区，一般仅有一种箭竹生长，这导致大熊猫食物来源单一。垦荒破坏了大熊猫赖以生存的生物多样性自然环境，因此必须对大熊猫的栖息地进行生态恢复与重建。

“要在大熊猫分布地区推行天然林保护工程，增设并扩大自然保护区建设，对四川大熊猫进行就地保护，不能轻易推行易地保护”，胡锦矗等专家的建议被采纳。通过实行天然林保护、退耕还林工程，四川、陕西、甘肃等大熊猫分布区域中建立了十多个国家级自然保护区，此外，启动大熊猫国家公园建设等有效措施，都使大熊猫的生存环境得到了极大的保护和改善。

2005年，世界自然保护联盟专家来到四川，就大熊猫栖息地申请作为世界自然遗产进行考察。胡锦矗作为随行的动物学家代表，用近乎完美的介绍，为“申遗”成功增添了一块厚重的砝码。

2007年，胡锦矗获得世界自然基金会颁发的最高奖项——自然保护贡献奖，他被誉为研究国宝的“国宝”。

经过近半个世纪几代人的不懈努力，2021年10月8日，国务院新闻办公室发表的《中国的生物多样性保护》白皮书显示，由于野外保护和人工繁育双管齐下，大熊猫受威胁程度等级从“濒危”降为“易危”，大熊猫濒危程度的“降级”，印证了我国生态环境保护的“升级”。

大自然是最好的课堂

“学好生物科学，最重要的是读好大自然这本无字之书。”非常注重教学实践的胡锦矗常对学生们如是说。从1984年起，他开始培养动物学研究生。在尚未正式开课之际，胡锦矗便带着他的第一批研究生，包括魏辅文、吴毅、袁重桂等人，赶赴平武的王朗和青川的唐家河，对大熊猫的栖息地进行了详细的调查。

“70多岁的胡老师在蜿蜒、陡峭的山路上稳稳地留下一个又一个脚印，登上山顶后返程时，同行的年轻人都已疲惫不堪，胡老师却意犹未尽。在头道坪的一个山窝里，大家清理腿肚子上的蚂蟥，他边数蚂蟥边看着腿肚上的血迹，哈哈笑道：‘我血压高，蚂蟥吸点血，正好可以帮助降血压。’”魏辅文院士时常回忆起当年老师和大家重返宝兴蜂桶寨考察时的场景。正是这种豁达、乐观的工作和生活态度，才使胡锦矗在野外研究中能经受住常人不

◆ 2010年1月，81岁的胡锦矗重返“五一棚”所在的山脚下

能想象的艰辛与磨难，翻越科研中一座座高峰，并用实际行动感染学生，鞭策他们不断进步。

无论是在野外还是在课堂上，胡锦矗治学都以异常严谨认真著称。20世纪80年代，宝兴盐井汪家沟发现一具因寄生虫病死亡的大熊猫尸体。众人望而却步，而胡锦矗忍着恶臭仔细解剖，从中取出2336条蛔虫，这是野生大熊猫体内全部蛔虫数量的第一个详细记录，弥足珍贵。不仅在野外，胡锦矗在课堂上的教学也让学生们备感挑战。上胡老师的课是学生们一天当中最紧张的时候，因为他可以连续讲三四个小时，不停不休，学生们必须一边全神贯注地听讲、一边记笔记才能跟上节奏。为让学生们了解得更清晰，他把自己多年来收集的珍贵标本、彩色照片和原色图片，制作成几百张教学幻灯片，一张一张放给学生们看……

从教数十年，胡锦矗培养了上千名学生，其中研究生逾100名，包括中国科学院院士魏辅文等优秀学生。胡锦矗坦言自己感到非常幸福和快乐，因为他能看到学生们超越自己，并且野生动物保护事业也正在迅猛向前推进。在胡锦矗的引领下，开展大熊猫保护研究起步最早、持续时间最长、研究野生大熊猫成果最丰硕的西华师范大学，已构筑起以创始人胡锦矗为代表的四代“熊猫学者”方阵。他们用脚步和汗水，精准描绘出野生大熊猫资源分布与生存现状的生态画卷，并通过卧龙、唐家河、栗子坪等多地建立的大熊猫监测站，为保护“国宝”铸就了一座座坚实的“绿色长城”，取得了国际瞩目的成就。

（文/宋林）

赵尔宓

砥志研思"两爬"界 严谨科研映浪漫

赵尔宓（1930年1月—2016年12月），四川成都人，两栖爬行动物学家，中国科学院院士。1951年毕业于华西协合大学（现四川大学华西医学中心）理学院生物学系，先后在哈尔滨医科大学和四川医学院讲授医学普通生物学14年，1965年调入中国科学院成都生物研究所。曾任中国科学院成都生物研究所副所长、亚洲两栖爬行动物学会副秘书长等职务。终生从事两栖爬行动物分类学研究。在两栖爬行动物新种、新纪录发现方面，发表我国蛇类新纪录科1个，建立两栖动物新属2个，发表两栖爬行动物新种（亚种）41个、新纪录种17个。在动物地理学研究方面，对中国两栖爬行动物地理区划、横断山区两栖爬行动物区系等提出了许多新见解和新观点。首次提出将我国西藏喜马拉雅山南坡地区，在动物地理区划上划为东洋界西南区的喜山南坡亚区（过去将它归入青藏区）。1993年出版的*Herpetology of China*（《中国两栖爬行动物学》），成为我国乃至世界两栖爬行动物学研究领域的经典著作。荣获全国科学大会二等奖、中国野生动物保护协会"2013斯巴鲁生态保护特殊贡献奖"等奖项。

科学家语录

我只做了一点自己应该做的工作，却获得了这么多的荣誉和奖赏。我清醒地知道，荣誉属于大家所有，我只不过代表大家接受。

一提到蛇，很多胆小的人都谈之色变。“一朝被蛇咬，十年怕井绳”“蝮蛇一螫手，壮士即解腕”等俗语，无一不是在描述蛇这种冷血动物的危险性。在《山海经》《本草拾遗》《本草纲目》等古籍中，都有不少关于蛇类品种、特性、医药等方面的记述。但到了近代，我国的蛇类研究停滞不前，不仅落后于欧美等发达国家，还落后于印度等某些发展中国家。

著名两栖爬行动物学家赵尔宓对祖国充满深情，1984年他代表我国首次在国际大会上向全世界发出了中国两栖爬行动物学界的声音；他对自然无比热爱，77岁仍坚持野外科考；他对事业热诚执着，与美国同行专家合作编著的《中国两栖爬行动物学》，被誉为“开创两栖爬行动物区系的新纪元”的“划时代巨著”……赵尔宓与蛇相伴大半辈子，他的研究工作及成果填补了我国现代蛇类研究的空白。

自认为胆小，却从来不惧与冷血动物打交道

在赵尔宓女儿们的眼里，父亲是一个在矛盾中着力追求学术极致的人。“父亲认为自己是个胆小的人，却一生都在研究被人们视为危险动物的蛇类。”据小女儿赵小苓回忆，在野外考察的过程中，父亲曾被无毒蛇咬过很多次，每次被咬后，父亲都只是用碘酒擦擦伤口，然后平淡地对人说这跟被猫猫狗狗咬到是一样的。

赵尔宓是土生土长的成都人，1941年进入树德中学学习时遇见了改变他命运的第一位“贵人”——他的生物老师郑实夫，由此赵尔宓对生物学产生了浓厚兴趣。从树德中学高中部毕业后，赵尔宓成绩优异，选择了当年并不热门但是自己感兴趣的华西协合大学理学院生物学系，并在此遇见了他生命中的第二位“贵人”——导师刘承钊，一位曾留学美国的生物学教授。

读大学的时候，赵尔宓开始跟随刘承钊先生外出学习采集标本。赵尔宓生前接受采访，回忆自己外出采集蛇标本时说道：“毒蛇并不会主动攻击咬人，当毒蛇见到人之后，颈先后缩，头会转过来盯着你。如果它感觉你对它有威胁，就会以你反应不过来的速度咬你一口。知道了毒蛇的这些特性，我这个胆小的人就知道该怎么防范毒蛇了。”

在我国辽东半岛南端、渤海湾东北角的海面上，有一个小小的岛屿。这个岛屿的面积只有0.73平方千米，最高海拔215米。这个距辽东半岛最短距离只有5海里，乘汽艇只需20分钟就可到达的岛屿，没有人居住。岛屿上的“居民”主要是一种有毒的蛇类，有人估计有几万条之多。另外还有海鸥和少数鼠类，以及一些低等的无脊椎动物。除此之外，便是每年定期南北迁徙，途经该岛屿临时停歇下来休息的“过客”——大大小小的各种鸟类。由于岛上毒蛇很多，人们将它称为“蛇岛”。蛇岛上毒蛇的学名是由最早登岛研究的日本学者及我国学者确定的，他们都将之鉴定为在西伯利亚发现的“中介蝮”的同种动物。

但看过标本的赵尔宓持不同意见，他认为，岛上的蛇可能是另一种未经报道的蛇。1978年，他登上了蛇岛，发现岛上的蝮蛇和“中介蝮”有着截然不同的形态特征和生活习性。比如，前者静止时像一根树枝，灰色的躯干几乎和树皮一样，且时常盘踞树上，还要吃鸟。而“中介蝮”背面呈砂黄色，大多栖息在乱石堆或灌木丛中，不上树，很少吃鸟。

◆ 1984年，赵尔宓（中）在中国科学院成都生物研究所指导研究生解剖标本

1周后，赵尔宓带着采集到的毒蛇，回到中国科学院成都生物研究所。之后，赵尔宓将采集到的蛇毒带到上海，与中国科学院上海生物化学研究所和中国科学院上海生理研究所合作研究，证明了蛇岛上的蝮蛇是一个新种的推断。1979年，赵尔宓将蛇岛上独有的这种蛇命名为“蛇岛蝮”。从此，蛇岛上的蝮蛇有了自己的正确学名。由于“蛇岛蝮”在学术上的重要价值，1980年，经国务院批准，我国正式建立了“蛇岛老铁山自然保护区”，对“蛇岛蝮”加以有效的保护。

终生研究冷血动物，骨子里却是一个很浪漫的人

早在2011年，赵尔宓就写好了遗嘱，要求丧事从简。他表示，死后自己和妻子的骨灰合在一起，撒向大地，与大地融合在一起，无拘无束地回归自然，不留任何痕迹。从这份遗嘱可以看出，他与妻子的感情很深。

赵尔宓的妻子叫涂茂渊，就读于华西协合大学药学系，比赵尔宓小一届。两人同是树德中学校友，后相识相爱，1953年结婚，1955年大女儿出生，1956年年底一对双胞胎女儿出生。从四川医学院的助教到教授，涂茂渊对中草药的研究颇有建树。而赵尔宓每年都有大半年在野外工作，照顾3个女儿的重担几乎都落在涂茂渊身上。涂茂渊退休后，赵尔宓尽可能多地陪伴妻子，以弥补工作时候的亏欠。

2006年年初，涂茂渊逝世。同年底，赵尔宓独著的《中国蛇类》上、下卷正式出版。书的首页画有一幅“勿忘我”植物，用中英文写道：“作者谨以此书献给已故爱妻涂茂渊教授。”老伴逝世1周年时，赵尔宓深情地精选了涂茂渊各个时期的照片，设计编排印制了画册，题名《永远想念你》。画册中收录了妻子多年来的照片，以及他陪着妻子在全世界各地留下的足迹。在画册的最后一部分，赵尔宓选取了同妻子金婚时候的合照作为开头，照片中赵尔宓搂着妻子，两人精神矍铄，面带微笑，透露出浓浓的爱意。在纪念妻子涂茂渊的文章《怀念爱妻》中，赵尔宓这样写道：“我认为自己此生最大的成功是婚姻，因为我选择了最理想和最聪慧的她为妻子。她不仅是最完美的女性，也是我情深似海最忠实的伴侣，更是我一生的良师和诤友。”

除了与妻子涂茂洌伉俪情深，赵尔宓的感性和浪漫，在生活中处处都有体现。年轻时，赵尔宓非常喜欢听歌，特别喜爱邓丽君的歌声，20世纪80年代去台湾的时候买的很多邓丽君的磁带，至今还珍藏在他家的书柜里。后来有机会再去台湾，这位虔诚的歌迷还专程去邓丽君的墓前凭吊。赵尔宓也热爱其他音乐，甚至发展到有音乐相伴便能够更加专注于学术思考和著书立说的境界。

女儿赵小苓说："父亲还很喜欢诗词，特别是唐诗宋词，骨子里是一个很浪漫的人。家里的人经常说，他应该去学文学而不是生物学。"赵尔宓把野外科考的事情给孙子辈写成小故事，讲给他们听，女儿们还请人把他写的故事翻译成英语，拿到孩子的校刊上发表。

生活上浪漫和感性，科研上严肃和严谨

在8个兄弟姊妹中，赵尔宓排行第四。父亲赵伯钧那时靠在成都开家庭诊所"亲仁医院"谋生。在赵尔宓的记忆中，父亲是一个非常严肃认真的人，平时不苟言笑，管教子女非常严格。

1947年9月，赵尔宓以优异的成绩考入华西协合大学生物学系。大学期间，赵尔宓得到刘承钊先生手把手的教导。刘承钊先生将赫曼（Hyman）所著的《脊椎动物比较解剖学》签名后赠予赵尔宓，并叮嘱他每年读一遍。1951年，赵尔宓大学毕业后被分配到哈尔滨医科大学任生物科教员、助理教授，为医学本科生讲授比较解剖学和达尔文主义等课程。

1954年，赵尔宓从哈尔滨医科大学调回成都，回到大学母校（当时更名为四川医学院）担任生物学教研组助理教授，从此赵尔宓跟随学部委员刘承钊一起开展两栖爬行动物学研究，两位大家开启了划时代的合作。赵尔宓也受到生物学家徐福均、动物学家张孟闻、中国近现代生物学奠基人秉志等科学家的亲自指导。

一个人的成才是内因和外因的叠加，两者缺一不可。从内因来说，大学初期赵尔宓在生物学研究方面就展现出了过人的天赋。从外因来说，除了严谨的家风熏陶，指导赵尔宓成长的先生均是当时治学严谨的大家，正是刘承

钊、徐福均等科学家的榜样力量与引导作用，带领赵尔宓走上了两栖爬行动物学研究这条路。

在大女儿赵蕙眼中，赵尔宓是一位可敬又严厉的老师。“父亲从小要求我们和他的学生们好好学习，告诉我们做好学问首先要学会做人，做科研就要实事求是，文章中不能用‘可能’‘大概’来描述，必须用实实在在的数据说话。”在父亲的言传身教下，大女儿赵蕙也选择从事生物学方面的工作，跟随父亲在祖国的崇山峻岭里穿梭并进行野外考察工作。

中国科学院成都生物研究所研究员曾晓茂是赵尔宓的同事兼学生，她称呼赵尔宓为“先生”。赵尔宓治学非常严谨，有一次，曾晓茂把一篇耗时半年，写了两三万字的论文交给先生，几天后她被叫到办公室，只见一摞厚厚的打印纸上，几乎每一排文字的后面都是一个“钩”的符号。“这个钩，不是代表你的论文很完美，这是我做的记号而已。”先生的一席话让曾晓茂后背发凉，她说到现在那些“钩”还刻在她的脑子里，足足有两三百个。接下来先生一一为她做点评，即使是一个标点符号使用不当也会被指出来，并且不允许曾晓茂做笔记，所有讲的内容全部要靠脑子记，要求她对自己研究的领域要了如指掌。

◆ 2004年，赵尔宓在海南师范大学实验室鉴定蛇类标本

从林海雪原到草原荒漠，从世界屋脊到热带雨林，为探索蛙螈蜥蛇龟的奥秘，赵尔宓踏遍了祖国大半个河山以及世界广阔之地，发现和命名了大量两栖爬行动物新物种。他最先提出了东亚地区两栖爬行动物地理区划的新见解，撰写了两栖爬行动物学研究的鸿篇巨著，创办了学会和学术期刊，培养了大批硕士、博士研究生，为我国两栖爬行动物学研究作出了重要贡献。

尤为值得一提的是，由赵尔宓与美国著名同行鹰岩教授合作编著的全英文《中国两栖爬行动物学》是第一部全面系统论述我国661种两栖和爬行动物的专著，得到世界范围内的高度评价，已成为国际上两栖爬行动物研究学者们重要的参考书籍，由此可见赵尔宓在学术界的贡献和权威。

（文/陈仕印）

费 梁

醉心两栖摸"家底" 生命至终研不息

费梁（1936年7月—2022年6月），重庆奉节人，两栖动物研究专家，中国科学院成都生物研究所研究员。1961年从四川农学院（现四川农业大学）毕业后进入中国科学院成都生物研究所工作。曾任中国科学院成都生物研究所两栖爬行动物研究室主任、中国动物学会两栖爬行动物学分会副理事长、中国濒危物种科学委员会委员。长期从事两栖动物系统学研究工作。创建和完善了我国两栖动物形态鉴别标准和分类体系，揭示了我国两栖动物丰富的物种多样性；深入诠释了专科、专属的系统发育关系和空间格局成因及其适应进化机制；发现了世界蝌蚪的第五个类型；定立了新种70多个，新属24个，新族15个，新亚科和新科6个；首次完成了国家级两栖动物物种编目。主要著作有《中国两栖动物图鉴》《四川两栖类原色图鉴》《中国两栖动物检索及图解》等。荣获国家自然科学奖二等奖。

科学家语录

中国的两栖动物研究必须由中国人来写。我们积累了这么多第一手资料，不写出来传下去实在可惜了。

“仰观宇宙之大，俯察品类之盛。”我国的两栖动物资源丰富，但直至20世纪60年代，我国还尚未对两栖动物进行系统的调查和标本采集，缺少完整的中国两栖动物志。

两栖动物生活隐秘，从浅滩鹅卵石的夹缝中到潮湿茂密的草丛里，都有它们的身影。它们喜水的滋润，爱叶的荫庇。因此，与这群不爱张扬的两栖动物打交道，需要科研人员俯下身子，弯腰探察。

尽管两栖动物的生活隐秘，但正是这样的隐秘与独特，更凸显出它们的重要性。根据2022年《中国生物物种名录》统计，中国共有68172个动物物种及种下单元，其中两栖动物物种达到了548种。这个精确到个位数的“548”，凝聚了中国科学院成都生物研究所费梁、叶昌媛等科研人员数十年如一日的艰辛努力。他们跋山涉水，历经无数困难和挑战，以严谨的科学态度和钻研精神，最终得出了这一宝贵的研究成果。他们带着团队走遍国内无数乡野林地、高山沟壑，建立了中国首个最完善的两栖动物“国情报告”。

只有自己找到了、看到了、摸到了，才能对它们更了解

20世纪60年代初，费梁和妻子叶昌媛先后踏入了当时的中国科学院四川分院农业生物研究所（现中国科学院成都生物研究所）。在这之前，他们都就读于四川农学院。学生时期，两人只是处于认识阶段。

在叶昌媛眼中，费梁优秀、出色。入职后，他俩被派到当时的四川医学院（现四川大学华西医学中心）协助前辈刘承钊、胡淑琴教授开展工作。接过“祖师爷”的班后，费梁将大半辈子的工作时间花在了野外考察中。

两栖动物被称为“环境优劣的晴雨表”，是研究环境变迁的模式动物，具有重要学科价值。但是，两栖动物生活隐蔽、习性独特、特有群落众多，研究它们必须进行大量的野外调研，科研环境和条件非常艰苦。

在交通落后的年代，费梁和同事时常背着锅碗瓢盆走进深山老林。为了采集不同的蛙类标本，积累基础数据，他们每年都会花上半年左右时间进行野外调查，其间最辛苦的时候，一天最多只能睡三四个小时。

在野外调查中，科研人员要面临交通不便、食不果腹、环境恶劣等诸多艰苦。然而，这些对于他们来说还仅仅是科研路上的一小部分挑战。因为两栖动物的室内研究也非常艰苦。由于设备落后，科研人员错失了很多记录动物生活形态的机会，但他们仍努力克服困难，没有照相机，就靠人工绘图记录各种动物的形态。

“只有自己找到了、看到了、摸到了，才能对它们更了解。”费梁说，对两栖动物进行鉴别时，从形态上可以确认“种”，但要确定“属”，只能靠解剖观察其骨骼特征。研究蛙类胚胎发育时，费梁曾在办公室打地铺，一连好几天记录胚胎的连续发育过程。

有的青蛙仅有拇指大小，骨骼比大头针还细，必须戴双目解剖镜才能观察清楚。而长期在双目解剖镜下工作，相当于长期戴着一副高度近视镜。1996年的一天，费梁为观察并手绘青蛙骨骼形态连续工作48小时后，视网膜突然脱落，近乎失明。所幸，住院大半个月后，费梁保住了眼睛。

在费梁团队的努力下，我国两栖动物科研取得了长足发展。其中，由费

◆ 1978年，胡淑琴（中）、费梁（右）和叶昌媛（左）在中国科学院成都生物研究所四楼标本室

梁牵头的“中国两栖动物系统学研究”项目团队首次完成了我国两栖动物物种编目，编著了《中国动物志·两栖纲》《中国两栖动物图鉴》等专著。这些成果获得在2014年国家科学技术奖励大会上颁发的国家自然科学奖二等奖。

这都是我们国家的资源，应该由我们自己搞清楚

随着生物分类学的发展，西方国家在世界范围内进行了广泛的标本资料收集工作，也在我国各地收集了大量的动植物标本，构成了他们对世界动植物区系和地理分布认识的重要组成部分。“外国人可以参与，但不能越俎代庖。”费梁从事两栖动物研究的信念简单且坚定，“这都是我们国家的资源，应该由我们自己搞清楚。”

最先专注于这个领域的，正是他的老师刘承钊。在20世纪30年代，刘承钊开荒辟野，用脚步丈量着中国两栖动物科考的深度和广度。哪些喜欢生活在近水处，哪些又多活动于树上……刘承钊将自己积累的经验告知费梁的同时，又指导着他去发现新的物种。

1974年，在湖北利川考察的费梁发现了一只金线蛙。虽然发现新的蛙类让费梁感到欣慰，但要确定是否为新种，不能草率，必须严谨。更何况，和前辈以及湖北学者记述的同类相比，这只蛙没有声囊。

他立马写信给叶昌媛，告诉相关新情况。回成都后，两人又一起研究，但并没有完全定下“新种”的结论。“到底是这类标本都没声囊，还是因为个体变异而失去了声囊？”为了把这个问题弄得一清二楚，1979年，费梁不仅重回利川，还去了宜昌、武汉、北京和杭州。

在前后采集和对比了上千号标本后，费梁和叶昌媛才证实了此类蛙为新种，并将其命名为“湖北金线蛙”。正是他们的一步一个脚印，让“家底”逐渐清晰和丰厚。新中国成立前，我国两栖动物物种数量只有两位数；截至2022年，据《中国生物物种名录》统计，我国两栖动物物种数量已达548种。

弄清楚物种数量“有多少”只是第一步，我们还需要弄清楚两栖动物“是哪些”，即要对这些物种有更深入的了解和精准的识别。总结、完善、规范……费梁和叶昌媛二人基于不断丰富的标本库，统一相关标准量度和名

词解释，便于业内参考鉴定。这些成果凝结成《中国两栖动物系统检索》一书，供国内科研人员使用。

◆ 1990年10月23日，费梁在室内工作

同时，他俩还致力于让中国的两栖动物研究走出国门。早在1994年，他们就计划对《中国两栖动物系统检索》进行增补，然后将其编撰成一本英文专著，但因工作上的事宜此计划被一直耽搁。2007年，费梁和叶昌媛做出决定，全权承担编撰和出版工作。

如何让专著的英文翻译更加符合现代语法和书写习惯？为了解决这一难题，他们从家中找到了得力助手——女儿和女婿。女儿精通英文，而女婿的母语就是英语，并且还是一名熟悉专业词汇的医学博士。从2007年开始，连续五个夏天，费梁和叶昌媛都会带着一箱资料飞往美国，将女儿的家变成了办公室。

费梁和叶昌媛翻译初稿，女儿和女婿进行精翻和审校。两位老人经常挑灯夜战，工作至半夜。功夫不负有心人，2016年，两人的第一本英文专著，共计1100多页、近200万字的《中国两栖动物（英文版）》第一卷正式出版。

科学家退休的只是职务，科学研究要干到底

1936年，费梁出生在长江三峡瞿塘峡口奉节县城的一个中医药世家。从野外调查到实验室研究，从青春年少到白发苍苍，费梁日复一日地进行着科研工作，他把大半辈子都献给了两栖动物研究。

2022年6月6日，费梁的儿子费翔、女儿费幼聪在《我们的父亲费梁》一文中，按时间顺序，以与父亲的相处经历为叙事线索，完整而清晰地展现了父亲生命不息、奉献不止的崇高境界。

“我们的童年，最羡慕父亲可以坐上解放牌大卡车，带着帐篷、煤油炉，一出去就是三五个月。”儿女回忆道。长大后儿女才明白，风光的解放牌大卡车背后隐藏着危及父母生命安全的巨大风险。费梁和叶昌媛每一次的出行都饱含父母对儿女的无尽思念与牵挂。“如果家中两个人都要去野外，就得左安排右安排，把娃娃安顿好。”叶昌媛声音有些颤抖地说道。

20世纪80年代，费梁和叶昌媛坐卡车去大凉山普雄考察，在转场去另一个点位的路上，因为才下过雨，山路又滑又陡，卡车险些滑下山崖。这是费梁认为最惊险的一次外出，“因为她（叶昌媛）也在车上。以前我一个人的时候，觉得险就险了，但要是这次我们两个都遇险了，家里又该怎么办”。

费梁说：“以前考虑到家中孩子小，得有人照顾，所以妻子多留在实验室工作。后来孩子大了，自己没啥负担了，她也想出去，有机会就肯定想的是要带她出去实践一下，多感受一下。”因此，孩子们长大后发现，父亲和母亲愈加繁忙了。“晚饭之后他与母亲还要去办公室继续工作，直到深夜办公楼拉铃熄灯。”儿女回忆道。

年满60岁退休后，费梁也没有停下科研的脚步。科考季节，他还带队到野外考察，为学生做示范。“科学家退休的只是职务，科学研究要干到底。”费梁曾说道。在儿女眼中，父亲退休了，其实只是换了一间办公室，与母亲一起、与以前一样，继续承担多部专著的编研。

◆ 2008年，费梁在安徽黄山野外考察

年近八旬，儿女本以为功成名就的父母可以安享晚年生活了。出乎预料的是，他们又开始撰写更具挑战性的传世巨著——《中国两栖动物（英文版）》。“我们的身体还行，中国的两栖动物研究必须由中国人来写，我们积累了这么多第一手资料，不写出来传下去实在可惜了。”

费梁这样解释。

从2016年《中国两栖动物（英文版）》第一卷发行之时，到2022年年底，学界又确定了不少新的属种。对此，两位耄耋之年的老人定下了新目标，将第二卷拆分成两卷，并在内容上做增补。

◆ 2015年1月9日，费梁和叶昌媛在北京人民大会堂国家科学技术奖励大会现场

2022年3月，当《中国两栖动物（英文版）》第二、三卷的编撰工作正处于紧张而关键的阶段时，费梁突然开始频繁地呕吐，并伴随着难以忍受的剧烈腹部疼痛。经过医院的仔细检查，他最终被诊断为患有胰腺癌；2022年4月，被病魔折磨得已不能吞咽的费梁完成了英文版第二卷的书稿清样；5月27日，在失去意识进入ICU抢救之前的三个小时，他完成了第三卷的样稿模板；6月4日，86岁的费梁与世长辞。

费梁身体力行地演绎了一个共产党员“鞠躬尽瘁，死而后已”的毕生追求。他56年如一日，沉醉在自己最热爱的两栖动物研究中。没有高大上的口号，只有一步一个脚印的踏实努力。作为中国两栖动物学界的大家，费梁有一个真正为两栖动物而沸腾的灵魂。

（文/陈仕印）

杨开渠 心系稻田守国粮 不愧术真志如磐

科学家语录

人生的目的，如果是为了援助社会或改造社会，那么我就不应该只为自己，我不应该有一点私产，要尽一切力为社会！

杨开渠（1902年10月—1962年2月），浙江诸暨人，农业教育家和水稻专家，我国再生稻研究的开拓者和奠基人。1931年毕业于东京帝国大学农学部，1936年任国立四川大学（现四川大学）农学院农艺系教授，1937年任成都高级农科职业学校（现成都农业科技职业学院）校长，1956—1962年任四川农学院（现四川农业大学）院长。曾任四川省科学技术协会副主席、中国农业科学院学术委员会委员、中国作物学会副理事长等职务。毕生致力于水稻科研和高等农业教育事业。最早在长江流域倡导种植双季稻，是世界上最早对再生稻开展系统研究且研究最为深入的学者。在抗日战争时期推广双季稻、再生稻，于民族危亡之际有力地推动了四川粮食增产，支持了全国抗战。提出的再生稻基本理论深化了再生稻培育技术，推动了再生稻的发展。此外，水稻分蘖研究填补了稻作科学的空白，提出了合理利用水稻分蘖的基础理论，为发展我国水稻生产作出了卓越贡献。育成了“川大洋尖”“川大白节子”“川大白脚粘”等水稻良种。这些水稻良种在四川省推广后均增产明显，创造了较大的经济效益。1951年被授予四川大学教学模范荣誉称号。

粮食安全一直是国家安全的重要基础。在四川农业大学校史展览馆，一篇1945年10月8日的重庆《新华日报》社论——《感谢四川人民》，里面专门提到四川在抗日战争中的征粮贡献，这同四川农业大学有什么关系呢？这就不得不提到一个名字——杨开渠。

原来，在全面抗日战争爆发前夕，因日本侵略加剧，中长期增产计划无法施展。自1936年起，在国立四川大学（以下简称“川大”）农学院任教授的杨开渠，转而寻觅快速高效的增产办法，经过不懈努力，终于实现了四川粮食增产，为抗日救国大后方的粮食保障作出了重要贡献。

作为世界上最大的水稻种植国和消费国，水稻是中国粮食的重中之重。杨开渠毕生致力于水稻研究，是我国再生稻研究的开拓者和奠基人，他通过对水稻的发育形态、发育生态、发育生理和再生稻的前沿理论研究，以及对双季稻的应用研究，为我国再生稻及长江流域的双季稻发展开创了新纪元。

从未动摇救国救民的决心

1902年，杨开渠出生于浙江省诸暨县（现浙江省诸暨市）齐鲤乡全堂村。他生于内忧外患的旧中国，成长于动荡不安的抗日战争时期，自青少年时代就孕育了忧国忧民的情怀。纵观杨开渠的一生，虽在早年屡有志业转变，但他探索救国救民之道的决心从未动摇。

因家境贫寒，高中毕业后，杨开渠靠半工半读进入杭州甲种工业学校（现浙江大学）学习，在校期间加入报国工业会，立志工业强国。21岁的杨开渠在日记中写道：“衣服华丽不如人不足耻，食物丰盛不如人不足忧，唯学问道德不及人乃可忧可耻耳。”

1927年8月，杨开渠赴日本留学。由于杨开渠早先毕业于工业学校，故在日本留学时首选工科，但后来他考虑到中国以农立国，发展农业是国家富强的根本，遂弃工从农，考入东京帝国大学农实科学习。学农之余，杨开渠广泛阅读、关注和研究日本的社会科学与人文作品。在日本留学期间，杨开渠学习刻苦，成绩优异，毕业后即被老师近藤万太郎留在其主持的育种研究室工作。

1931年，“九一八”事变爆发，日本强占我国东北，杨开渠义愤填膺，毅然辞谢了老师的挽留。回国后，正是基于在日本留学期间对日本经济社会发展的深入了解，杨开渠对日本蚕食中国的侵略意图极为担忧。尤其是“九一八”事变后，侵占东北的日本对关内虎视眈眈，当时还在浙江任教的杨开渠怀着一个先进知识分子对民族国家的深深忧患，开始公开发表文章宣传抗日。

“先天下之忧而忧，后天下之乐而乐。”杨开渠一生心怀国家，安于简朴的生活，平时总是穿着布衣、布鞋，甚至是草鞋，但当1937年7月抗日战争全面爆发，国难当头时，杨开渠马上把当年8月份的工资捐给了四川大学抗敌后援会。“唯有用鞠躬尽瘁、死而后已的精神去克服一切困难，把整个的生命贡献给国家才有意义。”杨开渠一生都在践行为国为民的信念。

始终坚持求真务实的科学家精神

1936年，杨开渠应聘到川大农学院任教授，主讲稻作学。从此，他毕生致力于高等农业教育和水稻科研事业，成为最早研究和倡导在四川栽培双季稻、最早在我国开拓再生稻研究的专家。

“我认为研究稻作科学，也和其他科学一样，路是要一步一步走的，事是要一件一件做的，登高自卑，行远自迩，这是一定的科学原则，我们不能一步飞上天，也不能在一两年内把所有的问题包干。”1961年11月8日，杨开渠写下人生中的最后一封信，并告诫稻作室全体同志：“做研究工作，切不可似是而非，或者半途而废，这种教训，我过去是经历过的。”

是什么经历呢？原来，1956年，四川省双季稻种植面积由1955年的8万亩猛增到1956年的近500万亩。同年10月上旬，杨开渠应邀出席由四川省农业厅召开的大春生产总结会。在会上听到的几乎都是成功经验，他感觉这些与自己所见的实际情况有出入，出于科学家的良知和身为四川省人大代表的责任感，他在同年11月召开的四川省第一届人民代表大会第四次会议上作了关于栽培双季稻的书面报告。

杨开渠指出：“在大春生产总结会上，扩大双季稻栽培面积的积极性很高，但物质、技术的准备和全面的考虑不够。我认为明年四川推广双季稻的面积是否扩大到1000万亩以上应仔细讨论。我的意见是：明年应该在种植成绩显著、产量可靠而又有条件、有准备的地区，适当地扩大种植面积，其他条件不成熟、产量不稳、经验不足的地区，应适当减少种植面积或不种，只进行试点工作，以待未来的发展。”但是，这个从党和人民利益出发、坚持实事求是、从实际出发的正确意见，在当时未被采纳。

当时，杨开渠感受到的压力是很大的，但他坚信真理，他将自己的书面发言稿——《四川省栽培双季稻问题》寄到农业部，农业部赞同并支持他的意见，立即在部办刊物《中国农报》上将此发言稿予以发表。违背科学规律的做法是经不起实践检验的。后来的事实证明，1957年，四川省双季稻平均亩产与单季稻相差无几，且费工费种，使国家和稻农蒙受了巨大的损失。

当时，他的意见没被采纳，杨开渠心急如焚，决定加强科研，扩大双季稻试验规模。经过两年的试验，他进一步完善了双季稻品种选育和栽培的理论和技术。从1959年10月到1961年1月，他连续发表了5篇极具影响力的有关双季稻的文章，对双季稻的栽培和高产起到了指导作用。

写下人生最后一封信的时候，杨开渠已罹患癌症，但他仍然牵挂水稻科研事业。针对前几年经历的粮食生产浮夸风，他做出了科学的水稻科研计

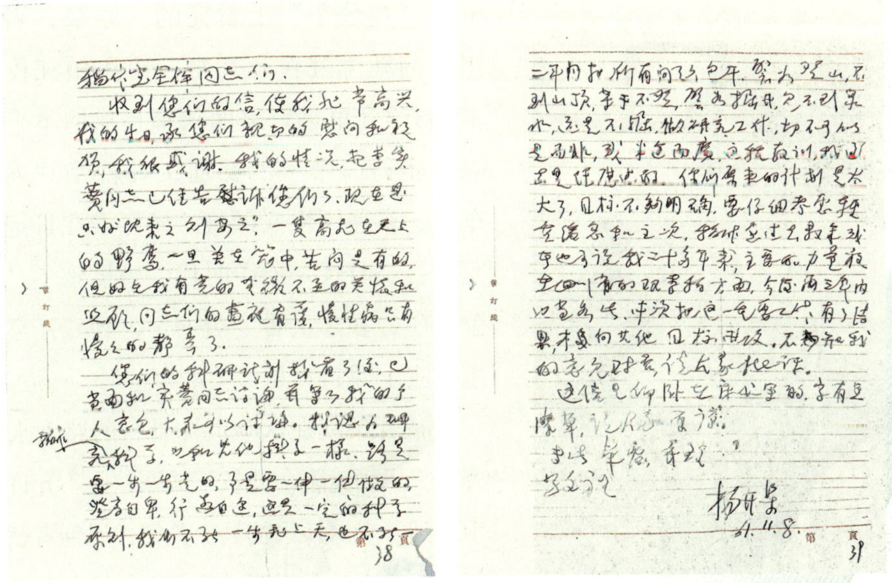

◆ 1961年11月8日，杨开渠人生中的最后一封信

划，鲜明地展现出一位水稻科学家求真务实的科学家精神。

培养大量优秀的农业生产人才

科学家往往也是教育家，他们不仅传播科学知识，还传承科研精神。在川大农学院任教20年，杨开渠开设了稻作学、农艺学、农场实习等多门专业课程。他毫无保留地把自己的最新研究成果作为教辅材料发给学生，供他们学习参考。

1956年，川大农学院迁至雅安成立四川农学院，杨开渠在开学之初的迎新会上讲道："初进大学，可能有一种'不知如何学起'的茫然之感，这是很自然的，一个抱有远大理想的年轻人，他有丰富的想象力，想学这样，又想学那样，但一接触到实际，就感觉到无从着手，这种现象是无足为奇的，主要看我们如何制订计划来学习。"随后，他从"阅读""实验和实习""观察和调查"三个具体方面为大学新生传授大学之道。

阅读，不仅是杨开渠对学生的要求，也是他自己终身坚持的兴趣爱好。杨开渠喜欢看史书，像《资治通鉴》和《唐书》这样的大部头史书他却是坐在"鸡公车"上看完的。原来，当时川大的新生院在三瓦窑，距离望江校区本部有3公里远，路面狭窄且坎坷不平，除了步行，唯一的交通工具就是"鸡公车"，车速缓慢又颠簸。杨开渠在日记中写道："时代是原子时代，一早坐了'鸡公车'，在车上看《唐书》，到三瓦窑新生院去上课，真是可笑的事。"

◆ 杨开渠在进行水稻科学研究

杨开渠就在这条泥泞难行的路上来回奔波，风雨无阻。他从不缺课，也不允许学生迟到，上课铃一响马上关门，迟到者就只好站在教室外面听课。杨开渠的敬业和认真赢得了学生的尊重，他为农学院新生开设的公选课“农学概论”常常座无虚席。

作为一名高等农业教育工作者，杨开渠为祖国培养了大量优秀的农业生产战线上的建设人才。他提出，科学研究工作必须结合教学和生产进行，绝不能好高骛远和脱离实际；他还提出，同学们都应该在将要前往工作岗位时就下定决心，把自己的力量和知识贡献给伟大的祖国。

杨开渠的一生也是以这样的精神目标身体力行的，他一次又一次地把工资、奖金和稿费捐赠出去，千方百计支援教育、科研和其他社会公益事业：1939年，捐出1000元为浙江家乡乡里贩米；1940年，捐出工资积蓄1300元为家乡购田11亩，以田租补助贫寒子弟的学费；1957年，四川农学院幼儿园开园之初，用自己的工资给幼儿园添置了一架最好的风琴；1958年，将一笔2000多元的稿费捐给雅安城南乡小学，作为办学之用……

手中有粮，心中不慌。当前，大国博弈急速冲高，地缘冲突空前激烈，全球粮食安全问题越发紧迫。我们要学习杨开渠等老一辈科学家的卓越品质，认认真真学习，踏踏实实做事，牢牢守住保障国家粮食安全的底线，把14亿多中国人的饭碗端得更牢固，为国家的长治久安和人民的安居乐业作贡献。

（文/陈仕印）

侯光炯

殚精竭虑耘沃土 躬耕田野献丹心

侯光炯（1905年5月—1996年11月），上海人，中国科学院院士，我国土壤科学的主要开拓者和奠基人之一。1928年毕业于国立北平大学（现西北大学）农学院。曾任中国科学院重庆土壤研究室主任、中国科学院四川土壤研究室主任、宜宾自然免耕研究所所长、西南农业大学（现西南大学前身之一）名誉校长等职务。毕生致力于土壤地理、土壤分类和土壤肥力的研究及教学工作。首次提出了“水稻土”这一特殊的土类名称，创造性地提出了“水稻土水文层次分类”方法及其形成的三育（即淹育、潴育、潜育）特征，为世界水稻土研究开辟了先河。提出的“土壤生理性”观点，标志着具有中国特色的农业土壤学理论体系的形成；提出的“土壤肥力生物热力学理论”获全国科学大会重大科技成果奖；创建的“水田（旱地）自然免耕技术”为发展中国土壤科学作出了开拓性的贡献。主编了我国第一本农业土壤专著《中国农业土壤学概论》。荣获国家科学技术进步三等奖、四川省科学技术奖一等奖等奖项。

科学家语录

农村是我的家，土壤是我的朋友，农民是我的亲人！

千百年来，土壤一直是人们赖以生存的重要基础。“土壤生万物。它忠于职守，千万年来默默地为人类奉献出粮食和其他许多财富……”

2021年12月4日晚，重庆，西南大学博物馆报告厅内，一部情景剧《大地之子》正在上演。昏暗的灯光中，只见一个年过半百、身着简朴的男子趴在办公桌上一笔一画地写着一则日记。舞台上这位写日记的男子就是中国土壤学奠基人、享誉国际土壤学界的中国科学院院士、西南大学教授侯光炯。

侯光炯心系亿万农民，毕生致力于创建和发展土壤科学理论，将人生中的70余载光阴默默奉献给祖国农村广阔的土地，被誉为“大地之子”。他鞠躬尽瘁的崇高风范已凝聚为一种巨大的人格力量，感召着我们的心灵；他无私奉献的伟大精神将在他倾注毕生心血的中华大地上，永远闪耀着催人奋进的光芒。

用糖果换泥巴

侯光炯从小就对土地产生了深厚的感情，通过研究土壤这种人类社会赖以生存和发展的资源来实现强国富民，是他一生的梦想。在他眼里，冰冷僵硬的泥土是“有血、有肉、有脾气，甚至有生命的东西”。为提高农作物产量，他倾注毕生心血研究土壤的水分、温度、空气，以及它们之间的平衡关系。

他对土壤的痴迷成了人所共知的美谈。1931年，时任中央地质调查所土壤研究室调查员的侯光炯与新婚妻子一起逛南京王府井，在半路上他却摆弄起土来，差点把初来乍到的妻子弄丢了。

情景剧《大地之子》还原了20世纪30年代侯光炯在考察土壤时遭遇土匪抢劫的一幕——当土匪夺过侯光炯沉甸甸的背包，发现只是一包土壤标本时大失所望。

还有一次，侯光炯出差途经长沙。当时侯光炯的女儿正好在长沙工作，她就带着女儿玲玲赶到机场来看外公。见到外孙女玲玲，侯光炯满心欢喜。玲玲贴近他耳边轻声道：“外公，听说您爱吃糖果，我们特地给您带了一大袋。”侯光炯听后，笑容满面，玲玲也乐开了花。

就在这时，侯光炯发现了前方新栽树下的一堆红泥巴，眼中闪过一丝欣喜，立刻上前仔细观察。女儿和玲玲也随后赶来，侯光炯见女儿手中装满糖果的口袋，急忙道："快，把口袋给我！"

侯光炯接过口袋，将糖果倒在地上，笑着对玲玲说："糖果你留着吃吧。"玲玲拒绝，表示糖果是给外公的。此时，侯光炯已捧起红泥巴装入袋中，原本的一袋糖果转眼成了满袋的泥巴。

玲玲心中疑惑，外公明明爱吃糖，妈妈特意挑选了那么多糖果，外公为何不要了？侯光炯看出她的疑惑，笑着解释："孩子，许多美味和丰收的果实，如红苹果、甜西瓜，还有谷子和棉花，都是从泥巴里生长出来的呀！"

"外公，您又不是农民伯伯，为什么把泥巴当宝贝呀？"玲玲的话还没说完，机场的广播响起，飞机马上要起飞了。侯光炯匆匆拎起装满泥巴的袋子，对玲玲说："这个问题，让你妈妈回答你！"在回家的路上，玲玲便向妈妈发问，妈妈告诉她，外公要把这些泥巴带回去研究，好让泥巴里长出更多更好的东西来。

几十年来，侯光炯的足迹遍及祖国的山山水水，从东海之滨到河西走廊，从江南丘陵到四川盆地，中华大地留下了他艰辛的足迹。他采集的土壤、岩石和植物标本，为开展土壤调查研究、查清我国土壤资源打下了坚实的基础。

◆ 1980年，侯光炯（左二）在田间观察半旱式土壤温度变化

向农民"赔钱"

1993年8月6日，《宜宾日报》刊发了一篇题为《11万元重奖怎么用》的报道，记述了侯光炯获得四川省委、省政府10万元的重奖，又获宜宾地委、地区行署1万元奖金的故事。

对于这11万元奖金的安排，按常人的思路，很自然地会与买房子、购置高档的电器设备、添置家庭设施等联系在一起，可谁也没想到，侯光炯在身披大红花接过奖状和奖金时就向省长表了态，"将这笔钱作基金，筹划在长宁县建一个土壤博物馆"。

侯光炯心系农业、农村和农民，与其出身于农家、经常接触农民的人生经历密不可分。1905年5月，侯光炯出身于贫寒之家，上完小学后，家人无力再供他升学。听说南通甲种农校实行考试录取、免费就读，12岁的侯光炯便在1917年初秋告别家人，独自乘长途汽车去南通甲种农校求学。

农校最后一学期期末野外实习时，侯光炯不仅亲眼看到改良后的盐碱地上盛放的鲜花和棉桃，也看到未改良的盐碱地上稀疏生长的耐盐碱植物，更看到在未改良的盐碱地上辛苦耕作的农民减产歉收的惨景。这是他第一次深刻感受到土壤对作物生长、对农民生活的重要性。于是侯光炯立下了改良土壤、改变农民贫困处境的志向。

从此，他深入广袤的农村，开展农业土壤科学理论和应用研究，在农业生产实践中创立了一整套农业土壤研究新方法。尤其是在1979年，已经退休的他完全可以安享晚年，但他依然忙碌在土壤调查研究的第一线，作为全国农业普查顾问组顾问、西南组与四川组组长，深入宜宾田间地头指导第二次土壤普查工作。在此过程中，他发现宜宾地处四川盆地和云贵高原接合部，地形地貌特殊，土壤具有多样性特点，是深入研究紫色土的天然科研场所。

1980年，侯光炯从四川简阳迁至宜宾，驻扎在长宁县相岭区公所。1980—1996年，侯光炯应用自己创造的土壤肥力理论创立了一套冬水田自然免耕技术，大大降低了农民的劳动强度。1984年，这项技术被列为四川四大增产措施之一。1986年，该技术获四川省科学技术进步奖一等奖，1987年，获国

◆ 1985年，侯光炯（右一）向农民取经

家科学技术进步奖三等奖。

侯光炯对自己非常苛刻，生活简朴，但对农民生产生活的困难，他总是慷慨解囊。长宁县至今流传着侯光炯"向农民赔钱"的故事。为推广半旱式免耕法，他向采用该法的农民承诺："如果减产了，我来赔偿。"减产的事也确实发生过，他对助手说："该赔多少赔多少，绝不能让农民兄弟吃亏！"寒冬腊月，他和助手挨家挨户去赔钱。后来才了解到，减产不是因为耕作技术，而是个别农户把供应的化肥拿去卖了造成的。助手们很生气，要去追回赔偿，但被侯光炯劝阻了。

几十年来，受过他救济帮助的人到底有多少，谁也说不清。作为农民的朋友，侯光炯懂农业、爱农村、爱农民，为让土壤科学服务于农业生产，他放弃舒适的大城市生活，扎根农村，殚精竭虑从事农业土壤、农业高产的研究与推广，使千千万万农民直接受益。

切莫闭门造车

在从事土壤科研实践的同时，侯光炯兢兢业业地兼顾土壤教学。从1975年在四川简阳指导1976届工农兵学员毕业实习开始，他每年都要带十几二十个本科生、硕士研究生、博士研究生，指导他们边上课、边做调研，边搞田间实验、边写毕业论文。这项工作一直持续到他逝世前一年。

侯光炯治学严谨，求真务实，并以此要求每一位中青年教师。在科研上，对中青年教师的每一篇论文、每一部专著，他都要字斟句酌，反复推敲，给予细心指导。从教学规划、实习安排到青年教师的培养，他都积极参与，出谋划策。通过这种方式，青年教师不仅熟悉了教学大纲，了解了教学计划，而且对教学目的、任务、内容、要求、重难点等方面都做到心中有数。

在教学上，他对每一份讲稿、每一次试讲，都一丝不苟。上课前，侯光炯查阅文献资料及参考书，对每一章节的核心内容、重点、难点甚至例证都要一一列提纲。每一次授课，他都因材施教，根据授课对象的特点安排教学内容。在教学过程中，他总是深入浅出，不断地以农业生产的问题和国外的最新资料，激发学生对土壤学的兴趣。

土壤科学是一门实践性很强的科学。侯光炯再三告诫自己的学生，不要在实验室闭门造车，必须到自然中去与土壤共呼吸，才能掌握土壤的变化规律，了解土壤的习性，也才能真正使土壤科学的研究为农业生产服务。因此，他坚持将教学、科研和生产实践特别是国家下达的有关任务结合起来，以任务带教学，以任务带科研，带领师生深入农村，进行土壤调查，推广新技术。

他以身作则，夏天不戴草帽，寒冬敢于下田，经常白天顶着烈日或风雨在田间调查研究，晚上讲课写材料到深夜，每天工作十几个小时。在野外考察时，他要求学生人人动手，把每天看到的现象、想到的问题，以及对问题的认识、分析和解决办法等都记下来，做到边行动、边观察、边记录、边思考。

几十年来，侯光炯先后系统讲授过土壤学、土壤调查及制图、土壤化学、土壤地理等课程。他几十年如一日，一丝不苟地履行着一位人民教师崇高的职责，在平凡的教学岗位上辛勤耕耘，呕心沥血，为祖国培养了一批又一批年轻有为的土壤学人才，将他们培养成为祖国农业科技战线和土壤学领域的中坚力量。

1996年9月，教师节前夕，侯光炯挥笔写下了八个大字——精心教书，诚心育人——这既是他对教师们的殷切期望，也是他为人师表半个世纪的座右铭。

1996年11月4日，侯光炯走完了他91年的人生历程，与世长辞。他服务农业的人生，就像他所钟情的土壤那样——不求索取，但求奉献！

（文/陈仕印）

杨 凤

奠基动物营养学
术学报国促产研

杨凤（1920年11月—2015年12月），云南丽江人，动物营养与饲料科学专家，中国动物营养学奠基人之一。1941年起，杨凤先后在云南昆明西南联大、美国艾奥瓦州州立农工学院攻读学士、硕士和博士学位。1951年，响应周恩来总理报效祖国的号召回国工作。1952—1956年，在四川大学农学院任牧医系副教授、教研室主任。1956年，四川大学农学院独立成为四川农学院（1985年改名为四川农业大学）后，先后担任四川农学院院长，四川农业大学校长、名誉校长，动物营养研究所所长，中国动物营养学会会长和名誉会长等职务。一生致力于动物营养学科的人才培养和科学研究工作。在国内首先制定出“四川猪营养需要（饲养标准）”。该标准在学术上突破了国际上猪营养需要标准的常规模式，促进了四川养猪生产水平的大幅度提高和配合饲料工业的迅速发展，产生了良好的经济社会效益，进而制定了“中国猪饲养标准”，在动物微量元素营养研究和中国饲料营养价值的评定研究中作出了重要贡献。荣获国家科学技术进步奖二等奖2项、省部级科学技术进步奖一等奖4项等奖项。

科学家语录

先做人，后做事。

“杨柳春晖桃李曲，凤凰玉树杏坛风。”这是一副祝贺四川农业大学动物营养研究所建所10周年的贺联。表达了人们对这位终身献身科研、传道授业的著名动物营养学家的崇敬之情。

杨凤从小便对马很感兴趣。在美国艾奥瓦州州立农工学院读本科时，他遇到了一位对羊、马有很深造诣的教授。报考硕士研究生时，喜欢马的杨凤很想成为这位教授的学生，但这位教授说：“你们在中国，猪的数量很多，你应该去学养猪。”杨凤听从了教授的劝告，拜在了一位著名的养猪教授的门下。

学成回国后，杨凤震惊地发现，农民养猪却吃不起猪肉。从此，他将目光牢牢锁定在国家的养猪事业上，先后在四川大学农学院、四川农业大学等校任教，60年如一日，致力于动物营养学科的人才培养和科学研究工作，为我国养殖业的振兴作出了重要贡献。

十年求学，响应周总理号召回国报效祖国

1920年，杨凤出生于云南丽江拉市坝。他从小好学上进，成绩优异，1941年考入西南联大化学系。那一年正是抗日战争最艰难的时候，在国难当头、民族危亡之际，联大师生们都希望把从内心深处升腾而起的所有力量倾注在教与学上，企盼着用自己的科学文化知识来挽救民族危亡。

在学习上，杨凤丝毫不敢懈怠，但当年抗日救国的志向仍不时袭上这位热血青年的心头。尤其是身边不少中学、大学同学纷纷投笔从戎，奔赴抗日前线的做法时常牵动着杨凤的心。有时候，杨凤也忍不住想：“国家都快灭亡了，还读啥子书哟？还是直接到前线杀鬼子吧！”但冯友兰先生的一次演讲让杨凤的心静了下来，他接受了学习科学知识、收拾河山、重建祖国这个更为艰巨的任务。一天，在送走又一批奔赴前线的参军同学后，杨凤和其他同学一起，慕名前去听冯友兰先生的演讲。“战争形势逐渐好转，日本人终将被打败，因此更可贵、更艰难的是学好本事，收拾河山，建设新中国！”听过冯先生这一席话，尤其是1942年亲眼看到日本飞机被打下后，杨凤彻底放弃奔赴前线抗日救国的想法。

1942年，云南省政府决定选派一批优秀云南籍学生公费赴美留学。3年后，杨凤乘飞机几经辗转来到了美国艾奥瓦州州立农工学院。在硕士阶段，杨凤拜在一位研究养猪的著名教授门下学养猪，从此他与养猪业结下了不解之缘。

硕士毕业后，杨凤还想继续深造。于是，他跟从世界动物遗传育种之父、世界家畜群体遗传学创始人拉什（Lush）学习动物遗传育种。但拉什得知杨凤打算回国效力后，就劝他改学动物营养学，于是杨凤又转而投入动物营养学的学习研究中。

此时，新中国已经成立，国家正处于百废待兴阶段，急需人才。一天，杨凤在《华侨日报》上看到周恩来总理号召海外留学生回国的讲话。这篇讲话让众多心怀报国之志的海外学子深受触动，杨凤也不例外。在即将获得博士学位时，他毅然决定回归祖国，为国效力。导师感到震惊，并力劝他留在前途更好的美国发展，但他毫不动摇。

当时国际关系变化快，杨凤意识到必须立即行动，不然很难回祖国了。1951年秋，排除千难万险，怀着报国之志，杨凤毅然踏上回国之路。脚踏故土，杨凤心潮澎湃，难掩激动，远渡重洋、一路颠簸的辛苦也被祖国人民的热情冲得烟消云散。

漫漫求学路，拳拳报国心。从1941年考上西南联大到1951年学成归国，杨凤10年求学路，可谓激情满怀、蜿蜒曲折，但他那颗炽热的报国之心却始终不曾改变。

产研融合，注重选择能推动生产发展的项目

回国之初，杨凤了解到，农民养猪却吃不起猪肉。杨凤认为，养猪对农民和国计民生非常重要，穷毕生精力于养猪这项事业是值得的。早在20世纪50年代初，杨凤就到荣昌种猪场对四川荣昌猪、内江猪的生长发育规律及营养需求进行了大量的基础研究，积累了丰富的资料。

“文化大革命”期间，杨凤尽管受到了冲击和不公正待遇，但他仍满怀信心，坚定不移，心中念念不忘的还是国家的养殖事业。他一有空就查阅资

料，思考着专业之事。振兴中国养殖业，改善百姓生活是他不变的追求。

四川省的养猪数量在全国遥遥领先，占比高达全国总量的六分之一。然而，长期以来，由于缺乏贴合四川本地生产条件的饲养标准，养猪业面临生产水平低下、饲料浪费严重、出栏率低、经济效益不佳等诸多问题。为了攻克这一难题，杨凤自1979年起便着手主持四川猪的饲养标准研究，其成果荣获四川省重大科技成果一等奖。

杨凤的研究不仅打破了国际猪营养需要标准的传统框架，还充分反映了国际猪营养研究的最新动态，是我国科技起点水平高的猪营养需要标准之一。其中，他提出的后备种猪营养需要标准更是在国际舞台上开了先河。

在四川猪的饲养标准研制过程中，杨凤创新地将生长猪按生产性能划分为六个等级，以适应高、中、低三种不同的饲养条件。这一标准的制定，极大地推动了四川养猪业生产水平的提升和配合饲料工业的迅猛发展，当年年均新增社会纯收入超过3000万元。

此后，杨凤主持了南方猪的饲养标准研究与制定工作，参与了制定中国猪饲养标准的协作攻关项目，还主持了四川和我国南方各省猪的饲料营养价值评定。他始终注重选择那些能够推动生产发展的项目进行研究，例如，他主持的“瘦肉型配套系猪选育及饲养”研究，便是四川省“九五”期间的重点攻关课题，为我国养猪业的发展注入了新的活力。

杨凤从云南起步，取得巨大成绩后，时刻记着要为云南作出回报的承诺。“是云南养育了我，是云南送我出国留学，我一定要找机会回报云南。”机会在等待中出现了，1995年7月，杨凤被云南省政府聘请为省政府畜牧业经济顾问。

在杨凤的支持和帮助下，云南省政府1995年连续下达文件，作出把云南省畜牧业建成支柱产业和加速畜牧业现代化进程的决定，并提出在

◆ 杨凤在工作中

云南省建立“畜禽饲料及营养实验室”。当年6月，云南省政府决定将云南省动物营养与饲料重点实验室建在云南农业大学，这为动物营养科学研究和高层次人才培养构建了平台。

1996—2001年，杨凤还组织率领四川农业大学教授，为云南省政府确立的建设现代化养猪示范县工程服务，并为其提供智力支撑和技术保证，这大大促进了云南省养猪事业的进步。

以身垂范，出差时曾夜宿街头小旅店的过道

杨凤是四川农业大学动物营养学学科的奠基者。1986年，杨凤创建了动物营养研究所并担任首任所长。建所之初，他庄重宣言：“要培养一批人才，打造全国重点学科，在学术上走在前列；否则，生则寝不安眠、食不甘味，死则亦不瞑目。”

生活节俭、治学严谨、淡泊名利……杨凤有着知识分子强烈的社会责任感和历史使命感。他常说，要“先做人，后做事”，并以身垂范，夜以继日地奋斗在管理、服务、科研和育人的第一线，以其崇高的人品师德和精深的学术思想培育了一大批人才，演绎着极富色彩的育人和科研人生。

跟随杨凤出过差的人都知道，他出差时生活费都是自掏腰包。有一次，杨凤出差时夜宿街头小旅店的过道，寒风呼呼作响，旅店又脏又破。当听说他是四川农业大学的教授时，旅店老板才把灌风的窗户糊上一层纸，稍御严寒。

在生活方面，杨凤同样也很节俭。在四川农业大学校园里，常见一位身材魁梧的老人骑着一辆老旧的自行车，那人便是杨凤。在教工食堂，他常常一个人默默地坐在角落里吃便饭；吃过午饭后，再多买上一份晚上热了吃。

与生活节俭形成鲜明对比的是，在科研上杨凤非常大方。他常说，要把钱尽可能用到科研上。1986年，杨凤远见卓识地提出要引进国外猪舍，以助科研。这在当时引起很多人的不理解，觉得花大量外汇去买一个养猪的圈舍，实在是浪费。但就是这套猪舍，对全国畜牧学科的人才培养和养猪生产起到了巨大的推动作用，并对整个行业起到了示范引导作用。

◆ 杨凤（左二）指导学生试验

从教以来，杨凤讲授过家畜生理学、家畜饲养学、动物营养学等课程。他认为，读研的生活虽辛苦，但的确是塑造知识、磨炼意志、积累经验的重要阶段。1978级研究生、四川农业大学动物营养所王康宁研究员说：“先生对研究生要求很严，会逐字逐句审查论文，对实验的开始、过程和结果都认真查看。”

在杨凤的影响下，他的研究生做试验时，从设计到购运试验动物和饲料、清扫消毒畜舍、饲喂称重等，都全程参与，严谨认真，实事求是，保证了科研成果的真实可靠。这种科研精神在动物营养所被传承下来。1989年，四川农业大学动物营养学被国家教委评为国家重点学科点。同年，其研究生教育获四川省优秀教学成果一等奖、国家级教学成果优秀奖。

杨凤终生为教学和科研工作辛劳，作为国家杰出高级专家、终身教授，他90多岁高龄时仍要去办公室和教室走一走、看一看，给学子们排忧答疑。临终前，在病床上的他还牵挂着学科建设，关心着学校发展，感人至深。

（文/陈仕印）

颜　济

潜研小麦不畏难　为国为农奉一生

科学家语录

把自己研究领域的书读完，形成扎实的知识结构，但不能只读书，不比较。当有了新的认识，发现了新知识、新的真理，就是科学研究的成果！

颜济（1924年5月—2021年2月），四川成都人，中国作物遗传育种学家，植物学家，四川农业大学教授，小麦族生物系统学奠基人。1943年考入华西协合大学（现四川大学华西医学中心）牙医学院；1944年考入空军军官学校24期飞行班学习飞行；1945年重返华西协合大学改学农学，毕业后留校在生物系任助教；1952年调整到四川大学农学系任讲师，后任四川农业大学小麦研究所首任所长。从事小麦育种、细胞遗传学、小麦族生物系统学研究70多年。1962年选育并推广了“大头黄”“雅安早”“竹叶青”等三个被农民称为“62型品种”的第一批早熟、抗病、抗倒的高产良种，使四川小麦生产上了一个台阶。1969年选育具有高产、抗病、早熟、矮秆等优良特性的“繁六”及其姊妹系，使四川小麦生产再上一个新台阶。主持并设计了“小麦族种质资源研究”项目，建立了小麦族种质资源库和小麦族植物标本室，建立了新属Kengyilia和Douglasdeweya，发现新种10个，出版了《小麦族生物系统学》专著5卷，对世界小麦族生物系统学研究作出了重要贡献。通过对高等植物器官形态和器官建造规律的研究，提出多级次生节轴学说，出版了《高等植物器官结构的建成：多级次生节轴学说》。荣获国家技术发明奖一等奖、国家自然科学奖二等奖等奖项。

在我国，说到小麦，就不得不想到颜济。

他一生潜心研究、醉心学术、崇尚科学、勇于创新、敢为人先，形成了独特而富有个性的精神气质，是“川农大精神”的奠基者之一，是科学研究领域的典型和楷模，攀登上一座又一座学术高峰。

他一生奖掖后学，是深受尊重和敬佩的智慧长者。他治学严谨、甘为人梯、平等待人，为人诚恳而见解深邃，学养丰厚而信念执着，追求真理而实事求是，成为小麦作物学科领域的带头人。

他一腔家国情怀，忠于党，忠于祖国，忠于教育事业。他投笔从戎，为国为农，服务社会，以令人敬仰的一生实现了献身科学和报效祖国的崇高理想，为我们树立了榜样和标杆。

他还有许多人都非常羡慕的才能：会驾驶飞机、会画卡通、会做精细的杂交科研、会写奔放的论文、会在讲学时滔滔不绝而不用任何手稿、会做一手好菜、还会给自己理发……

一生潜心研究，他攀登上一座又一座学术高峰

2021年2月6日，我国著名小麦育种专家、植物学家、小麦族生物系统学奠基人、四川农业大学颜济教授因病逝世，享年97岁。“把一生都献给了科学！终于放下了！去陪他执恋的老伴了！爸爸走好！”颜济教授逝世当晚，小女颜丹在微信朋友圈发文。

颜济从事小麦育种、细胞遗传学、小麦族生物系统学研究70多年。复旦大学特聘教授卢宝荣回忆：“颜济先生能够高瞻远瞩，把握时代前进的脉络，站在一定的高度来看待和研究科学问题，抓住科学问题的关键和先机。颜济先生不仅有锲而不舍、一追到底的科学战斗精神，同时还对万事万物都充满着好奇，这些都是他成功的重要基础。”

颜济在作物育种上作出了卓越贡献。1962年，他选育并推广了“大头黄”“雅安早”“竹叶青”等三个被农民称为“62型品种”的第一批早熟、抗病、抗倒高产良品。1969年选育推广了“繁六”及其姊妹系，让四川小麦生产连续跃上两个台阶。颜济认为四川小麦要上第三个台阶，选育亩产超

◆ 颜济在工作中

1000斤的新品种，从现有推广品种的遗传潜力看，已是不可能。于是他拓展思路，将研究的重心转移到育种资源的研究上。

他也是小麦族生物系统学及形态发育研究的第一人。种质资源是人类赖以生存和发展的不可再生的核心战略资源。20世纪80年代，在联合国国际植物遗传资源委员会（IBPGR）的资助下，颜济负责中国大区的小麦种质资源调查项目，同时参加研究的还有瑞典、丹麦、加拿大、日本等国的科学家。

1983—1998年，颜济及夫人杨俊良教授带领学生和助手们系统地对我国新疆、西藏、四川、辽宁、吉林、山东、江苏、浙江等16个省区和美国、加拿大、瑞典、丹麦、日本、澳大利亚等国家进行了野外实地调查。其间，他深入新疆荒漠10次，登上青藏高原18次。

截至2019年9月，他主持并设计的“小麦族种质资源研究”项目，收集和保存小麦族21属193种35变种6000余份材料，建立了国内外完善的小麦族种质资源基因库和标本室，获得了2000年国家自然科学奖二等奖。

一生奖掖后学，他是深受尊重和敬佩的智慧长者

桃李芬芳，教泽绵长。在颜济70多年的科研和教育生涯中，他承担了大量的本科、硕士研究生和博士研究生课程教学任务。颜济教书育人正如他做学问一样，有明确的目标和严格的标准。因此，在学生眼中，颜老师也是“严”老师。

颜济对弟子之严格远近闻名。“初见颜济老师，感觉他高大魁梧，神态严肃，言语不多，说话言简意赅，铿锵有力，掷地有声，俨然一位身经百战

的将军。”四川省农业科学院原副院长黄钢，还记得1984年第一次见到老师时的样子。黄钢研究生毕业后上班不久，有一次，颜济从雅安专程开车来成都，“他很严肃地告诉我，他发现我的硕士研究生学位论文中有一个错别字和一处标点符号有错。他说，作为导师他应负主要责任，这次到成都来特别提醒我，希望我今后在科研上要一丝不苟，精益求精。”数十年来，黄钢对那段往事一直铭记在心。

在那个研究生稀缺的时代，专业课常常采取一对二或一对三的小班授课模式。即便在如此特殊的教学环境下，颜济始终坚守初心，认真备课，用心授课。他常常告诫学生们，科研之路需要心无旁骛，静心钻研。他时常以著名小麦遗传学家西尔斯在圣诞节仍坚持工作的故事为例，激励学生们要全身心投入科研事业。

颜济深谙理论与实践相结合的重要性，对学生们在理论联系实际和实际操作能力方面的培养倾注了大量心血。无论是在实验室的精密操作，还是在试验田的辛勤耕耘，甚至是在野外考察的艰苦跋涉，他都亲自示范，一丝不苟，对学生们严格要求。无论是他年轻时的学生，还是耄耋之年的弟子，都能时常见到他那专注而坚定的身影，感受其严谨治学精神的熏陶。

“他没有正式地给我上过一堂课，但赋予了我决心和毅力；他没有手把手教我做试验，但教会我讲逻辑；他很少用语言教育我，但对我的教育刻骨铭心。”四川农业大学副校长刘登才说，自己1992年开始读硕士，那年他22岁，颜济68岁。

“要站在全新的高度思考未来小麦育种方向，不能单纯为出新品种而育种，更应该原始创新，课题组之间需要通力合作，从事国际一流水平研究。”颜济生前嘱咐新一代小麦所科研工作者，“把自己研究领域的书读完，形成扎实的知识结构，但不能只读书，不比较。当有了新的认识，发现了新知识、新的真理，就是科学研究的成果。”

一腔家国情怀，他为我们树立了榜样和标杆

1943年，颜济考入成都华西协合大学牙医学院，若无意外，他会成为

一名出色的牙医。但那时，日本侵略者的铁蹄踏上中国的土地，颜济遂暂时放下当医生的念头，考入空军军官学校24期学习飞行，投笔从戎，以身报国。

后来，颜济重返大学。彼时，他目睹战后民生凋敝、百姓忍饥挨饿，遂改学农学。由于成绩好，1947年起，老师就让颜济在生物系当学生助教。1949年成都解放前夕，颜济放弃已到手的去美国爱达荷大学留学的机会，选择留下来，在地下党的领导下积极参与护校迎解放运动。新中国成立不久，颜济加入中国共产党。

国家战火频仍，他就穿上戎装；看到战乱后百姓食不果腹，他就报考农学。从牙科医生到空军飞行员，再到小麦专家，颜济青年时代的三个职业选择，看似各不相同，但都与家国和时代息息相关。

参加工作后，颜济从小麦倒伏这个问题入手，开始了他的科研工作。当时，四川的小麦种植面临严峻挑战，主要依赖从意大利引进的品种，但条锈病和倒伏问题频发，产量低下，导致面粉价格昂贵，普通百姓难以承受。然而，颜济并未被困境所困，他坚信本土种质资源同样蕴含巨大潜力。

他立足于地方小麦品种，进行矮秆抗倒、抗病的系选工作，同时引进国外优质种质，实施杂交育种策略。经过不懈的努力，他成功培育出了“雅安早”“大头黄”和“竹叶青”等优质小麦品种，这些品种在四川广泛推广，使小麦亩产从原来的300～400斤提升到500～600斤，四川小麦生产上了一个台阶。

◆ 2013年，颜济在第七届国际小麦族会议上作报告

要想让小麦单位面积产量再上一个台阶，得让小麦既缩短生长周期，又增加产量。颜济开始更加注重种质资源的收集与利用。他巧妙设计育种方案，注重显性基因的选育与融合，成功培育出“繁六”及其姊妹系，将小

麦亩产再次提升至700～800斤。这一成果在1990年荣获国家技术发明奖一等奖，充分显示了颜济在小麦育种领域作出的卓越贡献。

让四川小麦亩产量上了两个台阶后，颜济又开始了他的"第三级跳"——研究育种。他深知实现这一目标需要深厚的知识积累和大量的尝试探索。于是，他积极开展小麦种质资源调查项目，努力挖掘和利用更多的小麦族种质资源。在不懈的努力下，他发现了具有六倍体染色体的小麦族新属——仲彬草属。这一发现是基于染色体组型的分析，为小麦族生物系统学的研究开辟了新的领域。这一成果不仅在国际上引起了广泛关注，也为小麦育种提供了新的种质资源和思路。

在颜济70岁的时候，本该颐养天年，但他并未选择安逸的退休生活，而是将自己一生对小麦族种质资源的研究成果整理成册，为科学界留下了宝贵的财富。他与杨俊良先生共同撰写了《小麦族生物系统学》这一巨著，历时近20年，共计5卷370多万字。该书全面总结了小麦族生物系统学的研究精华，为世界小麦育种和生物系统学研究提供了重要的参考和借鉴。

颜济的一生是奋斗与奉献的一生，他用自己的智慧和汗水为四川乃至全国的小麦生产作出了卓越的贡献。他的事迹将永远铭记在人们的心中，激励着一代又一代的科研工作者为农业科技的进步和发展而不懈努力。

（文/陈仕印）

周开达 攻坚克难育良种 守望稻浪谱新篇

周开达（1933年4月—2013年7月），重庆江津人，作物遗传育种专家，中国工程院院士，被誉为“西南杂交水稻之父”。1960年毕业于四川农学院（现四川农业大学）农科系并留校从事教学科研工作。曾任四川农业大学水稻研究室副主任、四川农业大学水稻研究所所长、国家科技奖励委员会评委、四川省科学技术协会副主席、四川省作物学会副理事长、四川省种子协会副理事长等职务。毕生致力于农业教育和杂交水稻研究事业。首创了籼亚种内品种间杂交培育雄性不育系的技术和方法，培育的冈型、D型杂交稻增产稻谷228.58亿公斤，创造社会经济效益320亿元。提出亚种间重穗型水稻育种的新理论和方法，育种思路成为指导西南及杂交中稻区水稻超高产育种的重要技术路线之一。他培养的学生大都已成长为中国水稻育种界的骨干力量，他奉献一生的四川农业大学水稻研究所已经成为培养中国杂交水稻高级人才的重要基地。荣获国家发明一等奖、国家科学技术进步奖二等奖等奖项，被授予“国家有突出贡献的专家”“全国先进工作者”“四川省劳动模范”等荣誉称号。

科学家语录

我一生只做两件事：育种和育人。

如今，不要说米饭，连鸡、鸭、鱼、肉、奶、蛋，都已摆上寻常百姓家的餐桌。新一代的年轻人，或许不知晓祖辈们经历过的挨饿的年代。

“谁知盘中餐，粒粒皆辛苦。”在这幸福生活的背后，除了面朝黄土背朝天的农民在辛勤耕耘，还有一群人，肩负着将粮田变良田的使命。数十年如一日，以自己的方式守望着这片土地，他们就是农业科研人员。

被誉为“西南杂交水稻之父”的周开达，就像他极其钟爱的稻穗，前半生破土而出，生机勃勃地生长；后半生又将饱满的种子埋入田间，让新稻苗壮成长。他的毕生精力和热情，都投到了水稻育种工作。

正是无数像周开达这样的“大田书生”，用自己的智慧和汗水，让只有世界上8%耕地的中国，养活了全世界约20%的人口，让中国人的饭碗，永远端在自己的手上。

育种：写信要来种子，开始了生平第一次科研

我国第一位“杂交水稻院士”是大名鼎鼎的袁隆平，第二位便是周开达。相对于备受瞩目的袁隆平，公众对周开达的了解相对较少。其实，他们攻克的是同一个难题，那就是杂交稻的母本选育的问题。袁隆平是从野生稻中发现了不育基因，周开达则是从栽培稻中发现了不育基因。这一发现为周开达提供了培育冈型、D型栽培杂交稻的关键条件。凭借这一重大突破，周开达成功选育出冈型、D型杂交稻。周开达的这一贡献不仅丰富了杂交稻的基因库，也为我国农业的发展注入了新的活力。

作为著名水稻育种专家，周开达一生都和水稻有着不解之缘。1933年，周开达在重庆市江津县先锋乡晓堂村出生。在少年时代，农民忍饥挨饿的情景常常刺痛着他，能够恣意地大口吃上白米饭，是他儿时的梦想，这些都是他后来迷上水稻事业的重要原因。

1953年的一天，爱读书看报的周开达偶然在报纸上看到介绍湖南省某县种双季稻的文章，他的好奇心被大大激发起来。于是，他写信要来了种子，开始了生平第一次科研。后来，他又带动乡里种了好几百亩双季稻，这让他成了远近闻名的“水稻专家”。

他在书上看到介绍水稻杂交育种的文章，就依葫芦画瓢，进行了多次试验。1955年，江津县双沙乡的乡长从璧山带回几粒颗粒特大、被称为“寸谷”的谷种。周开达如见至宝，将谷种要来种下，并用竹竿和麻绳围住，精心管理，扬花时又一株株地去雄授粉……秋天果然收获了一些谷穗长、结籽多的稻子。

正是这一个小小的试验，让周开达看到了科学的无穷魅力和巨大力量。

1956年，他考上四川农学院。到校报到时，他带在身边的最有价值的东西，竟是那几束谷穗——他自己杂交培育出的谷穗。周开达毕业后留校工作，刚开始的时候，组织上并没有安排他研究水稻，他就在家中用盆栽自行研究。1965年，他被正式调入水稻室后，便全身心投入这一事业中。

1966年，周开达和同事们在进行地理远距离品种间杂交育种试验时，发现用西非晚籼稻良种“冈比亚卡”与我国早籼稻良种矮脚南特杂交后，出现了许多高不育株，几经试验，结果都是如此。这引起了周开达的注意，使他萌发了运用这些材料培育杂交水稻的念头。1969年，周开达向学校要了五分田做试验，后面又增到1亩多。

搞科研比单纯种田辛苦多了。抽穗开花前要一株株地套隔离袋，扬花时要一穗穗地观察花粉，逐一记录。1分田1700多株稻株、5分田8500多株稻株、1亩田1.7万多株稻株，工作很细，工作量大。最苦的是，观察花粉的工作必须在中午太阳正烈的时候做，气温高、日照毒。他就这样坚持了3年，终于使冈型不育系的不育性能逐渐稳定下来。

1972年，周开达决定开创“培育冈型不育系”的课题。此时，袁隆平已首创野败型杂交水稻，并引起国内外轰动。周开达不愿跟在别人后边吃“现成饭”，他要为国家培育更多类型的杂交水稻。他要研究的是籼亚种内品种间杂交、培育雄性不育系的三系育种法。这叫近缘杂交，不仅是个极富挑战性和开创性的研究，也是个世界级难题。

功夫不负有心人。经过几年的埋头苦干，到了20世纪70年代末，周开达培育的冈型雄性不育杂交水稻在四川推广。一年后，在试点地区的水稻亩产已近千斤。“要让乡亲们都能吃上大米”，那个在周开达儿时看似遥远的朴素梦想，正在一步步变成现实。不久，周开达研制的冈型、D型杂交稻和袁

◆ 1999年，周开达在田间观察水稻结实情况

隆平研制的籼型杂交水稻，成为全中国种植面积最广的水稻品种。

周开达没有陶醉于成功和荣誉，他和同事们一起，继续在“绿色王国”开拓奋进，先后开展了“两系杂交稻的生态育种工程研究”“亚种间重穗型杂交稻育种工程研究”“杂交稻优质化工程研究”“永久性杂交稻研究”等多个重要研究项目。他们把基础理论研究与应用研究结合起来，把科研与教学结合起来，把培育、繁育和推广结合起来，使上述每个系统工程都推出一大群新品种。

由此，周开达被誉为“西南杂交水稻之父”，并于1999年11月当选为中国工程院院士。截至目前，冈型、D型杂交稻在长江中上游及云、贵、川等地，仍被广泛种植，种植面积曾一度约占全国水稻种植面积的三分之一。吃上“周开达大米”者，已经不局限于四川一省，而是遍布祖国大西南。

育人：每年端午节，在家煮粽子，挨个分给学生吃

“春种一粒粟，秋收万颗子。”为了不再忍饥挨饿，周开达坚信一粒种子可以改变一个世界。他深知，只有辛勤浇灌土壤，精心呵护种子，才能让种子开花结果，才有大地的丰收。育种如此，育人亦是如此。

◆ 2000年3月，周开达在田间

但他也知道，一人之力再强大，也终有枯竭的一天，而农业科学的发展需要众人划桨开大船，一代接着一代干。因此，在苦心开展科研的同时，周开达也注重人才培育。他用自己朴素的品格、不灭的热情，引领水稻育种领域创新；他教书育人、传授知识，引导学生树立正确的价值观。

周开达自己很能吃苦。身穿白背心、头顶湿毛巾，就是他下田的标准行头。他既不抽烟，也不喝酒，出差时总要求对方简单接待，生怕给对方添麻烦。受气候条件影响，四川常年只产一季水稻。为加快育种进程，自1972年开始，周开达一年分别在雅安、南宁和海南岛种三季水稻。

每年冬天，周开达背着种子、生活用品和四川豆瓣酱，挤着火车去海南岛。“有时买不到坐票，大家还得一路站到湛江。”周开达带的第一位博士、四川农业大学原水稻所所长李平说，“周老师从来没说苦，他觉得很正常。”

周开达也鼓励学生吃苦。他对学生要求很严，常说：“理论知识，你们已经学了很多，还有一本厚厚的书需要你们去读，就是‘稻田之书’。水稻品种选育不是读书读出来的，而是在稻田里干出来的，要理论结合实际，在实践中出真知。”

他要求学生不仅要学习他教授的知识，也要关注新兴科学，比如生物技术、分子生物学，希望学生成为“知识经济时代的弄潮儿”。由他培养的学生，大都已成长为中国水稻育种界的骨干力量，由他创办的四川农业大学水稻研究所，已成为中国杂交水稻高级人才培养的重要基地。周开达为中国水稻高级人才培养和水稻生产均作出了重要贡献。

在学习和工作上对学生要求严格，但对待学生的生活，周开达情深义重，尽自己最大可能帮助他们。因为担心学校伙食不好，每逢过年过节时，他就把学生带到家里吃点好的。1988年硕士毕业的学生刘建飞说，他在3年研究生期间，每一个节日都是在周老师家里过的，那些家宴的味道让他印象深刻。

每年端午节，妻子李仁恕都要在家煮几大锅粽子，然后挨个分给周开达的学生吃。这个习惯，在周开达住院后仍未中断。李仁恕当过4所小学的校长，对学生有着天然的亲切感。周开达和她对待学生更像是家人，他的研究生谈恋爱以后，总会把对象带给他看一下。见面时，他一般不会夸赞自己的学生有多优秀，而是跟对方说："搞水稻很辛苦，常年在外，家里的事你会付出很多，结婚以后不要嫌弃、吵架，要多支持他的工作。"有时他还拉妻子李仁恕来现身说法，要她谈一谈她是如何支持他工作的。

为了做好"育种"和"育人"工作，周开达可谓倾尽心力，与家人常常聚少离多。因此，在"育儿"这件事情上，他似乎就顾不上那么多了。1969年出生的周晓禾对父亲的印象，大多是父亲匆匆离开的背影。由于在家的时间少，妻子李仁恕曾跟周开达开玩笑，让儿子喊他"叔叔"。"小时候不知道，我还真的喊了。"周晓禾回忆道。

2000年6月，就在周开达当选中国工程院院士才半年的时候，他倒在了学术报告的讲台上。在他生病住院的漫长时间里，妻子和儿女一直都陪伴左右。十多年来，为了照顾父亲，周晓禾推掉了手里所有的工作。

2013年7月20日，周开达辞世，享年80岁。周晓禾认为，父亲能与病魔斗争这么久，已经是奇迹，"与病魔斗争是件十分痛苦的事情，现在对他来说也是一种解脱，他终于可以休息了。"

学为人师，行为世范；斯人已逝，精神永存。周开达，这位水稻事业的开创者，留下了服务人民、勇攀高峰、严谨治学、奖掖后学等丰厚的精神遗产，始终激励着一代又一代的后来者们奋勇前行。

（文/陈仕印）

周泽昭

重义弃利赴延安
凝心聚力铸重医

周泽昭（1901年12月—1990年4月），重庆江津人，著名外科专家、医学教育家，中国科学院院士。1926年毕业于广州中山大学医学院并留校任教。曾任延安中国医科大学外科学教授、延安中央医院院长兼外科主任、北京医院院长、重庆医学院院长兼重庆外科医院院长、四川省卫生厅副厅长等职务。长期从事外科方面的研究与教学工作。1945年奔赴延安，负责培训军队医学干部的专业技能，并率领手术（医疗）队抢救大量重危伤员，荣立特等功。1953年调任北京医院院长，兼任中南海保健处第一副处长、第一军医大学校长，同时负责毛泽东等中央领导的保健工作。1957年调任重庆医学院院长兼重庆外科医院院长，组织领导重庆医学院承担川西血吸虫病防治工作，为川西血防作出了杰出贡献。1972年调任四川省卫生厅副厅长，其主要著作有《战争外科学》《两性卫生学》《婴儿哺育法》等。

科学家语录

一切为了工作，一切为了学习。在工作中学习，在学习中工作。

2023年夏天，四川科技馆举办了一场备受瞩目的四川科学家展览，吸引了大量参观者。展览大厅的显著位置展示着一张周泽昭的照片，照片中的他深情亲切，眉宇之间透露着智慧、坚定和温暖。这张照片是周泽昭担任重庆医学院院长时一位工作人员拍摄的。许多参观者情不自禁地驻足于此。

奔赴延安之路

20世纪30年代末的桂林，清澈的漓江与周围葱绿的奇峰交相辉映，然而这美景仍无法掩盖抗日战争时期的紧张气氛。

这一天，作为广西省立医院外科主任教授的周泽昭，同往常一样，娴熟地准备着一个阑尾炎手术。三十六七岁的他，精力旺盛，功底扎实又富有经验，正处于外科医生的黄金时期。周泽昭未曾预料，这次手术改变了他的一生。

这位病人叫李克农，当时担任桂林八路军办事处的主任。

周泽昭熟练而迅捷的手术动作、专业而流畅的医疗程序、亲切而浓郁的四川口音，以及手术后对病人的关心和呵护，被李克农看在眼里，记在心头。

延安太需要这样专业的医生了！那一段时间，李克农的脑子里反反复复闪现着这样的念头。

出生在四川省江津区（今属重庆市）一个破落地主家庭的周泽昭，17岁出夔门赴上海学医，23岁赴广州中山大学学习医科专业，毕业后前往德国柏林大学附属医院深造。

在那个年代，周泽昭的学习经历极其难得。回国以后，周泽昭先后在广州、桂林、南宁工作，其职务一路攀升，成了当时少有的少将军医。可以说，在当时国民政府的体系里，他已经是一位功成名就的人士。那时，有这样精湛外科手术技术的人，完全不愁挣钱的事。据周泽昭回忆，有位阑尾手术的患者在术后以一枚瑞士金币答谢他。

李克农把自己的想法告诉了在重庆的周恩来，周恩来很赞同为延安输送专业医疗人才这一想法。但是要动员这样一位家业两旺、前途无量的人去艰苦的延安，其难度可想而知。

终于有机会，周恩来见到了周泽昭。在经过几番长谈之后，周泽昭同意并坚定了去延安的决心。

许多人，包括周泽昭的子女，对于周泽昭在那个关键时刻作出的选择都感到困惑不解。他们脑海里始终盘旋着这样的疑问：你不缺钱，不缺前途，为什么要离开？

然而在周泽昭心里，这样的选择是决绝的，是义无反顾的。“4・12”政变、皖南事变等事件，已经让周泽昭对国民党的做法产生了极大的质疑。

在重庆曾家岩八路军办事处的一幢灰色公馆里，周恩来目光炯炯、侃侃而谈，给周泽昭留下很深的印象和启示。他凭直觉强烈地感受到，像周恩来这样心怀理想又脚踏实地的共产党人，一定能够给中国带来更加光明的前景。中国未来的希望在延安。

然而，周泽昭奔赴延安的道路是不平坦的，经历了差不多5年的时间。

最初，周恩来担心周泽昭直接奔赴延安可能会遭遇国民党特务的暗害，于是他致电国民党某上将，希望能让周泽昭去延安给一位干部治病，然后返回。周泽昭乘车一路北上，到达宝鸡的时候，国民党当局突然变卦，急令周泽昭返回。

鉴于当时的局势，周恩来安排周泽昭先回老家江津。在江津风光秀丽的周家湾，被当地人尊称为“周二爷”的周泽昭度过了一段外表平静但内心煎熬的岁月。

后来，周泽昭回到桂林，辞去了在国民政府的一切公职，并在省立医院附近八角圹的一条僻静小街上开了一家不大的诊所。

终于，在一个初夏的清晨，周泽昭带着家眷和最简单的行囊，踏上了奔赴延安的旅程。多年以后，周泽昭还记得当年过关卡时，他担心有特务的紧张心情。

好在准备周密，这一次周泽昭奔赴延安终于成功了。1945年6月底，他终于到达了宝塔山下的延安。望着滚滚流动的延河水，周泽昭心里的激动难以言表。

行囊里的细软和理想

当年，周泽昭长期身居要职且曾开设诊所，经济条件相当优渥。他离开桂林奔赴延安的时候，带的一小箱细软，是他半生的积蓄。这些细软并不是为了给自己的后半生生活留底，而是为了能够为前线换取一些医疗药品和器械。

当时为了去延安，周泽昭什么都可以不要，甚至变卖了老家的房产。他还把家里所有的银器找人化了，做成医疗器械，装在一个木头箱子里带走。

在延安的时光对周泽昭来说，是他一生中最激昂、最有成就感的一段岁月。他有了更广阔的用武之地，有了更强烈的被需要感，他感到自己的身心都融入一种洪流，身上有使不完的力量。

到延安不到一年，中共中央组织部批准他加入中国共产党。

1946年3月30日，在中央医院的礼堂，组织为他举行了隆重的入党仪式。当他握拳宣誓的时候，在场的人们都很激动。他们深感，这场入党仪式意义非凡。因为周泽昭的人生历程和思想跨越，如同一面镜子，不仅映照出周泽昭个人的执着追求，更点亮了大家心中对于新中国理想蓝图的共同向往。

到延安以后，周泽昭的生命像上紧了发条一样，迸发出极大能量。他参与创办中央医院，培训医疗人员，系统讲授《战争外科学》，带领学生学习技术操作，逐个讲解和示范动作。解放战争时期，他率领手术队奔赴前线，像白求恩大夫那样，在极其简陋但是又严格消毒的环境里，亲自为伤员做手术，挽救了无数人的生命；他凭借自己扎实的功底和灵活的思路，研究出一套在特殊情况下进行手术治疗的方法；他克服困难，因陋就简，带领大家用河水洗绷带，蒸笼消毒，亲自配方制作黄碘纱布……

据不完全统计，周泽昭参与救治的干部和战士成千上万，受他培训和指导的医疗人员更是不计其数。解放战争时期，因为工作出色，他荣立特等功。

1953年，周泽昭调任中南海保健处副处长，负责毛泽东等中央领导的保健工作。

踏遍青山再创辉煌

1955年，周泽昭当选为中国科学院学部委员（现中国科学院院士）。许多人认为他功成名就，人生圆满。但是两年以后，周泽昭又迈向了他人生的另一座高峰。

1957年1月，周泽昭担任重庆医学院（现重庆医科大学）院长。56岁的他回到阔别多年的家乡，开启了另一段激情燃烧的岁月。

周泽昭此去重庆并未携同熟悉的工作人员，而是单枪匹马前往重庆医学院赴任。

他有自己的底气，相信自己秉公办校，就一定能够团结众人，共创未来。那时，他肩上挑起了两副重担，一副行政的重担，一副业务的重担。然而，他却把这两副重担各自的优势融为一体。

1956年刚刚建成开校的重庆医学院是由上海第一医学院（现复旦大学上海医学院）分迁来渝组建的，周泽昭一上任就面临着创业兴校的重任。在当时重庆医学院的骨干队伍当中，主力是来自上海第一医学院的专业人才，在西迁而来的400余位专家人才中，有近30位功成名就的教授、副教授，还有一大批风华正茂的青年才俊。他们从各方面条件都很优越的上海，来到相对落后的重庆，心里不免有一些落差。

周泽昭充分相信和重用这批来自上海的专业人才，让他们有一种创业的成就感。首先他做到公平。因为他是一位杰出的外科医生，许多人以为他会重视外科，而轻视其他学科。但是后来他们发现自己错了，周泽昭从医学专业出发，在总体上对各个学科的基础建设都做得非常到位，排除了大家的疑虑，凝聚了大家的力量。不仅如此，周泽昭还特别重视基础理论，重视基础科学和临床医学的紧密结合，积极开展教学、医疗、科研三结合，提出增设新兴和边缘学科、扩大科系等长远计划，在创校初期很快规范了学校

◆ 1962年，周泽昭（中）和学生们合影

的办学方式，使得学校的教学、医疗工作均有一定程度的提高。

周泽昭是一个知识分子、专业人员，深知在这样的环境当中，队伍怎么带、工作怎么抓、重点在哪里。他对培养什么样的医生有着明确的理念——要培养他们成为社会主义社会的医学科学工作者！

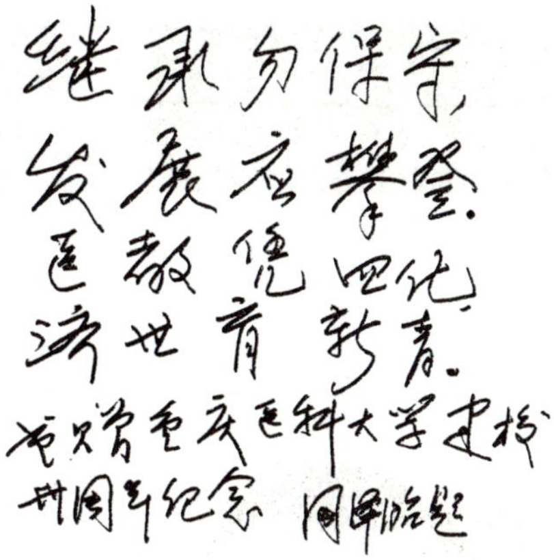

◆ 1986年，周泽昭为重庆医科大学建校30周年题词

他和上海来的专家教授有非常多的共同语言，非常理解那些教授的心思和状态。每逢周末，就有学院里的教授到他家里做客，周泽昭和他们无话不谈，非常融洽。家人至今还记得，在那一段时间，家里经常传出周泽昭浓郁的四川话和带着上海腔的普通话，也传出他们一阵阵的欢声笑语。

周泽昭担任重庆医学院院长15年，为重医的建设和发展作出了重要贡献。经过多年的努力，重庆医学院在教学和医疗的各个方面都取得了很大的成就，成为远近闻名的教学和医疗的“大IP”。

后来，周泽昭先后在四川省卫生厅和广西壮族自治区卫生厅工作。周泽昭在职业生涯后期，给人留下的印象主要是专注于行政领导岗位的任职工作。但是，作为一位专业医生，他从来没有停止过其专业方面的研究和实践。1972年，从重庆调到成都的周泽昭发现，许多人深受先天性肌性斜颈病之苦，而当时国内并没有有效的治疗方法。周泽昭和一批专业人员潜心研究，终于在治疗方法上有了突破。他们改变手术切口和肌肉切断部位，用“完全性纤维中间切断术”矫正斜颈，并摒弃术后的石膏固定，改做早期运动，缩短了治疗过程，不仅大大减少了患者的痛苦，更减轻了他们的经济负担。

周泽昭总是将金钱、名利看得很淡，他的一生都奉献给了自己坚定的信仰和深爱的医学事业。

（文/李若锋）

陈志潜 奠公共卫生之基 筑三级预防之网

科学家语录

国民的健康水平直接关系到民族的尊严和盛衰，关系到国家的发展和富强。

陈志潜（1903年9月—2000年9月），四川成都人，公共卫生学家、医学教育家，被誉为“中国公共卫生之父”。1929年毕业于北京协和医学院，1930—1931年，先后在美国哈佛大学公共卫生学院、麻省理工学院和德国德累斯顿市健康教育中心进修。历任四川省卫生专员、华西协合大学（现四川大学华西医学中心）教授、重庆大学医学院院长等职务。毕生致力于中国农村社区卫生和公共卫生教育事业。20世纪20年代末，在南京建立了中国历史上首个农村卫生示范项目——晓庄乡村卫生试验区。20世纪30年代在河北定县创建了享誉世界的农村三级卫生保健网——“定县模式”，并在全中国推广，后又被联合国作为发展中国家卫生保健体系的范本在全世界推广。在四川建立了四川省第一所公立医院——四川省立医院（现成都市第三人民医院）、传染病院、妇幼保健院，护士、助产士和公共卫生人员培训中心以及供医学生和护校学生实习用的温江农村卫生实验区，还在省内80个县里成立了县卫生院，形成了较为完善的四川省公立医疗卫生体系。同时还致力于公共卫生教育，专注于医学公共卫生课程教学，为我国公共卫生事业发展和人才培养作出了卓越贡献。

说起中国的公共卫生保障网的构建，“陈志潜”三个字是绕不开的。陈志潜毕生只有一个使命——推广科学的预防与治疗相结合的社区医疗体系建设，让尽可能多的人能公平享有现代医学的成果，远离一些本可避免的疾病。早在20世纪30年代，陈志潜就结合国情，以人均0.1元的成本，在河北定县农村开展了三级医疗卫生体系建设，这在当时是领先于世界的做法。

在人才匮乏的年代，陈志潜没有选择当名医服务于“少数人”，而是以理想主义的情怀，主动选择一条少有人走的路，投身于几乎一片空白的中国公共卫生事业。他骑着毛驴走遍乡村，一点一点摸索并创立了“定县模式”，该模式对发展中国家的卫生保健体系建设产生了积极而深远的影响。

医学报国，扶助民众健康

1903年，陈志潜出生于四川省成都市。儿时，令他感到模糊又刺痛的一幕是：一天，家里响起了一阵敲锣声音，呛人的焚香味道扑鼻而来，病危的母亲躺在床上，旁边一个“神婆”在“施法”为她驱除病魔，可是最终“法术”并没有拯救母亲的生命。

在陈志潜4岁时，生母病故，之后姑母、姐姐和弟弟相继去世。亲人病亡的阴影笼罩着他的童年，更让人绝望的是，当时没有一个人能知道病因是什么。后来继母对他很是关爱，但在他10多岁时，继母也不幸病倒了，在尝试了多种土办法不见效后，他心急如焚，发誓要治好继母的病。1917年，经人介绍，14岁的陈志潜陪着继母怀着一线希望去了法国领事馆在成都开办的小诊所，寻求治疗。这是陈志潜与现代医学的初次相遇。诊疗室内整洁的环境，温度计、血压计、听诊器等医疗设备，还有完全不同于传统医学的诊病方式在陈志潜幼小的心里留下了深刻的印象。他暗暗立志将来要学习这种医疗技术为病人解除痛苦，济世助人！

不久之后，在那个消息闭塞的年代，陈志潜开始四处寻找能学习现代医学的地方。终于有一天，他在《申报》上读到了一篇介绍中西方医学的文章，他就给作者——湘雅医学专门学校任教的李振翩写信。不久后，陈志潜收到了回信，李振翩建议他报考北京协和医学院。

陈志潜又给北京协和医学院写信，盼到回信后，他借助字典读懂了回信内容。信中内容大意是告诉他“北京协和医学院大多是外籍教师，课本和教学都是用英文的，按照你来信的英文水平是难以考上协和医学院的”。读完信后他没有气馁放弃，反而下定决心要投考协和医学院。他的决心感动了家人，继母拿出了私房钱为他在上海购买英文和数理化课本，找人辅导他学习英文。3年后，他如愿考入了北京协和医学院。

在北京协和医学院的第一年，这位身穿长袍，同届中唯一的“四川小老乡”，刻苦学习，获得了奖学金。1925年，在五卅运动中他结识了许多思想先进的年轻人，深受他们爱国救亡思想的影响，坚定了医学救国的远大志向。五卅运动后，他和几位志向相同的学友成立了丙寅医学社，并在1926年创办了《丙寅医学周刊》，本着“扶助民众健康”“灌输民众医学知识”的宗旨向社会传播现代医学知识。作为主编，他在5年中撰文100多篇。每年由报社收集汇编的《医学周刊集》畅销一时，深受大众欢迎，影响广泛，为中国20世纪20至30年代推广现代医学作出了重要贡献。

创立影响世界的“定县模式”

1926年，陈志潜遇到了影响他一生的约翰·兰安生医生。他追随这位同样热心关注如何让现代医学惠及中国民众的老师兼一生挚友，学习公共卫生医学。陈志潜医学报国的志向逐渐有了更清晰的路径——社区医学，预防与治疗并重。

当时西方医学界普遍专注科研与治疗，对医学如何服务社会大众不太关心，而兰安生却有所不同，他致力于推广社区医学，常引用本杰明·弗兰克的名言“一盎司的预防胜过一英镑的治疗”来教导学生，同时他坚持学生要去社区作调研。在北京第一卫生事务所里，陈志潜更加深刻地认识到预防医学的力量，通过普及一些简单的医学常识就能让大众远离沙眼等可预防的疾病。兰安生强调的“中国人需要自己解决种种棘手问题，而不是靠外援”的教诲，更是影响了陈志潜的一生。

1929年从北京协和医学院毕业后，陈志潜被派到南京附近的农村，并配合陶行知先生在晓庄创办的试验乡村师范学校（以下简称“师范学校”）开展乡村卫生示范区建设试验。在晓庄，他一边给陶先生的师范学校的学生上卫生常识课，一边为农民开办夜校向农民普及医学常识，同时和妻子开设诊所为农民治病。他不仅为师范学生编写讲义还为农民夜校编写了我国第一部《农民卫生知识讲义》。陈志潜在巡访小学卫生时发现一些孩子整日躲着同学和老师，原因是这些孩子得了“癞痢头”。在他们毛发稀疏的头上长着脓包与黄痂，散发出难闻的气味。经过陈志潜夫妻二人几个月的精心治疗，孩子们头上重新长出了浓密的黑发。一时乡间传说“北京来了神医”，周围的“癞痢头”都来找他看病。

1930年，由于陶先生的师范学校被关闭，陈志潜在晓庄的事业被迫终止。经兰安生推荐，1930年，陈志潜远赴美国哈佛大学留学，他更深入地学习了先进的医学。

“九一八”事变后，踌躇满志的陈志潜毅然回国。他放弃了“哈佛医生”的金字招牌，选择举家迁往离北京几百公里外的河北定县，与致力于推行平民教育的晏阳初先生一起推动乡村建设，在农村传播现代医学知识，让农民也能像城市居民一样得到现代医学的惠顾。

陈志潜在了解到当时定县的人口死亡率高达32.1‰，出生率为40‰，新生婴儿死亡率为199‰，平均每人每年医药费约为0.30元等情况后，又花了两周时间对农村卫生状况进行详细考察，了解到全县只有为数不多的几间草药铺。患猩红热、白喉、发着高烧的孩子与健康的孩子挤在一起睡觉；接生婆使用生锈的剪刀剪断脐带后，随意地用泥土或香灰一抹来止血……在这样的环境下，人们能够存活下来几乎全靠运气。

◆ 1936年，陈志潜（后排左）全家于定县住房外合影

在定县，陈志潜骑着晏阳初给他的一头小毛驴，到处走访，思索着如何组织起一套可复制推广的、低花费高收益的、医

疗技术简单易培训的本地性卫生保健网。

陈志潜并没有简单照搬城市医疗模式，而是根据农村卫生的落后状况、经济条件、农民的需要，自下而上地开始构建农村的村—区—县三级卫生保障网。第一级是设立村卫生室，由村民推选的村卫生员经过简单培训后，为村民提供免费的简单医疗及初级预防卫生服务，并配备成本仅仅3美元的医疗箱，其中包括：红药水、阿司匹林、苏打、碘酒和眼药水等便宜又有效的药品以及当地可自产的剪刀、绷带、天花接种器等设备。第二级是设立乡保健所，配备一名当地医学院毕业的医生，治疗一些常见病并负责疑难病症转诊，同时巡访、监督和指导保健员的工作。第三级是设立县卫生院，管理全县医疗卫生工作，配备更专业的医护人才治疗复杂疾病及担任所有的培训任务。就这样，一张人均花费0.1元的三级卫生保健网就建立起来了。三级卫生保健网惠及定县及周围的40万民众，基本解决了当地农民无医无药的难题。1934年，华北霍乱大流行时，定县只发生少数几例，无一例死亡。

1934年年底，南京政府号召全国学习定县的农村卫生模式，这就是后来影响世界的“定县模式”。可以这么说，它是世界上“第一个系统的农村卫生组织”模式，它启发了其他国家开展公共卫生变革，特别是印度和印度尼西亚等国家。第二次世界大战结束后，兰安生在欧洲推广了这一模式。晏阳初后来评价认为，“这是对中国公共卫生事业的最大贡献”。“定县模式”在推行46年后，得到了世界卫生组织、联合国儿童基金会的肯定，成为全世界初级医疗保健的标杆。

◆ 1981年，陈志潜（右一）在菲律宾考察

1981年，陈志潜去菲律宾考察讲学，发现当地卫生站的简易药箱里放的，正是大约50年前，他在定县为村保健员配备的药箱里那些基本药品：红药水、阿司匹林、苏

打……

联合国儿童基金会前主席格兰特博士曾对陈志潜说道："您在30年代首创的基层卫生保健的基本概念，使今天千百万人得以生存。使全民受益于有组织的卫生服务，而不是只为少数人服务的思想，是您在本世纪在此星球上的重要贡献。"

重返故土，持续推动公共卫生事业的进步与发展

1937年，抗日战争全面爆发后，定县卫生实验区被迫停顿，陈志潜暂时回到北平。1939年，应友人四川省政府秘书长陈筑山的邀请，陈志潜回到了成都。当时，成都受日军空袭不断，他的主要精力都投入空袭后伤员救治的工作，直到美国援建机场，提供战机和防空火炮后，日军空袭逐渐减少，陈志潜才得以抽身继续推进公共卫生事业。在陈志潜的引领下，四川省先后成功建立了四川省立医院、传染病医院、妇幼保健院，护士助产士和卫生员培训中心，他还主持创建了温江农村卫生实验区，并先后在全省80多个市、县建立了卫生院，铸成了前所未有的四川公立医疗卫生体系。

1947年，陈志潜辞去官职前往重庆，创办了重庆大学医学院并担任院长及教授。当时，具有国家级水平的医学院大都为外国人创建并领导，而重庆大学医学院则是由中国人创建和领导的。1952年，全国大专院校开始进行院系调整，重庆大学医学院合并到四川医学院，陈志潜任卫生学教授，1955年，他又被任命为卫生系代理系主任。

改革开放后，年过八旬退休的陈志潜再次出山，带着学生们坐着不能倒退的"永向前"拖拉机，继续奔走在四川各地的乡村中，为推动公共卫生事业发展继续贡献着自己的力量。

对于陈志潜经常下乡的举动，他的研究生张建新不免担心道："老爷子80岁了，咋个经得起颠簸嘛！"他背地里向陈志潜的女儿陈芙君求助，谁知女儿却"纵容"自己的父亲，说："他一辈子就喜欢朝乡下跑，拦不住的。让他去吧！"

后来，陈志潜实在跑不动了，才静下来著书立说，整理论文，辅导年轻

◆ 陈志潜（左）会见洛氏基金会主席

教师，参加学术活动。他晚年撰写的回忆录里，字字句句谈论更多的仍是如何夯实基层医疗体系，如何让广大农民享受到最现代的医学成果，这些他最为关心的问题。

他说："一个国家的强大有赖于百姓。只有当一般大众而不只是少数享有特权的人能够受益于现代医学时，国家医疗制度才能产生重要的影响。"

2000年9月27日，97岁的陈志潜与世长辞。2004年，在纪念陈志潜诞辰100周年的国际研讨会上，中华医学基金会主席罗伊·伊瓦茨说："在中国历史上，很少有人能在医学领域比这位伟人更加受人尊敬和纪念。他对农村地区人群健康的关注，是其长期而杰出事业中的突出贡献。"

（文/陈宇祥）

乐以成

深耕妇产祛病疾 妙手丹心践初心

乐以成（1904年9月—2001年4月），四川芦山人，著名妇产科专家，我国妇产科学的先驱者和开拓者，国家一级教授。1932年毕业于华西协合大学（现四川大学华西医学中心）医学院，是华西协合大学首位医学女博士，并同时获得美国纽约州立大学的医学博士学位。先后赴北京协和医学院、加拿大多伦多大学附属医院、美国加利福尼亚大学医学院、英国伦敦大学皇家医学院任职、进修。1950年回国担任四川医学院附属医院（现四川大学华西第二医院前身）妇产科教授、系主任。长期从事妇产科医疗、教学、科研和管理工作。擅长孕妇难产的诊断和处理、多种妇科疾病的手术治疗，对功能性子宫出血的临床研究尤其深厚，在外伤性妊娠子宫破裂的治疗、内分泌与生育关系等研究领域有着很深的造诣。在国内首创经阴道子宫切除术式和逆行子宫广泛切除术式。从20世纪60年代起，率领团队先后主持编著并出版了《妇产科医师手册》《妇产科疑难病症》《妇科阴部手术图解》等著作，被奉为我国妇产医学界规范化、标准化的专业指导典范。此外，培养了一大批妇产科学专业人才，为推动国内妇产科学的发展作出了卓越的贡献。

科学家语录

为妇女同胞解除疾病痛苦，为每一位母亲和每一个孩子送去健康。

100多年前，彼时4岁的乐以成在自家私塾门口好奇地聆听先生讲课，有时哥哥们回答不出的问题，她却能字正腔圆地回答得一清二楚，展现出“能读书”的好势头。然而，在乐以成父亲的观念里，男孩子应该读书，女孩子能认几个字、会操持家务就可以了。所以乐以成只在雅安明德小学读了4年书，长了点见识就被接回了家，父亲准备待她满16岁就给她找个婆家出嫁。当时乐以成的两个哥哥在华西协合大学学医，令她羡慕不已。目睹了亲人生孩子难产死亡后，她下定决心要学医，而且要学妇产科为妇女同胞解决痛苦。

于是，刚满16岁的那一年，乐以成穿着哥哥的旧衣服，背着行囊，只身一人离开了家，几经波折，在省城的华西协合大学实现了自己的梦想，完成了学业，成长为妇产科医生、教授。之后她又到欧美多国的大学进修、任职，掌握了当时国际上先进的医疗技术。1950年，乐以成拒绝了国外的优厚待遇毅然奔赴新中国，成为我国妇产科医学的先驱者和开拓者之一，与我国妇产医学泰斗林巧稚并称“北林南乐”。

不愿在家管账，逃往成都立志学医

1904年9月，乐以成出生于四川省雅安市芦山县，彼时，乐家因经商而家境富裕。乐以成的父亲乐和洲在当地出资牵头兴办了一所小学，但在那“女子无才便是德”的时代，乐以成被禁止入校读书。尽管如此，乐以成经常跑到教室外面旁听学习，好学的乐以成最终凭借执着的精神打动了大人们，最终允许她进入学校读书。

乐以成读完小学后，父亲便不再让她继续读书，让她在家帮助管理家务。无奈之下，乐以成只好留在家里协助父亲管理家族事务，她每天都要做账，家族与外界的书信往来也都由她来处理。就这样，乐以成在家干了两年，但她还是对管理家务事丝毫不感兴趣，一心想继续读书。当时，女孩子要想读中学甚至大学，就只有到省城去，那里才有女子学校。当时乐以成的二爸乐和济在华西协合大学工作，乐以成从他的口中了解到在成都有一所女子中学，专门招收适龄的女孩子入学。1920年，年仅16岁的乐以成便私自逃跑到成都，进入华英女子中学读书。虽然一年后被父亲叫了回去，不许她再读书，但不久之后，乐以成又悄悄跑到成都，进入四川省女师附中继续读中学。

在乐以成读中学期间，成都有13位女青年因本地无女子高等学校，只能选择到北平或南京去读书，此事促使华西协合大学加快了让女青年能享受高等教育的步伐。1924年，华西协合大学决定招收女学生。就在这一年，乐以成刚好中学毕业，她顺利地考入了华西协合大学文学院，成为西部地区第一批进入高等学府的8位女学生之一，并在一年以后，华西协合大学开始招收医科女学生时，如愿转入医科学习。尽管华西协合大学开创了招收女学生的先河，但在那个男女授受不亲的社会里，为了避免女学生遭遇非议，学校不仅专门修建了女子学舍，还专门让女教师负责管理。作为华西协合大学第一批女学生之一，乐以成不仅是一道独特的“风景”，更需要勇气，勇敢地面对世俗。

◆ 1932年，乐以成（前排左二）与同学的毕业留影

天赐良缘收获爱情，婉拒优厚待遇毅然回国

乐以成小时候曾在老家目睹一位亲人因愚昧的接生方式而难产死亡，她深受触动，从此便立志学医，当一名妇产科医生，为女性同胞解除疾病痛苦。

对乐以成来说，尽管学医科要比其他学科多学几年才能毕业，而且还要补上之前她没有学过的课程，但乐以成却义无反顾，始终坚定学医的梦想。经过8年的艰苦学习，1932年，乐以成以优异的成绩毕业了，成为华西协合大学首位医学女博士，并同时获得美国纽约州立大学的医学博士学位。之后，乐以成被派往北京协和医学院进修。在此期间，乐以成遇到了她心目中的“白马王子”谢锡瑹。谢锡瑹是四川省璧山县人，之前在长沙湘雅医学院就读。1928年，时局动乱，湘雅医学院被迫关闭，谢锡瑹转学到华西协合大学的医科，于1931年毕业后前往北京协和医学院进修，自此，与乐以成相知相遇。

乐以成与谢锡瑹志同道合，结为了夫妻。乐以成与谢锡瑹进修结束回到成都后，分别在成都惜字宫仁济女医院和四圣祠男医院工作。1940年，因女医院失火被毁，女医院就此与男医院合并，乐以成与丈夫就在同一家医院工作。彼时，乐以成已经从刚入职的助教一路晋升为讲师、副教授、教授。而后，乐以成先后前往加拿大多伦多大学附属医院、美国加利福尼亚大学医学院、英国伦敦大学皇家医学院任职或进修。在海外学习期间，这位个子不高、看似羸弱的女学生，刻苦学习、认真钻研的劲头让同伴们颇感震惊。有一次，乐以成在医院工作了三天三夜，连续完成了18台手术，同事们都佩服之至。

1949年，新中国成立，远在英国留学的乐以成决心回国报效祖国。当时，英国移民局多次找她面谈，希望她留在英国，并许诺了丰厚的待遇条件，乐以成都婉言谢绝了。1950年冬，乐以成克服了各种艰辛和阻挠，终于返回祖国。她随身携带的是一些新型的医疗器械和珍贵的药品、书籍。她知道，这是新中国最需要的。

开拓革新我国妇产医学，悬壶济世培养大批专家

回国后的乐以成，担任四川医学院附属医院（现四川大学华西第二医院前身）妇产科教授、系主任，开始了在我国妇产医学领域的辛勤耕耘。乐以成的医术非常高明，擅长孕妇难产的诊断和处理、多种妇科疾病的手术治疗。在临床上，如果接生医生对产妇的一些特殊情况处理不当，就容易导致

病人出现危及生命的急性子宫内翻，进而引起休克、大出血等症状，导致产妇在3～4小时内死亡。早在1946年，乐以成在仁济女医院工作时，就成功为产妇做了子宫复位手术，她高超的医术不仅挽救了产妇的生命，还保住了产妇的生育功能。乐以成对患者热情关怀、认真负责。20世纪70至80年代，乐以成参加下乡巡回医疗活动，除了常备的医药箱，她会在床头放一只手电筒和一根拐杖。经常有人半夜敲门喊“乐医生”，她会立刻弹起来，拿起这些物件风风火火地赶往病人家里。在四川民间，有人喊她“乐妈妈”，也有人称她“双枪老太婆”。

据芦山县委党史研究室资料显示，乐以成救过的妇女和婴孩数以万计。数十年间，这位身材矮小略显富态的老太太，多次在外出的路上被人突然上前拉住手，感谢她在某年凭借高超的医术救下了某个难产的孕妇，致谢者则是当年的那个孩子。20世纪90年代初，英国剑桥大学的一位教授来成都讲学，他专门带上夫人和女儿登门向乐以成道谢，感谢她在40多年前挽救了他

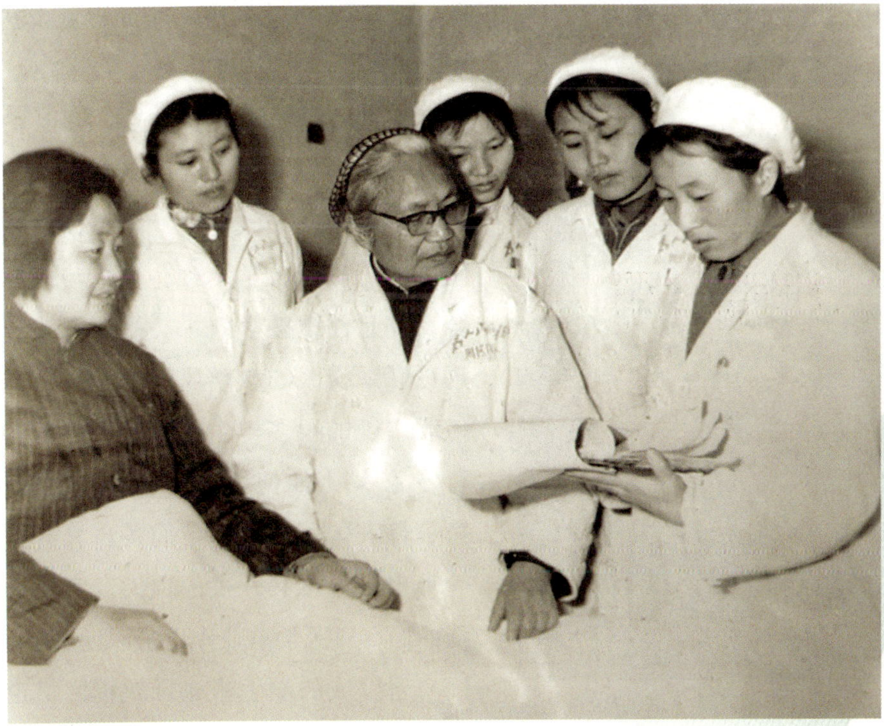

◆ 乐以成（中）在工作中

夫人和女儿的生命。原来，这位英国教授当年在成都教书时，其夫人临产前患先兆子痫，出现妊娠高血压、水肿、抽搐等症状，送到四圣祠医院时情况已十分危险，乐以成果断地为其夫人做了剖腹产手术，母子平安。一般来说，产妇在剖腹产手术后再怀孕，很难自然正常分娩，但是这位教授的夫人回到英国后又自然分娩两胎，可见乐以成医术的高超。

乐以成潜心钻研，在国内首创了经阴道子宫切除术式、逆行子宫广泛切除术式、尿瘘修补术和无痛分娩法。很多身患妇科疾病的妇女备受折磨，如生殖道畸形、肿瘤、女阴疾病及盆底损伤等。她们经过乐以成高超的手术治疗后，不仅消除了疾病带来的痛苦，同时也恢复了生育能力——乐以成实实在在地为女性同胞的健康带去了福音。

为了帮助医务人员提高妇科手术的业务水平，乐以成决定把多年来的妇产科临床经验加以推广，自20世纪60年代起，她率领团队先后编著了《妇产科医师手册》《妇产科疑难病症》《妇科阴部手术图解》等3本书，被奉为我国妇产医学界规范化、标准化的专业指导典范。《妇科阴部手术图解》于1960年出版，在业界获得了一致好评，在以后的20多年里，不断再版发行了33250册。

◆ 1960年，乐以成主持编著的《妇科阴部手术图解》出版

在教学方面，乐以成一贯以治学严谨著称，她遵循“师严，然后道尊”的治学之道。在教学中，她不仅注重课堂教学与临床教学结合、理论与实际结合，并且注重教学效果。她深入浅出、理论联系实践的教学风格令学生们广为传颂。她的很多学生也成为杰出的妇产科专家，比如何世荣、阮汝权、李振家、韩安国等专家，他们各自又开枝散叶带出了一批又一批的顶尖专家，为我国的妇产科医学事业作出了深远贡献。

乐以成的学生张光玗教授回忆道：“乐老师给我们讲解产后大出血的严重

危害时，举例生动，让人难忘。乐老师提到，有一位产妇顺产后，乡村接生员刚离开，走到离产妇家两条田埂远时，产妇家人便惊呼产妇大出血了，接生员立即返回，但就在几分钟内，产妇就因抢救不及时而大出血死亡。乐老师就此讲述了产后出血的原因，以及预防和抢救措施，并示范怎样通过按压宫底促进产妇子宫收缩。她深入浅出地把临床实践的知识传授给学生，让学生结合临床案例深刻理解其中要义。”乐以成82岁时仍在指导研究生，手执教鞭在讲台上依旧神采奕奕；85岁时还坚持看门诊；直到87岁已经看不清化验单了，还时不时念叨着要到医院去看看。

2001年4月28日，97岁的乐以成与世长辞。她告别仪式上的对联就是对她一生功德的最好写照，这副对联的上联为：医坛泰斗更春风化雨桃李芬芳，今匆作古遗爱在人间；下联为：杏林大师犹著书立说成果丰硕，现成永诀德行存宇内。

（文/戚亚男）

吴和光 淡泊名利为师表 献身医学铸华章

科学家语录

医生最重要的操守是医德，作为一名外科医生，更要重视医德——能不用外科的方法治病救人，就尽量不要动刀。

吴和光（1910年4月—1994年9月），四川巴县人，外科学专家，医学教育家，国家一级教授、博士研究生导师，我国生物医学工程学的先驱者、创始人和组织者之一，享受国务院特殊津贴。1936年毕业于华西协合大学医学院，获医学博士学位同时获美国纽约州立大学医学博士学位。1947—1949年赴加拿大、美国进修。曾任四川医学院附属医院院长、四川医学院副院长等职务。长期从事普通外科与神经外科的临床工作。1943年开创性地采用蚕丝线取代澳大利亚垄断的羊肠缝合线进行肠壁和腹膜缝合手术，在临床应用后获得国内外外科界的广泛认可。1979年领导并成功在我国西南地区率先开展异体移植手术及生物二尖瓣置换术。组织四川医学院和成都科技大学（现四川大学前身之一）建立跨学科团队，共同开展极高难度的“牦牛心包瓣膜（YPV-1型）研制及应用”项目研究。率先创建国内首个生物材料和人工器官研究室、生物力学实验研究室、生物医学工程研究室，在成都科技大学建立中国首个生物医学工程专业。领导创建四川省生物医学工程学会和《生物医学工程学》杂志，培养了一批生物医学工程学的专业人才。荣获四川省科学技术进步奖等奖项。

华西医院的历史可以追溯到19世纪末。新中国成立初期，随着华西医院所在地——华西坝的外国人在一年之内悉数归国，这所当时便堪称历史悠久的医院也曾人才零落、资金紧缺，一度颓败到只有内科、外科、妇科、儿科，仅230张病床。

神乎其技成美谈

1936年，吴和光毕业于华西协合大学医学院，并获得医学博士学位，同时也获得了纽约州立大学医学博士学位。

1947年，吴和光获得加拿大红十字会资助，赴加拿大和美国留学3年。学成归来的吴和光，已经是我国外科界的顶尖人物。

◆ 1936年，吴和光在华西协合大学医学院的毕业照

吴和光酷爱体育运动，尤其是足球和田径运动，大学期间曾获得四川省大学生运动会400米跨栏冠军，因为身材魁梧，人们常以为他是军人，绝不会想到他是手术台上的外科医生。在当时的医疗条件下，手术难度极高，因为缺乏如现代麻醉、负压吸引和CT成像等先进医疗器械，手术视野常被血液和体液遮挡，导致解剖结构难以辨识。然而，当薄如蝉翼的柳叶刀被吴和光的大手握住时，它们竟然是那样出奇的服帖和灵巧。吴和光对人体解剖有着极为深厚的功力，下刀极精准、动作极丝滑，往往靠着一把剪刀速战速决，出神入化。他自己将手术经验总结为“手术现场一定要心到、眼到、手到；手术秘诀就是稳、准、轻、巧”。内行看门道，观摩过吴和光手术的外科同行都赞叹不已，这种外科手术水平不仅在西南地区是遥遥领先的，在全国也是罕见的。吴和光除了精通普通外科手术外，还参与神经外科、妇产科、骨科的临床治疗与手术，正因如此，他也被医学界赞誉为能够“从头做到脚”的全能型外科专家。

宝剑锋从磨砺出

手上的功夫不讲天分，全靠时间磨炼。吴和光高超的外科手术技法也是这么得来的。当时在华西坝，左邻右舍喜欢开他的玩笑，说不要看吴和光那么会耍手术刀，他家切的猪肉没一块是成形的。之所以如此揶揄，是因为吴和光在家要练手术刀，练刀功不能放过新买的猪肉。因此，他家餐桌上的肉无一能免于被“千刀万剐”，确实全无卖相。除了通过“切肉”练刀，吴和光还常常在家看着手表独自一人练习“定时打结”，用棉线快速完成手术结，一卷棉线用完，新换一卷继续练习，单调的动作，重复演练，直至手法自如、时间达标。

做手术，手上功夫过硬尚在其次，眼睛“毒”最重要。20世纪50年代初，一位苏联援华专家突发腹痛被送进医院，各项指标表明他得的是急性阑尾炎。切阑尾不算大手术，奈何这位专家颇嗜饮食，腹大如鼓且脏器畸形，以致主刀医生在打开腹腔后，无论如何都找不到阑尾的位置。

来来回回换了好几个医生，竟然谁都找不到阑尾。所有医护人员都为这场一拖再拖的手术捏了一把汗，怎么办？此事的后果委实不堪想象——若终止手术缝合伤口，病人可能在剧痛中死去；若继续寻找阑尾，病人可能死于失血过多。

幸运的是，此时吴和光刚好出差归来，听闻此事后，他便急匆匆换衣洗手直奔手术室。吴和光凭借丰富的临床经验和烂熟于心的手术技术，一眼便确定了阑尾的位置，马上命令助手递上手术刀，顷刻间将阑尾切除，快速进行了创口缝合。手术做得异常轻松自如、干脆利落，病人脱险了，众人都松了一口气。

另有一次，两位医生煮食土豆后腹痛难忍。其中一位医生不幸因肠穿孔大出血而命丧手术台，另一位医生则恐惧待命。吴和光查房得知情况后，仅言一字：“通！”洗肠而非动刀，医生因此得救。不久，又有一名腹部剧痛休克的患者被送入手术室，生命垂危。吴和光观察片刻，下令：“割！”助手立刻割除坏死胆囊，再次挽回一条生命。自此，医院盛传吴院长“一字救命”的佳话。

古人云：“大道至简。”吴和光以简洁之言行医救人，其医术之精湛、眼光之独到，实乃医者楷模。

高瞻远瞩领发展

1949年12月中旬，得知新中国成立的消息后，吴和光和华西留美的学子们立即中断了在美的留学计划，用剩余的经费购买了专业书籍和手术器械，冲破美国政府的层层阻挠，抵挡住国民党政府的种种诱惑，毅然决定回国返回华西医院。当他们乘美国邮轮抵达香港后，香港与内地的航班往来已经中断，他们面临滞留香港的困境，前途未卜。在这紧要关头，吴和光展现出了非凡的决断力。他果断决策，组织大家倾尽所有财力，与航空公司展开艰难的沟通。几经周折，他们最终成功包下了当晚飞往成都的最后一架航班。这10余位热血青年，最终全部平安抵达成都。1949年12月27日，成都解放，这批回国学子积极护校护产，贡献自己的聪明才智，成为新中国成立后建设华西医院的中坚力量，担任了各专业科室的负责人，华西医院由此开启了发展的崭新篇章。

1951年10月6日，吴和光被任命为新中国成立后华西医院的第一任院长。吴和光接过华西医院的接力棒时，迎接他的并非坦途，而是百废待兴的艰难局面。新中国初立，华西医院亟须在残垣断壁中崛起，在医教研各方面寻求突破和发展。吴和光以其卓越的战略眼光和坚定的决心，接过了这一历史重任。

吴和光在担任华西医院院长期间，主持制定了医院发展规划，将四川医学院附属医院建成了拥有1500张病床的医院，成为西南地区疑难重症诊疗中心。领导制定了现代化医院管理的医、护、研各项规章制度，倡导并推行了住院医师培养制度和临床病案讨论制度，提出了“稳准轻巧”的外科手术指导原则，培养了大批优秀的临床医务人员，提高了医院的整体诊疗水平和服务质量。在华西医院现有引以为傲的45个学科中，吴和光亲自创立并引领了其中8个临床学科的建设与发展，他的远见卓识与呕心沥血，为华西医院今天的辉煌成就奠定了不可替代的坚实基础。

吴和光转任四川医学院科研副院长期间也是成绩斐然，先后领导并创建了口腔、肿瘤、药学及生物医学工程、肝胆胰、神经疾病、器官移植等10余个包括基础医学和临床医学在内的研究所（室），有力地促进了全校的基础医学和临床医学的发展。在他的领导下，华西医院和四川医学院构建了现代医学科研体系，不仅激活了基础医学与临床医学的多学科建设，更是有力地驱动了两院在医学领域全面而深入的发展。在58年的从医执教生涯中，他始终保持对全球医学前沿趋势的高度敏感，并身体力行地引领团队紧跟时代步伐，不断提升医疗技术水平，确保华西医院始终站在医学科技发展的潮头浪尖，为全校基础医学和临床医学的发展作出了奠基性的卓越贡献。

在传统的外科手术中，伤口往往采用棉质手术线进行缝合，愈合后必须进行二次拆线，由于人体对棉线的天然排异，不仅容易造成伤口感染，往往还会留下疤痕。吴和光凭借对医学的深刻理解和不懈探索，发现了蚕丝的生物相容性，在1943年首次成功将其应用于手术缝合中，取得很好的临床效果，开创了生物医学工程的应用先河，并逐步得到国内外业界的广泛认可，由此中国丝线正式进入世界外科领域，取代了当时最好的外科手术缝合线——由澳大利亚垄断的羊肠线。

1950年，吴和光在西南地区首次成功开展“胰头十二指肠切除术”，创建我国西南地区首个普外三级学科。1956年，他成功组织开展脑外科手术，创建我国西南地区首个神经外科三级学科。1979年，他领导并成功地在我国西南地区率先开展异体移植手术及生物二尖瓣置换术。这些高难度手术的成功开展一度成为当时轰动医界的重大新闻，吴和光更是成为医界翘楚，成为外科界的传奇人物。

急性坏死性胰腺炎发病快、死亡率高，是严重危害人类健康的疾病之一，是临床医学面临的医学难题。20世纪70年代初，上海医院采用腹部大开口手术的成功率仅有20%，受国外医学文献的启发，吴和光在国内首创了后背开刀的手术术式。此法构思巧妙，伤口小、引流顺畅，避免了伤口感染，手术成功率大幅提升至60%以上，很快在全国得到了广泛推广，受到国内外同行的一致好评。为了进一步攻克急性坏死性胰腺炎的医学难题，吴和光在医院内部组建了中西医结合的医疗团队协同攻关，经过中西医临床专家们数十载的持续探索和实践，不仅建立了一整套完整的急性坏死性胰腺炎的中西医救治方案，还培养出一支人才梯队。后来，这套中西医救治急性坏死性胰腺炎的技术，成为华西医院引以为傲的领先国内外同行的医疗技术。

1976年，吴和光曾连续两届担任世界卫生组织（WHO）专家咨询团专家，还担任卫生部医学委员会委员、中华医学会四川分会副会长、中华医学会四川外科分会主任委员、中国生物医学工程学会第一届常务理事、四川省生物医学工程学会首任理事长、四川省第一届和第二届科技顾问团顾问等职务。他再次瞄准世界医学前沿，决心攻关世界医学的高峰——器官移植。他组织临床多学科的专家教授协同合作，在国内倡导开展器官移植，并组织26个医疗单位协作开展肝肾移植及灌注与保存技术的研究与临床实践。成功实施自体肾移植后，吴和光又组建了技术难度更大的肝移植研究团队。团队成员每周开会讨论研究进展，共享文献与知识。团队成员背景不同，吴和光便以博大胸怀团结众人。他自费订阅英文原版外科杂志《柳叶刀》，与大家共享文献资源。面对开展基础研究的困难，吴和光利用自己在美国的人脉关系，多次派人到美国匹兹堡大学，跟随“世界肝移植之父”——托马斯·厄尔·斯塔兹（Thomas Earl Starzl）博士及其团队学习器官移植的顶尖技术，助力年轻人成长。通过不懈努力，华西医院在肝移植领域取得显著成就，成为国内肝脏移植中心之一。

◆ 吴和光（左）与特邀来院讲授生物医学工程的美国休斯敦大学的美籍华人教授在校园合影

20世纪70年代末80年代初，吴和光在一次国际学术会议上接触到生物医学工程这一新兴领域，凭借其敏锐的洞察力，认识到该学科对于中国医学未来发展的重要性。他多次与中国医学科学院院长黄家驷商议，共同向国家科委、高教部和卫生部提出书面建议，争取对生物医学工程学科的支持与投入，为此新兴边缘学科在我国的创立和发展付出了大量的开创性努力。吴和光不仅是我国生物医学工程学科的先驱者、创始人和组织者之一，也是四川省生物医学工程学科的奠基人。1978年，吴和光在成都科技大学（现四川大学）和四川医学院间穿梭，将不同大学的不同学科的专家们聚集在一起，使各学科深度融合参与到生物医学工程研究中，出色地完成了难度极高的牦牛心包瓣膜项目。吴和光先后领导创建了我国首个人工器官、生物力学和生物医学工程研究室及生物医学工程本科专业，领导设立了国内第一本《生物医学工程学杂志》。他还支持重庆大学和重庆医科大学设立血液流变学研究室，开展生物医学工程的合作与学科建设。1984年，吴和光主编的《中国现代医学》第1卷英文版在英国出版，全球发行；中文版于1985年由人民卫生出版社发行，首次向世界详细全面地介绍中国的现代医学。吴和光在川渝地区大力拓展生物医学工程分支学科，涉及医用高分子材料、医用热解碳材料等领域，并率先在国内创设了相关硕士、博士点，培养出众多优秀人才。这些人才现已成为业界中坚力量，对中国生物医学工程学科的进步作出了重大贡献。

20世纪80年代，在经济改革大潮中，高速发展的深圳特区极度缺乏医疗人员，应深圳蛇口工业医院诸少侠院长的邀请，吴和光与全国人大常委会副委员长、中华医学会会长、外科一级教授吴阶平共同携手，创办了以华西医生为主的深圳南山专家诊疗中心，受聘名誉院长的吴和光多次前往中心指导工作并亲临门诊，满腔热忱地支持深圳特区建设。

◆ 吴和光（前排左四）和博士研究生导师们与普外科的博士研究生合影

不争名利映至善

吴和光为人严肃，不苟言笑，人们常望而畏之。每当他出现在外科各病室，下属和学生们便一片肃静。吴和光对下属和学生确实非常严格，这种风格来自他的老师——著名外科名医董秉奇。当年在手术台上，董秉奇曾因为吴和光的手法不准确而大怒，抄起手术钳就狠砸他的手，被打之后的吴和光勤学苦练外科基本功，不仅学业有了长足进步，更是懂了“严师出高徒”的道理。他将“严师出高徒”的理念贯穿于教育之中，对学生严格要求，同时他也因材施教，善于引导学生。他将自己的医术倾囊相授，让学生都能人尽其才。

在科研道路上，吴和光更是以其独特的谦逊与无私著称。他常常搭建起研究的初步框架后，便放手让学生们去摸索实践，自己甘居幕后，从不抢夺学生的功劳，反而鼓励大家勇于展现才华，争取学术荣誉。在各类学术会议上，吴和光总是低调寡言，更多时候是在倾听，而在私下，则通过查阅大量资料深入思考，作出科学的判断和决策。

“文化大革命”期间，吴和光虽遭到冲击，但他并未因此怀恨在心。当那段历史翻过新篇章，曾经批斗过他的人需要帮助时，吴和光展现出令人敬佩的大度与包容。他不仅积极协助他们出国深造，甚至考虑到他们国外生活的艰辛，将一笔储蓄赠予他们作为生活补贴，并亲自撰写推荐信，这份宽容与慷慨让家人都感到不解。然而，吴和光却以智慧与包容的态度回应道：“我们无须过于苛责。医院事业的发展正需要人才，不能让这些问题成为我们前行的绊脚石。”

吴和光是新中国成立后国务院任命的第一批国家级一级教授、第一批临床医学博士研究生导师、第一批国务院特殊津贴获得者，在他的悉心栽培下，共培养出了18位医学博士，其中包括中国工程院院士郑树森、华西医科大学校长张肇达、全国五一劳动奖章获得者严律南，以及四川省卫生系统学术带头人李波、彭兵、叶辉等业内具有相当影响力的外科专家，多人获得国家和四川省有突出贡献专家称号，在各自的专业领域内均取得了非凡成就。

吴和光活到老，学到老，淡泊名利，甘为人梯，不懈追求医学新知，无私地将自己的才华和智慧奉献给了华西医院的人才培养、学科建设和国家的医学事业。他对知识的渴求、对真理的坚守以及对人类健康的无私奉献，都体现了他人性中最为高尚和光辉的一面。可以说，正是有了吴和光这样的奠基人，才有了今天惠及整个川渝地区的华西医院，他为社会福祉作出的深远影响，将永远被铭记和传颂。

◆ 退休后，吴和光在家中查阅资料

（文/孙奥麟）

曹钟樑

矢志医道除病苦
仁心圣手济苍生

曹钟樑（1910年5月—2006年11月），重庆江津人，医学教育家、传染病学家，国家一级教授。1934年毕业于华西协合大学医学院（现四川大学华西医院），获华西协合大学和美国纽约州立大学医学博士学位。毕业后先后在北京协和医学院以及加拿大、美国的知名医学院进修内科学、儿科学和传染病学。曾任仁济医院院长，华西协合大学医学院院长，四川医学院医学系主任兼教务长、副院长、教务长，中华医学会传染病学分科学会副主任委员。长期从事内科学及传染病学的教学、医疗和科研工作，尤其是在流行甚广、危害极大的钩端螺旋体病的研究方面，曹钟樑作出了卓越的贡献，晚年对病毒性肝炎也有深入研究。此外，在建立和完善我国的医学教育教学体系、改革医学教学内容和方法等方面也作出了重要贡献。发表学术论文40余篇，荣获国家科学技术进步奖三等奖、卫生部科学技术进步奖一等奖等奖项。

科学家语录

一个人必须要自立、自信、自强，靠自己的努力，才能够战胜一切困难。最重要的是，我们是中国人，一定要爱国，在任何情况下，祖国都是第一。

瘟疫和死亡的阴影几乎笼罩了曹钟樑的整个童年。

1910年，曹钟樑出生于重庆市江津县的小商人之家，是六姐弟中最小的一个。曹钟樑才出生不久，39岁的母亲就感染肺结核去世了。他的父亲常年在成都做生意，无暇顾家，于是曹钟樑便由年长他20岁的大姐带着生活。一年后，大姐出嫁了，曹钟樑被哥哥接走，由嫂子代为抚养。

嫂子生过4个孩子，但很不幸，4个孩子生出来都是死胎。心灰意冷之际，嫂子把对孩子的爱全都投射到了曹钟樑身上，这让从未享受过母爱的曹钟樑度过了一段少有的快乐时光。

天有不测风云，曹钟樑5岁时，嫂子感染了风寒。在当时的医疗卫生条件下，这场我们现在或许不以为然的疾病，居然轻易就夺走了嫂子的生命。丧礼完毕，疲惫麻木的大人们脱下曹钟樑身上的孝服，把他送到了叔婶家生活。

然而此后不久，曹钟樑的两个姐姐又先后感染了肺结核，曾抚养过自己的大姐和尚未出嫁的姐姐先后去世。鲜活的生命，怎么突然就化作一抔黄土，天人永隔了呢？这让懵懂的曹钟樑深感无力。他知道，亲人们死于“瘟疫”，但是，“瘟疫”究竟是什么？对此，他说不清楚，但可以肯定的是，这个看不见、摸不着的“瘟疫”是自己最大的仇人。

年过九旬的曹钟樑在回忆此事时，说道：“所以，我当娃娃时就决定学医。”

矢志医学，发愤图强

1927年的一天，华西协合大学医学院的教授面试了一个小个子男生，他来时脚穿草鞋，满身尘土，一开口就是难懂的江津土话，他就是17岁的曹钟樑。

华西协合大学医学院是医界名门，每年只招十几个学生，加之有教会大学的背景，对学生的体貌、言语要求很高，师生们穿的是三件套的西服，讲的是英文，行的是西式礼仪。主考教授怎么也无法把眼前这个土里土气的少年和他的考试成绩联系起来，对他是否能接受系统的西式教育充满怀疑。但无论是笔试成绩还是面试成绩，都让他没有理由拒绝这个学

◆ 工作中的曹钟樑

生。于是，面试教授对曹钟樑的评价是："思维清楚，但有待考察。"

刚来医学院的曹钟樑，不出意外地被同学们视为"土包子"，虽未至于被欺凌，但同学们眼中的轻视之意却是显而易见的。

不过，不到半月，曹钟樑便让一众师生刮目相看了。入学后，曹钟樑得知学医要分快慢两班——数理化成绩好要学7年，数理化成绩差则要学8年。于是，他便主动找到负责此事的吴纯熙老师，要求读快班。

吴纯熙是化学老师，因为常穿一双尖头皮鞋而得了个绰号——"翘皮鞋"。"翘皮鞋"办事认真但脾气颇为古怪，尤其不喜欢年轻人露己扬才。听闻曹钟樑说要读快班，他用鼻孔哼了一声说："才来就要上快班，你晓不晓得我刮下了多少同学？"吴纯熙跷着二郎腿，摇晃着翘皮鞋，神色颇为不屑。曹钟樑不知道的是，上学期，"翘皮鞋"在化学考试上故意出难题，三分之一的同学考试成绩都不及格。

由于曹钟樑执意要读快班，吴纯熙不得不翻开他的成绩册："哦，入学考试成绩还可以嘛，好，试试看吧。"接下来的小考、中考、大考，吴纯熙都故意出难题，每次都有半个班不及格，曹钟樑的考试成绩却次次都在80分以上，因此曹钟樑如愿上了"快班"。此事一出，班上的同学也一扫对这位乡下少年的轻视。加之曹钟樑为人爽快、善与人交往，一来二去，大家就都不叫他本名，而叫他"曹哥子"，亲切之中也含敬佩之意。

1934年，曹钟樑以优异的成绩从华西协合大学毕业，并留校做内科助理住院医生。白天，他跟着主任教授、指导医师查房；夜间，他还要独自查房，逐一与病人细谈，并将白天囫囵吞下的知识反复咀嚼领会，有疑难处，便回家翻阅典籍直到凌晨。连一贯性格孤傲的美国护士长都对人说："我从来没有见过这么拼命学习又关心病人的好医生。"

前线抗疫，知耻后勇

1951年，华西协合大学由政府接办，更名为华西大学。两年后，全国院系调整，华西大学更名为四川医学院，曹钟樑担任学院教务长兼医学系主任。尽管工作任务繁重，曹钟樑却从来没有离开过临床，白大褂就挂在办公室的墙上，随时准备冲上一线。

1958年7月的一个深夜，曹钟樑突然接到四川省防疫站的电话："温江地区发现莫名'瘟疫'，大概率是肺鼠疫，不少人被感染了，上千人在吐血！死亡人数正在统计……"凌晨，曹钟樑便带着一个医疗小组抵达了温江地区。

此时的温江地区家家关门闭户，宛如死城。经过现场调查，曹钟樑没有发现死鼠，病人的痰内也没有鼠疫杆菌，曹钟樑马上断定：此传染病不是肺鼠疫。

一位在江苏省和浙江省的农村调查过流感的教授认为这是出血的"流感"，但是一位北京流行病学教授说："不对，病菌是从皮肤侵入人体的。"曹钟樑最初也倾向于这是流感的判断，因此，当四川省卫生厅的领导问到他究竟是什么病时，他干脆地回答："这是流感。"

这一结论很快使曹钟樑追悔莫及。在采取了对流感的针对性防疫后，这场"流感"仍在蔓延。一个月内，曹钟樑带着医疗小组四处奔走，八方应对，却不见成效，众人心力交瘁，十分沮丧。

所幸，四川医学院一位微生物学专家在一只死鼠的血液中抓住了瘟疫的真凶——钩端螺旋体（简称"钩体"）。曹钟樑猛然想起同事说的"从皮肤进入"的细节，逻辑链条一下子在脑海中打通了——发病期正是收早稻的季节，患病老鼠的尿液污染了水田，下水田的人总是赤脚露腿，病菌便轻而易举地"钻入皮肤"，进而在肺部"安营扎寨"，造成咯血，并进一步导致死亡。

后来，曹钟樑常对学生讲："我在钩体病上有过深刻的教训——在医学上绝不能搞'大胆假设，小心求证'。对病，必须本着实事求是的准则。"

前期的抗疫失利戳痛了他，他决心彻底"降伏"钩体病。

于是从1958年起，30年间，哪怕工作再忙，曹钟樑每年都要挤时间下乡调查钩体病。经过曹钟樑、戴保民等一批科学家坚持不懈的努力，猖獗一时的钩体病开始“节节败退”，最终在中国大地上基本绝迹。因在钩体病防治和研究方面的突出贡献，曹钟樑于1990年获得国家科学技术进步奖三等奖、卫生部科学技术进步奖一等奖。

仁心治病，严谨治家

关于曹钟樑的为人，一位患者是这么说的：“20世纪60年代，我得了肝炎，东打听西打听，打听到曹老的住址。那时，曹老和他老伴住在一间狭窄的房间里。曹老见了我，和颜悦色地问了病情。他要我躺下让他摸摸肝部。躺在哪里呢？他让我躺在他们老两口的床上。我真不好意思——我得的是肝炎，是会传染人的；再者我那双穿臭胶鞋的脚，怎么好往人家干干净净的床上搁呢？曹老看出了我的顾虑，笑着说‘没关系，床单脏了可以洗，你的病要赶快确诊赶快治’。躺在曹老的床上，我的鼻子一下子酸了……”

在女儿曹泽莉眼里，父亲曹钟樑对病人向来不分阶层，不辨亲疏。曹泽莉回忆道：“不管达官贵人还是看门老头，只要找到他看病，他都一样认真去诊治。下乡调查钩体病的时候，我见他用自己的手绢擦患者嘴边的血，还曾经口对口吸病人的痰，救活了一个农民的儿子。”

在女儿的眼中，父亲曹钟樑还有很多优秀的品质值得后人学习。在曹钟樑心中，病人的事总是大过天，不论多大的困难和危险，都不能阻挡他救治病人的脚步，即便在特殊时期，面对各种艰难险阻，他仍然视守护人民生命健康为神圣职责。80多岁时，他仍不顾由几十年糖尿病引发的严重并发症，每天坚持去医院上班。他不仅治病救人，还从心里体谅和心疼病人。家里煮给他的鸡蛋他不舍得吃，捂在衣服里保

◆ 曹钟樑在家中查阅文献资料

温，带到病房给患儿吃。

在曹钟樑的言传身教下，曹家的子孙四代行医。大儿子曹泽毅是我国著名的妇产科肿瘤专家，曾任华西医科大学（现并入四川大学）校长、国家卫生部副部长；四女儿曹泽蓉曾任成都市第三人民医院内科主任、四川省肾脏病学会委员；小女儿曹泽莉曾任成都中医药大学生理学教研室主任。

关于大儿子曹泽毅，还有这样一桩令人哭笑不得的事。

改革开放后，曹泽毅作为国家第一批公派人员，被四川医学院选派到瑞士去读博士。由于留学期间表现突出，他还受到了卫生部的表彰。1984年，留学归来的曹泽毅通过四川医学院的民主选举，连升五级，从医院妇产科副主任升成四川医学院的正院长。

这个选举结果，不仅出乎曹泽毅的意料，也让业已退休的曹钟樑大发雷霆，他认为儿子不适合担任院长。

“你没得资格，你当啥子院长，你当不好。”曹钟樑直接对儿子说。

光骂儿子还不够，曹钟樑居然跑到北京，去国家卫生部告状。告状的理由是曹泽毅连升五级，历练不够，没有管理一所医科大学的经验，想要请卫生部领导慎重考虑这个任命。

尽管曹钟樑赴京告状未果，但父亲阻止儿子提升的事情，实属罕见。

曹泽毅就任院长之后工作十分出色，曹钟樑虽然嘴上不说，却仍“顽固”地定了家规：为避嫌，家中学医的人都不进四川医学院；不准任何亲戚打着曹院长的招牌走后门。朋友开玩笑说：“曹钟樑就是住在家中的纪委书记。”

后来，曹钟樑离世多年之后，曹钟樑的子女们仍然记得父亲讲过的一番话，“做医生就要明白两件事：第一，做医生非常辛苦，而且一辈子都不会轻松；第二，做医生不会成为有钱人，因为治病救人就不能是一件赚钱的事”。

曹钟樑一辈子全心全意为人民服务，医德至上、医效至上、祖国至上，矢志不渝地追求公共卫生事业和医学教育的发展，以维护人民生命健康为己任，展现了崇高的医德风范，在医疗卫生领域内创造出非凡科学成就。他的科学成就和精神财富犹如璀璨灯塔，将持续激励我们在追求科学真理、服务社会的道路上坚定前行。

（文/孙奥麟）

凌一揆

中药先锋奠基石 助学扶企兴川药

凌一揆（1925年2月—1992年2月），重庆永川人，成都中医学院（现成都中医药大学）教授，中药学奠基人，中医中药高等教育的开路先锋。1944年从四川国医学院毕业后留校任教。1956年调入成都中医学院工作。曾任成都中医药大学副院长、中华全国中医学会副会长、成都市第十一届人大常委会副主任，四川省高等学校技术职称评定委员会委员等职务。长期从事中药学与方剂学的研究。致力于本草学的系统整理和提高近50年，探寻在现代科技条件下中药学自然发展的新途径和新方法。提倡建立当代的“系统中药学”。提出方药配合“性效取舍”论，倡导正确研究和评价中药“十八反”“十九畏”，树立安全有效的“合理用药”意识。主持“四川省中药资源调查”的研究，多次参加野外考察，主持编纂《四川中药志》。1959年在全国率先开办中药本科专业，此后逐步开办硕士、博士学位点，初步奠定了中药学作为一级学科的基础，对中药学学位点的创建和高层次人才培养作出了巨大贡献。荣获全国科技大会成果奖、四川省重大科技成果奖二等奖等奖项。

科学家语录

现在有名望的中医，几乎都是家传，还是需要建立起统一的体系，才好传承。

关于中医中药的讨论一直是一个社会热门话题，一部分人对中医中药的认识存在误区。有些人至今仍然认为，中医中药的传承根本是家传私授，靠的是经验。其实早在半个多世纪以前，以凌一揆为代表的中国中药研究者就已经在阐述和建立系统的中药学理论，他们用毕生的心血，建立起了中药学科学严谨的学科体系和教育体系。

中医是个人经验，更是系统科学

凌一揆的父亲毕业于燕京大学，参加过五四运动，后来在重庆教书，家境殷实。在凌一揆很小的时候，父亲就安排他学习英语和琴棋书画，希望他长大以后从事与经济或艺术相关的工作。

在重庆长大的凌一揆从小聪明伶俐，好学听话，一路健康成长，照此发展，凌一揆大概会按照家人的安排安安稳稳地过完一生。可是，在16岁那一年某一个雾气蒙蒙的早晨，凌一揆突然不辞而别。这让家人非常着急，尤其是病弱的母亲，她拖着虚弱的身体四处打听儿子的下落。母亲觉得，这样的事情，不像凌一揆所为。

后来，终于有了凌一揆的消息。原来，他偷偷跑到了成都，报考了四川国医专科学校。

凌一揆的母亲因心脏问题经常生病，多年来，凌一揆陪着母亲四处寻医。这些经历可能深深地影响了他，到了该立志做选择的时候，孝顺的凌一揆立志当一个医生，他想医治母亲的疾病，还想悬壶济世，普救大众。这让父母很是欣慰，同时也很担忧。因为当时中医是一个很艰苦的行业，和家人希望他以后从事的经济或艺术的行业相去甚远，并且前途未卜。凌一揆向家人表达了自己坚定的信念和决心。父母也是通情达理的人，他们接受了儿子的选择，并且在经济和情感上对儿子给予了毫无保留的支持。当在外学医的凌一揆接到父母寄来的第一笔钱时，内心的感激不言而喻。16岁的少年暗下决心，一定要在这条道路上坚持走到底。

1944年，凌一揆本科毕业后留校任教。四年后又回故乡开业行医，日间悉心治病，夜间读书解惑。数年的行医经历，使他积累了大量的中医临床经验，为他今后在中医学上取得的巨大成就奠定了基础。新中国成立后，他担任了县卫生工作协会副主任。1954年，凌一揆再次背起行囊来到成都，参与“四川省中医代表会议”筹备工作。

被称为天府之国的四川，自古出名医、产中药。据历史文献记载，从汉代至明清，见诸文献记载的四川医家就有1000余人，影响医坛2000多年，历久不衰；川产道地药材，享誉国内外，业内素有“无川药不成方”的赞誉。

面对卷帙浩繁的中药古籍和门派繁多的中药专家，凌一揆认为，一定要有一个系统的对中药学的顶层设计，将那些复杂的个人经验做一个系统的梳理和分类的研究、阐述与运用。他还认为，在科技手段日新月异的条件下，学科的分化是一种进步，但又必须防止学科的断裂。

他将编写教材作为突破口，从早期的《中药学讲义》，到后来多次再版的全国统编教材《中药学》，凌一揆殚精竭虑。他把中药的各个要素都做了详尽的阐述，还引进了化学、药理等全新概念，逐渐形成了自己完整的“系统中药学”思想。后来他还在学校创建了中药学一级学科，创建了本科方剂教研室。1959年，凌一揆在全国首创了中药学专业，该专业于1988年被批准成为当时全国唯一的中药学国家重点学科，凌一揆也成为学科带头人。后人因此把凌一揆赞誉为我国将传统中药学发展成为现代中药学的开拓者和奠基人。

竭诚教学的好老师

凌一揆出生在一个教师家庭，从小耳濡目染，似乎在血液里就有一种当教师的基因，他一生的身份都是教师，一生的主要活动场所都是校园。

凌一揆很早就开始编写中药学方面的教材，但他并不满足于仅仅让学生从书本上获取中药方面的知识。在相当长的一段时间里，他不断地向学校打报告，请求在校内建设中药标本室和种植中药的园圃，让学生能够对中药有直观的认识。功夫不负有心人，经过多次申请，凌一揆终于实现了自己的愿望。在学校的积极支持下，成都中医学院建立起了中药标本室和标本园。刚开始的时候，标本室的规模不大，在凌一揆的不懈坚持下，标本室不断扩大，现已成为全国医药院校中内容最丰富、规模最大的中药标本中心之一。

现在，学生们在这里可以实实在在地看到中药的外形，可以触摸到中药的形状，可以闻到药材的气味。在这样的环境中学习，学生们不仅对中药有更深的认知，还会对中药产生更深的感情。

凌一揆曾担任成都中医学院副院长、成都市人大常委会副主任和许多社会职务，但他一直把教学作为自己工作中最重要的部分。虽然社会事务多，身体也疲倦，但凌一揆只要一走上讲台，便像一个发光体，充满了热情和能量。他带出了很多非常有影响力的学生，可谓桃李满天下，中国第一批中药博士就是他带出来的学生。

凌一揆的学生回忆起他讲课时候的情景：

“我首次接触的课程便是中药学，由凌一揆老师亲自执教，他不仅是这本教材的主编，更是中药学界的泰斗。在新生入学时，我早已听闻他的传奇经历，内心充满了无尽的敬仰与期待。原以为他是一位经验老到的学者，但当他步入教室的那一刻，我却感受到了他身上散发出的青春活力，闻到了那独特的药香。那时的凌老师，年仅30有余，身穿整洁的白衬衣和西裤，乌黑的头发，铿亮的皮鞋，一出场便赢得了同学们热烈的欢呼。凌老师讲课从不依赖教材和讲稿，因为他已主编教材多年，内容早已烂熟于心，倒背如流。每次上课，他仅携带几张卡片和几瓶中药标本，就能将复杂的中药学知识讲解得深入浅出，条理分明。他的教态端庄稳重，如同诸葛孔明在帐中运筹帷幄；他对授课内容的熟悉程度，犹如孙武点兵般精准无误；他的嗓音浑厚而清亮，如同京剧大师马连良的唱腔；他的板书圆润而活泼，宛如艺术大师丰子恺的笔触。在凌老师的课堂上，同学们总是积极踊跃，不仅从未有人缺席，甚至连迟到的现象都未曾发生。毕竟，面对这样一位大师的精彩授课，谁又愿意错过这难得的机会呢？我为学校拥有如此年轻而杰出的教师感到无比自豪，更为自己有幸成为他众多学生中的一员而深感庆幸。”

朴实的作风和淡泊的性情

在凌一揆的儿子眼里，父亲是一个平和质朴的人。曾经有与凌一揆产生过矛盾的人，在事情过后想到凌一揆家里来拜访，家人本想拒绝，但是凌一揆不但迎接了来访者，还提前告诫家人，不论之前有什么矛盾，人家来了就是客，一定要以中国人的待客之道来招待。这就是凌一揆的为人之道。

随着改革开放的推进，在20世纪80年代，凌一揆的许多学生选择下海经商。作为中药学权威的凌一揆其实拥有非常多的商业机会，甚至有人主动找上门来，希望凌一揆以中药权威的名义研发一些能够获取商业价值的中药方剂，但都被凌一揆拒绝了。在凌一揆心里，教学和科研才是正经大事，他还有许多没有了却的科研愿望，还有许多国家课题没有完成。

对于中药的市场价值转换，其实凌一揆一直也是非常重视的。但是他始终坚持几个原则：第一，不要投入过多的精力而影响教学科研；第二，对于学生们的创业求助，自己一定支持帮助；第三，支持帮助的对象首选省内的企业，为振兴四川省的中医中药产业化发展贡献智慧和力量。

在当时，四川的药企在全国范围内是相对落后的，也拿不出太多的钱来做研发。但因为凌一揆在全国的名气非常大，经常有一些省外的大型医药企业向他伸出橄榄枝，并且开出了丰厚的条件。凌一揆却始终坚持自己的原则。

◆ 1988年，凌一揆（右一）指导博士研究生

后来在商业上取得巨大成功的三勒浆，其创业团队的重要成员李星炜，就是凌一揆的学生。对于三勒浆的配方，凌一揆作出了巨大的贡献，可以说，没有凌一揆的倾力帮助，就没有三勒浆的核心配方和商业成功。

◆ 1988年，凌一揆（左二）与博士研究生

但是当时的凌一揆想的更多的是对学生创业的无私支持和帮助，他并没有在前期的时候就要求技术入股，或者是在利益方面讨价还价。

这样的事例不胜枚举。省内的一家大型药企在创业初期曾经发生过一起火灾，这让创业者举步维艰，凌一揆也是在这个时候给予了他们无私的帮助和支持，用自己的智慧和影响力帮助这家企业渡过难关，为企业重振辉煌起了非常大的作用。

凌一揆在倾力做这些事情的时候始终满腔热情，不计个人利益，更多的是想怎么样让四川的医药企业充分利用四川丰富的药材资源，在全国发扬光大。

（文/李若锋）

后记

科学家是恒星

一

相信许多人和我们一样，小时候都听过此类故事：中国的神农尝百草，给人类留下一位不惜生命代价、实践求真知的药王神；英国的牛顿看见苹果从树上掉下来，于是发现了万有引力定律；俄国的门捷列夫在梦中发现了化学元素周期表。

尽管时光飞逝，物换星移，这些科学家的故事仍深深地留在了人们的脑海里。

当这个地球上有了人类，我们就在不断地探索怎样改变自己，提升自己。各种认知、各种信仰，一直伴随着人类前进的步伐。

科学的探索，伴随着整个人类的成长历程。当历史的车轮进入工业革命时代，科学技术成了前进的火车头。人类的生产力和旧时代相比，呈几何倍数的增长。

人类发现了科学，科学改变着世界，改变着人类的命运。而那些深刻影响着人类生存发展的科学家的故事，让我们能够仰望星空，还有去发现世界、改变世界的冲动。

多少年来，也许正是因为这些科学家的故事，让我们保持一种认知世界的初心，萌生改变世界的动力。科学家精神就像一颗火种，不管在何处，它在人心中永远不会泯灭。

二

1978年，全国科学大会召开之前，作家徐迟的报告文学《哥德巴赫猜想》轰动了全国。

数学家陈景润艰难攀登，摘取数学王冠上的宝石的故事，如火种般点燃了一代人心中的希望，如号角般吹响了科学的春天的序曲。

紧随《哥德巴赫猜想》，一大批讲述科学家故事、弘扬科学家精神的报告文学作品如春潮急涌，蔚为壮观。这些故事形成了推动广大科技工作者继往开来、攻坚克难、勇攀高峰的强大动力，对在全社会推广科学家精神，尊重科学，尊重科技人才，对鼓舞一代人弥补过去的损失，奋力追赶世界的步伐，都起到了极大的作用。

三

在经过了经济高速发展的几十年以后，当代年轻人，不同于当年捧读《哥德巴赫猜想》的一代人，面临着更加复杂纷繁的世界。

天空中似乎有了更多的星光。几十年前，如果你问一个小学生，你的梦想是什么？可能大多数学生会回答，我要当一个科学家。而现在，大家有了更多的选择。

通过本书，我们努力想让读者，尤其是让青少年读者感受到，在满天的星光中，科学家就是夜空中闪亮的星。

尽管有些科学家可能一生都默默无闻，但是他们的精进奋斗和卓越成果都会跨越时空，在满天的星光中永恒闪烁。

四

我们有幸在四川省科学技术协会的组织下，参加电子科技大学出版社《追光——四川百年杰出科学家的故事》的写作。

四川省科学技术协会在“致敬‘四川百年百杰科学家’活动”中遴选出一百年（1921—2021年）里在川渝地区工作过、有突出成就的120位杰出科学家代表。我们又从这120位当中争取到了58位科学家本人、家属或单位的同意，作为本书的“主人翁”与大家“见面”。其中的“取舍”涉及一些科学家们工作的隐蔽性等方方面面的原因，确实是一个艰难的选择，因为百杰科学家个个都成绩卓著。

摆在作者面前的，是一项光荣而艰巨的任务。选出的每一位科学家都是杰出人士、行业翘楚，每一位都让我们高山仰止。我们要用多彩的文字描绘他们的高大形象，先要走进他们的世界，认真学习，才能读懂他们的家国情怀、科学家精神，了解他们的辉煌业绩。

我们的工作方法是，先认真研读资料，再尽可能地做人物的采访。四川省科学技术协会和电子科技大学出版社的同志为我们精心准备了很多已有的资料。每一位科学家都有丰富的人生历程，每一位科学家都是一本哲理的大书。

我们竭尽全力去采访科学家本人，去采访已故科学家的亲属和同事；我们去探访科学家曾经工作过的地方，去感受他们遗留下来的物品和气息。

这58位科学家，所涉猎的领域非常宽广，有基础科学的，有实用科学的，有国防军工领域的，等等。尽管他们各自的行业领域不同，通过学习和采访，我们还是能够感受到他们身上一些共同的东西：对信念的执着和追求，对事业的坚持和热爱，对目标的恒心和坚守，对私利的淡然和超脱。

我们每写一位科学家，都是一个学习的过程，都是一场心灵的激荡，都是一段灵魂的拷问，都是一次自我的成长。

我们努力沿袭徐迟书写《哥德巴赫猜想》的成功之路，真心付出。也真诚地希望，本书能够让读者在追光的历程中，找到学习的榜样，得到鞭策和鼓励，在自己的人生历程中，获取更多的力量。从而，让我们为四川的科学事业发展贡献自己一分微薄的力量。

同时，我们也有许多的遗憾。因篇幅所限，我们写每一位科学家的时候，总有一种意犹未尽之感。

我们非常感谢四川省科学技术协会调研宣传部的同志们，他们在资料准备、人员协调、联系对象、统筹联络、内容审核等各个方面做了非常重要的工作。同时，也非常感谢电子科技大学出版社的同志们，他们在稿件的内容加工、编校审读等方面做了非常细致的工作。正因为他们的辛苦工作，这本书才得以高质量出版，再次向他们表达一声我们的谢意。

本书作者

2023年12月6日